天心阁学院

化侄整

西安交通大学人文社会科学学术著作出版基金资助项目

道德经注解

黎　荔⊙注解

天津社会科学院出版社

图书在版编目（CIP）数据

道德经注解 / 黎荔注解. -- 天津：天津社会科学
院出版社，2016.7（2022.10重印）
ISBN 978-7-5563-0254-3

Ⅰ.①道… Ⅱ.①黎… Ⅲ.①道家②《道德经》–注
释 Ⅳ.①B223.12

中国版本图书馆CIP数据核字(2016)第117616号

出 版 发 行： 天津社会科学院出版社
出 版 人： 钟会兵
地　　　址： 天津市南开区迎水道 7 号
邮　　　编： 300191
电话/传真： （022）23360165（总编室）
　　　　　　　（022）23075303（发行科）
网　　　址： www.tass-tj.org.cn
印　　　刷： 永清县晔盛亚胶印有限公司
开　　　本： 780×1092毫米　1/16
印　　　张： 17
字　　　数： 310千字
版　　　次： 2016年7月第1版　2022年10月第2次印刷
定　　　价： 69.00元

天人国学院丛书前言

　　天人国学是以"道"为核心研读中华传统文化经典的学术体系，包括两个支点即**常道非常道、上德与下德**，四条原理即**道生德畜、无中生有**的**生成论、道体德用、有无相生**的**本体论，知而不知、望无见有**的**认识论，下学上达、存无守有**的**实践论**，一个目标即**归根返本、物我同一**。天人国学院丛书是以"天人国学"作为指导思想和解读方法去研读中华传统文化经典的研究型丛书，弄清楚"天人国学"的基本内容是有效研读天人国学丛书的基础知识、基本观念，读者务必时刻牢记。

天人国学名称

　　天人国学的名称源自"中华文化传统"与"中华传统文化"的关系："文化传统"指的是在"传统文化"中起着决定性作用的无形的核心观念、基础系统、基本方法等，如中华文化传统的著名观点"道生万物""道体德用"、"天人合一""知行合一"等，"天人国学"中的"天人"（三才即天地人、四大即道天地人）即源自此。"传统文化"指的是中华民族自有史以来所创造的如书籍、文字、历法、建筑、风俗、仪式等有形的基础经典，即"天人国学"中的"国学"，特指如《易经》《老子》《庄子》《大学》《中庸》等传统文化经典。

　　天人：天人的存在状态是"有"，是人类能够认识的范畴，跟存在状态为"无"的道的不可认识的范畴相对应。"天"是事物之本，"人"是事物之灵。"天"是认识的客体即自然（象征天地人，下同），"人"是认识的主体即社会（个体、群体及其关系，下同），"天""人"如阴阳，相生相待、不可或缺。"人"认识"天"的唯一起点是"事物"——"事"象征"物"的"时空"和"状态"等，"物"象征"事"的"主体"即"物质""意识"及标尺等。现实的"天""人"关系是互动的关系，"人·社会"通过认识"天·自然"所具备的水平是这种互动关系的基本指标，这种基本指标的高低决定着"天"对"人"的作用和"人"对"天"的理解。这个基本指标越高，

"天"对"人"的护佑越大，"人"对"天"的理解越深。"天"的作用力是决定性的，而"人"的反作用力是辅助性的，必须隶属于"天"的作用力，因此"人定胜天"必须是建立在"顺其自然"的基础上的"人定胜天"，而绝对不能相反！

"国学"主要包括"小学"和"大学"。"小学"即文字、音韵、训诂。文字解决的是认不认识这个"字"的问题，目的在于"据形索义"；音韵解决的是能不能读这个"字"的问题，目的在于"因声求义"；训诂解决的是理不理解这个"字"的问题，目的在于"贯通时空"。不明"小学"，无以通"大学"，因此"小学"是基础。小学之中有大学，大学之中有小学，通过小学而明白大学，不能长期停留在小学。"大学"是"大人之学"，"在于明明德、在亲民、在止于至善"，这是中华文化传统的观念、系统与方法。

"志于道，据于德，依于仁，游于艺"（《论语·述而》语）："道"是纲，其余的都是目，因此天人国学的关注点是"大学"，基本目标是究天人之际、通古今之变、修做人之心、练做事之能。中华文化传统的核心观念是"以人为本"，中华传统文化的基本内容是人文关怀。从认识主体与客体的关系上看，"物无非彼，物无非是"（《庄子·齐物论》），没有认识主体"人"这个"是"就没有认识客体"物"那个"彼"，因此，一切认识的成果都是主体对于客体的意识，而不是"物本身"，即"事物"并非是决定性的，而"意识"也并非是被决定的。从认识的目标上看，"修己以安人（《论语·宪问》）"、"道之真以治身，其绪余以为国家，其土苴以治天下（《庄子·让王》）"，主体认识客体的目标是"修己"和"治身"，而"安人"不过"绪余"或"土苴"。"修己"和"治身"并非为科学而科学，为认识而认识，因而不是朱熹的"格尽天下之物方为圣人"，而是王阳明的"格正心上之物即为圣人"，圣人论的是成色而不是成就，放下屠刀立地成佛，人人皆可为尧舜。

以道为核心的天人国学的两个支点、四条原理、一个目标都是由"道"化生出来的。"道"有两种存在状态："无"的存在状态决定了"道"的"不可见、不可名、不可听、不可触、不可嗅、不可度"等即"道不可道"的基本特征，因此"道"即"常道"，通称"道"，是不生不息的，是事物的究竟；"有"的存在状态决定了"道"的"可见、可名、可听、可触、可嗅、可度"等即"道可以道"的基本特征，因此"道"即"非常道"，通称"德"，是生生不息的，是事物的个别——"究竟"通过"个别"来呈现，"个别"因为"究竟"而存在。"无"不是"没有"，是比"有"还有的"有"，是"天下万物生于有，有生于无""有之以为利，无之以为用"的"无"。"无"至少有四种价值取向：一是"道生德畜"，跟"无中生有"相适应，在于时间的一维性；二是"道体德用"，跟"有无相生"相适应，在于空间的三维性；三是"知而不知"，跟"望无识有"相适应，象征认识主体跟认识客体的依存关系；四是"下学上达"，跟"存无守有"相适应，象征人类主体修为的价值取向。

常道非常道，上德与下德

天人国学的两个支点是常道非常道，上德与下德。常道、非常道是从"道"的存在状态"无"和"有"的角度划分出来的，目的是了解"道不可道"与"道必须道"的中华文化传统理论范式的天才构想。状态存在为"无"的道即"常道"，通称"道"，状态存在为"有"的道即"非常道"，通称"德"。"道"象征着"无限的事物"，因此回答这种存在状态的道只能为"不是什么"，否则"无限"立即就会陷入"有限"的泥沼。"无"是不可说的，因此《老子》有"道可道，非常道"、《庄子》有"无思无虑始知道，无处无服始安道，无从无道始得道"等著名经典阐述。"德"即"非常道"象征着"有限的事物"，因此回答这种存在的道·非常道即德一般为"这是什么"。"德"是"可道之道"：能够言说的是"粗"，可以意致的是"精"，因此"德"有"粗""精"之分，而"道"是"既不可言说也不可意致的"圣物，这种圣物"不可言说""不可意致"却无时不在、无处不有，这是因为"道"即"常道"是本质，只能通过现象逐步接近本质，而不可能完全认识本质。能够言说的"德"是"粗"，这是因为人类语言的模糊性、多样性等所决定的；能够意致的"德"是"精"，这是因为人类感悟的细致性、独特性等所决定的。所以，人类所能认识的都是"非常道·德"，因为"非常道"的存在状态是"有"，因此人类所必须遵循的就是"德"。

道·常道生非常道·德，德分上德与下德。"上德与下德"是从"非常道·德"之价值取向的角度划分出来的："上德"象征"无善无恶"的境界，这种境界不仅没有"恶"，连"善"也没有，存在于"至善至美"的道境——道境没规则，自然不用讲规则，因此是"无为无不为"的。"下德"属于"有善有恶"的人境，有善恶、是非，这是认识主体人类的专利，非我族类不可与焉，因此人类必须"明辨是非"——人境有规则必须守规则，遵守规则就是遵守天理，因此是"有为有不为"的。道·常道为不可见的道心，非常道·德为可见的天心。德分上德、下德：上德在天为天心、天理，是认识的客体，下德在人为人心、人性，是认识的主体。德在天为天理，德在人为人性，这是天、人关系的结合点，可见的天心和人心都统率于不可见的道心。

"下德"即"五常"包括"仁义礼智信"，是认识的主体人类赋予自己或认识的客体自然的价值评价系统。一切价值都源自认识主体对认识客体的判断，"狼心狗肺"是人类对"狼"和"狗"的价值判断，"狼"和"狗"不可能对自身的价值加以判断，也不可能对人类进行判断——对饿狼来说，被吃人不过是可以解饿的点心而已，并非此人的善或恶而被吃或不被吃。不能把"狼"和"狗"的本性跟人类的价值取向混为一谈：报恩的狗跟养婴的狼一样，不可能有任何人类的价值判断，这一点，作者务必讲清楚，读者必须弄明白，不能有任何含糊！

　　"下德"的目标是"仁"，秉承道心、天心而来，所以《庄子·天运》有"虎狼，仁也"的著名论断。根据不同的环境和对象，仁的含义与时俱进、与境俱化：仁之于"国家"就是"忠"，仁之于"父母"就是"孝"，仁之于"朋友"就是"信"，如此等等。"仁"的含义就是"恻隐""爱人"。仁之于内即"仁慈之心"，仁之于外即"仁爱之举"，仁之于目标即"仁德之境"。"仁"是"下德"的目标，捍卫仁即"义"、遵守仁即"礼"、明白仁即"智"、笃行仁即"信"。义的含义是"义者人所宜""赏善罚恶"，义之于内即"正义之心"，义之于外即"仗义之举"，义之于目标即"大义之境"。礼的含义是"礼者人所履""尊天理守人伦"，礼之于内即"礼貌之心"，礼之于外即"礼数之举"，礼之于目标即"礼法之境"。智的含义是"智者人所能"、"怀良知抱良能"，智之于内即"明智之心"，智之于外即"智谋之举"，智之于目标即"智慧之境"。信的含义"信者人之基"、"无诚不为人"，信之于内即"诚信之心"，信之于外即"信用之举"，信之于目标即"信仰之境"。

　　"义"和"礼"属于"圣人素质"的范围，"智"和"信"属于"君子素质"的范围。人必须做君子，作为君子必须具备"君子素质"：做人必须有"信"即"良知"，做事必须有"智"即"良能"。《墨子·修身》说："志不强者智不达！"没有崇高的信仰，天赋不可能最大限度地发挥出来。圣人必须具备"圣人素质"：做君子在于遵守规矩即"独善其身"，做圣人在于制定规则而替天行道即"兼善天下"——名正言顺，位不当者事不成，眼底无私天自宽！不能要求人人做圣人，可是必须要求人人做君子，这个毋庸置疑！

　　就道·非常道而言，核心是德，德是基于上德的，适用于自然，属于"无善无恶"的境界，因此上德近乎道；就"非常道·德"而言，德是基于下德的，适用于社会，从天理方面即仁义，从人性方面即功利，属于"有是有非"层次，因此下德的目标是仁。

　　道·常道跟非常道·德的关系是包容关系，非常道·德包含在道·常道之中，通过德的"可道"不断地感悟道的"不可道"；上德与下德、天与人等跟道·常道与非常道·德的关系一致。道·常道跟德·非常道·德、德·上德与德·下德、天与人等都是包容关系，不是并立关系，这一点必须弄明白。中华文化传统的这种天才设计是天人国学的核心和精粹，明白或者不明白这种基本观点与否是检验对中华文化传统核心观念是否理解的试金石。

生成论：道生德畜，无中生有

四条原理之一的"道生德畜、无中生有"的生成论，阐述的是事物的由来和发展，即"源流规则"，是事物在时间序列上的展开。按照"道生之，德畜之，物形之，势成之"等基本论断，"道"的功能是"生"，"德"的功能是"畜"。生成论解决的是事物"第一次"出现的问题。按照《国语·郑语》"以土与金木水火相杂，以成百物"的观点，天人国学得出了"土生万物"的论断，因此五行的关系是"土生金、金生水、水生木、木生火、火生土"，周而复始、辗转相生，而以金、木、水、火、土这种顺序的说法不宜继续出现在日常的流传之中。天人国学按照"土生万物"的观点，五常"仁义礼智信"跟五行"土金水木火"依次对应。

本体论：道体德用，有无相生

四条原理之二是"道体德用、有无相生"的本体论，阐述的是现实事物运转的规则，是从"孤阴不生，独阳不长""难易相成，长短相形"等基本论断推演出来的。"无中生有"是事物第一次的"生"，是本根，遵守的是历时性原则；"有无相生"是辗转的"生"，是须根，遵守的是共时性原则。道作为"体"、德作为"用"，两个方面不可或缺，相辅相成。"道"为"体"和"本"，是"静"，象征着"绝对存在""绝对时空"，存在的状态是"无"；德为"用"和"末"，是"动"，象征着"相对存在""相对时空"，存在的状态是"有"。"德"是在"有"的存在状态下运行的，必然有"静"和"动"两种状态。"静"是"相对静止"，属于"未发"的范畴，是"上德"境界，所以王阳明认为"无善无恶心之体"，适用于利根之人，即生而知之；"动"是"绝对运动"，属于"已发"的范畴，象征"下德"的层次，所以王阳明认为"有善有恶意之动"，适用于习心之人，即"学而知之""困而学之"等层次。每个人都必须处在下德的层次，在下德的层次"动"是必需的，生命在于运动。"动"有两种方向或结果："尊道贵德"的"动"是"正动"，即"下德"的正能量；逆天背道的"动"是"反动"，即

"下德"的负能量。没有人类干扰的"动",飞禽走兽、草长莺飞,狼吃羊、羊吃草,因为能够安于自身、率性而为,属于"正动",所以《庄子·庚桑楚》有"唯虫能虫,唯虫能天"的著名论断。

认识论:知而不知、望无见有

四条原理之三是"知而不知、望无见有"的认识论。"知而不知"的意思是:"知"即"已知",是有限的;"不知"即"未知"是无限的。人类的认识永远是有限的,不可能认识无限,因此对"无限"只能"望",对"有限"必须"见",立足自身,脚踏实地、精益求精。人类认识的层次是:知之、忘之、不知,随着层次的不断提高而不断提升,"知之"的最高境界是"不知","不知"是在"无所不知"之后出现的境界,是混沌而不是迷糊,不是懵懂的无知。认识论有"反正相成"、"模型演绎"等类型。"知"的最高境界是"不知",其指导思想是:道不可道而道必须道,不可道之道是常道即"无",可道之道是非常道即"有",因此中华文化传统通过"横看成岭侧成峰,远近高低各不同"的模型如汉字模型、八卦模型、八字模型等有限的"有"去阐述无限的"无",因而形成了"不可道而道""道而不可道"的独具中华文化传统特色的天才阐述特色的构造。

"反正相成"是基于言语的使用而言的,主要包括有关认识的理论和有关语言的特征。中华文化传统从来都不会离开现象去寻找事物的本质,而是一直在现象中体察、发现事物的本质。通常有两种方法:一种是从日常生活中或从具体行为中去了解和体验,所谓感悟或直觉。一种是形而上的"负方法"即"反者道之动"的思维模式,创造了如《老子》中有"大器晚成""大音希声""大象无形""大成若缺""大盈若冲""大巧若拙"等名句。

"模型演绎"包括汉语汉字模型、八卦八字模型。汉语汉字模型、八卦八字模型把阴阳、五行、干支、星象等一网打尽,巧夺天工、举世无双。汉语汉字模型:汉语音节少,音节含义多,因而汉字同音多,不同汉字把音节混沌的含义分解出来,因此汉语与汉字深度融合、高度一致,使得中华民族获得了最基本、最重要的维系纽带。汉字作为世界上最古老的四大自源性文字,是唯一沿用至今的。汉字不仅深深打上了汉语的烙印而汉字反过来也给汉语极大的反作用,携带着中华文化传统的基因:汉字六书的象形、指事、会意、形声、转注、假借,蕴涵着中华文化传统的原则、方法等,对一个汉字、一类汉字乃至整个汉字系统进行解读,足以归纳总结出中华文化传统的原则、方法等,从测字、拆字那里也不难获得这种启示。

八卦八字模型：分为八卦模型和八字模型，在世界文化传统中独树一帜、独一无二、巧夺天工。八卦模型的指导思想是：易为无极，无极生太极，太极分两仪，两仪生四象，四象演八卦，八卦定吉凶，吉凶主大业。八卦模型作为一种模式去对自然和社会的事物进行模拟判断，因而形成了所谓"占卜"，用"吉凶悔吝"来进行判断。八字模型源自八卦模型：八卦模型关注点是自然与社会的关系，主要注重"道德"；八字模型关注点是社会和个体的关系，主要注重"功利"。八字模型是以一个人出生的年、月、日、时的天干地支按照年柱、月柱、日柱、时柱的方式排列的，通过八字模型"以通神明之德，以类万物之情"。八字模型是一个以"我"为中心的模型，"我"跟其他"三天干""四地支"发生"同我、我生、我克、克我、生我"等五种利害关系，被命理学概括为十神即"比肩·劫财、食神·伤官、正财·偏财、正官·偏官、正印·偏印"。八卦模型八字模型总的规则是"和谐""协调"即"吉"或"悔"，反之则"凶"或"吝"。具体规则主要有"当位""中位""相应""相乘""相承""相比"等，构成了一个分合统一、质量互变、周而复始及一般与特殊、整体和局部、必然和偶然、绝对与相对、历时与共时等解读原则。

实践论：下学上达，存无守有

四条原理之四是"下学上达、存无守有"的实践论。这是基于中华文化传统"身体力行、修己安人"的基本原则提出来的。顺而应之谓之道，调而应之谓之德。"下学"即"下德"，是"夫目可得见、耳可得闻、口可得言、心可得思者"，所以必须"守有"，脚踏实地、兢兢业业地践行；上达即"上德"，是"目不可得见、耳不可得闻、口不可得言、心不可得思者"，所以"存无"，心存天理、替天行道。王阳明说："上达只在下学里。凡圣人所说，虽极精微，俱是下学。学者只从下学里用功，自然上达去，不必别寻个上达的工夫。""下学"的功夫最常见的就是《大学》的三纲领八条目，《中庸》的"五达道""三达德""九经"等。

归根返本，物我同一

天人国学的目标是"归根返本、物我同一"，这是基于"道本体"的必然要求提出来的。"归根返本"是就"人类社会"自觉"尊道贵德"而言的，"物我同一"是就人类社会"返璞归真"而言的。人类站在过去和未来的交界处大声疾呼：人类从何而来？人类往何而去？人类从道而来！人类往道而去！人类之所以"往道而去"，这是一种在下德层次的价值追求。一个人必须"做君子"，这是"下学上达、存无守有"的必然。做人的基础是"信"，"信"的起点是"诚"，因此天人国学认为"诚是天人之心"。"归根返本"的基本途径两个基本环节：知行合一、天人合一。"知行合一"主要解决一个人身心的合一，"天人合一"主要解决人类与自然的合一。"道本体"是中华文化传统的核心命题，"天人合一"是中华文化传统的基本命题。邵雍有"学不际天人，不足以谓之学"的论断。天人国学之所以把目标概括为"归根返本、物我同一"，这是因为人类社会出现了"老实人吃亏"、"守信用被宰"、"循规蹈矩者失败""伤天害理者独步青云"等匪夷所思的现象。为了正本清源，所以"立法必道""司法必公""执法必严""违法必究"，形成"个个守规则""人人是君子"的局面。违背道德的，成为过街的老鼠；尊道贵德的，成为人性的自然。让"制造劣币的"得不偿失，让"使用劣币的"寸步难行；"监督劣币的"论功行赏，"检举劣币的"如同杀敌。当劣币成为过街老鼠的时候，道德复兴的时候就可能开始了！

杨郁

2015年6月25日（乙未·无妄年五月初十谦卦日）初稿

2016年1月30日（乙未·无妄年腊月廿一益卦日）再改

2016年2月10日（丙申·明夷年正月初三革卦日）定稿

前　言

　　《老子》作为中华传统文化的经典，流传了几千年，研究了几千年，作为爱好者啃这样的一块硬骨头，无异于蚍蜉撼大树啊。可因为《老子》的魅力，我们还是知难而进，终于从版本、标点、翻译、归纳、分析乃至编撰《老子字典》等方面入手，完成了这个艰巨而很有价值的工作：曹雪芹写《红楼梦》时曾经有"披阅十载，增删五次"的说法，鲁迅在《二心集·答北斗杂志社问》说："写完后至少看两遍，竭力把可有可无的字、句段删去，毫不可惜。"我们虽然没有"披阅十载"的经历，可"增删五次""写完后至少看两遍，竭力把可有可无的字、句段删去，毫不可惜"的体验，倒是有多无少。可谓乐在其中，苦在其中，有乐有苦，无乐无苦。经过多年的反复思考和认真摸索，而今天人国学丛书之《道德经注解》的清样终于放了在案头之上，掩卷而思，感慨良多，情不自禁，欣然命笔，把其中甘苦诉诸笔端，既是表达自己的心路历程，也是与各位读者共享。

　　现在先说说"老子与《老子》"——当写下"老子与《老子》"这个题目并进行一番思考之后，一句这样的话油然而生——神秘莫测的老子，货真价实的《老子》。在中国乃至世界文明史上，老子无异是一个大大的名人，可对这个大名人的来龙去脉，后人却知之甚少。在诸子百家中，老子跟鬼谷子一样，众说纷纭，神秘莫测。

　　据《史记·老子韩非列传》记载："老子者，楚苦县厉乡曲仁里人也。姓李氏，名耳，字伯阳，谥曰聃，周守藏室之史也。"《史记正义》引《神仙传》说："老子，楚国苦县濑乡曲仁里人。姓李，名耳，字伯阳，一名重耳，外字摐，身长八尺八寸，黄色美眉，长耳大目，广额疏齿，方口厚唇，额有三五达理，日角月悬，鼻有双柱，耳有三门，足蹈二五，手把十文。周时人，李母八十一年而生。"《史记正义》引《玄妙内篇》说："李母怀胎八十一载，逍遥李树下，乃割左腋而生。"《史记正义》引葛玄说："李氏女所生，因母姓也。"又云："生而指李树，因以为姓。"

　　按照这些神神秘秘、奇奇怪怪的说法，"老子"可能姓李，可《老子》一书为什么叫《老子》而不叫《李子》，一直有人质疑。依据《管子》《孙子》

《墨子》《孟子》《庄子》等中华传统文化经典取名的惯例，"老子"既然姓李，当叫《李子》，而其书也自然应该称《老子》。《李子》为什么称《老子》而不称《李子》？有人说：老子因为"老"，所以被尊称为"老子"——《史记》这样说："盖老子百有六十余岁，或言二百余岁，以其修道而养寿也。"有人说：老子不是老子的"名"，是老子的"号"——《史记正义》引张君相说："老子者是号，非名。老，考也。子，孳也。考教众理，达成圣孳，乃孳生万理，善化济物无遗也。"有人说：老子姓老，名"子"。老子为人名姓，亦姓老，名子。到了唐朝，唐玄宗李隆基对老子的《道德经》非常推崇，对他本人，更加推崇备至，故赐姓李，名耳。

经过这样一番研究，经过不断解释，后人连老子的"姓"和"名"都弄不清楚了——老子还是姓李吧，毕竟很多人都这样说，很多年都这样传。我们也想提出一种新说，比如按照《说文解字》"转注者考老是也"的说法，说老子本来叫"考子"，可心中没底，新则新也，不是创新，而是标新，就不敢造次了——我们的指导思想是，少花一些精力去研究"老子姓李还是姓老"，多花些时间去研究一下老子的普及工作吧。

在历史记载中，老子除了干过"周守藏室之史"这个工作，似乎没有做过其他的事情。最为流传就是孔子曾经拜访过老子，并被孔子称为"其犹龙邪"。其后老子的简历，《史记·老子韩非列传》这样说："居周久之，见周之衰，乃遂去。至关，关令尹喜曰：'子将隐矣，强为我著书。'于是老子乃著书上下篇，言道德之意五千余言而去，莫知其所终。"司马迁的一句"莫知其所终"，老子从此就消失在人类的视线之中：有人说去了秦国，又说人西渡流沙，有人返回河南老君山。

据秦国《秦史》（《庄子》也有类似的说法）记载，老子在秦又生活了26年，死的时候秦人哀悼："老者哭之，如哭其子；少者哭子，如哭其父。""少者哭之，如哭其父"，这句话没有什么大问题，因为大多数人都比老子年龄小，而"老者哭之，如哭其子"就很值得怀疑了，因为老子出函谷关的时候81岁，又过26年，整整107岁，即使偶尔比老子活得久的，也肯定凤毛麟角，世间的什么东西没有经历过，什么大风大浪没有遇到过，何至于"如哭其子"？

老子可能死在了秦地，因为现在陕西省周至县的东南有"老子墓"，后人径题为"周柱下使老子墓"。在椭圆形墓冢前，还有清代陕西巡抚毕沅（1730—1797）所书"老子墓"石碑。毕沅是大学问家，可他的证据不可能比我们的多，所以不过说说而已。《水经注·卷十九·渭水》："就水注之，水出南山就谷，北经大陵西，世谓之老子陵。"我们查了有关资料，老子墓的遗迹至少有四个地方——陕西周至终南山西楼观老子墓、甘肃临洮老子墓、河南洛阳洛宁寿安山老子墓、河南鹿邑县老子墓——其中三处必假，其中两处在河南，另外两处在"秦地"——据此，老子入秦的说法自然应该被质疑！

也有人说：老子西渡流沙，过了新疆，过了沙漠，到西域去了，到印度去了，至今还留下了一部《老子化胡经》，有人还因此写了一部《老子西游记》云云。也有人说，老子既没有"入秦"，也没有"化胡"，而退隐老君山——河南省洛阳市栾川县老君山。

由此看来，老子真的如司马迁所说"莫知其所终"，说不清楚了，因为老子太神秘了——其实老子去了哪里并不重要，最重要的是老子活在人类的记忆中，老子活在人类的心中！

因为老子太神秘了，不神秘也就不是老子了，可《老子》这本书还是大致可以说清楚，因为关于《老子》版本，《老子》的注解，形形色色，汗牛充栋，其中的线索足以把《老子》的文本基本说清楚、大致弄明白。

元代正一天师张与材(？—1316）曾经说："《道德经》八十一章，注者三千余家。"2004年10月河南省社会科学院《老学典籍考：二千五百年来世界老学文献总目》中收录了汉语《道德经》注译本2048种等。元朝曾经4次焚烧道教道藏书目，之前的注释本基本失佚，有人估计《道德经》注释本应该在3500左右。无论这些数目是否准确，一言难尽，可有关《老子》的注释本汗牛充栋，形形色色，名副其实。

《老子》不仅有"汗牛充栋"的"传统本"，还有"引人注目"的出土本：1973年长沙马王堆出土了帛书《老子》"帛书本"，1990年湖北荆门出土、1993年公布的"楚简本"《老子》。1973年，湖南省长沙市近郊的马王堆3号汉墓出土了两种在被缮写在缣帛上《老子》，因此简称"帛书本"《老子》甲、乙本。甲本应抄录于刘邦登基之前，乙本应抄录于刘邦即位之后。1990年，湖北荆门郭店出土的战国中晚期楚简《老子》，竹简分甲、乙、丙三组71枚，被整理为十五篇，2000来字，可能是节选本。

《老子》的版本不仅在国内"汗牛充栋"，在国外也是"充栋汗牛"。1275年意大利人马可·波罗到了中国，17年后回国时带去一批中国书籍，并出版了《马可波罗游记》，掀起了一股中国热，其后大量传教士涌入中国。对《老子》的传播，传教士和汉学家起到了很大的作用。曾经有人说，《老子》曾在7世纪被译成梵文；17世纪末，有比利时传教士卫方济的拉丁文译本；18世纪初，有法国传教士傅圣泽的法文译本；18世纪末，有德国神父格拉蒙特的拉丁文译本。对《老子》的译本统计极其艰难，一是早期译本保存的情况不佳，二是选译本、节译本、编译本的标准难以把握，三是合译本、刊发本、修定本，数量难以统计。

河南省社会科学院丁巍《老学典籍考：二千五百年来世界老学文献总目》的成果表明：东方语系503种，西方语系618种。西文版本的情况是：英文182种、法文109种、德文240种、俄文12种、西班牙文2种、意大利文11种、捷克文3种、丹麦文1种、荷兰文10种、芬兰文1种、挪威文1种、保加利亚文3种、瑞典文4种、世界语1种、奥地利文1种、拉丁文1种、葡萄牙文1种、冰岛文1种、匈牙利文1种等。到2008年，中南大学辛红娟教授认为可见各种版本的日文《老子》典籍399种。明朝末年，《老子》才开始了西方之旅，被域外广泛翻译与研究。翻译文字28种语言，版本1100余部，"居外译汉籍之首"。以前乃至现在都有这样的说法，《老子》是仅次于《圣经》被翻译出版最多的一部作品，可深圳新闻网2006年5月6日就曾经道报说，《老子》超过了《圣经》，成为全球翻译和注本最多的世界传统文化经典。

传统本《老子》一共是81章，习惯上被分为道经、德经两个部分。把"传统本"跟"出土本"加以比较，两者是有一些差异的。传统本《老子》定型于西汉，其代表作可能就是《老子河上公章句》，这个版本跟王弼《老子注》基本一致。"帛书本"《老子》和"楚简本"《老子》与《老子河上公章句》等"传统本"有所不同，"帛书本"乙本《老子》避汉高祖刘邦名讳，与河上公本有所不同，这说明河上公本可能出现在汉文帝、汉景帝时期。

《老子》从先秦到汉初时都称《老子》，而经过西汉河上公、刘向规整以后，《老子》逐渐被称为《道德经》。东汉时期，有《道经》《德经》之说，《想尔注》中已有记载，颜师古在注《汉书》时广泛使用《老子道经》及其注文。东汉时期产生的道教尊老子为圣主，尊《老子》为《道经真经》。由此可见，从东汉开始，随着道教的逐渐形成和不断发展，《老子》新的名称《道德经》已经形成并大有取代《老子》的势头。

司马迁把老子、韩非列在一个传里即《史记·老子韩非列传》，可能因为当时认为韩非是中国系统地研究《老子》的第一人，即韩非写了《解老》《喻老》两篇文章。并且事实上最早继承《老子》的应该是《文子》。韩非《解老》《喻老》对《老子》重要章句进行注解，似乎开了解释《老子》的先河——不过韩非的"老学"研究，不过简单的"说文解字"而已，谈不上比较系统的研究，更没有从"宇宙生成论""哲学本体论"等角度切入，最多也就属于"生活智慧论"或"技术实用论"的范围，甚至达到"科学和谐论"的地方也是很少的。

汉文帝时期的《老子河上公章句》是后世流传很广的《老子》注本，以养生为特色，被称为最优秀的民间注本。与《老子河上公章句》同期的有《老子邻氏经传》《老子傅氏经说》《老子徐氏经说》《刘向说老子》，可惜全部失佚。东汉有严遵《老子道德经指归》、道教天师张道陵《老子想尔注》等。三国时期魏国王弼《老子注》对后世影响非常大，讲究义理、对应、文雅，文人气、学术味很浓，被称为最权威的官方注本。

在唐朝，老子的地位得到了空前提高，唐玄宗曾经两次注释《老子》，即《道德真经注》《道德经义疏》。在有唐一代，魏徵、傅奕、陆德明、颜师古、成玄英等都对《老子》加以注释，影响不小。宋代道教大兴，宋徽宗自称"教主道君皇帝"，亲自为《老子》做注即《御注道德真经》。宋代最著名的《老子》注家南有天台山的张伯端，北有咸阳的王重阳——他们两人都是道教的大师。当时的很多著名人物都参与其中，王安石、司马光、苏辙、叶梦得、范应元、周敦颐、程颐、程颢、张载、朱熹、陆九渊、张栻等。

有元一代因为丘处机的不懈努力，道教再创辉煌，可因为有些道士得意忘形、倒行逆施，于是出现了崇佛惧道的大事件，曾经先后四次焚毁除了《老子》即《道德经》之外的道教书目。明太祖朱元璋的反元成功，对道家情有独钟，亲自注释《道德经》并颁布天下。明代的李贽、归有光、祝世禄、钟惺、洪应绍、龚修默等，都是著名的《老子》注家。到了清朝，朴学兴起，清世祖顺治亲自注释《道德经》。清代著名的《老子》注家有王夫之、徐永祜、徐大椿、纪昀、毕沅、姚鼐、潘静观、严可均、魏源、严复、孙诒让、邓延祯等。从清末至现代，《老子》注家有杨树达、罗振玉、马叙伦、陈柱、王力、高亨、蔡尚思、钱穆、于省吾、蒋锡昌、严灵峰、朱谦之、任继愈、罗根泽、徐复观、钱钟书、许杭生、张松如、梁启超、冯友兰、胡适、林语堂、南怀瑾等。

特别值得注意的是，日理万机的皇帝曾经有八位亲自参与注解《老子》——有四位的注本还流传下来，他们是唐玄宗李隆基、宋徽宗赵佶、明太祖朱元璋、清世祖爱新觉罗福临；而另外四位的注本未能流传，他们是梁武帝（《老子讲疏》《老子义疏理纲》）、梁简文帝（《老子义》《老子私记》）、梁元帝（《老子讲疏》）、魏孝文帝（《老子注》、《老子义疏》）。至于有多少皇帝研究过《老子》，那就很难得出具体的数据了，很少有帝王不知道《老子》的，这话还是可以说的。

《道德经注释》所选版本：《道德经注释》以传统本《老子》作为基础文本，参考"帛书本"《老子》和"楚简本"《老子》等，这是因为：第一，两千多年以来，传统本《老子》流传非常广泛，乃至几乎家喻户晓，如果以貌似"新"的东西来取代成熟的东西，这不仅是对读者的不负责，也是对自己的不负责，更是对《老子》的不负责。这不利于《老子》的传播（文需通俗方传远），也不利于研究的深入。第二，《老子》跟传统本《老子》相比，"帛书本"《老子》和"楚简本"的确在文字上、文序上和字序上有些差异，但只要把握住老子的基本思想，无论哪种文本都改变不了《老子》的基本思想，没有必要为"道德经"还是"德道经"而争论不休，更没有必要用所谓的"德道经"去否定"道德经"。做学问渴望创新，可绝对不敢"标新"——老子"三宝"为之一为"不敢为天下先"，研究"老子"、推广"老子"、首先必须不敢反对"老子"。并且，不能认为"帛书本"《老子》、"楚简本"《老子》就比传统本《老子》更古老、更经典、更有用，因此认为传统本《老子》一钱不值，应该被扫进历史的垃圾堆——有些爱好者尤其如此！传统本《老子》是从古本那里流传下来的，不是凭空而来的，并且经过几千年的读者、研究者不断完善积累起来，传统本《老子》是中华文化传统的结晶，绝对不能为了所谓的"创新"而把传统本《老子》当成"伪劣产品"，而"帛书本"《老子》、"楚简本"《老子》，不过是被历史淘汰的一种本子，不必厚古薄今！第三，为了照顾汉语的语音美、韵律美、结构美和简约美，对各种不同的文本，根据古今中外大师的观点和研究成果，《道德经注释》尽量选择合乎"四美"的字、句，使之朗朗上口，形式整齐，以利于言简义丰，以便于广泛流传，做到了"无一字无来处""无一字无依据"。司马迁在《史记》说《老子》是五千余言，南宋大学者王应麟（1223—1296，《三字经》作者）在《汉志考证》中曾经说《老子》"凡五千七百四十有八言"，有爱好者按照现在的某些版本（间或是传统本《老子》跟帛书本、楚简本的混合）统计出有5635字。这种差距，意味着版本的不同，版本的问题不解决，其他的一切事情无从谈起。因此，对于传统本《老子》的句子前后完全重复而不会影响基本内容的，我们就删掉了后者。

这里只说说版本和标点的问题：我们以河上公本、王弼本、唐玄宗本为主，还参考唐易州龙兴观道德经碑本、楼观台碑本、遂州碑本、敦煌写本，御注、邢玄、庆阳、磻溪、高翿、赵孟頫等本，帛书、楚简等并有关校勘、训诂等研究成果。

如第四章的"湛常存"：清文献学家严可均（1762—1843）说：河上作"湛兮似若存"，王弼作"湛兮似或存"；近代国学大师罗振玉（1866—1940）说：景龙、御注二本均作"湛常存"，敦煌本作"湛似常存"；日本著名汉学家武内义雄（1886—1966）说：敦本此句作"湛然常存"，遂州本"湛似常存"；曹魏学者王昶（？—259年）：邢州本"湛似或存"下句"谁"下有"之"字。按照"挫其锐，解其忿；和其光，同其尘"的句式，我们选择了"湛常存"——湛，《说文》："没也。"《小尔雅·广诂》："没，无也。""湛常存"即阐述道即非常道"虚灵不昧，似无而实有"的特征。经过这样一番"笨功夫"。

如《第四章》："道：冲用之或不盈，渊似万物之宗。"

谦之案："冲"，傅奕本作"盅"，"盅"即"冲"之古文。说文皿部："盅，器虚也。老子曰：'道盅而用之。'"严可均曰："久不盈"，各本作"或不盈"。罗振玉曰：景龙本作"久"，敦煌本作"又"，乃"久"之讹。俞樾曰："道盅而用之"，"盅"训虚，与"盈"正相对，作"冲"者，假字也。第四十五章"大盈若冲"，"冲"亦当作"盅"。又按"或不盈"，唐景龙碑作"久不盈"，久而不盈，所以为盅，殊胜今本。太平御览三百二十二引墨子曰："善持胜者，以强为弱，故老子曰'道，冲而用之，有弗盈'也。"有弗盈即又不盈。谦之案：傅本"盈"作"满"，陆德明曰："'盈'，本亦作'满'。"盈、满同义。一切经音义卷十三引说文"盈"作"器满也"。二徐本作"满器也"。田潜曰："案水部'溢'下云：'器满也。'器满即溢，亦即盈也。故'满'下云：'盈，溢也。'训义甚明。"可证"盈""满"可互用，惟原本当作"盈"。马叙伦曰："'满'字诸本作'盈'者，荀悦曰：'讳盈之字曰满。'盖汉惠帝名盈，讳之改为'满'也，'盈'字是故书。""冲用之或不盈"有争论的字眼主要是"冲"或"盅"、"或"或"又"、"盈"或"满"：根据第四十五章"大盈若冲"，我们因此选择"冲"；根据河上公本作"或"，我们因此选择"或"；根据避讳而改"满"，我们因此选择"盈"。即我们选择的文本是"道冲用之或不盈渊似万物之宗"，断句为："道：冲用之或不盈，渊似万物之宗。"其理由就是用"冲用之或不盈""渊似万物之宗"两个比喻来象征道的特征，即"如冲……""如渊……"，一目了然。可流行的标点怎样呢？五花八门：陈鼓应："道冲而用之或不盈。渊兮，似万物之宗……"傅佩荣："道冲，而用之或不盈。渊兮，似万物之宗。"王蒙："道，冲而用之或不盈。渊兮似万物之宗。"张岱年是这样标点的："道冲而用之或不盈，渊兮似万物之宗。"我们查遍很多书籍，惟有张岱年有此标点，欣慰！

如第十章"营魄抱一"，我们的版本是"营魄抱一"，常见的版本都是"载营魄抱一"，这跟第九章的"天之道哉"关系密切。

谦之案：首"载"字，按郭忠恕佩觽卷上："是故老子上卷改'载'为'哉'"。注云："唐玄宗诏：'朕钦承圣训，覃思玄宗，顷改道德经'载'字为'哉'，仍属上文。及乎议定，众以为然，遂错综真诠，因成注解云。"孙诒让札迻："案旧注并以'天之道'断章，而读'载营魄抱一'为句，淮南子道应训及群书治要三十九引'道'下并有'也'字，而章句亦同。楚辞远游云：'载营魄而登霞兮。'王注云：'抱我灵魂而上升也。'屈子似即用老子语。然则自先秦、西汉至今，释此书者，咸无异读。惟册府元龟载唐玄宗天宝五载诏云：顷改道德经'载'字为'哉'，仍隶属上句，遂成注解。'郭忠恕佩觿则云：'老子上卷改载为哉。'注亦引玄宗此诏。检道经三十七章王本及玄宗注本，并止第十章有一'载'字，则玄宗所改为'哉'者，即此'载'字；又改属上章'天之道'为句。今易州石刻玄宗道德经注仍作'载'读，亦与旧同者，彼石立于开元二十年，盖以后别有改定，故特宣示，石刻在前，尚沿旧义也。'载''哉'古字通，玄宗此读，虽与古绝异，而审文校义，亦尚可通。"

应该是"营魄抱一"还是"载营魄抱一"呢？先跟"营魄抱一"下面的句子相比："营魄抱一，能无离乎？专气致柔，能婴儿乎？涤除玄览，能无疵乎？爱民治国，能无智乎？天门开阖，能为雌乎？明白四达，能无知乎。""营魄抱一"跟"专气致柔"、"涤除玄览"文意和字数都很贯通，文句流畅，而"载营魄抱一"跟"专气致柔"不协调，显得很突兀。再看《楚辞·远游》："载营魄而登霞兮"跟"载营魄抱一"句法结构不一样，意思也不相通。"载营魄而登霞兮"的"载营魄"跟"登霞"属于相通的句法结构，王逸所以注解说为"抱我灵魂而上升也"，"载"即"抱"，"登"即"升"，比较准确的注解应该是"抱我灵魂而登上云霞也"。"营魄抱一"的意思是完整的，那么"载营魄抱一"的"载"是什么意思呢？是"夫"那样的发语词吗？可能性不大。在当时乃至其后的汉语用例中，我们没有发现这种现象，因此即不属于《诗经》"载驰载驱"的"载"，也不属于"载歌载舞"的"载"。很明显"载营魄抱一"的"载"是一个"外来人口"，来自第九章的"天之道哉"的"哉"。唐玄宗诏书和易州石刻玄宗《道德经》都认为是"营魄抱一"，所以我们瞻前顾后、斟酌再三，决定取第九章为"天之道哉"而第十章为"营魄抱一"，这样可谓首尾相顾、前后照应。应该指出的是，"载营魄抱一"的影响很大很深，我们所见的《老子》版本，无一不是"载营魄抱一"，鲜有"营魄抱一"。且三国陆逊之曾玄孙陆云（与其兄陆机合称二陆）在《逸民赋》中有这样的诗句："载营抱魄，怀元执一。"这无疑是来自《老子》"载营魄抱一，能无离乎"？因此，改动这样一个能够对和谐文句作用而"无关紧要"的"载"字，我们是承担着很大风险的！

如《六十二章》"不曰'求以得，有罪以免'邪"。严可均曰："不日求以得"，河上、王弼"求"字在"以"字下，高翿（高翿，字文举，号松岩贞隐，山东益津人即今河北霸州市，著名学者）"日"作"曰"。"有罪以勉"诸本作"以免邪"，高翿作"不免邪"。罗振玉曰：景龙、御注、敦煌庚、辛本均作"求以得"，王本、景福本作"以求得"。庚本"得"下有"之"字。

又景龙本、敦煌辛本均无"也"字。毕沅曰：王弼作"不曰以求得"。陈碧虚曰：古本作"不曰求以得"，严君平本作"不求而自得"。谦之案：罗卷、傅、范、彭、王羲之、赵孟頫均作"曰"，御注、磻溪、景福、楼正、室町、奈卷、顾欢作"日"，作"日"讹。俞樾曰：唐景龙碑及傅奕本并作"求以得"，正与"有罪以免"相对成文，当从之。"古之所以贵此道者何"九字为句，乃设为问辞以晓人也。"不曰求以得，有罪以免邪"，言人能修道则所求者可以得，有罪者可以免也。"不曰"字"邪"字相应，犹言岂不以此邪，谦不敢质言也。下云"故为天下贵"，则自问还自答也。从这些错综复杂的研讨中，我们选择的文本是"不曰求以得有罪以免邪"。俞樾"'不曰'字'邪'字相应"的观点给我们以启示，因此标点为："不曰'求以得，有罪以免'邪"，"不曰……邪"是一种反问的句式。我们翻阅了很多新式标点的文本：如任继愈《老子新译》："不曰求以得，有罪以免邪？"此自然是不明白"不曰……邪"是一种反问的句式所致，高亨《老子正诂》重订相同，可是意思还是清楚的。陈鼓应为："不曰：以求得，有罪以免邪？"不仅选取的文字不同，标点就更是大相径庭了。即使选择这样的文字，即"不曰以求得有罪以免邪"，也可以这样标点："不曰'以求得，有罪以免'邪"，意思也不会有根本性的变化。同样的还有傅佩荣："不曰：求以得，有罪以免耶？"《林语堂讲国学》、王蒙《老子的帮助》为："不曰：求以得，有罪以免邪？"陈、傅作为台湾来大陆弘扬国学的大师，理当知道俞樾的观点，或许看看高亨、任继愈等人的研究，也不至于出现这样"不辞"的现象。至于林语堂、杜曼、王蒙乃至许许多多的爱好者，他们并非大师，错了也就错了，也不必苛求了！

　　校勘文本，准确标点，是学习和研究《老子》的开始，没有这种基础的工作，那只能是谬种流传、误人不浅，那些连文本和标点都没有认真解决的东西，还有什么新的价值呢？因此《老子字典》的"字头"只有790个，字数只有5173个。字数虽然少了，可内容没有减少。以上这些内容，可以说是十分枯燥无味，可是真真实实的是"良药苦口""无味大味"，读者当细下心来认真阅读和体会。我们不可能对《老子》每一个字的来龙去脉都在本书中做一个清清楚楚的交代，但是并不等于本书中的每一个字的来龙去脉不是明明白白的。

　　3.文本注本：几千年来，传统本《老子》注本汗牛充栋，上到皇帝，小到平民，数不胜数，其中"河上公注本""王弼注本"和"唐玄宗注"各具特色，我们以此作为基本参考注本，并称之为"三家注"。这是因为：第一，《河上公注》即《河上公章句》，是有关《老子》注本成书最早，流传最广，影响最大，被誉为《老子》第一民间注本；《河上公注》的基本指导思想是：天道与人事相通，治国与治身相通，《老子》本于清虚无为之道，"言治国治身之要

（陆德明《经典释文》）"。第二，《王弼注》即《老子注》，是有关《老子》注本第一部系统阐述魏晋玄学的开端之作，标志着中国哲学从"宇宙论"向"哲学论"、神学向思辨的转变，被誉为《老子》第一官方注本；《王弼注》的基本指导思想是：通过对《老子》中的有无、体用、本末、动静、虚实等范畴的探讨，第一次提出老子"哲学本体论"的"以无为本"观点，对古代思维的发展有着积极的意义。第三，《唐玄宗注》即《唐玄宗御注道德真经》，在有关《老子》的皇帝注本中很有特色：《唐玄宗注》以庄子的"性分"之说作为指导，阐明清静修身之玄机；以道家的"妙本"之说作为指导，阐明无为之政理——"内则修身之本，囊括无遗；外即治国之方，洪纤毕举（唐·杜光庭（850—933）语"。

"三家注"在"拓展思路、修身养性、治国安民"等方面用功甚深，多有发现，足以相得益彰，我们斟酌损益，扬其所长，避其所短，在准确继承的基础上，有所发展，有所创新——我们需要继承，可我们是站在巨人的肩膀上，不盲从，不迷信，在继承的基础上发展，在发展的基础上有所创新。因此，在解读《老子》原典的时候，我们坚持"言必有据""据必有本""言之成理"，所以在相当程度上都以"三家注"作为解读《老子》原典的依据。当我们的理解与"三家注"有异的时候，我们或在"三家注"中加"按语"或在原典解读中加以指出。为了保证读者深度阅读《老子》经典，有所发现，有所发明，我们以"三家注"作为基本注释，供读者进一步阅读和研究《老子》参考。

阅读和理解《老子》，不仅是字句的问题，也不仅仅是章句的问题，而必须从局部上入手、从整体把握，这是研读《老子》的有效方法，因此我们又精选了《八洞仙祖分章合注·太上道德经》（简称《八仙注》）、《吕子道德经解》（简称《纯阳子注》）、《老子道德经憨山注》（简称《憨山注》）。

《八仙注》的基本情况是：八仙指的是：正阳帝君钟离老祖即钟离权也称汉钟离、西华帝君李祖即李凝阳也称铁拐李、玉华帝君张祖即张果也称张果老、孚佑上帝纯阳吕祖即吕洞宾、瑶华帝君韩祖即韩湘子、妙法元君何祖即何琼也称何仙姑、光垣帝君蓝祖即蓝采和、黄华帝君曹祖即曹佾也称曹国舅。八仙有的真有其人如汉钟离、张果老，有的子虚乌有如何仙姑、蓝采和，因此所谓《八仙注》就只能算是托名了。壬辰（2012）仲秋我们曾在洛阳邙山之上清宫蒙道长赐一本线装版印《太上道德经》，且曰乃原先上清宫道长20世纪20年代从日本获赠云云。几年以来，带着身边、放在枕边，时时拜读，其中很多地方的确有神仙的水平，看来原作者水平不低，肯定远远超过了当代超一流大学的大师，且这本《太上道德经》也见之于《道藏》。如《老子·第一章》：《八仙注》：道（元始一炁，虚无自然，括号内为八仙注下同）可道，非常道

（道本无言，拟议便非）；名（长养万物，不可知识）可名，非常名（愈采愈深，愈执愈失）。正阳帝君注曰：此道字，在孔子言则为"后天"，《中庸》云：道之大原出于天，是有"天"而后有"道"，非"后天"而何？若以太上言，则"道"字乃"先天之道"矣。惟有"道"而后有"天"，所谓"道生天地"是也……《八仙注》分为两个部分，即"单句提要"如"非常道（道本无言，拟议便非）"和"语段解说"如"此道字，在孔子言则为'后天'"……《老子》是必须细细琢磨、反复研读的，如果能够熟记"单句提要"和"语段解说"，必然突飞猛进。《纯阳子注》的情况类似，吕洞宾真有其人，所以我们选取了一些有见解的内容作为注释。

　　《憨山注》是对每一章的综合阐述，有不少地方很到位很深刻，在没有采用"天人国学"基本观点的情况有如此见解，实在难能可贵。憨山德清（1546—1623），姓蔡，字澄印，号憨山，法号德清，谥号弘觉禅师，安徽全椒人，为临济宗门下，是明末四大高僧之一。憨山德清精通释、道、儒，主张三家的融合。《憨山注》最大的特点就是自己有一套标准，按照这个标准去衡量阅读对象。憨山德清认为《庄子》是《老子》的注释、"看老庄者，先要熟览教乘，精透楞严"等观点都是很深刻的。因此，我们取《憨山注》作为每一章的总结，如《老子·第一章》《憨山注》：此章总言"道"之"体"、"用"及入道工夫也。老氏之学，尽在于此。其五千余言，所敷演者，唯演此一章而已。所言"道"，乃"真常之道"。"可道之道"，犹言也。意谓"真常之道"，本"无相无名"，不可言说。凡可言者，则非真常之道矣，故非"常道"……

　　4.著作结构：为了便于读者了解、熟悉和研究《老子》，我们把全书分为上篇、下篇和附篇三个部分，基本内容是：

　　我们把传统本《老子》从第一章到第三十七章归为"道经"，作为上篇；把第三十八章到第八十一章归为"德经"，作为下篇。在这个基础上，根据《老子》每章的内容的紧密程度，共分为36讲，并从"道"的特征和功能两个方面，给每讲都新取了名字，说明每讲之间有着的逻辑关系，旨在说明《老子》是一本完整的学术著作，而不是一般语录集。每讲包括传统本《老子》的至少一章或多章；每章分为〖简注〗〖串讲〗等几部分。"朗读和背诵"是阅读和研究《老子》的基础功夫，多读几遍，开卷有益，务必牢记在心，切莫掉以轻心。《老子》有很多内容已经成为家喻户晓的名言名句，更是理解《老子》的关键词，所以读者只要反复玩味，就能为进一步学习和研究打点基础。

　　学习和研究《老子》，下面的过程很有实用价值：阅读传统本《老子》，对比帛书本《老子》，能够用"白话"把内容说出来，进而对照〖简注〗反复阅读，结合其后乃至全本甚至整个中华文化传统基本观点进行思考，这是一个循序渐进的过程。没有这样一个由浅入深的过程，不可能深入浅出，不可能获得预期效果，这一点在这里务必先明白。

附篇《老子字典》是学习和研究《老子》的成果，是进一步阅读和研究《老子》的基本资料，是我们特别倾心之作，也是我们研究《老子》成果的结晶，读者认真品读，经常查阅，必将获得以简驭繁，以少胜多，事半功倍的效果！

现代有不少人可能因为只看到了《老子》的"短小"，而没有发现《老子》的"精干"，所以仅凭胆大就妄为，都想在老子这里分一杯羹、取一点巧——直到现在，很多人都不断宣称几千年没人读懂《老子》，而自己才真正读懂了《老子》。有清一代的魏源，其著作取名《老子本义》，可见其自负。而今这种情况更是屡见不鲜，什么"传真""同道""天道"等，自以为得其真传，跟《老子本义》一样，都说别人"传"的"不真"，至少有掺杂弄假的充分。我们感到很纳闷的是：为什么老子的门下会出现这么多妖孽？丘处机曾经远涉万里在成吉思汗那里获得的无比恩赐却何以在元代灭道的事件频频发生？国学是心学，用心才能学，《八仙注》说"海枯终见底，人死不知心"，只有自己才能明白自己的心，因此，读《老子》，在于明"道德"，不在"书读百遍"，而在"心领神会"。这不能等闲视之，不可心猿意马，任何囫囵吞枣，任何投机取巧，都是自欺欺人，实在值得每个学国学、爱国学的人扪心自问，谨言慎行，以免重蹈覆辙。妄图打着大师的旗号、玩弄神童的把戏的牛鬼蛇神，必然作茧自缚、咎由自取，最终坠入万劫不复的血河里！靠着国学生存而明目张胆地口是心非的牛鬼蛇神，他们比任何人都早就不相信怪力乱神了，否则难道他们就不怕地狱的恐惧和因果的报应吗？天网恢恢，疏而不失，老子早就说了，等着这些魑魅魍魉将是他们自掘的坟墓！

阅读《老子》乃至《庄子》有没有入门，中华文化传统"道不可道"、"道必须道"的核心观点是检验是不是进入了天人国学门槛的尺子：明白且认可这种观点的，虽然入室还远，可也算得上开始登堂了，如果还在不断地给道（常道）下定义、做训诂等，则离大门还远得很呢。明白就是知道什么是"道不可道"和为什么"道不可道"，认可就是按照"道必须道"去下学而上达。例如老子说"道可道，非常道"，唐代著名诗人白居易曾经在讥笑老子，在《老子》七言绝句这样说："言者不知知者默，此语吾闻于老君；若道老君是知者，缘何自著五千文？"而被人捧为大师的南怀瑾在《老子他说》举了这个例子，并且很得意地说这是"老子吃瘪"，是"用老子的手打老子的嘴巴"，是"世界上打老子耳光打得最好的"——南怀瑾的话是很大不敬的，每次我们看到这里的时候，总觉得是不是记录的人弄错了——可事实上，这不是"用老子的手打老子的嘴巴"，而是白居易、南怀瑾用自己的手打白居易、南怀瑾自己的嘴巴。白居易喜欢"平白如话"、南怀瑾号称"不作结论"（南怀瑾有"三不方针"：不问训诂、不拘细节、不作结论）："平白如话"很难明白"道可道，非常道"，这是共识；"不作结论"犹如走路没有方向、度量没有衡矩，那自然的信马由缰、兴之所至、不知所云……白居易、南怀瑾就是属于那种既不"明白"也不"认可"这种核心观点的代表，所以他们被我们判定为没有入门的"牛人"！

在本文开始的时候我们曾说"神秘莫测的老子"，"货真价实的《老子》"，其实《老子》也是"神秘莫测"的。《老子》并不神秘，找到了打开《老子》钥匙，这玄妙之门就豁然洞开，这就是"天人国学"，正如老子所说"吾言甚易知，甚易行（第七十章）"！因此研读《老子》没有想像的那样难。有的人《老子》倒背如流、可当活字典查阅，可是小和尚念经，这是没有任何真正价值的。只要心诚意正，就会开卷有益，不同的层次都有不同的收获。既不妄想一步登天，也不妄自顾影自怜。只要认真地读，细细地品，慢慢地回味，静静地参悟，读进去，走出来，就会出现"山重水复疑无路，柳暗花明又一村"的境界。

目 录

上篇 · 道经

下篇·德经

附篇·《老子字典》

上篇 · 道经

第一讲·体道论：无有玄同，众妙之门

【简注】

第一章·道可道，非常道；名可名，非常名[1]。无名，天地之始；有名，万物之母。故常无，欲观其妙；常有，欲观其徼[2]。两者同出而异名，同谓之玄；

---

[1] 道可道，非常道；名可名，非常名：道可道：第一个"道"：老子的哲学范畴。第二个"道"：说，解说。《河上公注》：谓经术政教之道也。非常道：常：恒，久。《河上公注》：非自然生长之道也。常道当以无为养神，无事安民，含光藏晖，灭迹匿端，不可称道。名可名：第一个"名"：名称。第二个"名"：取名，命名。《河上公注》：谓富贵尊荣，高世之名也。非常名：《河上公注》：非自然常在之名也。常名当如婴儿之未言，鸡子之未分，明珠在蚌中，美玉处石间，内虽昭昭，外如愚顽。《王弼注》：可道之道，可名之名，指事造形，非其常也。故不可道，不可名也。《唐玄宗注》：道者，虚极之妙用。名者，物得之所称。用可于物，故云可道。名生于用，故云可名。应用且无方，则非常于一道。物殊而名异，则非常于一名。是则强名曰道，而道常无名也。《八仙注》：道：元始一炁，虚无自然。可道，非常道：道本无言，拟议便非。名：长养万物，不可知识。可名，非常名：愈采愈深，愈执愈失。正阳帝君注曰：此道字，在孔子言则为"后天"，《中庸》云道之大原出于天，是有"天"而后有"道"，非"后天"而何？若以太上言，则"道"字乃"先天之道"矣。惟有"道"而后有"天"，所谓"道生天地"是也。故是经开端便云：道若可道，非常道也，可道即后天之道。非常者，如着在一边就一边，不能浑盖包罗。若大道则不可道也，惟不可道，道斯周遍。而名亦如之。名即仁义礼智之名。其生此仁义礼智者，道也。谓之仁，谓之义，谓之礼与智。便落后天。而仁不能通乎义，礼不能通乎智，是所以无常名也。而所以仁，所以义，所以礼与智，则不可名。其不可名者，道而已矣。按：《八仙注》以孔子之道为"后天"，以老子之道为"先天"，很有见识，因此即可引申出天人国学的"常道·非常道"。特别是用仁义礼智来说明有关"可道"的道跟"不可道"的道，很有启发。

[2] 无名，天地之始；有名，万物之母。故常无，欲观其妙；常有，欲观其徼：无名，天地之始：无名即道，天地本始。《河上公注》：无名者谓道，道无形，故不可名也。始者道本也，吐气布化，出于虚无，为天地本始也。《唐玄宗注》：无名者，妙本也。妙本见气，权舆天地，天地资始，故云无名。有名，万物之母：有名：万物开始之始。《河上公注》：有名谓天地。天地有形位，有阴阳，有柔刚，是其有名也。万物母者，天地含气生万物，长大成熟，如母之养子也。《王弼注》：凡有皆始于无，故"未形""无名"之时则为万物之始，及其"有形""有名"之时，则长之育之，亭之毒之，为其母也。言道以无形无名始成万物，以始以成而不知其所以玄之又玄也。《唐玄宗注》：无名者，妙本也。妙本见气，权舆天地，天地资始，故云无名。有名者，应用也。应用匠成，茂养万物，物得其养，故有名也。故常无，欲以观其妙：妙：奥妙，玄妙。《河上公注》：妙，要也。《王弼注》：妙者，微之极也。万物始于微而后成，始于无而后生。常有，欲以观其徼：徼：边界。《河上公注》：徼，归也。常有欲之人，可以观世俗之所归趣也。《王弼注》：徼，归终也。凡有之为利，必以无为用。欲之所本，适道而后济。故常有欲，可以观其终物之徼也。《唐玄宗注》：人生而静，天之性。感物而动，性之欲。若常守清静，解心释神，返照正性，则观乎妙本矣。若不正性，其情逐欲而动，性失于欲，迷乎道原，欲观妙本，则见边徼矣。按：三家都把"常无欲""常有欲"

玄之又玄，众妙之门[1]。

【帛书】道可道也，非恒道也；名可名也，非恒名也。无名，天地之始也；有名，万物之母也。故恒无欲也，以观其妙；恒有欲也，以观其徼。此两者同出而异名，同谓之玄；玄之又玄，众妙之门。

【憨山注】：此章总言"道"之"体""用"及入道工夫也。老氏之学，尽在于此。其五千余言所敷演者，唯演此一章而已。所言"道"，乃"真常之道"。"可道之道"，犹言也。意谓"真常之道"，本"无相无名"，不可言说。凡可言者，则非真常之道矣，故非"常道"。且"道本无名"，今既"强名曰道"，是则凡可名者，皆假名耳，故非"常名"。此二句（黎荔注：道可道，非常道；名可名，非常名），言道之体也。然无相无名之道，其体至虚，天地皆从此中变化而出，故为天地之始。斯则"无相无名"之道体，全成"有

连读，未能真正理解《老子》的本意。《八仙注》：无：荡荡难名，民无得称名，天地之始：纯亦不已，先乎覆载。有：太极份真，强名曰道。名，万物之母：降本流末，养育群生。故常无，欲以观其妙：隐显莫测，无心运化。常有，欲以观其徼：守中抱一，有意操持。无字一读，"无"即所谓"无极"也。未有天地，先有此道，道丽于无，非天地之始乎？"有"字一读，"有"即所谓"太极"也。惟有道而后万物生，非趋于有，非万物之母乎？"常无"一读。"无"何以见"妙"？无不终无，微妙不可端倪，故欲观之。盖是"无"，非蹈空之无也。"常有"一读。徼者缴也，尽也，即所谓遍也。凡物有不能遍，其不能遍者，以所植之浅也。惟道则常有，有根于无。从无生有，有斯不穷。不穷斯徼矣，而要非迹象之有也，故欲观之。

[1] 两者同出而异名，同谓之玄；玄之又玄，众妙之门：两者同出而异名：两者：有、无或"常有""常无"。《河上公注》：谓有欲无欲也。同出者，同出人心也。而异名者，所名各异也。名无欲者长存，名有欲者亡身也。《王弼注》：两者，始与母也。同出者，同出于玄也。异名，所施不可同也。在首则谓之始，在终则谓之母。《唐玄宗注》：如上两者，皆本于道，故云同也。动出应用，随用立名，则名异矣。按："两者"：《河上公注》认为指"有欲""无欲"；《王弼注》认为指"始""母"；《唐玄宗注》则未指明。没有正确地指出"两者"具体指什么，对阅读《老子》原文有很大的影响。同谓之玄：玄：深黑色，象征幽远莫测。《河上公注》：玄，天也。《王弼注》：玄者，冥也，默然无有也。《唐玄宗注》：出则名异，同则谓玄。玄，深妙也。玄之又玄：《河上公注》：天中复有天。禀气有厚薄，得中和滋液，则生贤圣，得错乱污辱，则生贪淫也。《王弼注》：始母之所出也，不可得而名，故不可言，同名曰黑，而言谓之玄者，取于不可得而谓之然也。众妙之门：《河上公注》：能之天中复有天，禀气有厚薄，除情去欲守中和，是谓知道要之门户也。《王弼注》：众妙皆从同而出，故曰众妙之门也。《唐玄宗注》：意因不生，则同乎众妙，犹恐执玄为滞，不至兼忘，故寄又玄以遣玄，示明无欲于无欲，能如此者，万法由之而自出，故云众妙之门。《八仙注》：此两者：执其两端，空空如也。同出而异名：一份造化，心起经纶。同谓之玄：尽性至命，体用一源。玄之又玄：形神俱妙，无中生有。众妙之门：悟由此入，妙用难量。两，即有无之两。无，此道也；有，此道也。谓出同出，而或以之"无"名或以"有"名，名则异矣。玄者，深远无极之所，出有入无，道之神妙若此。欲不谓之玄也能乎？然第谓之玄，则犹可以迹象求也。毛嫱有伦，是也。至玄之又玄，则鲜所测度，所谓无声无臭是也，非至而何？然又不终于无，众有皆从此化化生生，故曰"众妙之门"。《纯阳子注》：道，由也；道，言也。道本人所共由，然非常说所能尽也。名，称也；道以名显，故可指名，然非常名所可泥也。无名即无极，有名即太极。物所自来，曰始物。所含育曰母。无欲，主静之时；有欲，动察之机。观，内视也，妙以虚灵之用。而言同出于先天，因事而异名。玄，幽微之意，玄之又玄，《中庸》所谓隐也。众妙之门，易所谓乾坤，其易之门也。

相有名"之天地，而万物尽从天地阴阳造化而生成。此所谓"一生二，二生三，三生万物"，故为"万物之母"。此二句（黎荔注：无名，天地之始；有名，万物之母），言道之用也。此下二句（黎荔注：故常无，欲观其妙；常有，欲观其徼），乃入道之工夫。常，犹寻常也；欲，犹要也。老子谓：我寻常日用安心于无，要以观其道之妙处；我寻常日用安心于有，要以观其道之徼处。徼，犹边际也。意谓全虚无之道体，既全成了有名之万物。是则物物皆道之全体所在，正谓一物一太极。是则只在日用目前，事事物物上，就要见道之实际，所遇无往而非道之所在。故庄子曰，道在稊稗，道在屎尿。如此深观，才见道之妙处。此二观字最要紧（黎荔注：欲观其妙、欲观其徼）。此两者同已下，乃释疑显妙。老子因上说观"无"观"有"，恐学人把"有"、"无"二字看作两边，故释之曰，此两者同。意谓我观"无"，不是单单观"无"，以观虚无体中，而含有造化生物之妙；我观"有"，不是单单观"有"，以观万物象上，而全是虚无妙道之理。是则"有""无"并观，同是一体，故曰，此两者同。恐人又疑两者既同，如何又立"有""无"之名，故释之曰，出而异名。意谓虚无道体，既生出有形天地万物。而有不能生有，必因无以生有。无不自无，因有以显无。此乃有无相生，故二名不一，故曰，出而异名。至此恐人又疑既是有无对待，则不成一体，如何谓之妙道，故释之曰："同谓之玄。"斯则天地同根，万物一体。深观至此，岂不妙哉？老子又恐学人工夫到此，不能涤除玄览，故又遣之曰："玄之又玄。"意谓虽是有无同观，若不忘心忘迹，虽妙不妙。殊不知大道体中，不但绝有无之名，抑且离玄妙之迹，故曰："玄之又玄。"工夫到此，忘怀泯物，无往而不妙，故曰："众妙之门。"斯乃造道之极也。似此一段工夫，岂可以区区文字者也之乎而尽之哉？此愚所谓须是静工纯熟，方见此中之妙耳。按：【憨山注】是憨山分析的点评《老子》的尺子，分析很深入、理解很细致，读者不妨先好好地研读几遍。

【串讲】

本讲是《老子》的第一章，是有关《老子》全书的纲领性的阐述，是阅读《老子》必不可少的基础知识，是打开《老子》宝藏的锁钥。在本讲中，老子提出了"两道"即常道、非常道，四名即常名、非常名，无名、有名、两常即常无、常有，二玄即"玄之又玄"、一门即"众妙之门"等一系列基本观念，并对这些基本观念的作用和特点加以解释。学习和研究《老子》，必须首先弄清楚这些基本观念及其作用和特点，才能左右逢源，一通百通，否则必然捉襟见肘，难以理解《老子》本来的意思，更不用说利用《老子》拓宽思路、修身养性、治国安民了！因为"道为体""德为用"，所以河上公给本章取名"体道"，意思是体悟"大道"的玄机，洞察"大道"的范围，体验"大道"的功用。"体道论"的重点在于"两道""四名""两常""二玄""一门"。对照【帛书】认真阅读，可以加深对《老子》的理解，此后仿此。

第一章的意思是："道"可以说出来的，是"非常道"；"名"可以用说出来的，是"非常名"。"无名"（常道），象征混沌未开之前的宇宙状态；而"有名"（非常道）则象征宇宙产生万物之后的状态。因此通过"常无"，能够领悟"常道"之"无"的玄妙所在；通过"常有"，能够观察"非常道"之"有"的神奇端倪。"常无"和"常有"两者都同出于"道"而名称各异即有无，而两者合二为一可以称之为"玄"；"玄"而又"玄"，这是打开"道"全部奥妙的大门。

第二讲·无为论：处无为之事，行不言之教

【简注】

第二章·天下皆知美之为美，斯恶矣；皆知善之为善，斯不善已。故有无相生，难易相成，长短相形，高下相倾，音声相和，前后相随[1]。是以圣人处无为之事，行不言之教[2]。万物作而不辞，生而不有，为而不恃，成功不居。夫唯弗居，是以不去[3]。

---

[1] 天下皆知美之为美，斯恶矣；皆知善之为善，斯不善已。故有无相生，难易相成，长短相形，高下相倾，音声相和，前后相随：天下皆知美之为美：天下：代指天下人，如诸侯等。《河上公注》：自扬己美，使彰显也。《王弼注》：美者，人心之所乐进也。按：天下：特指有钱有势的人，有话语权的人，如诸侯等。斯恶已：斯：此，这。已，矣，语已词。《河上公注》：有危亡也。《王弼注》：恶者，人心之所恶疾也。美恶，犹喜怒也。皆知善之为善：《河上公注》：有功名也。斯不善已：已，矣。《河上公注》：人所争也。《王弼注》：善不善，犹是非也。《唐玄宗注》：美善者，生于欲心，心苟所欲，虽恶而美善矣。故云皆知，以己之所美为美，所善为善矣。美善无主，俱是妄情，皆由封执有无，分别难易，神奇臭腐，以相倾夺。大圣较量，深知虚妄，故云恶已。故有无相生：《河上公注》：见有而为无也。难易相成：《河上公注》：见难而为易也。长短相形：相形：《释文》作"相较"，相互比较。《河上公注》：见短而为长也。高下相倾：倾：斜，不正。《河上公注》：见高而为下也。音声相和：和hè：响应。《河上公注》：上唱下必和也。前后相随：《河上公注》：上行下必随也。《王弼注》：喜怒同根，是非同门，故不可得偏举也，此六者皆陈自然不可偏举之明数也。《唐玄宗注》：六者相违，递为名称，亦如美恶，非自性生，是由妄情，有此多故。《八仙注》：天下皆知美之为美：自扬已美，使彰显也。斯恶已：有危亡也。皆知善之为善：有功名也。斯不善已：人所乎也。故有无相生：无必生有，有必归无。难易相成：先难后获，见易为难。长短相形：道本无形，自相长短。高下相倾：天旋地转，安得高下。音声相和：一风万籁，所鸣皆应。前后相随：往古即今，来今即古。正阳帝君注曰：大道不滞形迹，不份畛域，不落意见，浑浑沦沦；固无所为恶，并无所为美；固无所为不善，并无所为善。故举有无、难易、长短等一切浑于不见，省却多少牵扯烦扰。天下人不知此中妙谛：知美则以为美，殊不知则有不美者存；知善则以为善，殊不知则有不善者在。相形之下，遂生出有无等许多弊窦来，何如大道不知之之为得也。《纯阳子注》：美恶质之成于天者，若不善事之成于人者，已止此。知美与善之所以为美善，则自不为恶与不善也。有无，以生化言；难易，以事功言；长短，以器为言；高下，以地势言：六者自然之理势也。

[2] 是以圣人处无为之事，行不言之教：是以圣人处无为之事：无为：不妄为，不胡为，不乱为。《河上公注》：以道治也。《王弼注》：自然已足，为则败也。《唐玄宗注》：无为之事，无事也。寄以事名，故云处也。行不言之教：《河上公注》：以身师导之也。《唐玄宗注》：不言之教，忘言也，寄以教名，故云行也。《八仙注》：是以圣人处无为之事：恭己而治，贵乎自然。行不言之教：天何言道寓无物。为，亦事也。圣人当事而行，初无为之之心，行所无事是也。当言而言，亦无言之心，四时行焉是也。故曰处无为之事，行不言之教。

[3] 万物作而不辞，生而不有，为而不恃，成功不居。夫唯弗居，是以不去：万物作而不辞：

【帛书】天下皆知美之为美，斯恶已；皆知善之为善，斯不善已。有无之相生也，难易之相成也，长短之相形也，高下之相倾也，音声之相和也，先后之相随。是以圣人处无为之事，行不言之教。万物作而弗始辞也，为而弗恃也，功成而弗居也。夫唯弗居，是以弗去。

【憨山注】：此释前章"可名非常名"，以明世人居有为之迹、虚名不足尚，圣人处无为之道以御世、功不朽而真名常存之意也。意谓天下事物之理，若以大道而观，本无美与不美、善与不善之迹。良由人不知"道"，而起分别取舍好尚之心，故有美恶之名耳。然天下之人，但知适己意者为美，殊不知在我以为美，自彼观之，则又为不美矣。譬如西施颦美、东施爱而效之，其丑益甚。此所谓知美之为美，斯恶已。恶，丑也。又如比干，天下皆知为贤善也，纣执而杀之。后世效之以为忠，杀身而不悔，此所谓知善之为善，斯不善已。此皆尚名之过也。是则善恶之名，因对待而有：故名则有无相生，事则难易相成，物则长短相形，位则高下相倾，言则音声相和，行则前后相随，此乃必然之势。譬如世人以尺为长，以寸为短。假若积寸多于尺，则又名寸为长，而尺为短矣。凡物皆然，斯皆有为之迹耳。凡可名者，皆可去，此所谓名可名，非常名也。是以圣人知虚名之不足尚，故处无为之道以应事；知多言之不可用，故行不言之教以化民。如天地以无心而生物，即万物皆往资焉，不以物多而故辞。虽生成万物，而不以万物为己有。虽能生物，而不自恃其能。且四时推移，虽有成物之功，功成而不居。夫惟不居其功，故至功不朽。不尚其名，故真名常存。圣人处无为之道，亦由是也。盖万物作焉已下，皆是说天地之德，以比圣人之德。文意双关，庄子释此意极多。

第三章·不尚贤，使民不争；不贵难得之货，使民不为盗；不见可欲，使

辞：不断生长。《河上公注》：各自动也。《唐玄宗注》：令万物各自得其动作，而不辞谢于圣人也。生而不有：《河上公注》：元气生万物而不有。为而不恃：恃：依仗。《河上公注》：道所施为，不恃望其报也。《王弼注》：智慧自备，为则伪也。功成不居：《河上公注》：功成事就，退避不居其位。《唐玄宗注》：令万物各遂其生，不为己有，各得所为，而不负恃，如此即太平之功成矣。犹当日慎一日，不敢宁居也。夫唯弗居：《河上公注》：夫惟功成不居其位。《王弼注》：因物而用，功自彼成，故不居也。是以不去：去：离开。《河上公注》：福德常在，不去其身也。此言不行不可随，不言不可知疾。上六句有高下长短，君开一源，下生百端，百端之变，无不动乱。《王弼注》：使功在己，则功不可久也。《唐玄宗注》：夫唯不敢宁居，而增修其德者，则忘功而功存，故不居而不去也。《八仙注》：万物作焉而不辞：忘物。生而不有：忘形。为而不恃：忘情。功成而弗居：忘其所自。夫惟弗居：缘空虑绝。是以不去：真一常在。作，兴起也。万物于我待作，书曰作新民，御世者所不辞也。然虽不辞，而实不有不恃不居。此即颜子无伐无施之谓，总是理会得无字亲切精妙故耳。圣人既弗居功，彼万物日迁善而弗知矣，又何去之有哉？《纯阳子注》：盖惟圣人知美善之所以为美善，是以恭己无为，不言而信。万物风动咸协于中，被生成而无其迹，勤化导而化其矜。迨夫功成身泰，可以弃天下如敝屣，而天德之在我者，固无加损也。

心不乱。是以圣人之治：虚其心，实其腹；弱其志，强其骨[1]。常使民无知无欲，使智者不敢为。为无为，则无不治[2]。

【帛书】不尚贤，使民不争；不贵难得之货，使民不为盗；不见可欲，使民心不乱。是以圣人之治也，虚其心，实其腹，弱其志，强其骨。恒使民无知无欲也，使夫智者不敢为也。弗为而已，则无不治矣。

【憨山注】：此言世人竞有为之迹、尚名好利嗜欲之害、教君人者治之之方。以释上章"处无为之事、行不言之教"之实效也。盖尚贤，好名也；名，争之端也。故曰"争名于朝"。若上不好名，则民自然不争。贵难得之货，好

[1] 不尚贤，使民不争；不贵难得之货，使民不为盗；不见可欲，使心不乱。是以圣人之治：虚其心，实其腹；弱其志，强其骨：不尚贤：尚：上，推崇。《河上公注》：贤谓世俗之贤，辩口明文，离道行权，去质为文也。不尚者，不贵之以禄，不贵之以官。《王弼注》：贤，犹能也。尚者，嘉之名也。使民不争：民：人。《河上公注》：不争功名，返自然也。《唐玄宗注》：尚贤则有迹，徇迹则争兴。使贤不肖各当其分，则不争矣。不贵难得之货：货：货物，指物质的东西。《河上公注》：言人君不御好珍宝，黄金弃于山，珠玉捐于渊也。《王弼注》：贵者，隆之称也。使民不为盗：盗：觊觎，渴望得到。《河上公注》：上化清静，下无贪人。《唐玄宗注》：难得之货，谓性分所无者，求不可得，故云难得。夫不安本分，希效所无，既失性分，宁非盗窃？欲使物任其性，事称其能，则难得之货不贵，性命之情不为盗矣。不见可欲：《河上公注》：放郑声，远美人。使心不乱：《河上公注》：不邪淫，不惑乱也。《王弼注》：唯能是任，尚也曷为；唯用是施，贵之何为。尚贤显名，荣过其任，为而常校能相射。贵货过用，贪者竞趣，穿窬探箧，没命而盗，故可欲见，则心无所乱也。《唐玄宗注》：既无尚贤之迹，不求难得之货，是无可见之欲，而心不惑乱也。是以圣人之治：《河上公注》：说圣人治国与治身同也。虚其心：虚其心：使心虚。《河上公注》：除嗜欲，去乱烦。《唐玄宗注》：心不为可欲所乱，则虚矣。实其腹：实其腹：使腹实。《河上公注》：怀道抱一守五神也。《王弼注》：心怀智而腹怀食，虚有智而实无知也。《唐玄宗注》：道德内充，则无矜徇，亦如属厌而止，不生贪求。弱其志：弱其志：使志弱。《河上公注》：和柔谦让，不处权也。《唐玄宗注》：心虚则志弱。强其骨：强其骨：使骨强。《河上公注》：爱精重施，髓满骨坚。《王弼注》：骨无知以干，志生事以乱，心虚则志弱也。《唐玄宗注》：腹实则骨强。《八仙注》：不尚贤：德圣弃智。使民不争：大公无我。不贵难得之货：伯牙弃利。使民不为盗：戒得劝贤。不见可欲：非礼勿视。使民心不乱：转物应机。是以圣人之治：修身为本。虚其心：遣欲全心。实其腹：直养全命。弱其志：致柔全神。强其骨：保精全形。正阳帝君注曰：圣人之治，总是讲的个淡泊无为，所以贤不尚，货不贵，欲不见，胥天下而浑之。心者神明之宰，自是要虚，而腹何以要实？盖腹者，心所宅也。宅弗安，则天君乱。故虚心而实腹。若志则肾所藏也，而骨则为肾之余。志妄动，则强而肆欲，骨斯以痿。圣人知此，故弱其志以强其骨。

[2] 常使民无知无欲，使智者不敢为。为无为，则无不治：常使民无知无欲：知：智，智谋，谋略。《河上公注》：返朴守淳。《王弼注》：守其真也。《唐玄宗注》：常使民无争尚之知，无贪求之欲也。使夫智者不敢为：《河上公注》：思虑深，不轻言。《王弼注》：知者谓知为也。《唐玄宗注》：清静化人，尽无知欲。适有知者，令不敢为也。为无为：《河上公注》：不造作，动因循。则无不治：《河上公注》：德化厚，百姓安。道：冲而用之冲，中也。道匿名藏誉，其用在中。或不盈，或，常也。道常谦虚不盈满，渊乎似万物之宗。《唐玄宗注》：为无为，人得其性，则淳化有孚矣。《八仙注》：常使民无知无欲：返朴守淳。使夫知者不敢为也：絜矩从心，无假造作。为无为：寂然不动。则无不治：感而遂通。民之多故，总缘于有知有欲，是以纷纷不静。惟审使人知欲尽泯，则共游浑噩浩荡之天，而天下何不治之有？其曰使夫知者不敢为，犹云智者无所用其谋计而已矣。《纯阳子注》：无知，不自恃其知；无欲，能克其欲；不敢为，不敢妄有所作为也。为政以德，则无为而无不治。

利也。利，盗之招也。若上不好利，则民自然不为盗。故曰苟子之不欲，虽赏之不窃。所以好名好利者，因见名利之可欲也，故动乱其心以争竞之。若在上者苟不见名利有可欲，则民亦各安其志，而心不乱矣。故曰"不见可欲，使心不乱"。然利，假物也，人以隋珠为重宝，以之投雀，则飞而去之；色，妖态也，人以西施为美色，麋鹿则见而骤之；名，虚声也，人以崇高为贵名，许由则避而远之；食，爽味也，人以太牢为珍馐，海鸟则觞而悲之。是则财色名食，本无可欲，而人欲之者，盖由人心妄想思虑之过也。是以圣人之治，教人先断妄想思虑之心，此则拔本塞源，故曰"虚其心"。然后使民安饱自足，心无外慕，故曰"实其腹"。然而人心刚强好争者，盖因外物诱之，而起奔竞之志也。故小人鸡鸣而起，孳孳为利；君子鸡鸣而起，孳孳为名：此强志也。然民既安饱自足，而在上者则以清净自正，不可以声色货利外诱民心，则民自绝贪求，不起奔竞之志，其志自弱，故曰"弱其志"。民既无求，则使之以凿井而饮，耕田而食，自食其力，故曰"强其骨"。如此则常使民不识不知，而全不知声色货利之可欲，而自然无欲矣，故曰"常使民无知无欲"。纵然间有一二黠滑之徒，虽知功利之可欲，亦不敢有妄为攘夺之心矣，故曰"使夫知者不敢为也"。如上所言乃"不言之教，无为之事"也。人君苟能体此而行以治天下，则天下无不治者矣。故结之曰，"为无为，则无不治"。《老子》文法极古，然察其微意，盖多述古。或述其行事，或述其文辞，似此为无为则无不治，乃述上古圣人之行事者。至若是谓等语，皆引古语以证今意，或以己意而释古语者。且其文法机轴，全在结句，是一篇主意。盖结句即题目也。读者知此，则思过半矣。至其句法，有一字一句，二字一句，三字一句者极多。人不知此，都连牵读去，不但不得老子立言之妙。而亦不知文章之妙也。

【串讲】

本讲包括《老子》第二章和第三章。第二章的要点是"美善"即"天下皆知美之为美，斯恶矣；皆知善之为善，斯不善已"，"六相"即"有无相生，难易相成，长短相形，高下相倾，音声相和，前后相随"，"无为不言"即"处无为之事，行不言之教"，"四作"即"作而不辞，生而不有，为而不恃，成功不居"。第三章的要点是"三不"即"不尚贤，使民不争；不贵难得之货，使民不为盗；不见可欲，使心不乱"，"四要"即"虚其心，实其腹；弱其志，强其骨"，"四无一不敢""无知无欲，无为，无不治，不敢为"。

本讲"传统本"接着第一章"玄之又玄"的"玄"思"妙"想，以德即非常道范围内的"美丑""善恶"作为引子，用"常无，欲观其妙"作为视点，将其纳入"上德"的范围进行判断，进而阐述"道"的对立统一、相互依存等特征，旨在说明"有为"与"无为"和"有言之教"与"无言之教"的关系和作用等。河上公给这一章取名"养身"，意思是一个人应该平和心态，修身养性，由"无为"修身养性之法到"无为"治国安民之道，两者属于同一个道"理"。第三章提出做人、做事、修身、治国的主张，乃至达到"使民无知无欲，使智者不敢为"的"无不治"境界，用"常有，欲观其徼"作为视点，力求通过修炼，从"下德"的层次回归"上德"的境界。河上公给本章取名"安民"，意思是安顿民心，无为而治。本讲的重点阐述老子的反正相成思维模式，以"美恶同源""有无相生""无中生有""无知无欲"等来论证"无为而治"的本质特征。"无为论"的核心是——"无为"跟"有为"相对，是"道体德用"的基本运化方式，明白"无为"，实际上就是明白"大道"的运行规律，其特点"三个重于"——做人重于做事，全局重于局部，长远重于眼前。

第二章的基本意思是：如果天下的强势者都执着于"美"之所以为"美"，那么"美"就会因为刻意"有为"而变为"丑"；如果天下的强势者都执着于"善"之所以为"善"，那么"善"就会因为刻意"有为"而变为"恶"。所以"有"跟"无"相互依存，"难"跟"易"相互转化，"长"跟"短"相互对照，"高"跟"下"相互映衬，"音"跟"声"互相谐和，"前"跟"后"相互跟随。所以圣人按照"无为"的观念做事，用"不言"的观念化人。听任万物出生而不指手画脚，听任万物成长而不据为己有，听任万物壮大而不横加干涉，听任万物成熟而不居功自傲。只有不贪天之功，才不会前功尽弃。

第三章的基本意思是：强势者不要片面地推崇世俗的所谓贤良俊才，以免老百姓因此出现名利之心；强势者不应该处心积虑搜罗奇珍异宝，以免老百姓因此产生不正当的觊觎之心；强势者不应该炫耀足以引起欲望的东西，以免老百姓因此诱发贪婪之心。因此，圣人治理天下的原则是：杜绝自己及百姓产生妄想之心，保证自己及百姓衣食无忧；降低自己及百姓的非分之想，增强自己及百姓的健康体魄。长久地教化老百姓无诈少欲，杜绝奸诈者妄为滋事。秉持"无为"原则，而天下无不太平。

第三讲·无心论：多言数穷，不如守中

【简注】

第四章·道：冲用之或不盈，渊似万物之宗[1]。挫其锐，解其纷；和其光，同其尘；湛常存[2]。吾不知谁子，像帝之先[3]。

---

[1] 道：冲用之或不盈，渊似万物之宗：道：冲而用之或不盈：冲：盅，《说文》：盅，器虚也。《王弼注》：冲而用之，用乃不能穷；满以造实，实来则溢，故冲而用之，又复不盈，其为无穷亦已极矣。形虽大，不能累其体，事虽殷，不能充其量，万物舍此而求主，主其安在乎。《唐玄宗注》：言道动出冲和之气，而用生成。有生成之道，曾不盈满。渊兮似万物之宗：渊：深渊，象征深不可测。宗：源头。《唐玄宗注》：渊，深静也。道常生物，而不盈满，妙本渊兮深静，故似为万物宗主。《八仙注》：道：冲而用之：太虚同体。不盈：谦不自满。渊兮似万物之宗：渊渊其渊，万物资始。正阳帝君注曰：道字一读，冲字一读。冲即冲虚无欲之冲，犹寂然之谓，以寂然之道，用之于世，似乎不能盈满宇宙，而不知其渊渊其渊，为百川之所归注。是故万物所宗主也，曰"似"者，亦谦言之耳。按：《八仙注》所谓"道字一读，冲字一读"，即"道，冲，而用之或不盈"，这跟"渊似万物之宗"文句格式不一致，细看解读。

[2] 挫其锐，解其纷；和其光，同其尘，湛常存：挫其锐：《河上公注》：锐，进也。人欲锐精进取功名，当挫止之，法道不自见也。《唐玄宗注》：道以冲和，故能抑止铦xiān利，释散纷扰。若俗学求复，则弥结矣。解其忿：《河上公注》：纷，结恨也。当念道无为以解释。和其光：《河上公注》：言虽有独见之明，当知暗昧，不当以擢zhuó乱人也。同其尘：《河上公注》：当与众庶同垢尘，不当自别殊。《唐玄宗注》：道无不在，所在常无。在光在尘，皆与为一。一光尘尔，而妙本非光尘也。湛若存：湛：《说文》：没也。《小尔雅》：没，无也。湛常存：意思是虚灵不昧，似无而实有。《河上公注》：言当湛然安静，故能长存不亡。《唐玄宗注》：和光同尘，而妙不杂，故"湛若存"。《八仙注》：人不知道立于"无"，是以锐而求之，纷而求之，愈求而愈失，其去道也远。是以圣人锐则挫之，纷则解之，道备于躬，光辉自应远耀，而又不欲过于表着以凌物，用是"和其光"焉以"同其尘"，夫尘不解者也。然不同则又矫异矣，伯夷之清非至道也。湛即湛寂清静之谓，惟湛寂则道无弗存矣。

[3] 吾不知谁子，像帝之先：吾不知谁之子：谁：道。子：《广雅》：子，似也；相似，相像。《河上公注》：老子言：我不知，道所从生。按《老子》在用了一连串的比喻之后，都觉得不很恰当，所以说"道"不知道到底"像什么"。这里的"子"不当作"儿子"讲。象帝之先：像：好像。《河上公注》：道自在天帝之前，此言道乃先天地之生也。至今在者，以能安静湛然，不劳烦欲使人修身法道。《唐玄宗注》：吾不知道所从生，明道非生法，故无父道者，似在乎帝先尔。帝者，生物之主。象，似也。《八仙注》：吾不知谁之子；一元无上。象帝之先：超踪造化惟道独尊。大道若此，其果谁之子乎？曰"象帝之先"。夫帝已先矣，又曰"象帝之先"，则是先而又先，即上所谓"玄之又玄"是也。纯阳子注：道本冲虚，而用之或不能穷其量；其渊深而有本，则万物之宗也。此言道之体如是。体道者挫其锐气，以直养而无害；解其纷纭，惟抱一而守中。由是而盛德之光辉发，迩而见远；善世而宜民，湛然之体拟诸形容。若有所存而实无所存，虚明之至也。无始之始，《中庸》所谓"无声无臭"。

【帛书】道：冲而用之有，弗盈也；渊呵似万物之宗。挫其锐，解其纷；和其光，同其尘，湛呵，似或存。吾不知其谁之子也，象帝之先。

【憨山注】：此赞道之体用微妙，而不可测知也。谓道体至虚，其实充满天地万物。但无形而不可见，故曰"用之或不盈"。道体渊深寂漠，其实能发育万物，而为万物所依归。但生而不有，为而不宰，故曰"似万物之宗"。老子恐人将言语为实，不肯离言体道，故以此等疑辞以遣其执耳。锐，即刚勇精锐，谓人刚锐之志、勇锐之气、精锐之智，此皆无物可挫，唯有道者能挫之，故曰"挫其锐"。如子房之博浪，其刚勇可知；大索天下而不得，其精锐可知。此其无可挫之者，唯见挫于圯上老人一草履耳。由子房得此而进之于汉，卒以无事取天下。吾意自庄周以下，而功名之士，得老氏之精者，唯子房一人而已。以此较之，周善体而良善用，方朔得之，则流为诡矣。其他何足以知之？纷，谓是非纷扰，即百氏众口之辩也。然各是其是，各非其非，此皆无人解之者。唯有道者，以不言之辩而解之，所谓"大辩若讷"。以道本无言，而是非自泯，故曰"解其纷"。和，混融也，光，智识炫耀于外，即所谓饰智惊愚，修身明污者，是也。唯有道者，韬光内照，光而不耀：所谓众人昭昭，我独若昏；众人察察，我独闷闷，故曰"和其光"。与俗混一而不分，正谓呼我以牛，以牛应之，呼我以马，以马应之，故曰"同其尘"。然其道妙用如此，变化无方，而其体则湛然不动，虽用而无迹，故曰"湛兮或存"。要妙如此，而不知其所从来，故曰"吾不知谁之子"，且而不是有形之物，或象帝之先耶。愚谓此章赞道体用之妙，且兼人而释者。盖老子凡言道妙，全是述自己胸中受用境界，故愚亦兼人而解之。欲学者知此，可以体认做工夫，方见老子妙处。字字皆有指归，庶不肖虚无孟浪之谈也。按：【憨山注】本于道体德用且举例说明，是理解本章的很好注解，读者当细读之。

第五章·天地不仁，以万物为刍狗[1]；圣人不仁，以百姓为刍狗[2]。天地之

---

[1] 天地不仁，以万物为刍狗：天地不仁：《河上公注》：天施地化，不以仁恩，任自然也。《王弼注》：天地任自然，无为无造，万物自相治理，故不仁也。仁者必造立施化，有恩有为，造立施化则物失其真，有恩有为，列物不具存，物不具存，则不足以备载矣。地不为兽生刍，而兽食刍；不为人生狗，而人食狗。无为于万物而万物各适其所用，则莫不赡矣。若慧由己树，未足任也。《唐玄宗注》：不仁者，不为仁恩也。以万物为刍狗：刍狗：《字鉴》："刍，《说文》：'刈草也，象包束草之形。'"《河上公注》：天地生万物，人最为贵，天地视之如草狗畜，不贵望其报也。《唐玄宗注》：刍狗者，结刍为狗也。犬以守御，则有蔽盖之恩。今刍狗徒有狗形，而无警吠之用，故无情于仁爱也。《八仙注》：天地不仁：无心施化。以万物为刍狗：任其自然。

[2] 圣人不仁，以百姓为刍狗：《河上公注》：圣人爱养万民，不以仁恩，法天地行自然。《王弼注》：圣人与天地合其德，以百姓比刍狗也。以百姓为刍狗：《河上公注》：圣人视百姓如刍草狗畜，不贵望其礼意。《唐玄宗注》：言天地视人，亦如人视刍狗，无贵望尔。尝试论之曰：夫至仁无亲，孰为兼爱？爱则不至，适是偏私。不独亲其亲，则天下皆亲矣。不独子其子，则天下皆子矣。是则至仁之无亲，乃至亲也，岂兼爱乎？《八仙注》：圣人不仁：法天无为。以百姓为刍狗：顺帝之则。正阳帝君

间，其犹橐钥乎[1]？虚而不屈，动而愈出[2]——多言数穷，不如守中[3]。

【帛书】天地不仁，以万物为刍狗；圣人不仁，以百姓为刍狗。天地之间，其犹橐籥欤？虚而不屈，动而愈出——多言数穷，不若守于中。

【憨山注】：此言：天地之道，以无心而成物；圣人之道，以忘言而体玄也。仁，好生爱物之心；刍狗，乃缚刍为狗，以用祭祀者。且天地圣人，皆有好生爱物之仁，而今言不仁者，谓天地虽是生育万物，不是有心要生，盖由一气当生，不得不生。故虽生而不有，譬如刍狗，本无用之物，而祭者当用，不得不用。虽用而本非有也，故曰"天地不仁，以万物为刍狗"。圣人虽是爱养百姓，不是有心要爱，盖由同体当爱，不得不爱；虽爱而无心，譬如刍狗，虽虚假之物，而尸之者当重，不得不重；虽重而知终无用也，故曰"圣人不仁，以百姓为刍狗"。谓橐籥二物，其体至虚而有用，未尝恃巧而好为，故用不为伸，不用则虚以自处，置之而亦不自以为屈，故曰"虚而不屈"。且人不用则已，若用之，则触动其机，任其造作而不休，故曰"动而愈出"。然道在天地，则生生而不已；道在圣人，则既已为人己愈有，既已与人己愈多。大道之

注曰：不仁，非谓天地圣人之不仁也，言天地无心成化，万物皆沐其仁，而天地究未尝有心仁之。刍狗祭物，束草以作牺牲，祀则奉之，过则弃之，言无所系恋也。天地之仁万物，亦若是焉而已矣；圣人之于百姓，也亦然。

[1] 天地之间，其犹橐钥乎：天地之间：《河上公注》：天地之间空虚，和气流行，故万物自生。人能除情欲，节滋味，清五脏，则神明居之也。其犹橐钥乎：橐钥：羊皮风箱，冶冶炼等用来吹风炽火的工具，象征天地包含周遍，其间絪缊流行。《河上公注》：橐钥中空虚，人能有声气。《唐玄宗注》：橐者韝也，籥者笛也。橐之鼓风，笛之运吹，皆以虚而无心，故能动而有应。则天地之间，生物无私者，亦以虚而无心故也。《八仙注》：天地之间：塞乎两间，优优品类。其犹橐钥乎：空洞虚中太和充溢。纯阳子注：仁者：生生之意，天地所以含育万物，而圣人体之以治世者也。刍狗：束草为之，言使天地圣人而不仁，则万物、百姓皆以刍狗视之，何以包含偏覆于无已乎？无底曰橐，有孔曰钥，言气机之鼓荡，阖辟者似之其流通。运行而不息者，则所谓仁也。

[2] 虚而不屈，动而愈出：《河上公注》：言空虚无有屈竭时，动摇之，益出声气也。《王弼注》：橐，排橐也。钥，乐钥也。橐钥之中，空洞无情，无为故虚，而不得穷，屈动而不可竭尽也。天地之中，荡然任自然，故不可得而穷，犹若橐钥也。《唐玄宗注》：橐籥虚之而不屈挠，动之而愈出声，以况圣人心无偏爱，则无屈挠之时，应用不穷，可谓动而愈出也。《八仙注》：虚而不屈：中通外直。动而愈出：应变无穷。橐钥，不动则寂，有感皆通，天地之化如之。盖惟虚其中而不屈，是以动而愈出耳。

[3] 多言数穷，不如守中：多言数穷：数shuò：屡次。屈：穷，尽。《河上公注》：多事害神，多言害身，口开舌举，必有祸患。不如守中：《河上公注》：不如守德于中，育养精神，爱气希言。《王弼注》：愈为之则愈失之矣。物树其恶，事错其言，不济不言，不理必穷之数也。橐钥而守数中，则无穷尽，弃己任物，则莫不理。若橐钥有意于为声也，则不足以共吹者之求也。《唐玄宗注》：多言而不酬，故数被穷屈。兼爱则难遍，便致怨憎，故不如抱守中和，自然皆足。《八仙注》：多言者，即烦称博引之谓。与其多言而不适于道，何如守中之为贵乎？"中"即"允执厥中"之"中"，尧舜禹汤文王周公孔子，皆根是以御世。太上之言，乃范围曲成，不过不遗之道，而后世乃以老氏别之，不亦谬哉？纯阳子注：承上文橐钥之意而申言之。虚则含宏而能禽，受动则变化，而用不穷，数穷功效竭也。中：天下之大本，圣人之仁，即天地之所以生万物者也。

妙如此，惜乎谈道者，不知虚无自然之妙，方且众口之辩说，说而不休，去道转远，故曰"多言数穷"。不若忘言以体玄，故曰"不若守中"，盖守中，即进道之功夫也。按：【憨山注】的"天地圣人，皆有好生爱物之仁"等观点混淆了"上德""下德"的界限，读者注意分辨："上德"处在"无善无恶"的境界，而"下德"位居"有是有非"的层次，所以才可能有"天地不仁""圣人不仁"等说法，否则那不是"指天骂地"吗？"天地不仁""圣人不仁"的"不仁"是"至仁"，在上德；常人的仁义只是"仁"，在下德。庄子对此论述分明，【憨山注】熟读《庄子》，似有误解？另外【憨山注】所谓"道在天地，则生生而不已"，说的只能是"非常道"即德，而不是"常道"即道，读者要注意分辨：道是不生不灭的，是事物的究竟；德是生生不息的，是事物的个别。

【串讲】

本讲为传统本《老子》的第四章、第五章。第四章要点是：道"像盅像渊"的特征，即"道：冲用之或不盈，渊似万物之宗"、"四同一存"即"挫其锐，解其忿；和其光，同其尘；湛常存"。第五章："无心"即"天地不仁，以万物为刍狗；圣人不仁，以百姓为刍狗"、"守中"即"虚而不屈，动而愈出——多言数穷，不如守中"。河上公给第四章取名"无源"，意味"道"的初始，其源似无实有，似虚实有，旨在说明"万物一体"。自然界和人类社会都应该"顺其自然"，获得相对稳定的"守中"状态，以实现"无为而治"的目标。河上公给第五章取名"虚用"，意味"大道"表面似乎"清静无为"，而实际却"无为无不为"——"多言数穷，不如守中"。"无心论"重点阐述的是"大道"的"空灵"，通过道而洞察宇宙的初始，直觉宇宙的"无心"——通过"无心"的状态体会"道"的博大精深；修炼"守中"的状态而在稳定中走向"无心"——"无为而治"目标。"无心"属于"上德"的境界，把握宏观，在战略正确上决策；"守中"属于"下德"的层次，微观操作，在战术上落实到位。

第四章的意思是：道像盅一样虚中而能量源源不断，跟渊一样深远而似万物之宗。消磨道的锋锐，解除道的纷扰；调和道的光辉，混同道于尘垢；湛然永久存在。"我"不明白"道"像谁，似乎出现在天帝的之先。

第五章的意思是：天地因"无为"没有慈善和仁爱，因而对待万物就像对待刍狗一样；圣人效法天地"无为"而也不显示仁爱；因而对待百姓也像对待刍狗样一视同仁。神秘的天地之间，难道就像风箱那样？空灵而不枯竭，越鼓动能量越大——多说话总会理屈词穷，不如持中守虚保静。

第四讲·无私论：无身而身存，无私而大私

【简注】

第六章·谷神不死，是为玄牝[1]。玄牝门，天地根[2]。绵绵若存，用之不勤，天长地久[3]。

[1] 谷神不死，是为玄牝：谷神不死：谷：养。司马光说："中虚故曰谷，不测故曰神，天地有穷而道无穷，故曰不死。"严复说："以其虚，故曰谷；以其因应无穷，故称神；以其不屈愈出，故曰不死——三者皆道之德也。"《河上公注》：人能养神则不死也。神，谓五脏之神也。肝藏魂，肺藏魄，心藏神，肾藏精，脾藏志；五藏尽伤，则五神去矣。《王弼注》：谷神，谷中央矣。谷也，无形无影，无逆无违，处卑不动，守静不衰，谷以之成而不见其形，此至物也。《唐玄宗注》：谷者，虚而能应者也；神者，妙而不测者也。死者，休息也。谷之应声，莫知所以。有感则应，其应如神，如神之应，曾不休息。欲明至道，虚而生物，妙用难名，故举谷神以为喻说。是谓玄牝：玄牝：玄：幽远微妙；牝：女性生殖器。玄牝：微妙化生，道化生万物而不见其所以生，因而道犹如生殖器。《河上公注》：言不死之有，在于玄牝。玄，天也，于人为鼻。牝，地也，于人为口。天食人以五气，从鼻入藏于心。五气轻微，为精、神、聪、明、音声五性。其鬼曰魂，魂者雄也，主出入于人鼻，与天通，故鼻为玄也。地食人以五味，从口入藏于胃。五味浊辱，为形、骸hái、骨、肉、血、脉六情。其鬼曰魄，魄者雌也，主出入于人口，与地通，故口为牝也。《唐玄宗注》：玄，深也。牝，母也。谷神应物，冲用无方，深妙不穷，能母万物，故寄谷神玄牝之号，将明大道生畜之功。《八仙注》：谷神不死：虚灵不昧。是谓玄牝：一阴一阳。正阳帝君注曰：谷空其中，可谓虚矣，而犹有形之可见，不得谓之神也。惟道既丽于虚，而形迹胥泯，此所以谓之神，其曰"不死"者，死者生之返，物反而归则曰"死"。若道未见有生，则亦安见有死，故曰"谷神不死"。牝以生物得名，曰"玄牝"者，生物而不见其生之之迹，是牝，而实玄矣。

[2] 玄牝门，天地根：玄牝门：道生万物，万物由玄牝门而出。天地根：天地万物生成变化的根本。《河上公注》：根，元也。言鼻口之门，是乃通天地之元气所从往来也。《王弼注》：处卑而不可得名，故谓天地之根。门，玄牝之所由也，本其所由，与极同体，故谓之天地之根也。《唐玄宗注》：深妙虚牝，能母万物，万物由出，是谓之门。天地有形，故资禀为根本矣。《八仙注》：玄牝之门：念头起处。是谓天地根：呼接天根，吸接地基。玄虽丽于无，而实阳神之所宅也；牝似丽于有，而即阴神之主也。易曰"一阴一阳之谓道"，然则玄牝之门非即天地之所托始乎，且阴阳无形无象而静阖动阐，正无非阴阳也。门司阖辟，故以是况之。按：《八仙注》的"玄牝之门""是谓天地根"的其原文，跟本书版本"玄牝门，天地根"不同，请读者留意。

[3] 绵绵若存，用之不勤，天长地久：按"天长地久"传统本在下一章，根据研究证明而提前。绵绵若存：绵绵：微细不断的样子。《河上公注》：鼻口呼噏喘息，当绵绵微妙，若可存，复若无有。用之不勤：不勤：不疲倦、无穷尽。《河上公注》：用气当宽舒，不当急疾勤劳也。《王弼注》：欲言存邪，则不见其形，欲言亡邪，万物以之生。故绵绵若存也，无物不成，用而不劳也。故曰，用而不勤也。《唐玄宗注》：虚牝之用，绵绵微妙，应用若存，其用无心，故不勤劳矣。天长地久：天长地久，老子引用古语加以解释。《河上公注》：说天地长生久寿，以喻教人也。《王弼注》：自生则与物争，不自生则物归也。《唐玄宗注》：标天地长久者，欲明无私无心，则能长能久，结喻成义，在乎圣人，后身外身，无私成私耳。《八仙注》：绵绵若存：川流不息。用之不勤：

【帛书】谷神不死，是谓玄牝。玄牝之门，是谓天地之根。绵绵呵其若存，用之不勤。

【憨山注】：此言道体常存，以释上章"虚而不屈，动而愈出"之意也。谷，虚而能应者，以譬道体至虚，灵妙而不可测，亘古今而长存，故曰"谷神不死"。且能生天生地，万物生生而不已，故曰是谓"玄牝"。牝，物之雌者，即所谓万物之母也；门，即出入之枢机，谓道为枢机，万物皆出于机，入于机。故曰"玄牝之门，是谓天地根"。绵，幽绵不绝之意，谓此道体至幽至微，绵绵而不绝，故曰"若存"；愈动而愈出，用之不竭，故曰"不勤"。凡有心要作，谓之勤。盖道体至虚，无心而应用，故不勤耳。此言天地以不生故长生，以比圣人忘身故身存也。意谓世人各图一己之私，以为长久计，殊不知有我之私者，皆不能长久也。何物长久？唯天地长久。按：【憨山注】"此言"至"唯天地长久"为解释"天长地久"，因此从下一章移到此。

第七章·天地所以能长且久者，以其不自生，故能长久[1]。是以圣人后其身而身先，外其身而身存[2]。以其无私，故能成其私[3]。

【帛书】天长地久。天地之所以能长且久者，以其不自生也，故能长生。是以圣人退其身而身先，外其身而身存。不以其无私欤？故能成其私。

虚闲无用。天长地久：万古常春。绵绵者：微而不绝之谓。玄牝虽至微妙，而端绪恰自络绎不绝曰"若存"者，不见其存而实有存者在。勤训穷，此其所以用之而无终穷也。按：《八仙注》的"天长地久"本在下一章，根据本书的版本而调整。

[1] 天地所以能长且久者，以其不自生，故能长久：天地所以能长且久者，以其不自生：久借为"有"，与前二"久"字稍别；"能长久"即"能长有"。《河上公注》：天地所以独长且久者，以其安静，施不求报，不如人居处，汲汲求自饶之利，夺人以自与也。《王弼注》：自生则与物争，不自生则物归也。《唐玄宗注》：天地生物，德用甚多，而能长且久者，以其资禀bǐng于道，不自矜jīn其生成之功故尔。故能长生：《河上公注》：以其不求生，故能长生不终也。《八仙注》：天地所以能长且久者：阴阳变通。以其不自生：本无生灭。故能长久：不迁不变。

[2] 是以圣人后其身而身先，外其身而身存：是以圣人后其身而身先：《河上公注》：先人而后己也。天下敬之，先以为长。外其身而身存：《河上公注》：薄己而厚人也。百姓爱之如父母，神明佑之若赤子，故身常存。《唐玄宗注》：后身则人乐推，故身先。外身则心忘淡泊，故身存。

[3] 以其无私，故能成其私：以其无私：《河上公注》：圣人为人所爱，神明所佑，非以其公正无私所致乎。《王弼注》：无私者，无为于身也。故能成其私：《河上公注》：人所以为私者，欲以厚己也。圣人无私而己自厚，故能成其私也。《王弼注》：身先身存，故曰"能成其私"也。《唐玄宗注》：天地忘生养之功，是无私。而能长且久，是成其私。圣人后外其身，是无私而能先能存，是成其私也。《八仙注》：正阳帝君注曰：混沌凿而两仪奠，何代不有天地？何时不有天地？亦何人何物不共戴此天地？长莫长于此，久莫久于此，所以谓之"天长地久"。而要之天地之所以能长久者，以其生物而无生之心。"不自生"，不自以为生也，故能长生万物。圣人本是以法天地，不自有其身而后之，不自爱其身而外之，凡所先者皆人之事，所自内者皆人之图，乃被其泽者无弗归之，是不先身而身自先矣，外其身而身存矣。要其所以致此者，非以其无自私耶？夫惟无私，故能成其私，其私即家齐国治天下平之谓。王者以此为私，非无私，安克以成其私哉？纯阳子注：乾元资始而不穷，故曰长；地道无成而有终，故曰久。不自生，无心而生化也。后其身，不依形而立；身先先天而天，弗违也。外其身，不以嗜欲为身累；身存，不随死而亡也。无私则与天地合撰；成，其谓能成德于己。

【憨山注】：然天地所以长久者，以其不自私其生，故能长生。其次则圣人长久，是以圣人体天地之德，不私其身以先人，故人乐推而不厌，故曰"后其身而身先"。圣人不爱身以丧道，故身死而道存。道存则千古如生，即身存也，故曰"外其身而身存"。老子言此，乃审问之曰：此岂不是圣人以无私而返成其私耶？且世人营营为一身之谋、欲作千秋之计者，身死而名灭，是虽私，不能成其私，何长久之有？

【串讲】

本讲包括传统本《老子》的第六章、第七章。第六章的要点是"玄牝"即"谷神不死，是为玄牝；玄牝门，天地根""长久"即"绵绵若存，用之不勤，天长地久"。第七章的要点是"不自生"即"天地所以能长且久者，以其不自生""成其私"即"其身而身先，外其身而身存；以其无私，故能成其私"。

第六章从"谷神不死"到"用之不勤"：为了文意的完整，根据历代版本研究成果，本书把第七章"天长地久"移到第六章(历代大师也这种说法，并非本书标新立异)。第六章是老子对以"无"为本、以"有"为用的哲学本体论进行了形象的阐述，河上公本给本章取名"成象"——这既是"天象"，也是"人象"，更是"法象"。第七章跟第六章浑然一体，河上公本给本章取名"韬光"，意思是"韬光养晦"，"无私"而"无不私"，最终能成"大私"。"无私论"巧妙地阐述了"道"之所以"天长地久"的根本所在，为人类展示出一个"无极"的境界——"天道""不自生"所以"能长久"，"人道""后其身而身先"，所以能够"外其身而身存"；"为无为，则无不治"，以自己的"无私"成就自己的"大私"——天地因无私而长久，圣人因无私而成就"圣人"之私。

第六章的意思是：谷神之所以能够永恒存在，是因为玄牝的神奇。玄牝之门，是生化天地的根本。大道看起来连绵不绝，用起来无穷无尽，因此大道能够天长地久。

第七章的意思是：天地之所以能长久存在的根本，是因为天地施恩不望报而自然运行，所以能够长久拥有。因此圣人后退无争反而在众人之中独得先机，不顾自身反而在众人之中独占鳌头。圣人因为能够大公无私，所以能成就自己的大私。

第五讲·无取论：上善若水，功遂身退

【简注】

第八章·上善若水：水善利万物而不争，处众人之所恶，故几于道[1]。居善地，心善渊，与善仁，言善信，政善治，事善能，动善时[2]。夫唯不争，故无尤[3]。

---

[1]　上善若水：水善利万物而不争，处众人之所恶，故几于道：上善若水：《河上公注》：上善之人，如水之性。《唐玄宗注》：将明至人上善之功，故举水性几道之喻。纯阳子注：上善：善之至者；若水：天机活泼。水善利万物而不争：《河上公注》：水在天为雾露，在地为源泉也。纯阳子注：不争：无成心也。处众人之所恶wù：《河上公注》：众人恶卑湿垢浊，水独静流居之也。《王弼注》：人恶卑也。纯阳子注：众人：庸众无识之人，众人狃于一偏，故违道而争。故几于道：几：近也。《河上公注》：水性几于道同。《王弼注》：道无水有，故曰，几也。《八仙注》：上善若水：性犹水也。水善利万物而不争：随方逐圆，不为物忤。处众人之所恶：以柔处卑，居之静寿。故几于道：动征吉先，其庶几乎。正阳帝君注曰：道生德，德生善，善自德生，故曰"上善"。其曰"若水"者，天一生水，德运而为善，犹气运而为水也，斯二者皆从无以趋于有，是之取譬。水"利万物"而不与万物争功"处众人之所恶"者，恶者恶训忽，言众被其泽，而忽而不知其泽，此水之所以"几于道"也，而圣人之上善如之。按：《八仙注》"道生德，德生善"是一个很重要的观点：为了阐述的需要，道被分为常道和非常道，常道即"道"，非常道即"德"，"常道"生"非常道"，即"道生德"。德分为上德和下德，上德无善无恶，下德有是有非。《八仙注》所说的"德生善"，开始混淆了上德和下德的区别，因此准确地说是"下德为善"。《八仙注》的"善自德生，故曰'上善'"的说法因此也不严谨："上善"不是"上等的善"，也不是"上面的善"，上善在上德的境界，是无善无恶的，跟至善、玄德、常德等一样。

[2]　居善地，心善渊，与善仁，言善信，政善治，事善能，动善时：居善地：《河上公注》：水性善喜于地，草木之上即流而下，有似于牝动而下人也。《唐玄宗注》：上善之人，处身柔弱，亦如水之居地，润益一切，地以卑用，水好下流。心善渊：渊，静而深；"心善渊"，心渊静而莫测。《河上公注》：水深空虚，渊深清明。与善仁：《河上公注》：万物得水以生，与而不与盈也。《唐玄宗注》：施与合乎至仁，亦如水之滋润品物也。言善信：《河上公注》：水内影照形，不失其情也。《唐玄宗注》：发言信实，亦如水之行险，不失其信矣。政善治：治，治理；《释名·释言语》："治，值也，物皆值其所也。"事善能：《河上公注》：能方能圆，曲直随形。动善时：《河上公注》：夏散冬凝，应期而动，不失天时。《八仙注》：居善地：利物无泽。心善渊：容物有养。与善仁：生物不盈。言善信：应物勿爽。政善治：化物清平。事善能：成物曲直。动善时：顺物节度。居善地者，言水自高趋下，必有归宿是也，非善地而何？心善渊者，其源不穷其流不竭也，非善渊而何？与善仁者，恩波广沛，放之皆准是也，非善仁而何？言善信者，导则流，塞则止也，非善信而何？政善治者，优渥田畴，滋润枯槁是也，非善政而何？事善能者，可大可小，可短可长是也，非善能而何？动善时者，冬则坚凝，春则泮释是也，非善时而何？而上善与之同焉，此节俱是双关语。虽只言水，而言上善在其中。

[3]　夫唯不争，故无尤：夫唯不争：《河上公注》：壅之则止，决之则流，听从人也。故无尤：《河上公注》：水性如是，故天下无有怨尤水者也。《王弼注》：言人皆应于治道也。《唐玄宗

【帛书】上善若水：水善利万物而不争，居处众人之所恶，故几于道矣。居善地，心善渊，与善仁，言善信，政善治，事善能，动善时。夫唯不争，故无尤。

【憨山注】：此言不争之德，无往而不善也。谓谦虚不争之德最为上善，譬如水也，故曰"上善若水"。水之善，妙在利万物而不争。不争，谓随方就圆，无可不可，唯处于下。然世人皆好高而恶下，唯圣人处之，故曰"处众人之恶，故几于道"。由圣人处谦下不争之德，故无往而不善。居则止于至善，故曰"善地"；心则渊静深默，无往而不定，故曰"善渊"；谓与物相与，无往而非仁爱之心，故曰"与善仁"；言无不诚，故曰"善信"；为政不争，则行其所无事，故曰"善治"；为事不争，则事无不理，故曰"善能"；不争，则用舍随时，迫不得已而后动，故曰"善时"。不争之德如此，则无人怨，无鬼责，故曰"夫惟不争，故无尤"矣。

第九章·持而盈之，不如其已；揣而锐之，不可长保[1]；金玉满堂，莫之能守；富贵而骄，自遗其咎——功遂身退，天之道哉[2]。

注》：上善之人，虚心顺物，如彼水性，壅止决流，既不违于物，故无尤过之地。《八仙注》：夫惟不争：卑以自牧。故无尤：有善无咎。此二语亦承上就水言水。言水之所以备诸善者，以其利万物而不争故也。夫惟不争，故人皆不得而尤之矣，不知上善者曷弗取鉴于水哉？纯阳子注：上善之人居则择地而蹈，心则深藏若虚，慎所与之人，复近义之信，施诸于政，惟求可以适治，任人以事，惟期不负，所能虑善以动，动惟厥时，所谓不争者如此。

[1] 持而盈之，不如其已；揣而锐之，不可长保：持而盈之，不如其已：持盈：持满；《后汉书》："持满之戒，老氏所慎。"《史记·乐书》："满而不损则溢，盈而不持则倾。"已：停止。《河上公注》：持满必倾，不如止也。《王弼注》：持，谓不失德也。既不失其德又盈之，势必倾危。故不如其已者，谓乃更不如无德无功者也。《唐玄宗注》：执持盈满，使不倾失，积财为累，悔吝必生，故不如其已。揣而锐之，不可长保：揣：通"捶"，锻击；《说文》：揣，量也；一曰捶之。扬雄《方言》："揣，试也。"郭璞注："揣度试之。"《集韵》："揣，冶击也。"锐：锐利，锋利。《河上公注》：揣，治也。先揣之，后必弃捐。《王弼注》：既揣末令尖，又锐之令利，势必摧，故不可长保也。《唐玄宗注》：揣度锐利，进取荣名，富贵必骄，坐招殃咎，故不可长保。《八仙注》：持而盈之，不如其已：天道亏盈而益谦。揣而锐之，不可长保：地道变盈而流谦。正阳帝君注曰：大道恶盈，当其盈而用力持之，持之是也，而不免于持之迹矣，何如不盈之为贵乎？故曰"不如其已"。大道戒锐，当其锐而揣之，揣之是也，而不免于揣之心矣，揣是强制之法，逾时又将复然，故曰"不可长保"。

[2] 金玉满堂，莫之能守；富贵而骄，自遗其咎——功遂身退，天之道哉：金玉满堂，莫之能守：堂，室；《释文》："本或作室。"《说文》："室，实也。"《释名》："人物实满其中也。"《河上公注》：嗜欲伤神，财多累身。《王弼注》：不若其已。《唐玄宗注》：此明盈难久持也。富贵而骄，自遗其咎：咎：过错；《玉篇》："'咎'，《说文》：'灾也，从人从各，各有相违也。'"《河上公注》：夫富当赈zhèn贫，贵当怜贱，而反骄恣，必被祸患也。《王弼注》：不可长保也。《唐玄宗注》：此明锐不可揣也。骄犹心生，故咎非他与。功成身退，天之道哉：哉：古本在下章，《册府元龟》载唐玄宗天宝五载诏："顷改道德经'载'字为'哉'，仍隶属上句，遂成注解。"《河上公注》：言人所为，功成事立，名迹称遂，不退身避位，则遇于害，此乃天之常道也。譬如日中则移，月满则亏，物盛则衰，乐极则哀。《王弼注》：四时更运，功成则移。《唐玄宗

【帛书】持而盈之，不若其已也；揣而锐之，不可长保也。金玉盈室，莫之守也。贵富而骄，自遗咎也。功遂身退，天之道也。

【憨山注】：此言知进而不知退者之害，戒人当知止可也。持而盈之不如其已者，谓世人自恃有持满之术，故贪位慕禄进进而不已。老子意谓虽是能持，不若放下休歇为高，故不如其已。倘一旦祸及其身，悔之不及。即若李斯临刑，顾谓其子曰："吾欲与若复牵黄犬，出上蔡东门逐狡兔，岂可得乎？"此盖恃善持其盈而不已者之验也。故云：知足常足，终身不辱，知止常止，终身不耻，此之谓也。揣而锐之，不可长保者，揣，揣摩，锐，精其智思，如苏张善揣摩之术者是也。谓世人以智巧自处，恃其善于揣摩，而更益其精锐之思，用智以取功名，进进而不已。老子谓虽是善能揣摩，毕竟不可长保，如苏张纵横之术，彼此相诈，不旋踵而身死名灭，此盖揣锐之验也。如此不知止、足之人，贪心无厌，纵得金玉满堂，而身死财散，故曰"莫之能守"。纵然位极人臣，而骄泰以取祸，乃自遗其咎，此盖知进不知退者之害也。人殊不知天道恶盈而好谦，独不见四时乎？成功者退，人若功成名遂而身退，此乃得天之道也。

【串讲】

本讲为传统本《老子》的第八章、第九章。第八章的要点是"上善"即"水善利万物而不争，处众人之所恶；夫唯不争，故无尤""七善"即"居善地、心善渊、与善仁、言善信、政善治、事善能、动善时"。第九章的要点是"退守"即"持而盈之，不如其已；揣而锐之，不可长保；金玉满堂，莫之能守；富贵而骄，自遗其咎"。

第八章以"水"为喻，水"无形无体"、无拘无束，与世无争，与"道"相似，河上公给本章取名"易性"，象征"道"的"不争""守弱"等特点。第九章以"常识"为喻，遵循"无为"的基本准则而"功遂身退"，无争而无取，因此河上公给本章取名"运夷"。"无取论"的特点是在于"三无"："无怨于天""无争于地""无傲于人"。

第八章的意思是：上善就像水：水善于滋养万物而不与万物相争，水喜欢停留在一般东西不喜欢的地方，所以"水"的特性最接近于"道"的本性。上

注》：功成名遂者，当退身以辞盛，亦如天道虚盈有时，则无忧患矣。《八仙注》：金玉满堂，莫之能守：鬼神害盈而福谦。富贵而骄，自贻其咎：人道恶盈而好谦。功成名遂身退：君子有终。天之道：天地合德。金玉从富贵来，世之享富贵、拥金玉者，何以不克终而守乎？以其骄也。骄缘于贪，贪斯恋恋而不能去。故凡抱远识者，于功成名遂之后则亟思退，恐盈满之为害也。则此个退字，是乃天之不盈之道。汉留侯深知此道，故终身不殆；若越之文种、吴之子胥，其不知退者矣。

善善择居所，上善心胸深沉，上善仁爱慈祥，上善诚实守信，上善精兵简政，上善扬长避短，上善把握时机。上善从来都是不争而善争，所以无过失而少怨咎。

第九章的意思是：执盈而握满，不如适可而止；显锋而露芒，势必难以持久；金玉满堂，没人能长久维持；富贵而骄横，自己留下祸根——功德圆满而全身而退，天道就是如此啊。

第六讲·无我论：身心合一，超越自我

【简注】

第十章·营魄抱一，能无离乎[1]？专气致柔，能婴儿乎[2]？涤除玄览，能无疵乎[3]？爱民治国，能无智乎[4]？天门开阖，能为雌乎[5]？明白四达，能无为乎[6]？生

---

[1] 营魄抱一，能无离乎：营：魂，人的阳神；魄，人的阴神。王逸注《楚辞·大招》曰："魂者阳之精也，魄者阴之形。抱一：守身。"营魄抱一"，以阴魄守阳魂，如鸡抱卵，"抱一"则以血肉之躯，守气而不使散泄，形与灵合，魄与魂合，抱神以静，因此"能无离乎"。《河上公注》：喜怒亡魂，卒惊伤魄；魂在肝，魄在肺；美酒甘肴，腐人肝肺；故魂静志道不乱，魄安得寿延年也。言人能抱一，使不离于身，则长存。一之为言，志一无二也。《王弼注》：营魄，人之常居处也，一人之真也；言人能处常居之宅，抱一清神，能常无离乎，则万物自宾矣。《唐玄宗注》：人生始化曰魄，既生曰魂。魄则阴虚，魂则阳满，言人载虚魄，常须营护复阳。阳气充魄则为魂，魂能运动，则生全矣。一者，不杂也。复阳全生，不可染杂，故令抱守淳一，能无离身乎？

[2] 专气致柔，能婴儿乎：专气：专心，集气，如管子的"抟气"。《管子·内业》："抟气如神，万物备存……此气也，不可止以力……心静气理，道乃可止。"意思与孟子"志壹则动气"相同。《河上公注》：专守精气使不乱，则形体能应之而柔顺。能如婴儿内无思虑，外无政事，则精神不去也。《王弼注》：专，任也，致极也，言任自然之气。致，至柔之和，能若婴儿之无所欲乎，则物全而性得矣。《唐玄宗注》：专一冲气，使致和柔，能如婴儿，无所分别。

[3] 涤除玄览，能无疵乎？玄：借为"眩"，《淮南主术训》："心有目则眩。"疵cī：瘢疵。《河上公注》：当洗其心，使洁净也。《王弼注》：玄，物之极也，言能涤除邪饰，至于极览，能不以物介其明。疵之其神乎，则终与玄同也。《唐玄宗注》：玄览，心照也。疵，瑕病也。涤除心照，使令清净，能无疵病。

[4] 爱民治国，能无知乎：知同"智"。《河上公注》：治身者，爱气则身全；治国者，爱民则国安。治身者呼吸精气，无令耳闻；治国者，布施惠德，无令下知也。《王弼注》：任术以求成、运数以求匿者，智也。治国无以智，犹弃智也。《唐玄宗注》：爱养万人，临理国政，能无为乎？当自化矣。自上营魄，皆教修身。身修则德全，故可为君矣。

[5] 天门开阖，能为雌乎：天门：耳、目、口、鼻；开阖hé：即开合；为雌：守雌、宁静、柔顺、安静。《河上公注》：天门，谓鼻孔开，谓喘息阖，谓呼吸也。治身当如雌牝，安静柔弱，治国应变，合而不唱也。《王弼注》：天门，天下之所从由也。开阖，治乱之际也，或开或阖，经通于天下，故曰，天门开阖。雌，应而不倡，因而不为，言天门开阖能为雌乎，则物自宾而处自安矣。《唐玄宗注》：天门，历数所从出。开阖，谓治乱。言人君应期受命，能守雌静，则可以永终天禄矣。又解云：《易》曰：一阖一开谓之变，言圣人抚运，应变无常，不以雄成，而守雌牝，亦如天门开阖，亏盈而益谦也。

[6] 明白四达，能无为乎：《河上公注》：言达明白，如日月四通，满于天下八极之外。故曰：视之不见，听之不闻，彰布之于十方，焕焕煌煌也。无有能知道满于天下者。《王弼注》：言达明白，如日月四通，满于天下八极之外。言至明四达，无迷无惑，能无以为乎，则物化矣。所谓道常无为，侯王若能守，则万物自化。《唐玄宗注》：人君能为雌静，则万姓乐推其德，明白如日四照，犹

之畜之，长而不宰，是谓玄德[1]。

【帛书】载营魄抱一，能毋离乎？抟气致柔，能如婴儿乎？涤除玄鉴，能毋有疵乎？爱民治邦，能毋以智乎？天门启阖，能为雌乎？明白四达，能毋以知乎？生之畜之，生而弗有，为而弗恃，长而弗宰，是谓玄德。

【憨山注】：此章教人以造道之方，必至忘知绝迹，然后方契玄妙之德也。载，乘也；营，旧注为魂。《楚辞》云：魂识路之营营，盖营营，犹言惺惺，扰动貌。然魂动而魄静，人乘此魂魄而有思虑妄想之心者。故动则乘魂，营营而乱想，静则乘魄，昧昧而昏沉，是皆不能抱一也。故楞严曰"精神魂魄，递相离合"是也。今抱一者，谓魂魄两载，使合而不离也。魂与魄合，则动而常静，虽惺惺而不乱想；魄与魂合，则静而常动，虽寂寂而不昏沉。道若如此，常常抱一而不离，则动静不异，寤寐一如。老子审问学者做工夫能如此。乎者，责问之辞。专气致柔：专，如专城之专，谓制也。然人赖气而有生，以妄有缘气，于中积聚，假名为心。气随心行，故心妄动则气益刚，气刚而心益动，所谓气壹则动志。学道工夫，先制其气不使妄动以熏心，制其心不使妄动以鼓气，心静而气自调柔。工夫到此，则怒出于不怒矣，如婴儿号而不嗄也，故老子审问其人之工夫能如此乎。涤除玄览：玄览者，谓前抱一专气工夫，做到纯熟，自得玄妙之境也。若将此境览在胸中，执之而不化，则返为至道之病。只需将此亦须洗涤，净尽无余，以至于忘心绝迹，方为造道之极。老子审问能如此乎。此三句，乃入道工夫，得道之体也。老子意谓道体虽是精明，不知用上何如，若在用上无迹，方为道妙。故向下审问其用。然爱民治国，乃道之绪余也。所谓道之真以治身，其绪余土苴以为天下国家，故圣人有天下而不与。爱民治国，可无为而治。老子审问能无为乎。若不能无为，还是不能忘迹，虽妙而不妙也。天门，指天机而言；开阖，犹言出入应用之意；雌，物之阴者。盖阳施而阴受，乃留藏之意。盖门有虚通出入之意，而人心之虚灵，所以应事接物，莫不由此天机发动。盖常人应物，由心不虚，凡事有所留藏，故心曰茆塞。庄子谓室无空虚，则妇姑勃蹊（出自《庄子外物》。妇姑

须忘功不宰，故云能无知乎？

[1] 生之畜之，长而不宰，是谓玄德：生之畜之：《河上公注》：道生万物而畜养之。《王弼注》：不塞其原也，不禁其性也。长而不宰：《河上公注》：道长养万物，不宰割以为利也。是谓玄德：《河上公注》：言道行德，玄冥不可得见，欲使人如道也。《王弼注》：凡言玄德，皆有德而不知其主，出乎幽冥。《唐玄宗注》：令物各遂其生，而畜养之，遂居长而不为主宰，人君能如此者，是谓深玄之德矣。按：传统本"生而不有，为而不恃"与第二章完全相同故删。《河上公注》：道所施为，不恃望其报也。《王弼注》：为而不有。《八仙注》：生之畜：斡旋四德，长养群情。生而不有：道生万物，无所取。为而不恃：忘其所以，默默昏昏。长而不宰：泰然无我，一任天理。是谓玄德：行修德备，脱体全真。圣人体道于无，所以生万物，畜万物，虽生而不自以为有，虽为而不自恃，虽长民而不自以为宰，是谓无声无臭之道，惟精惟一之道也，非玄而何？故曰"玄德"。

勃溪fùgūbóxī：争斗、吵架）。心无天游，则六凿相攘（出自《庄子外物》），此言心不虚也。然圣人用心如镜，不将不迎，来无所粘，去无踪迹，所谓应而不藏，此所谓天门开阖而无雌也。老子审问做工夫者能如此乎。明白四达，谓智无不烛也。然常人有智，则用智于外，炫耀见闻，圣人智包天地，而不自有其知，谓含光内照，故曰明白四达而无知。老子问人能如此乎。然而学道工夫做到如此，体用两全，形神俱妙，可谓造道之极。其德至妙，可以合乎天地之德矣。且天地之德，生之畜之。虽生而不有，虽为而不恃，虽长而不宰，圣人之德如此，可谓玄妙之德矣。

【串讲】

本讲为传统本《老子》的第十章，要点是"六问"即："营魄抱一，能无离乎？专气致柔，能婴儿乎？涤除玄览，能无疵乎？爱民治国，能无知乎？天门开阖，能为雌乎？明白四达，能无为乎"，"两为"即"生之畜之，长而不宰"。河上公给本章取名"能为"，意思是"营魄抱一"能够"身心合一"，"专气致柔"能够"专心致志"，"涤除玄览"能够"排除杂念"，"爱民治国"能够"无为而治"，"天门开阖"能够"以柔克刚"，"明白四达"能够"体悟玄妙"。从相对的角度而言，本章接着阐述了实体与虚体的关系，说明"生之畜之，长而不宰"的"无我"就是"玄德"。"无我论"并非抛弃"自我"，不是"自我"什么都不再拥有，而是不别把"自我"在低层次的需求和形象与实物的关系看得过于重要，而是追求"自我"在高层次的需求和形象——"身心合一"，"超越自我"。

第十章的意思是：魂魄跟形体合为一体，能不能不分开呢？聚结精气而致柔且温顺，能不能像婴儿那样心无旁骛呢？清除杂念而洞察心灵，能不能白璧微瑕呢？慈爱百姓而治理国家，能不能不用心机呢？开闭感官洞察天下，能不能守弱持静呢？明白四方而通达八面，能不能自然无为呢？生育而蓄养万物，兴旺而不主宰万物，这就是所说的"玄德"。

第七讲·无用论：有之以为利，无之以为用

【简注】

第十一章·三十辐共一毂：当其无有，车之用[1]；埏埴以为器：当其无有，器之用[2]；凿户牖以为室：当其无有，室之用[3]——故有之以为利，无之以为用[4]。

---

[1] 三十辐共一毂：当其无有，车之用：辐：车轮凑集于中心的直木条，即"辐条"；毂gǔ：车轮中心有洞可插轴的部分。《说文》："毂，辐所凑也。"毂外为辐所凑，而中空虚受轴，以利转为用。《河上公注》：古者车三十辐，法月数也。共一毂者，毂中有孔，故众辐共凑之。治身者当除情去欲，使五脏空虚，神乃归之。治国者寡能，总众弱共使强也。无，谓空虚。毂中空虚，轮得转行，舆中空虚，人得载其上也。《王弼注》：毂所以能统三十辐者，无也，以其无能受物之故，故能以实统众也。《唐玄宗注》：此明有无功用，相资而立。三十辐者，明造车也。共一毂者，因言少总众。夫辕箱之有，共则成车，车中空无，乃可运用。若无辕箱之有，亦无所用之车。车中若不空无，则辕箱之有，皆为弃物。

[2] 埏埴以为器：当其无有器之用：埏埴shānzhí也作挺埴。挺：和huó；《说文》："挺，长也，从手从延。"《字林》："'挺'，柔也，今字作'揉'。"王念孙："'挺'亦'和'也。""朱骏声："凡柔和之物，引之使长，抟之使短，可折可合，可方可圆，谓之挺。"埴：黏土。《河上公注》：和土以为饮食之器，器中空虚，故得有所盛受。《唐玄宗注》：陶匠和土，为瓦缶之器。

[3] 凿户牖以为室：当其无有，室之用：牖，窗户。《说文》："牖，穿壁以木为交窗也。"段玉裁《说文解字注》："交窗者，以木横直为之，即今之窗也。在墙曰牖，在屋曰窗。"门为"户"，窗为"牖"。《河上公注》：谓作屋室，言户牖空虚，人得以出入观视；室中空虚，人得以居处，是其用。《唐玄宗注》：古者陶穴以为室宇，亦凿开户牖，故云凿尔。

[4] 故有之以为利，无之以为用：《河上公注》：利，物也，利于形用。器中有物，室中有人，恐其屋破坏，腹中有神，畏其形亡也。空者乃可用盛受万物，故曰虚无能制有形。道者空也。《王弼注》：三者而皆以无为用也。言无者，有之所以为利，皆赖无以为用也。《唐玄宗注》：有体利无，以无为利。无体用有，以有为用。且形而上者曰道，形而下者曰器，将明至道之用，约形质以彰，故借有之利无，以明妙无之用有尔。《八仙注》：三十辐共一毂：象月之数，万法归心。当其无有：车之用：毂虚其中，所以运行。埏埴以为器：阴阳往来，而成造化。当其无有：器之用：竭智尽物，圣无全能。凿户牖以为室：万象森罗，同乎一天。当其无有：室之用：谁不由户，莫非斯道。故有之以为利：得此父母之身为用。无之以为用：存我厥初，无内无外。西华帝君注曰：太上教人，总本个"无"字立论是经八十一篇，惟此章揭明其旨。太上无量度人，经济皆在于此。车有毂则必有辐，毂一而已，而辐则若是之多。似寡不可以胜众，乃毂则无为，而辐则自为旋转，是惟毂无为而后有车之用也。推之于器于室，何独不然？用器者自烦，而器之质固无为也；谋室者恒扰，而室之象亦无为也。惟无斯有器之用、室之用，然则天下之凡有者，不皆生于无乎？故没个"有"，则不足以见"无"之大；而没个"无"，又安克以入"有"之细。所以末二语曰"有之以为利"言"有"之固为利矣，而"实无之以为用"言不得这个"无"，难以致用也，无之时义大矣哉！纯阳子注：此言"至无"而含"至有"也。车有三十辐以象日月居轮之中心者，为毂车之所恃以运转也。"当其无"谓居

【帛书】三十辐同一毂，当其无有，车之用也。然捻埴而为器，当其无有，埴器之用也。凿户牖而为室，当其无有，室之用也——故有之以为利，无之以为用。

【憨山注】：此言向世人但知"有用之用而不知无用之用"也。意谓人人皆知车毂有用，而不知用在毂中一窍；人人皆知器之有用，而不知用在器中之虚；人人皆知室之有用，而不知用在室中之空。以此为譬，譬如天地有形也，人皆知天地有用，而不知用在虚无大道。亦似人之有形，而人皆知人有用，而不知用在虚灵无相之心。是知有虽有用，而实用在无也。然"无"不能自用，须赖有以济之，故曰"有之以为利，无之以为用"。利，犹济也。老氏之学，要即"有"以观"无"。若即"有"以观"无"，则虽"有"而"不有"，是谓道妙，此其宗也。按：【憨山注】对"有""无"进行了有益的阐述，读者要细细研读。"无"至少有三种情况：一种是"无中生有"的"无"先"有"后，这是"生"和"被生"这个时间链条上的一维性。一种是"有无相生"的"无"和"有"的难分先后，这是"生"跟"被生"在空间这个环境中的延展性。一种是"存无守有"的"无"和"有"的不可为和可为："无"之于人类来说是"不可为"的，"有"之于人类可以通过"可为"来显示"无"作用。人类最值得关注的就是"存无守有"的"无"和"有"，这是"有"的背景下的相对的"无"、"有"，仔细琢磨，大有裨益！

【串讲】

本讲是传统本《老子》的第十一章，要点是"无""有"的关系，即"三十辐共一毂：当其无有，车之用；挺埴以为器：当其无有，器之用；凿户牖以为室：当其无有，室之用"、"利"和"用"即"有之以为利，无之以为用"。本讲以"车""器""室"三类人类最为熟悉的事物为例子来说明"道"的"有"跟"无"之间的奇妙关系。河上公给本章取名"无用"，形象地把老子"无"之"用"的关系表现出来——"有之以为利，无之以为用"。"无用论"的特点在于：失而不失，不失而失，"有"非"无"而不可"用"，"无"非"有"而难以"利"；"有依于无，无用于有"；"有无相生"而"有利无用"。

第十一章的意思是：三十根辐条汇集到车毂孔洞之中：当"有"（实

空隙之处，挺埴以水黏土而为器也。器非挺埴不成，及其成也，挺埴仍归无用，故曰"当其无"也。户牖非若栋梁之重系于室，而非此则室为无用，故若无关而实有用也。盖道不外乎动静，动而为有，根于至静。故凡涉于有者，以为推行之利；居于无者，即裕推行之机。要亦互为其根，阖辟变化之理而已。

物 · 辐条）跟"无"（虚空 · 车毂孔洞）配合恰到好处，就有了车辆的功能；糅和陶土做成器皿，当"有"（实物 · 挺埴）跟"无"（虚空 · 器皿空处）各得其所，就有了器皿的功能；开门凿窗而建造房屋，当"有"（实物 · 户牖）跟"无"（虚空 · 房屋空间）合理配搭，就有了房屋的功能——所以"有"（实物）给人类以利用之便，"无"（虚空）给人类以使用之便。

第八讲·无身论：宠辱若惊，宠辱不惊

【简注】

第十二章·五色令人目盲，五音令人耳聋，五味令人口爽[1]；驰骋田猎，令心发狂；难得之货，令人行妨[2]。圣人为腹不为目，故去彼取此[3]。

【帛书】五色，使人之目盲；五音，使人之耳聋；五味，使人之口爽；驰骋畋猎，使人之心发狂；难得之货，使人之行妨。是以圣人之治也，为腹不为目，故去彼取此。

----

[1] 五色令人目盲，五音令人耳聋，五味令人口爽：五色令人目盲：五色：赤、青、黄、白、黑。《河上公注》：贪淫好色，则伤精失明也。五音令人耳聋：五音：宫、商、角、徵zhǐ、羽。《河上公注》：好听五音，则和气去心，不能听无声之声。五味令人口爽：五味：酸、甜、苦、辣、咸。爽：《广雅·释诂》："爽，败也。"《楚辞·招魂》"厉而不爽些"《河上公注》：爽，亡也。人嗜于五味于口，则口亡，言失于道也。王注："楚人名羹败曰爽。《淮南子·精神训》："五色乱目，使目不明；五声哗耳，使耳不聪；五味乱口，使口爽伤；趣舍滑心，使行飞扬。此四者，天下之所养性也，然皆人累也。《唐玄宗注》：目悦青黄之观，耳耽宫徵之音，口燕刍豢之味，伤当过分，则坐令形骸聋盲。

[2] 驰骋畋猎，令心发狂：《河上公注》：人精神好安静，驰骋呼吸，精神散亡，故发狂也。《王弼注》：爽，差失也，失口之用，故谓之爽。夫耳目口心，皆顺其性也，不以顺性命，反以伤自然，故曰聋、盲、爽、狂也。《唐玄宗注》：驰骋世务，耽著有为，如彼田猎，唯求杀获，日以心斗，逐境奔驰，静而思之，是发狂病。难得之货，令人行妨：行妨：马其昶："行妨，妨农事也。"《河上公注》：妨，伤也。难得之货，谓金银珠玉，心贪意欲，不知餍足，则行伤身辱也。《王弼注》：难得之货，塞人正路，故令人行妨也。《唐玄宗注》：性分所无，求亦不得。妄求难得，故令道行有所妨伤也。

[3] 圣人为腹不为目，故去彼取此：《河上公注》：守五性，去六情，节志气，养神明。目不妄视，妄视泄精于外。《王弼注》：为腹者以物养己，为目者以物役己，故圣人不为目也。故去彼取此：《河上公注》：去彼目之妄视，取此腹之养性。《唐玄宗注》：取此含受之腹，去彼妄视之目。《八仙注》：五色令人目盲：志之所之，其机在目。五音令人耳聋：和气去心，贪外丧内。五味令人口爽：嗜于道味，忘其自然。驰骋田猎，令人心发狂：猿马不定，无所归宿。难得之货，令人行妨：志为物转，贵乎守一。是以圣人为腹：收视返听，乐在其中。不为目：眼被色眩，妄视泄精。故去彼取此：见性明心，闻声悟道。西华帝君注曰：目宫司视，耳官司听，口官司味，儒家所谓气质之性也。圣人与人均共之，第圣人任理而不放性，众人任欲以贼其性，遂致耽夫五色五音五味，而目于以盲矣，耳于以聋矣，口于以爽矣，性固如是哉。爽训苦。不特此也。彼驰骋田猎以及难得之货，圣人亦未尝不欲。而当其际，总以镜花水月付之，不致如庸众之发狂而妨行也。所以古之达人，为腹不为目，盖最贪者目也。然极意于贪，而究无处盛受，若腹则凡寡皆能受矣。而究未有意于贪，圣人深味此义，故"去彼取此"。彼此即指腹目而言，是紧接文法。纯阳子注：蔽于外则乱其真，五者皆逐于嗜欲之蔽。腹深藏，目外炫，言圣人静深而有主，不随物而思迁，故去其可甘而全其至真也。

【憨山注】：此言物欲之害、教人离欲之行也。意谓人心本自虚明，而外之声色饮食货利，亦本无可欲。人以为可欲而贪爱之：故眼则流逸奔色，而失其正见，故盲；耳则流逸奔声，而失其真闻，故聋；舌则流逸奔味，而失其真味，故爽；心则流逸奔境，而失其正定，故发狂；行则逐于货利，而失其正操，故有妨。所谓利令智昏，是皆以物欲丧心，贪得而无厌者也。圣人知物欲之为害，虽居五欲之中，而修离欲之行，知量知足，如偃鼠饮河，不过实腹而已，不多贪求以纵耳目之观也。谚语有之：罗绮千箱，不过一暖；食前方丈，不过一饱——其余皆为荣观而已。故云"虽有荣观，燕处超然，是以圣人为腹不为目"。去贪欲之害，而修离欲之行，故"去彼取此"。

第十三章·宠辱若惊，贵大患若身[1]。何谓宠辱若惊？宠为上，辱为下，得之若惊，失之若惊[2]。何谓贵大患若身？吾所以有大患者，为吾有身；及吾无身，吾有何患[3]？故贵以身为天下，若可寄天下；爱以身为天下，若可托

---

[1] 宠辱若惊，贵大患若身：宠辱若惊：《河上公注》：身宠亦惊，身辱亦惊。《唐玄宗注》：操之则慄，舍之则悲，未忘宠辱，故皆惊也。贵大患若身：《河上公注》：贵，畏也。若，至也。谓大患至身，故皆惊。《唐玄宗注》：身为患本，矜贵其身，即如贵大患矣。此合云贵身如贵大患，而乃云贵大患如身者，欲明起心贵身，即是大患。有贵即身是大患，故云贵大患如身。若，如也。《八仙注》：宠辱若惊：福兮祸伏，知足不辱。贵大患若身：爱能劳，知止不殆。西华帝君注曰：此二语乃一篇之冒。宠辱本是两事，身与患亦是两端，而开端辄曰"宠辱若惊"。贵大患若身，囫囵发此，真堪令人神耸。

[2] 何谓宠辱若惊？宠为上，辱为下，得之若惊，失之若惊：按：传统本"失之若惊"下有六字"是谓宠辱若惊"。俞樾考证：景龙本作"何谓宠辱？宠为上"。景福本作"宠为上，辱为下"。王弼本等均无"是谓宠辱若惊"。且下文也无"是谓贵大患若身"与之对应，因此此书采取无"是谓宠辱若惊"的说法。何谓宠辱若惊：《河上公注》：问何谓宠，何谓辱。宠者尊荣，辱者耻辱。及身还自同者，以晓人也。宠为上，辱为下：《河上公注》：辱为下贱。《唐玄宗注》：宠辱如惊，恐人不了，故问何谓宠辱？夫得宠骄盈，无不生祸，是知宠为辱本，故答云宠为下矣。得之若惊：惊，借为"警"，警戒；《易经》震卦卦辞"震惊百里"，郑注："惊之言警戒也。"《河上公注》：得宠荣惊者，处高位而临深危也。贵不敢骄，富不敢奢。失之若惊：《河上公注》：失者，失宠处辱也。惊者，恐祸重来也。是谓宠辱若惊：《河上公注》：解上得之若惊，失之若惊。《王弼注》：宠必有辱，荣必有患，惊辱等，荣患同也。为下，得宠辱荣患若惊，则不足以乱天下也。《唐玄宗注》：宠辱循环，宠为辱本。凡情惑滞，惊辱而不惊宠，故圣人戒云：汝之得宠，当如汝得辱而惊，则汝之失宠得辱，亦如复戒，汝得宠而惊惧也。故结云"是谓宠辱若惊"。《八仙注》：何谓宠辱若惊：如临深渊，如履薄冰。宠为下：有辱何辱，居宠不宠。得之若惊：富贵浮云，于我何有。失之若惊：患失防危，可无大过。是谓宠辱若惊：坦荡襟期，无荣无辱。此节正解首句。世人得宠而荣金以宠为上，而不知宠实为下矣。所以然者，宠乃辱之返，亦即辱之因。从来受大辱者，未有不自大宠来。如是而宠不为下乎，故得之则恐辱连累以致，失之亦恐辱有未离。其值此心惊，宜也。然玩二若字，亦虚状之耳，非真惊也。

[3] 何谓贵大患若身？吾所以有大患者，为吾有身；及吾无身，吾有何患：何谓贵大患若身：《河上公注》：复还自问：何故畏大患至身。《王弼注》：大患，荣宠之属也。生之厚，必入死之地，故谓之大患也。人迷之于荣宠，返之于身，故曰大患若身也。《唐玄宗注》：恐人不晓即身是患本，故问之。吾所以有大患者，为吾有身：《河上公注》：吾所以有大患者，为吾有身。有身忧者，勤劳念其饥寒，触情从欲，则遇祸患也。《王弼注》：由有其身也。《唐玄宗注》：身相虚幻，本无

天下[1]。

【帛书】宠辱若惊，贵大患若身：何谓宠辱若惊？宠之为上也，辱之为下也，得之若惊，失之若惊，是谓宠辱若惊。何谓贵大患若身？吾所以有大患者，为吾有身也；及吾无身，吾有何患？故贵为身于为天下，若可以托天下矣；爱以身为天下，若可以寄天下矣。

【憨山注】：此言名利之大害，教人重道忘身以祛累也。宠辱若惊者，望外之荣曰宠，谓世人皆以宠为荣，却不知宠乃是辱。以其若惊，惊，心不安貌。贵大患若身者，崇高之位曰贵，即君相之位：谓世人皆以贵为乐，却不知贵乃大患之若身。以身喻贵，谓身为苦本，贵为祸根，言必不可免也。此二句立定，向下征而释之曰，何谓宠是辱之若惊耶。宠为下，谓宠乃下贱之事耳，譬如僻幸之人，君爱之以为宠也，虽厄酒窗肉必赐之。非此，不见其为宠。及其赐也，必叩头而啖之，将以为宠；彼无宠者，则傲然而立。以此较之，虽宠实乃辱之甚也。岂非下耶？故曰"宠为下"。且而未得之也，患得之；既得之也，患失之。是则竞竞得失于眉睫之间，其心未尝暂自安。由此观之，何荣之有？故曰"得之若惊，失之若惊"。此其所以宠是辱也。贵大患若身者，是以身之患，喻贵之患也。然身乃众患之本，既有此身，则饥寒病苦，死生大患，众苦皆归，必不可免。故曰：吾所以有大患者，为吾有身。无身，则无患矣。故曰：及吾无身，吾有何患。然位，乃祸之基也。既有此位，则是非交谪，冰

真实，为患本之，以吾执有其身，痛瘿寒温，故为身患。及吾无身，吾有何患。及：如果；王念孙曰："及"犹'若'也。《河上公注》：使吾无有身体，"得道"自然，轻举升云，出入无间，与道通神，当有何患。《王弼注》：归之自然也。《唐玄宗注》：能知天地委和，皆非我有，离形去智，了身非身，同于大通，夫有何患？《八仙注》：何谓贵大患若身：安危累心，得丧累性。吾所以有大患者：迷却本来，劳形自苦。为吾有身：秽质不堪，众生被瞒。及吾无身：幻缘放下，依然澄澈。吾有何患：天真自然，毋固毋我。凡人莫不私有其身，即莫不自谋其身，而谋身之余，患不旋踵而至。总因有此身，适以患此身。与其有身而患及身，何如无身之为愈也。吾苟无身，夫复何患？

[1] 故贵以身为天下者，则可寄天下：《河上公注》：言人君贵其身而贱人，欲为天下主者，则可寄立，不可以久也。《王弼注》：无以易其身，故曰贵也。如此乃可以托天下也。爱以身为天下，若可托天下：若：则；《庄子·在宥篇》："故贵以身于为天下，则可以托天下；爱以身于为天下，则可以寄天下。"《河上公注》：言人君能爱其身，非为己也，乃欲为万民之父母。以此得为天下主者，乃可以托其身于万民之上，长无咎也。《王弼注》：无物可以损其身，故曰爱也。如此乃可以寄天下也，不以宠辱荣患损易其身，然后乃可以天下付之也。《唐玄宗注》：此章首标宠辱之戒，后以寄托结成者，宠辱若惊，未忘宠厚贵爱。以为未忘贵爱，故以辱校宠，则辱不如宠。以贵方爱，则贵不如爱。惊宠辱者，尚有宠辱介怀，存贵爱者，未为谦忘天下。故初则使惊宠如辱，后欲令宠辱俱忘，假寄托之近名，辩兼忘之极致。忘宠辱则无所复惊，忘身则无为患本，忘天下则无寄托之近名。《八仙注》：故贵以身为天下者：心犹人君，身同天下。则可寄于天下：百年过客，万物逆旅。爱以身为天下者：明德亲民，修身为本。乃可托天下：君子笃恭，而方太平。贵以身为天下者，非自贵其身，乃以身为天下之为贵耳；爱以身为天下者，非自爱其身，乃以身为天下之为爱耳。如此而尚不可以付神器哉？故曰"可以寄于天下"，托于天下。

炭攻心，众毁齐至，内则残生伤性以灭身，外则致寇招尤以取祸，必不可逃。故曰：吾所以有大患者，为吾有贵。无贵，则无患矣。故曰：贵大患若身。笔乘引王子搜，非恶为君也，恶为君之患也。盖言贵为君人之患。庄子曰，千金重利，卿相尊位也。子独不见郊祀之牺牛乎？养食之数岁，衣以文绣，以入太庙。当是之时，虽欲为狐豚，岂可得乎？斯言贵为卿相者之患。老子言苟知身为大患不可免，则知贵为大患，亦不可免也。然且世人不知贵为大患，返以为荣。爱身取贵，以致终身之累，皆非有道之所为也。唯有道者，不得已而临莅天下，不以为己显。虽处其位，但思道济苍生，不以为己荣。此则贵为天下贵，非一己之贵。如此之人，乃可寄之以天下之任。然有道者，处崇高之位，虽爱其身，不是贪位慕禄以自保。实所谓卫生存身以行道，是则爱身，乃为天下爱其身，非私爱一己之身。如此之人，乃可托以天下之权。若以此为君，则无为而治；以此为臣，则功大名显。故道为天下贵也。故曰：贵以身为天下，则可寄于天下。爱以身为天下，乃可托于天下。

【串讲】

本讲是传统本《老子》第十二章、第十三章。第十二章的要点是"五欲"即"五色令人目盲，五音令人耳聋，五味令人口爽；驰骋田猎，令心发狂；难得之货，令人行妨"、"为腹"即"为腹不为目，故去彼取此"。第十三章的要点是"宠辱"即"宠辱若惊，贵大患若身：宠为上，辱为下，得之若惊，失之若惊，是谓宠辱若惊；吾所以有大患者，为吾有身；及吾无身，吾有何患"、"身为天下"即"贵以身为天下，若可寄天下；爱以身为天下，若可托天下"。

第十二章河上公取名"检欲"，第十三章谷上公取名"厌耻"，都从"贵身"的角度说明怎样由"宠辱若惊"修炼到"宠辱不惊"。本讲以五色、五音、五味、畋猎、难得之货、宠辱若惊等所产生的负面作用来阐述"为道"必须"拒绝诱惑""纯洁天性"，因而提出"无欲"而"无身"的观点——虚实结合、无中生有、有无相生、清心寡欲、宁静自持、不迷不惑。"无身论"的特点在于：无宠无辱，宠辱不惊；有身无身，大成无身。

第十二章的意思是：五色缤纷，使人眼花缭乱；五音嘈杂，使人听觉失聪；五味杂陈，使人舌不知味；纵情狩猎，使人神情癫狂；珍贵物品，使人为财伤身。圣人但求温饱而不追逐奢侈，因而摒弃过度的物欲而追求精神的安宁。

第十三章的意思是：获得宠爱或遭受侮辱都会感到惊恐，这是因为把荣辱这样的祸患看得跟自身一样贵重。什么叫获得宠爱或遭受侮辱都会感到惊恐呢？这是因为得宠的时候在上，受辱的时候在下，所以获得宠爱或遭受侮辱都会令人惊恐不安，丢掉宠爱或离开侮辱也会令人惊恐不安，这就叫获得宠爱或遭受侮辱都会感到惊恐。什么叫把荣辱这样的祸患看得跟自身一样贵重呢？一个人之所以有大祸患，就是因为这个人过分关注自身的得失；如果一个人不过分关注自身的得失，这个人哪里还有什么大祸患呢？所以如果一个人珍爱自身是为了治理天下，就可以把天下托付给这个人；如果一个人爱惜自身是为了天下太平，就可以把天下交给这个人。

第九讲·无定论：无中窥有，玄中取实

【简注】

第十四章·视之不见，名曰夷；听之不闻，名曰希；抟之不得，名曰微。此三者不可致诘，故混而为一[1]。其上不曒，其下不昧[2]；绳绳不可名，复归于无物[3]。

---

[1] 视之不见，名曰夷；听之不闻，名曰希；抟tuán之不得，名曰微。此三者不可致诘jié，故混而为一：视之不见，名曰夷：夷；几；《易经·系辞》："极深研几……知几其神，几者动之微，吉之先见者也。"范应元注："几字，孙登、王弼同古本。傅奕云：'几者幽而无象也。'"《河上公注》：无色曰夷。言一无采色，不可得视而见之。《唐玄宗注》：此明道也。夷，平易也。道非色，故视不可见。以其于无色之中而能色焉，故名曰夷。听之不见，名曰希：《河上公注》：无声曰希。言一无音声，不可得听而闻之。《唐玄宗注》：希者，声之微也。道非声，故听之不闻。以其于无声之中独能和焉，故名曰希。抟之不得，名曰微：抟：抚摩。《一切经音义》引《通俗文》："手团曰抟。"《河上公注》：无形曰微。言一无形体，不可抟持而得之。《唐玄宗注》：抟，执持也。微，妙也。道无形，故执持不得。以其于无形之中而能形焉，故名曰微。此三者不可致诘：《河上公注》：三者，谓夷、希、微也。不可致诘者，夫无色、无声、无形，口不能言，书不能传，当受之以静，求之于神，不可问诘而得之也。故混而为一：《河上公注》：混，合也。故合于三名之为一。《王弼注》：无状无象，无声无响，故能无所不通，无所不往，不得而知，更以我耳目体，不知为名，故不可致诘，混而为一也。《唐玄宗注》：三者将以诘道，道非声色形法，故诘不可得，但得夷希微尔。道非夷希微，故复混而为一。《八仙注》：视之不见，名曰夷：大象无形，戒慎内睹。听之不闻，名曰希：大音希声，恐惧反听。抟之不得，名曰微：虽欲从之，未由也已。此三者不可致诘：受之以静，神会意领。故混而为一：回风混合，一以贯之。西华帝君注曰：希、夷二字，人多罕解，故太上直揭其旨曰：曷为夷？视之不见是也；曷为希？听之不闻是也。而微则人犹有能解者，虽能解之，鲜克象之，故又以抟之不得示焉。而要之夷即希，希即微，皆所谓玄也，名虽异而义则同。此所以混而为一乎。《中庸》之"不睹不闻"、《大雅》之"无声无臭"，悉本于此。纯阳子注：道体本无形声，故不可以见闻求。以手圜而聚之曰抟，致诘穷究也，混混合一不二，《中庸》所谓诚也。

[2] 其上不曒jiǎo，其下不昧mèi：其上不曒：曒：同皎，洁白，明亮。《河上公注》：言一在天上，不曒。曒，光明。其下不昧：《河上公注》：言一在天下，不昧。昧，有所暗冥。《唐玄宗注》：在上者必明，在下者必昧，唯道于上非上，在上亦不明。于下非下，在下亦不昧也。《八仙注》：其上不曒：性灵无体。其下不昧：神化无方。曒明也，与昧相对。世人多明于显而昧于微，犹明于上而昧于下。圣人本玄以立极，不着于显而立于微，故曰其上则不曒，而其下偏能不昧。

[3] 绳绳不可名，复归于无物：绳绳不可名：《河上公注》：绳绳者，动行无穷级也。不可名者，非一色也，不可以青黄白黑别，非一声也，不可以宫商角徵羽听，非一形也，不可以长短大小度之也。复归于无物：《河上公注》：物，质也。复当归之于无质。《唐玄宗注》：绳绳者，运动不绝之意。不曒不昧，运动无穷，生物之功，名目不得，非物能物，故常生物而未始有物，妙本湛然，故云复归于无物。《八仙注》：绳绳不可名：絜矩之道，民无能名。复归于无物：复见天心，存诚格物。绳绳言相续而不绝也，虽不绝而欲以名之，究莫得而名之，则亦终归于无物而已，非玄而何？纯阳子注：承上文而极言其妙。以彼喻此之名，上则曒而下则昧者，凡物皆然，混而为一则无是也。绳

无状之状，无象之象，是谓惚恍[1]。迎之不见其首，随之不见其后[2]。执古之道，以御今之有；能知古始，是谓道纪[3]。

【帛书】视之而弗见，名之曰微；听之而弗闻，名之曰希；捪之而弗得，名之曰夷。三者不可致诘，故混而为一。一者，其上不潦，其下不忽，寻寻呵不可名也，复归于无物。是谓无状之状，无物之象，是谓惚恍。随而不见其后，迎而不见其首。执今之道，以御今之有，以知古始，是谓道纪。

【憨山注】：此言大道体虚，超乎声、色、名、相、思、议之表，圣人执此以御世也。夷，无色也，故视之不可见；希，无声也，故听之不可闻；微，无相也，故捪之不可得。此三者，虽有此名，其实不可致诘，致诘，犹言思、议。由其道体混融而不可分，故为一。其上，日月不足以增其明，故不皦；其下，幽暗不能以昏其礼，故不昧。绳绳，犹绵绵不绝之意，谓道体虽绵绵不

绳不可，名以生机之不息，言归于无物，以气化之返始言也。

[1] 无状之状，无象之象，是谓惚恍 huǎng：无状之状：《河上公注》：言一无形状，而能为万物作形状也。无物之象：《河上公注》：一无物质，而为万物设形象也。《王弼注》：欲言无邪，而物由以成。欲言有邪，而不见其形，故曰，无状之状，无物之象也。是谓惚恍：惚恍：也作忽恍、荒芒、忽恍、惚恍、恍惚等，双声叠字通用，仿佛。《河上公注》：一忽忽恍恍者，若存若亡，不可见之也。《王弼注》：不可得而定也。《唐玄宗注》：是谓无形状之状，无物质之象，不可名有，不可名无，无有难名，故谓之惚恍。《八仙注》：是谓无状之状：不见中亲见。无象之象：亲见中不见。是为恍惚：浑浑沦沦，杳冥若存。既曰"无状"，又曰"之状"，是又有状矣，而究竟何状乎？既曰"无象"，又曰"之象"，是又有象矣而究竟何象乎？若亡若存，殆恍惚不可为象矣，其颜子瞻前在后之景象也邪！

[2] 迎之不见其首，随之不见其后：迎之不见其首：《河上公注》：一无端末，不可预待也。除情去欲，一自归之也。随之不见其后：《河上公注》：言一无影迹，不可得而看。《唐玄宗注》：无始，故迎之不见其首；无终，故随之不见其后。《八仙注》：迎之不见其首：瞻之在前。随之不见其后：忽然在后。真玄恍惚若此：所以当其前而迎之，无首之可寻也；自其后而踵之，无迹之可见也。斯不亦幽深微妙也哉？

[3] 执古之道，以御今之有；能知古始，是谓道纪：执古之道，以御今之有：《河上公注》：圣人执守古道，生一以御物，知今当有一也。《王弼注》：有，有其事。《唐玄宗注》：执古无为之道，以御今有为之事，则还返淳朴矣。能知古始，是谓道纪：纪：基，根本；《小尔雅·广言》："纪，基也。""纪"通"基"，"道纪"即"道基"。《河上公注》：人能知上古本始有一，是谓知道纲纪也。《王弼注》：无形无名者，万物之宗也。虽今古不同，时移俗易，故莫不由乎此，以成其治者也。故可执古之道，以御今之有，上古虽远，其道存焉，故虽在，今可以知古始也。《唐玄宗注》：能知古始所行，是谓道化之纪纲。《八仙注》：执古之道，以御今之有：观天之道，执天之行。能知古始：靡不有初，鲜克有终。是谓道纪：识得虚皇，为纲为纪。古今二字勿泥：物趋于"有"则为"今"，道立于"无"则为"古"。执"古"以御"今"，犹云本"无"以御"有"，非大道之纲纪而何？按：《八仙注》"物趋于有则为今，道立于无则为古"、"执古以御今，犹云本无以御有"的观点值得注意："物趋于有则为今"、"道立于无则为古"把"物"与"道"、"有"与"今"、"无"与"古"的关系很高明且精明地条分缕析，对理解中华文化传统具有指导价值。"道"跟"古"和"无"是一个系统，"物"跟"今"和"有"是一个系统，厘清了"道不可道"跟"道必须道"的问题："道""古""无"不可道，"物""今""有"必须道。放心地观察、研究、感悟"物""今""有""道""古""无"就在其中了。

绝，其实不可名言。毕竟至虚，虽生而不有，故复归于无物。杳冥之内，而至精存焉，故曰"无状之状"；恍惚之中，而似有物焉，故曰"无象之象，是谓惚恍"。此正楞严所谓"罔象虚无，微细精想"耳。由其此体：前观无始，故"迎之不见其首"；后观无终，故"随之不见其后"。此乃古始之道也。上皆历言大道之妙，下言得道之人。然圣人所以为圣人者，盖执此妙道以御世，故曰"执古之道，以御今之有"。吾人有能知此古始之道者，即是道统所系也，故曰"能知古始，是谓道纪"。

【串讲】

本讲是传统本《老子》的第十四章，要点是"道三名"即"视之不见，名曰夷；听之不闻，名曰希；抟之不得，名曰微。此三者，不可致诘，故混而为一"、"道象"即"其上不皦，其下不昧；绳绳不可名，复归于无物。无状之状，无象之象，是谓惚恍。迎之不见其首，随之不见其后"、"道纪""执古之道，以御今之有；能知古始，是谓道纪"。本讲以无声、无色、无名、无相、无思、无议等非显性的"比方"来象征道的"无定性"。因"无定"而"模糊"而"虚无"，可这却正好从整体上来把握"道"的可悟性、可知性、可行性、可用性，所谓"执古之道，以御今之有"，这给"为学"而"为道"指示了一个方向——河上公给本章取了一个很特别的名字"赞玄"，体悟很深啊！"无定论"的基本内容是全面把握"视之不见""听之不闻""抟之不得""不可致诘"乃至"混而为一"的"道"特征，无并非无，虚并非虚，从无看有，从虚查实，玄中取妙，众妙之门。

第十四章的意思是：想看却看不见，所以给取名"夷"；想听却听不到，所以给取名"希"；想摸摸不到，所以给取名"微"。这三者（"夷"无像、"希"无声、"微"无体）不可寻根问底（即诘：思和议），所以把她的名字混而为一。在上面她光明而不刺眼；在下面她阴暗而不晦涩；纷乱延绵而无法称名，一切都又归根到"无"（"夷"无像、"希"无声、"微"无体）状态。没有形状的形状，没有形象的形象，这就是所谓"惚恍"。迎着看不见她的头，跟着望不见她的尾。把握着早已存在的"道"，以描绘现实存在的事物；能认识和了解古代的初始，这就是所谓"道纪"（道的基础）。

第十讲·归根论：不盈不满，归根复命

【简注】

第十五章·古之善为道者，微妙玄通，深不可测[1]。夫唯不可测，故强为之容：豫兮若冬涉川[2]，犹兮若畏四邻[3]；俨兮其若客，涣兮其冰释，敦兮其若朴，旷兮其若谷，浑兮其若浊[4]。孰能浊以静，动之以徐清？孰能安以久，动之

[1] 古之善为道者，微妙玄通，深不可测：古之善为道者：为：指实行、修习。《河上公注》：谓"得道"之君也。微妙玄通：微妙：幽深精妙。玄通：深奥通达。《河上公注》：玄，天也。言其志节玄妙，精与天通也。3.深不可测：《河上公注》：道德深远，不可识知，内视若盲，反听若聋，莫知所长。《唐玄宗注》：言古昔之人，善以道为事者，于彼微言妙道，无不玄鉴通照，而德容深邃，不可识知。《八仙注》：古之善为士者：遁世不见圣者能之。微妙玄通：知微之显玄妙允中。深不可识：深藏若虚不可得闻。西华帝君注曰：微妙二语，乃相连而及。惟微斯妙，妙斯玄，玄斯通，通斯深矣，而尚可测乎？古之善为士者，本领以此。

[2] 夫唯不可测，故强为之容：豫yù兮若冬涉川：夫唯不可测，故强为之容：强：勉强。容：形容。《唐玄宗注》：夫唯德量难识，故强为容状以明之。豫兮若冬涉川：《河上公注》：举事辄加重慎与；豫兮若冬涉川，心难之也。《王弼注》：冬之涉川，豫然若欲度，若不欲度，其情不可得见之貌也。《唐玄宗注》：豫，闲豫也。善士于世闲法，如涉冬川，众人贪著，故畏惧，今我不染，故闲豫也。《八仙注》：夫唯不可识：惟精惟一。故强为之容：能近取譬。豫兮若冬涉川：骨散寒琼。夫古之士，既深不可测矣，而终于不可测，天下后世，又曷以知有善士哉？故不得已而强为之容，犹云强为之表着也。然虽表着，而实则歛而不放。所谓豫者，戒而后动之谓，言不得已而动，其动之逡巡畏缩，则有若当冬而涉川，是即履薄临深之义。

[3] 犹兮若畏四邻：犹：即犹豫，也作犹与、尤豫、由与，王念孙《读书杂志》："犹豫双声字，犹楚辞之言夷犹耳。"《河上公注》：其进退犹犹如拘制，若人犯法，畏四邻知之也。《王弼注》：犹兮若畏四邻，四邻合攻，中央之主，犹然不知所趣向者也。上德之人，其端兆不可睹，德趣不可见，亦犹此也。《唐玄宗注》：犹豫，疑难也。上言善士不染故闲豫，及观行事，甚疑难，如今世人惧邻戒。《八仙注》：犹兮若畏四邻：必慎其独严乎指视。有动则有言，于不得已而言，而嗫嚅不敢轻出诸口，若畏四邻之或知也。

[4] 俨yǎn兮其若客，涣huàn兮其冰释，敦dūn兮其若朴，旷兮其若谷，浑兮其若浊：俨兮其若客：俨：恭敬庄重。《河上公注》：如客畏主人，俨然无所造作也。涣兮其冰释：涣：消散、离散。《河上公注》：涣者，解散；释者，消亡。除情去欲，日以空虚。《唐玄宗注》：虽则俨然若客，无所造为，而不凝滞于物，涣然若春冰之释散也。敦兮其若朴：敦：厚、实。朴：未加工的木材。《河上公注》：敦者，质厚。朴者，形未分。内守精神，外无文采也。《唐玄宗注》：虽涣然冰释，曾不自矜，而能敦厚，若质朴无所分别。旷兮其若谷：《河上公注》：旷者，宽大。谷者，空虚。不有德功名，无所不包也。《唐玄宗注》：其德量旷然宽广，无所含容，若彼空谷。浑兮其若浊：《河上公注》：浑者，守本真，浊者，不照然。与众合同，不自专也。《王弼注》：凡此诸若，皆言其容，象不可得而形名也。《唐玄宗注》：和光混迹，若浊而清。《八仙注》：俨兮其若客：毋不敬，俨若思。涣兮若冰之将释：太和充溢，神悟心开。敦兮其若朴：群居闭口，不违如愚。旷兮其若谷：庶乎

以徐生[11]？复此道者，不欲盈；夫唯不盈，蔽而复成[2]。

【帛书】古之善为道者，微妙玄达，深不可识。夫唯不可识，故强为之容曰：豫呵其若冬涉川，犹呵其若畏四邻，俨呵其若客，涣呵其若凌释，沌呵其若朴，旷呵其若谷，湷呵其若浊。孰能浊以久？静之将徐清。孰能安以久？动之将徐生。保此道者不欲盈；夫唯不欲盈，是以能蔽而不新成。

【憨山注】：此言圣人体道深玄，故形神俱妙。人能静定虚心，则故有常存也。庄子谓"嗜欲深者天机浅"。盖今世俗之人，以利欲熏心，故形气秽浊粗鄙，固执而不化，不得微妙玄通，故天机浅露，极为易见，殆非有道气象，皆是不善为士也。老子因谓古之善为士者，不浅露易见，乃微妙玄通，深不可识。夫为不可识，最难形容，特强为之形容耳。然形容其行动也，豫若冬涉川，犹若畏四邻：犹、豫，行不进貌。冬涉川，谓不敢遽进；畏四邻，谓不敢妄动。此乃从容不迫之意。其威仪也，俨若客，俨，谓肃然可观；若客，谓谦退不敢直前。其气也，涣若冰将释，庄子谓"暖然似春"，又云"冰解冻释"，谓其气融和，使可亲爱之意。其外貌也，敦兮其若朴，敦，敦厚；朴，无文饰也。其中心也，旷兮其若谷，旷，空也；谷，虚也。外体敦厚朴素，而中心空虚寂定也。其迹也，浑兮其若浊，浑与混同，谓和光同尘也。盖有道之

履空，亿则履中。浑兮其若浊：心与道冥，和而不同。善士之言动谨饬如此，故其致躬端肃俨若客，如见大宾也。声入心通，解悟若冰之释也；机械变诈之全消，敦厚而诚朴也；虚中以应，旷然若谷之有神也。至浑兮若浊，则亦和光同尘之意，必曰众皆浊而我独清，则是矫激之徒，大道不尚乎此。

[1] 孰能浊以静，动之以徐清？孰能安以久，动之以徐生：孰能浊以静，动之以徐清：孰：谁，谁、孰一声之转。徐：宽舒，迟缓。《说文》："徐，缓也。"《尔雅·释天》注："徐，舒也。"吴澄曰："浊者，动之时也，继之以静，则徐徐而清矣。安者，静之时也，静继以动，则徐徐而生矣。"《河上公注》：谁能知水之浊止而静之，徐徐自清也。《王弼注》：夫晦以理物则得明，浊以静物则得清，安以动物则得生，此自然之道也。孰能者，言其难也。徐者，详慎也。《唐玄宗注》：谁能于彼浑浊，以静澄止之，令徐自清乎？孰能安以久，动之以徐生：《河上公注》：谁能安静以久，徐徐以长生也。《唐玄宗注》：谁能安静于此清以久，更求胜法，运动修行，令清静之性，不滞于法，而徐动出也。生犹动出也。《八仙注》：孰能浊以静，动之以徐清：清者浊之源。孰能安以久，动之以徐生：静者动之基。嗜欲之流，日趋于动，而不复知有静，枯槁之众，泥煞此境，而不复知有动。夫孰能止其浊？而从事于静，以徐复本然之清明乎？亦孰能不久安？而从事于动，以徐得养生之道乎？是盖不着动静一边，而有无相生之义，益明矣。

[2] 复此道者，不欲盈；夫唯不盈，蔽而复成：复此道者，不欲盈：复：返还，往来。《说文》："复，往来也。"段玉裁《说文解字注》："返，还也；还，复也。"《河上公注》：保此徐生之道，不欲奢泰盈溢。《王弼注》：盈必溢也。《唐玄宗注》：欲保此徐清徐生之道，当须无所执滞，若执求生，是谓盈满，将失此道，故云不欲盈。夫惟不盈，蔽而复成：蔽：通敝，与新相对。《河上公注》：夫为不盈满之人，能守蔽不为新成。蔽者，匿光荣也。新成者，贵功名。《王弼注》：蔽，覆盖也。《唐玄宗注》：夫唯不盈满之人，故能以新证之；行为弊薄，不以其新成而滞著也。《八仙注》：复此道者不欲盈：虚者实之本。夫唯不盈：冲虚无尽。蔽而复成：潜虽伏矣，大成若缺。天道亏盈，鬼神害盈，人道恶盈，欹器之所以不容盈也。故复此道者不欲盈，夫不盈必至于敝矣。而凡物之成者，无有不敝之时，况道欲其敝，不尚乎新？此所以宁敝而不取新成也，即此可悟退步之法。

士，心空无著，故行动威仪，气象体段，胸次悠然，微妙玄通之若此，所谓孔德之容，惟道是从，故可观而不可识。世俗之人，以功名利禄交错于前，故形气秽浊，而不可观，老子因而愍之曰，孰能于此浊乱之中，恬退自养，静定持心，久久而徐清之耶？盖心水汩昏，以静定治之，则清，所谓如澄浊水，沙土自沈，清水现前，名为初伏客尘烦恼，不能顿了，故曰徐清。人皆竞进于功利之间，老子谓孰能安定自守，久久待时而后生耶？生，乃发动，谓应用也，即圣人迫不得已而后应之意。老子嗟叹至此，乃教之以守道之方，曰"保此道者不欲盈"，盈，满也；欲盈，乃贪得无厌、不知止足之意，谓世人但知汩汩于嗜欲，贪得不足。殊不知天道忌盈，满则溢矣。所谓"持而盈之，不如其已"，故此教之以不欲盈也。后乃结示知足常足之意，曰"夫唯不盈，蔽而复成"。物之旧者谓之敝，凡物旧者，最持久，能奈风霜磨折。而新成者，虽一时鲜明，不久便见损坏。老子谓世人多贪好盈，虽一时荣观快意，一旦祸及，则连本有皆失之矣。惟有道者，善知止足，虽无新成之名利，而在我故有现成之物，则可常常持之而不失矣。故曰"蔽而复成"。观子房请留辟谷之事，可谓能"蔽而复成"者，此余所谓子房得老之用也。

第十六章·致虚极，守静笃[1]。万物并作，吾以观复[2]。夫物芸芸，各归

---

[1]　致虚极，守静笃dǔ：致虚极：致：达到。虚：虚空，虚无。《广雅·释诂》；"虚，空也。"西京赋"有凭虚公子者"《注》："虚，无也。""致虚极"：秉要执本，清静自守，与《论语》"修己以安百姓"通。极：极点、顶点。《河上公注》："得道"之人，捐情去欲，五内清静，至于虚极。守静笃：笃：忠实，不虚伪；《说文》："笃，马行顿迟也。"《河上公注》：得守清静，行笃厚。《王弼注》：言致虚，物之极笃；守静，物之真正也。《唐玄宗注》：虚极者，妙本也。言人受生皆禀虚极妙本，及形有受纳，则妙本离散。今欲令虚极妙本必致于身，当须绝弃尘境染滞，守此雌静笃厚，则虚极之道自致于身也。《八仙注》：致虚极，守静笃：虚以待之，无为之先。西华帝君注曰：虚无者，道之体；清静者，道之根。世人只从实处着脚，遂尔动作纷纭不已，所以生出无限烦恼，故要虚要静。然存一虚之心，虽虚犹未虚也；存一静之见，虽静犹未静也。必致虚到极，守静到笃，方谓之虚，方成个静。而实与动胥范围于其中。按：《八仙注》的这段话很有意思，读者仔细琢磨，如"然存一虚之心，虽虚犹未虚也"、"存一静之见，虽静犹未静也"，真是细致入微：如果心里一直非常渴望"虚"或"静"，其实是"虚而不虚"、"静而不静"，就是因为心里渴望"虚"或"静"，因此反而不虚不静！"不虚而虚"、"不静而静"，只有达到心中都意识不到的"虚"和"静"，才是基本到达了"虚"和"静"层次。"虚"和"静"的境界是即使地动山摇、闪电雷鸣也能安之若素，那才是"虚"和"静"呢。那些寻找安静的地方修炼安静的人，跟渴望"虚"或"静"的人没有本质上的区别。

[2]　万物并作，吾以观复：万物并作：并作：一齐生长。《河上公注》：并作，生也，万物并生也。《王弼注》：动作生长。吾以观复：复：返，循环往复。《河上公注》：得言吾以观见万物无不皆归其本也。人当念重其本也。《王弼注》：以虚静观其反复。凡有起于虚，动起于静，故万物虽并动作，卒复归于虚静，是物之极笃也。《唐玄宗注》：老君云：何以知守雌静则能致虚极乎？但观万物动作云为，及其归根，常在于静，故知尔。《八仙注》：万物并作，吾以观复：克己复礼，天下归仁。由虚而实，由静而动，则万物作焉，大道所不辞也。然极意于作，将性根日漓，鲜所归宿。是必由动返静，从实返空，斯为还原归本，故曰"以观其复"。纯阳子注：存守其心而不杂于物，则有以极乎，静之真矣。万物道之散殊，故皆涉于有作。观其复，见天心也。

其根，归根曰静[1]；静曰复命，复命曰常，知常曰明。不知常，妄作凶[2]。知常容，容乃公，公乃王，王乃天，天乃道，道乃久，没身不殆[3]。

[1] 夫物芸芸，各归其根，归根曰静；夫物芸芸：芸芸：茂盛纷杂。《河上公注》：得芸芸者，华叶盛也。各归其根：《河上公注》：得言万物无不枯落，各复反其根而更生也。《王弼注》：各反其所始也。《唐玄宗注》：所以知万物归复常在于静者，为物华叶芸芸，生性皆复归于其根本，故有作云云者，动作也。言夫物芸芸动作者，及其归复皆在根本尔。归根曰静：《河上公注》：得静谓根也。根安静柔弱，谦卑处下，故不复死也。《王弼注》：归根则静，故曰静。《八仙注》：夫物云云：身外无为。各归其根：姤观月窟，复见天根。归根曰静：止于至善，无欲为要。此承上而深言之。云云即众作之谓，知其当复，则当各归其根矣。譬如花卉之荣，皆生于根，及其摇落，仍复归于根耳，归根则敛，尚不谓之静乎？

[2] 静曰复命，复命曰常，知常曰明。不知常，妄作凶：静曰复命：复命：复归本性。《河上公注》：得言安静者是为复还性命，使不死也。复命曰常：复命使不死，乃道之所常行也。《唐玄宗注》：华叶云云者，生性归根则静止矣。人能归根至静，可谓复所禀之性命。复命曰常：《王弼注》：静则复命，故曰复命也。复命则得性命之常，故曰常也。知常曰明：《河上公注》：得能知道之所常行，则为明。《唐玄宗注》：守静复命，可谓有常。知守常者，更益明了。不知常，妄作凶：妄：妄想，妄自菲薄，妄自尊大等；《易经·序卦》："复则不妄矣，故受之以无妄。"《河上公注》：得不知道之所常行，妄作巧诈，则失神明，故凶也。《王弼注》：常之为物，不偏不彰，无曒昧之状，温凉之象，故曰知常曰明也。唯此复乃能包通万物，无所不容，失此以往，则邪入乎分，则物离其分，故曰不知常，则妄作凶也。《唐玄宗注》：不恒其德，或承之羞，失常妄作，穷凶必至矣。《八仙注》：静曰复命：返本还无。复命曰常：不凋不残，松柏青青。知常曰明：古今洞达，湛然常寂。不知常：知者易悟，昧者难行。妄作凶：心生法乱，气散神离。人有性则必有命，而此命即道也。易曰：穷理尽性以至于命，则此命字，不得轻看混看。常，常存也，惟复命而后可以湛然常存，人患不知有常耳。诚能知常，则俯察仰观穷幽极渺，无弗洞澈，不谓之明，不可得也。反是者，昧于此常久之道，而一意于动，专力于实，势必多所妄作，而不免于凶矣。

[3] 知常容，容乃公，公乃王，王乃天，天乃道，道乃久，没mò身不殆dài：知常容：《河上公注》：得能知道之所常行，去情忘欲，无所不包容也。《王弼注》：无所不包通也。《唐玄宗注》：知守真常，则心境虚静，如彼空谷，无不含容。容乃公：《河上公注》：得无所不包容，则公正无私，众邪莫当。《王弼注》：无所不包通，则乃至于荡然公平也。《唐玄宗注》：含容应物，应物无心，既无私邪，故为公正。公乃王：《河上公注》：得公正无私，可以为天下王。治身正则形一，神明千万，共凑其躬也。《王弼注》：荡然公平，则乃至于无所不周普也。《唐玄宗注》：能公正无私者，则为物所归往。王乃天：《河上公注》：得能王，德合神明，乃与天通。《王弼注》：无所不周普，则乃至于同乎天也。《唐玄宗注》：群物乐推，如天之覆，则与天合德。天乃道：《河上公注》：得德与天通，则与道合同也。《王弼注》：穷极虚无，"得道"之常，则乃至于不有极也。与天合德，体道大通，则乃至于极虚无也。《唐玄宗注》：王德如天，乃能行道。道乃久：《河上公注》：得与道合同，乃能长久。《王弼注》：穷极虚无，"得道"之常，则乃至于不有极也。《唐玄宗注》：道行天下，乃可以久享福祚矣。没身不殆：没：通殁，死。《广雅·释诂》："殁，终也。"殆：危殆、危险。《河上公注》：得能公能王，通天合道，四者纯备，道德弘远，无殃无咎，乃与天地俱没，不危殆也。《王弼注》：无之为物，水火不能害，金石不能残。用之于心则虎兕sì无所投其齿角，兵戈无所容其锋刃，何危殆之有乎？《唐玄宗注》：同天行道，则终殁其身，长无危殆之事矣。《八仙注》：知常容：大无不包。容乃公：细无不入。公乃王：能为万物主，不逐四时凋。王乃天：能正德，合神明。天乃道：一气之始，万象之宗。道乃久：合真与道，何有终穷？没身不殆：虽天地覆坠，吾不与之移。古之达人，惟知常，斯能浑盖包涵，一切渣滓，尽归消纳，乃有容矣。有容则物我彼此，不份畦畛而公。大公无我，帝王之度，尚不谓之王乎？天，天之王也；王，王之天也。道极于王，正惟天为大，惟尧则之之谓，非天而何？而要其所以为天者，非也，道也。一切万物，均不能常，惟道则久存而不敝，是亦不息则久之谓。圣人知此，所以常奉此道，没身而不息

【帛书】致虚极也，守静笃也；万物傍作，吾以观其复也。夫物芸芸，各复归于其根，曰静。静，是谓复命。复命，常也。知常，明也。不知常，妄；妄作，凶。知常容，容乃公，公乃王，王乃天，天乃道，道乃久，没身不殆。

【憨山注】：此承上章要人作静定功夫，此示功夫之方法也。致虚极、守静笃者：致，谓推致推穷之意；虚，谓外物本来不有；静，谓心体本来不动。世人不知外物本来不有，而妄以为实，故逐物牵心，其心扰扰妄动，火驰而不返，见利亡形，见得亡真，故竞进而不休，所以不能保此道也。今学道工夫，先要推穷目前万物，本来不有，则一切声色货利，当体全是虚假不实之事。如此推穷，纵有亦无。一切既是虚假，则全不见有可欲之相。既不见可欲，则心自然不乱，而永绝贪求，心闲无事。如此守静，可谓笃矣。故致虚要极、守静要笃也，老子既勉人如此做工夫，恐人不信，乃自出己意曰：我之工夫亦无他术，唯只是万物并作，吾以观其复，如此而已：并作，犹言并列于前也。然目前万物本来不有，盖从无以生有，虽千态万状，并列于前，我只观得当体全无，故曰万物并作，吾以观其复：复，谓心不妄动也。向下又自解之曰：夫物芸芸，各归其根，意谓目前万物虽是暂有，毕竟归无，故云各归其根，根，谓根本元无也。物既本无，则心亦不有，是则物我两忘，寂然不动。故曰：归根曰静，静曰复命——命，乃当人之自性，赖而有生者。然人虽有形，而形本无形；能见无形，则不独忘世，抑且忘身。身世两忘，则自复矣。故云静曰复命。性，乃真常之道也，故云"复命曰常"。人能返观内照，知此真常妙性，才谓之明，故云知常曰明。由人不知此性，故逐物妄生，贪欲无厌，以取戕生伤性亡身败家之祸，故曰"不知常，妄作凶"。人若知此真常之道，则天地同根，万物一体，此心自然包含天地万物，故曰"知常容"。人心苟能广大如此，则民吾同胞，物吾与也。其心廓然大公，则全不见有我之私，故曰"容乃公"。此真常大道：人若得之于内，则为圣，施之于外，则为王，故曰"公乃王"。王乃法天行事，合乎天心，故曰"王乃天"。天法道，合乎自然，故曰"天乃道"。与天地参，故曰"道乃久"。人得此道，则身虽死而道常存，故曰"没身不殆"。且此真常之道，备在于我，而人不知，返乃亡身殉物，嗜欲而不返，岂不谬哉？

【串讲】

本讲是传统本《老子》的第十五章、第十六章。第十五章的要点是"道

也。纯阳子注：根者物之所从生，命者理之所自出。公无私也，万物之长故曰王；天也道也，推极其至而言之也。承上文而言。万物虽纷，无不归根复命者，此乃造化不易之理，阴阳消长之常，修道者必知此，而后可无妄作之因。盖至常者天下之大本，变化所从始，故知常者可以无所不容，而无私之至，物莫能加，与天合德，道体长存，尚何危殆之有哉？《中庸》首章言慎独而极于中和位育，即此意也。

妙"即"古之善为道者，微妙玄通，深不可测"、"七容"即"豫兮若冬涉川，犹兮若畏四邻；俨兮其若客，涣兮其冰释，敦兮其若朴，旷兮其若谷，浑兮其若浊"、"动静"而"不盈"即"孰能浊以静，动之以徐清？孰能安以久，动之以徐生；复此道者，不欲盈。夫唯不盈，蔽而复成"。第十六章的要点是"两纲领"即"致虚极，守静笃"、"观物复"即"万物并作，吾以观复。夫物芸芸，各归其根。归根曰静，静曰复命；复命曰常，知常曰明"、"六条目"即"知常容，容乃公，公乃王，王乃天，天乃道，道乃久"。

第十五章通过描绘"善为道者"的思想与行为等来展示"道"的特征，河上公给本章取名"显德"，显示"善为道者""夫唯不盈"的大德（不盈即虚静）。第十六章主张"致虚极，守静笃"，"万物归根而复命"，河上公给本章取名"归根"，其根本在于"不盈"，"不盈"而"大盈"，"大盈"则"不满"，"不满"则"归根"而"复命"，"守虚"又"守静"。"归根论"的特点是"不盈则不满"，"不满则归根"，"归根则复命"。

第十五章的意思是：古代善于为道者，微妙玄远而通达，玄幽深静而莫测。正因为这种人玄幽深远，所以只能勉强地形容他们：这种人时时小心谨慎，好像冬天踩着薄冰过河；这种人处处非常警觉，好像防着邻国的进攻；这种人恭敬郑重，好像贵宾参加宴会；这种人行为洒脱，好像冰消雪化；这种人纯朴厚道，好像没有加工过的木料；这种人旷远豁达，好像幽静的山谷；这种人浑厚宽容，好像浑浊的流水。谁能使浑浊安静下来？慢慢地步步澄清；谁能使安静而长久？慢慢地显出生机；善于回归道者，不会自满。正因为善于回归道者不自满，所以能够吐故纳新。

第十六章的意思是：让心境虚寂到极点，使心情清静到笃实。万物蓬勃生长，我从中考察复归的途径。万物纷繁茂盛，各自返归本根。返归本根叫清静，清静复归叫生命，复归生命叫恒常，认识恒常叫明白。不明白恒常，妄动出凶险。明白恒常者能包容万物，能包容万物者坦荡公正，坦荡公正者德宜为王，德宜为王者道行天下，道行天下者尊道贵德，尊道贵德者天长地久，终身都不会出现危险。

第十一讲·诚信论：见素抱朴，
少私寡欲，绝学无忧

【简注】

第十七章·太上，不知有之；其次，亲之誉之；其次，畏之；其次，侮之[1]。信不足，有不信，悠兮其贵言[2]。功成事遂，百姓皆谓"我自然"[3]。

---

[1] 太上，不知有之；其次，亲之誉之；其次，畏之；其次，侮之：太上，不知有之：太上：指太古时代。《礼记·曲礼》："太上贵德，其次务施报。"郑注："太上，帝皇之世，其民施而不惟报。"《河上公注》：太上，谓太古无名之君。下知有之者，下知上有君，而不臣事，质朴也。《王弼注》：大上，谓大人也。大人在上，故曰大上。大人在上，居无为之事，行不言之教，万物作焉而不为始，故下知有之而已，言从上也。《唐玄宗注》：太上者，淳古之君也。下知者，臣下知上有君，尊之如天而无施教有为之迹，故人无德而称焉。其次，亲之誉之：《河上公注》：其德可见，恩惠可称，故亲爱而誉之。《王弼注》：不能以无为居事，不言为教，立善行施，使下得亲而誉之也。《唐玄宗注》：逮德下衰，君行善教，仁见故亲之，功高故誉之。其次，畏之；侮：轻慢。《广雅·释诂》："侮，轻也。"《河上公注》：设刑法以治之。《唐玄宗注》：德又下衰，君多弊政，人不堪命，则驱以刑罚，故畏之。其次，侮之：《河上公注》：禁多令烦，不可归诚，故欺侮之。《王弼注》：不能复以恩仁令物，而赖威权也。不能法以正齐民，而以智治国，下知避之，其令不从，故曰，侮之也。《唐玄宗注》：怀情相欺，明不能察，故侮之。《八仙注》：太上，下知有之：无上至道万物皆备。其次，亲而誉之：因不失亲亦可宗也。其次，畏之：怀刑思义。其次，侮之：民免无耻。西华帝君注曰：太上，即最上之谓，言御世者以道治天下，泯声色，神教化，潜移默运，而其下于变时雍，顺帝之则，则亦但知之而已。其次则由道而运为德，于是乎有礼乐制度，虽亦善政善教，其不逮最上者远矣，故被其泽者，亦只亲之誉之而已。降是而并无其德焉，恃夫政：文纲在前，能无畏乎？道路以目，能无侮乎？

[2] 信不足，有不信，悠兮其贵言：信不足，有不信：《河上公注》：君信不足于下，下则应之以不信，而欺其君也。《王弼注》：夫御体失性则疾病生，辅物失真则疵衅作。信不足焉，则有不信，此自然之道也。已处不足，非智之所齐也。《唐玄宗注》：畏之侮之者，皆由君信不足，故令下有不信之人。悠兮其贵言：《河上公注》：说太上之君，举事犹，贵重于言，恐离道失自然也。《唐玄宗注》：亲之誉之者，由君有德教之言，故贵其言而亲誉之。《八仙注》：信不足：不知有此理只为太份明。有不信：自古有死无信不立。犹兮其贵言：默而识之言寡其尤。夫民至畏而且侮，其不信治也明矣。而要其所以不信者：上不知道，则无以取信于民；若上诚信矣；民斯从而信之。故曰此上信之不足耳，下焉有不信者乎。

[3] 功成事遂，百姓皆谓"我自然"：功成事遂：《河上公注》：谓天下太平也。百姓皆谓我自然：《河上公注》：百姓不知君上之德淳厚，反以为己自当然也。《王弼注》：自然，其端兆不可得而见也，其意趣不可得而睹也，无物可以易其言，言必有应，故曰，悠兮其贵言也。居无为之事，行不言之教，不以形立物，故功成事遂，而百姓不知其所以然也。《唐玄宗注》：功成而不执，事遂而无为，百姓日用而不知，谓我自然而成遂，则太上下知有之之谓也。《八仙注》：功成事遂：巍乎成功，乐奏太平。百姓皆谓我自然：无为而治，帝力何有？离道者治如彼，体道者治如此，则亦可以见白，为天下后世法矣。而犹讷讷不敢轻出诸口，斯不亦贵此言也哉？夫亦曰道本无形，不尚迹象，我运此道于无为之中，迨成功事遂，使百姓皆谓我自然，何快如之？纯阳子注：此言化民之道：太上圣

【帛书】太上，下知有之；其次，亲而誉之；其次，畏之；其次，侮之。信之不足焉，有不信焉！犹呵，其贵言也。成功遂事，而百姓谓我自然也。

【憨山注】：此言：上古无知无识，故不言而信；其次有知有识，故欺伪日生。老子因见世道日衰，想复太古之治也。大上下知有之者，谓上古洪荒之世，其民浑然无伪，与道为一，全不知有。既而混沌日凿，与道为二，故知有之；是时虽知有，犹未离道，故知而不亲。其世再下，民去道渐疏，始有亲之之意；是时虽知道之可亲，但亲于道，而人欲未流，尚无是非毁誉之事。其世再下，而人欲横流，盗贼之行日生，故有桀跖之非毁，尧舜之是誉；是时虽誉，犹且自信而不畏。其世再下，而人欲固蔽，去道益远，而人皆畏道之难亲：故孔子十五而志于学，至七十而方从心；即颜子好学，不过三月不违仁，其余则日月至焉——可见为道之难，而人多畏难而苟安也，是时虽畏，犹知道之不敢轻侮。其世再下，则人皆畔道而行，但以功名利禄为重，全然不信有此道矣。老子言及至此，乃叹之曰：此无他，盖由在上者自信此道不足，故在下者不信之耳。然民既已不信矣，而在上者就当身体力行无为之道，以启民信。清净自正，杜民盗贼之心，可也。不能如此，见民奸盗日作，犹且多彰法令，禁民为非，而责之以道德仁义为重，愈责愈不信矣，岂不谬哉？故曰"悠兮其贵言"。此上乃历言世道愈流愈下，此下乃想复太古无为之治，曰，斯皆有为之害也。安得太古无为之治？不言而信，无为而成：使其百姓日出而作，日入而息，凿井而饮，耕田而食：人人功成事遂，而皆曰我自然耶。盖老氏之学，以内圣外王为主，故其言多责为君人者不能清静自正、启民盗贼之心，苟能体而行之，真可复太古之治。

第十八章·大道废，有仁义；慧智出，有大伪[1]；六亲不和，有孝慈；国家

人之治，人人者深，下知皆有圣人在其意中；其次亲誉之，则涉于迹也，畏者慑于威，侮者陵其上，其故皆由信不足以。夫信者人所同具，何以上下不能相孚，岂非文告烦而躬修薄欤？故必优游感化，慎重其言，然后民观法而自从，日迁善而不知迄乎。功成事遂，恭己无为也。

[1] 大道废，有仁义；慧智出，有大伪：大道废，有仁义：此大道指非常道，因为常道的不生不灭的，非常道即德才是生生不息的，惟有"生生不息"才可能出现"废"或"存"的现象。《河上公注》：大道之时，家有孝子，户有忠信，仁义不见也。大道废不用，恶逆生，乃有仁义可传道。《王弼注》：失无为之事，更以施慧立善道，进物也。慧智出，有大伪：慧智，河上公作"智能"。慧：通惠。《说文》："惠，仁也。"《河上公注》：智能之君贱德而贵言，贱质而贵文，下则应之以为大伪奸诈。《王弼注》：行术用明，以察奸伪；趣睹形见，物知避之，故智慧出则大伪生也。《八仙注》：大道废，有仁义：太朴既散，仁义乃行。智慧出，有大伪：智慧聪明，根尘业识。西华帝君注曰：仁义，道之所份出也，曷以言乎道废而有仁义？盖道是个浑沦的物事，原无所为仁义之名，能以道御物，终古只有一道，哪有个甚么仁义？惟不能体此道而道废，于是乎从道之所份出者致力而天下始有仁义之名矣。智慧本是美德，曷以出而有伪？盖上古之人如无怀葛天，浑浑噩噩，不雕不琢，用不着智慧，则亦无所为奸回。自后世智慧一生而善用之则成美，不善用之则为伪，机械变诈，皆从用智慧来。按：《八仙注》在这里所提出的"大道废，有仁义"、"智慧出，有大伪"的观点具有指导意义：不善用之则为伪，机械变诈，皆从用智慧来——很深刻！很智慧！《庄子·庚桑楚》说："道者，德之钦也。生者，德之光也；性者，生之质也。性之动，谓之为；为之伪，谓之失。"《八仙注》一脉相承，值得细读！

昏乱，有忠臣[1]。

【帛书】故大道废焉有仁义，智慧出焉有大伪，六亲不和焉有孝慈，邦家昏乱焉有贞臣。

【憨山注】：此承上章言世道愈流愈下，以释其次亲之誉之之意也。大道无心爱物，而物物各得其所；仁义则有心爱物，即有亲疏区别之分：故曰"大道废，有仁义"。智慧，谓圣人治天下之智巧，即礼乐权衡斗斛法令之事。然上古不识不知，而民自朴素，及乎中古，民情日凿，而治天下者，乃以智巧设法以治之，殊不知智巧一出，而民则因法作奸，故曰"智慧出，有大伪"。上古虽无孝慈之名，而父子之情自足，及乎衰世之道，为父不慈者众，故立慈以规天下之父；为子不孝者众，以立孝以教天下之子：是则孝慈之名，因六亲不和而后有也。盖忠臣以谏人主得名：上古之世，君道无为而天下自治，臣道未尝不忠，而亦未尝以忠立名；及乎衰世，人君荒淫无度，虽有为而不足以治天下，故臣有杀身谏净，不足以尽其忠者：是则忠臣之名，因国家昏乱而有也。此老子因见世道衰微、思复太古之治，殆非愤世励俗之谈也。

第十九章·绝圣弃智，民利百倍[2]；绝仁弃义，民复孝慈[3]；绝巧弃利，盗贼无

---

[1] 六亲不和，有孝慈；国家昏乱，有忠臣：六亲不和，有孝慈：《河上公注》：六纪绝，亲戚不合，乃有孝慈相牧养也。《唐玄宗注》：父子夫妇兄弟，六亲也。疏戚无伦，不和也。各亲各子，有孝慈也。皆由失道，故有偏名也。国家昏乱，有忠臣：昏：昏暗。《说文》："昏，日冥也。"《河上公注》：政令不明，上下相怨，邪僻争权，乃有忠臣匡正其君也。此言天下太平不知仁，人尽无欲不知廉，各自洁己不知贞。大道之世，仁义没，孝慈灭，犹日中盛明，众星失光。《王弼注》：甚美之名生于大恶，所谓美恶同门。六亲，父子兄弟夫妇也。若六亲自和，国家自治，则孝慈忠臣不知其所在矣。鱼相忘于江湖之道，则相濡之德生也。《唐玄宗注》：太平之时，上下交足，何异名乎？昏乱之日，见危致命，有忠臣矣。《八仙注》：六亲不和，有孝慈：六欲牵缠，顺性爱命。国家昏乱，有忠臣：身心紊乱，诚意规中。唐虞二帝，均号圣人，而千秋万世，独推舜为大孝，岂放勋独不孝乎？曰无瞽瞍也。舜有瞽瞍，孝斯以见。商周挚旦，均推良相，而推忠者独及逢比，岂伊周之不忠乎？曰无桀纣也。逢比有桀纣而忠以名。更推之诗：小弁知孝子，板荡识忠臣，斯义可昭雪矣。纯阳子注：仁义者道之实。世衰道微，非仁义无以正之，是大道之废赖有仁义也，乃人不察乎此。不本道以为治，而专尚智慧，不知智慧不由仁义无以烛奸，而反启大伪。是故体道者必崇仁义，孝慈者仁之实，忠臣义之表也。六亲不和，赖有孝慈化之；国家昏乱，恃有忠臣扶之。此正"大道废，有仁义"之证也。按：纯阳子注"仁义者道之实"的说法需要进一步说明：道分为常道非常道，常道即道、非常道即德，德分为上德、下德，仁是下德的目标。纯阳子注在此基础上进行阐述，强调"体道者必崇仁义"，眼光独到：人类社会只能在下德的层次开始修炼，只能最诚实和最严格遵守规则，继而逐渐回归天理！

[2] 绝圣弃智，民利百倍：绝圣弃智：《河上公注》：绝圣制作，反初守元。五帝垂象，仓颉作书，不如三皇结绳无文。弃智能，反无为。民利百倍：《河上公注》：农事修，公无私。《唐玄宗注》：绝圣人言教之迹，则化无为。弃凡夫智诈之用，则人淳朴。淳朴则巧伪不作，无为则矜徇不行。人抱天和，物无天枉，是有百倍之利。《八仙注》：绝圣弃智：忘神养虚。民利百倍：亲贤乐利。西华帝君注曰：圣兴智，治民者专恃乎此，而曷为绝之弃之，曰圣智皆不免于有为，有为则粉饰太平之事滋，而民多扰，扰斯乱矣，乱斯害矣。夫何以利？故必绝圣弃智，而一以道运，使民潜移默化而不自知，利何如也？故曰百倍。

[3] 绝仁弃义，民复孝慈：绝仁弃义：《河上公注》：绝仁之见恩惠，弃义之尚华言。民复孝

有[1]：此三者，为文不足，故令有所属——见素抱朴，少私寡欲[2]，绝学无忧[3]。

【帛书】绝智弃利，民利百倍；绝仁弃义，民复孝慈；绝巧弃利，盗贼无有。此三言也，以为文未足，故令之有所嘱：见素抱朴，少私寡欲。

【憨山注】：此承前章而言智不可用，亦不足以治天下也。然中古圣人，将谓百姓不利，乃为斗斛权衡符玺仁义之事，将利于民，此所谓圣人之智巧矣。殊不知民情日凿，因法作奸，就以斗斛权衡符玺仁义之事，窃以为乱。方今若求复古之治，须是一切尽去，端拱无为，而天下自治矣。且圣智本欲利民，今既窃以为乱，反为民害；弃而不用，使民各安其居，乐其业，则享百倍之利矣。且仁义本为不孝不慈者劝，今既窃之以为乱，苟若弃之，则民有天性自然之孝慈可复矣。此即庄子所谓"虎狼，仁也"，意谓虎狼亦有天性之

慈：《河上公注》：德化淳也。《唐玄宗注》：绝兼爱之仁，弃裁非之义，则人复于大孝慈矣。《八仙注》：绝仁弃义：忘气养神。民复孝慈：安时处顺。孟子曰：未有仁而遗其亲，即未有义而虐其子。仁义乃德之份见，曷为弃绝？曰仁义虽是美德，而三代下窃仁义之名、离仁义之实者，正复不少。窃其名而离其实，则父子之间有伪心焉，伪则人伦泯矣。故必"绝弃仁义"，而一以道处之，则孝慈多矣。按：《八仙注》认为《老子》之所以提出"绝仁弃义"是因为"三代下窃仁义之名、离仁义之实"的层出不穷，所以"绝弃仁义"之后"一以道处之，则孝慈多矣"，目的就是为了反对假仁假义！

[1] 绝巧弃利，盗贼无有：绝巧弃利：《河上公注》：绝巧者，诈伪乱真也。弃利者，塞贪路闭权门也。盗贼无有：《河上公注》：上化公正，下无邪私。《唐玄宗注》：人矜偏能之巧，必有争利之心，故绝巧则人不争，弃利则人自足；足则不为盗贼矣。《八仙注》：绝巧弃利：忘形养气。盗贼无有：方寸太平。巧以利用，利以益民，亦曷为乎弃绝？曰巧利兴则争欲得，苟或弗获，势必相率而盗。民有盗心，国不可矣。故亦弃绝之，方使民不致为盗也。

[2] 此三者，为wèi文不足，故令有所属——见素抱朴，少私寡欲：此三者，以为文不足：为：通伪，文，修饰。为文：伪诈、文饰不足把握大道规律。《河上公注》：谓上三事所弃绝也。以为文不足者，文不足以教民。故令有所属：《河上公注》：当如下句。《唐玄宗注》：此三者但令绝弃，未示修行，故以为文不足垂教，更令有所属者，谓下文也。见素抱朴：《河上公注》：见素者，当抱素守真，不尚文饰也。抱朴者，当抱其质朴，以示下，故可法则。《唐玄宗注》：见真素，抱淳朴。少私寡欲：私：通思：思虑，私欲。《韩非子·解老》："凡德者以无为集，以无欲成，以不思安，以不用固。"《河上公注》：少私者，正无私也。寡欲者，当知足也。《唐玄宗注》：少私邪，寡贪欲。《八仙注》：此三者，以为文不足：使其使然孰若自若。故令有所属：应无所着。见素抱朴：清明在躬。少私寡欲：志气如神。三者承上三项而言，言此三者皆具文也。其文乌足以治天下乎？故令有所属，亦惟属之于道已耳。而道何在乎？曰见素、曰抱朴以及少私寡欲焉。素乃白质，未施章采；朴乃璞玉，未经雕琢：皆所谓一也。虚也，即所谓道也。

[3] 绝学无忧：此句传统本在下章，根据历代研究成果移此。易顺鼎曰：《文子》引"绝学无忧"在"绝圣弃智"之上，疑古本如此。盖与三"绝"字意义相同。今在"唯之与阿"句上，则意似不属矣。马叙伦曰，"绝学无忧"一句，当在上章。又曰：晁氏读书记引明皇本，亦以"绝学无忧"属于旧第十九章之末。蒋锡昌曰：此句自文谊求之，应属上章，乃"绝圣弃智，绝仁弃义，绝巧弃利"一段文字之总结也。《河上公注》：绝学不真，不合道文。除浮华则无忧患也。《王弼注》：圣智，才之善也。仁义，人之善也。巧利，用之善也。而直云绝，文甚不足，不令之有所属，无以见其指，故曰，此三者以为文而足，故令人有所属，属之于素朴寡欲。《唐玄宗注》：绝有为俗学，则淳朴不散。少私寡欲，故无忧也。《八仙注》：绝学无忧：无为何虑。西华帝君注云：圣人未尝废学，而所学者惟道。穷理尽性至命，是皆圣人之学也。后世之学不然，涉猎诗书，求工辞赋，如陆机扬雄等辈，号称博学，而因学转滋忧虞。是皆知学而不知所以学也，与其学之弗臧。何如弗学？故曰"绝学无忧"。

孝慈，不待教而后能，况其人为物之灵乎？且智巧本为安天下，今既窃为盗贼之资，苟若弃之，则盗贼无有矣。然圣智仁义智巧之事，皆非朴素，乃所以文饰天下也。今皆去之，似乎于文则不定，于朴素则有余。因世人不知朴素浑全之道，故逐逐于外物，故多思多欲。今既去华取实，故令世人心志，有所系属于朴素之道。若人人果能见素抱朴，则自然少思寡欲矣。若知老子此中道理，只以庄子《马蹄》、《胠箧》作注解，自是超足。按：【憨山注】很明确地阐述了《老子》何以提出"见素抱朴"、"少私寡欲"、"绝学无忧"的基本观点，对阅读中华传统文化经典具有很好的指导意义。

　　第二十章·唯之与阿，相去几何？善之与恶，相去若何[1]？人之所畏，不可不畏[2]。荒其未央[3]！众人熙熙，如享太牢，如春登台；我独怕兮其未兆，如婴儿之未孩[4]，儽儽兮，若无所归[5]！众人皆有余，而我独若遗。我愚人之心，沌

----

[1]　唯之与阿ē，相去几何？善之与恶，相去若何：唯之与阿，相去几何：唯：应答之声，正顺之意。阿：同诃、呵，应答之声，阿谀之意。《说文》："诃，大言而怒也。"《广雅·释诂》："诃，怒也。"《河上公注》：同为应对而相去几何。疾时贱质而贵文。善之与恶，相去若何：《河上公注》：善者称誉，恶者谏诤，能相去何如。疾时恶正直，用邪佞也。《八仙注》：唯之与阿：一气聚散。相去几何：所过者化。善之与恶：一念动静。相去何若：所存者神。西华帝君注曰：唯，谨诺也；阿，慢应也——同出于声，而敬怠以判，此善恶之小者也。若云善恶，则邪正仿途矣。然必过于区别，所谓休休有容者安在，古人直以唯与阿、善兴恶，相去究不甚远。而一味浑而忘之，不使留形迹也。

[2]　人之所畏，不可不畏：《河上公注》：人谓道人也。人所畏者，畏不绝学之君也。不可不畏，近令色，杀仁贤。《唐玄宗注》：凡人所畏者，慢与恶也。善士所畏者，俗学与有为也。皆当绝之，故不可不畏。《八仙注》：人之所畏：生死大事。不可不畏：畏天知命。至人待物恒宽，律己恒密，故夫人之所畏，如畏天命、畏大人、畏圣言，则亦从而畏之，不敢高自位置也。

[3]　荒兮其未央：荒：遥远而广大的样子。《河上公注》：言世俗人荒乱，欲进学为文，未央止也。《王弼注》：叹与俗相返之远也。《八仙注》：荒兮其未央哉：沉滞声色流浪生死。言立体如此。岂不大哉？其未有央乎？纯阳子注：荒，辽远意；未央，无穷也。言学术不明之时无他忧，惟是非得失之难辨为可惧耳。"唯"者未必即"阿"，而相去正自不远。善恶本自分途，而辨别介于几希，此人之所宜戒惧者，不可不知畏也。知其不可不畏，则无忧而有忧。戒慎恐惧，亦安有穷期哉？

[4]　众人熙熙，如享太牢，如春登台；我独怕兮其未兆，如婴儿之未孩.众人熙熙：熙熙：嘻嘻，快乐的样子。《河上公注》：熙熙，放淫多情欲也。如享太牢：《河上公注》：如饥思太牢之具，意无足时也。如春登台：《河上公注》：春，阴阳交通，万物感动，登台观之，意志淫淫然。《王弼注》：众人迷于美进，惑于荣利，欲进心竞，故熙熙如享太牢，如春登台也。我独怕兮其未兆：怕：惧怕。《说文》："怕，无为也。"《河上公注》：我独怕然安静，未有情欲之形兆也。如婴儿之未孩：《河上公注》：如小儿未能答偶人时也。《王弼注》：言我廓然，无形之可名，无兆之可举，如婴儿之未能孩也。《八仙注》：众人熙熙：逐物情荡。如享太牢：于道无味。如登春台：纵欲无厌。我独泊兮其未兆：虚静待之。如婴儿之未孩：但看婴儿处胎时。众人狃于所欲，一得之，便熙熙然如享大牢焉，如登春台焉。而我独淡泊为怀，全无欲之念萌于中，是其湛然无欲，一如婴儿之在襁褓，尚未及于孩也。夫孩童已纯一无伪，而婴儿则更无伪矣，故以是况之。

[5]　儽léi儽兮，若无所归：儽儽：河上公作"乘乘"；儽儽：憔悴颓丧的样子。朱骏声《说文通训定声》："儽，《说文》：垂貌。一曰懒懈，从人，累声。"《河上公注》：我乘乘如穷鄙，无所归就。《八仙注》：乘乘兮若无所归：岂解有心潜算计。乘乘者，即落落之谓。言此心廓落不羁，无离无着，一若鲜所归宿然。

沌兮[1]。俗人昭昭，我独昏昏；俗人察察，我独闷闷[2]。澹兮其若海，飂兮若无止；众人皆有已，而我独似鄙；我独异于人，而贵食母[3]。

【帛书】绝学无忧。唯与呵，其相去几何？美与恶，其相去何若？人之所畏，亦不可以不畏。人恍呵，其未央哉！众人熙熙，若享太牢，若春登台；我独泊焉，其未兆若婴儿之未咳。儽儽呵，若无所归。众人皆有余，我独遗。我愚人之心也，蠢蠢呵！俗人昭昭，我独若昏呵；俗人察察，我独闷闷呵。惚呵，其若海；恍呵，其若无所止。众人皆有以，我独顽以鄙。吾欲独异于人而贵食母。

【憨山注】：此承前二章言圣智之为害，不但不可用，且亦不可学也。然世俗无智之人，要学智巧仁义之事。既学于己，将行其志，则劳神焦思，汲汲功利，尽力于智巧之间，故曰：巧者劳而智者忧。无知者又何所求？是则有学则有忧，绝学则无忧矣。然圣人虽绝学，非是无智，但智包天地而不用。顺

---

[1] 众人皆有余，而我独若遗。我愚人之心，沌沌兮：众人皆有余：《河上公注》：众人余财以为奢，余智以为诈。而我独若遗：遗，通匮，缺乏。《河上公注》：我独如遗弃，似于不足也。《王弼注》：众人无不有怀志，盈溢胸心，故曰，皆有余也。我独廓然，无为无欲，若遗失之也。我愚人之心：《河上公注》：不与俗人相随，守一不移，如愚人之心也。《王弼注》：绝愚之人，心无所别析，意无所美恶，犹然其情不可睹，我颓然若此也。沌沌兮：沌：通纯，纯粹。《易文言》"纯粹精也"，崔觐注："不杂曰纯。"《王弼注》：沌沌兮，无所别析，不可为名。《河上公注》：无所分别。《八仙注》：众人皆有余：不知戢敛。而我独若遗：惟恐失之。我愚人之心也：离种种边名为妙道。沌沌兮：昏昏默默。此以知言。言众退其知识，似若有余，而我独泯然其若遗也。我岂真愚人之心也哉？盖不过沌沌浑沦而已，不以才智聪明见也。

[2] 俗人昭昭，我独昏昏；俗人察察，我独闷闷：俗人昭昭：《河上公注》：明且达也。《唐玄宗注》：矜巧智也。我独若昏：《河上公注》：如暗昧也。《唐玄宗注》：自韬晦也。俗人察察：《河上公注》：察察，急且疾也。《唐玄宗注》：立法制也。我独闷闷：《河上公注》：闷闷，无所割截。《唐玄宗注》：唯宽大也。《八仙注》：俗人昭昭：的然日亡。我独若昏：暗然日章。俗人察察：用心份别。我独闷闷：何须彼此。惟其然，故众人群恃其昭昭，而我独若昏。众人皆称其察察，而我独闷闷。

[3] 澹dàn兮其若海，飂liù兮若无止；众人皆有已，而我独似鄙；我独异于人，而贵食母：澹兮若海：澹：水波起伏。《说文》："澹，水摇也。河上公作'忽'。"《河上公注》：我独忽忽，如江海之流，莫知其所穷极也。《王弼注》：情不可睹。飂兮若无所止：飂：通飘，飘然。《说文》："飂，高风也。"河上公作"漂"。《河上公注》：我独漂漂，若飞若扬，无所止也，志意在神域也。众人皆有以：《王弼注》：以，有为也，皆欲有所施用也。而我独似鄙：鄙：《河上公注》：鄙，似若不逮也。《王弼注》：无所系絷。《唐玄宗注》：顽者无分别，鄙者陋不足，而心实了悟。外若不足，故云尔。我独异于人：《河上公注》：我独与人异。《唐玄宗注》：人有情欲，我无爱染。人与道反，我与道同。而贵食母：《河上公注》：食，用也；母，道也。我独贵用道也。《王弼注》：食母，生之本也。人者皆弃生民之本，贵末饰之华，故曰，我独欲异于人。《八仙注》：澹兮其若海：不滞方隅。漂兮若无所止：离诸边徼。众人皆有以：众贵有为以用。我独顽以鄙：我贵无用之用。我独异于人：道不远人，人远道乎。而贵食母：养须籍母，复归命根。言我虽昏昏闷闷，而性地光明正大，忽兮有若海之能容，漂兮其罔所窥测也。众人二句对上以能言，言众人恃其才力，皆若有所建立，而我独处于顽鄙也。道者众之母，盖道生天地，天地生万物，而总归于道，非母而何？此我所以异于人独贵母也。曰食者，婴儿无他注向，只知食母之食。达人之归根于道，母亦若是焉。

物忘怀，澹然无欲，故无忧。世人无智而好用，逐物忘道，汩汩于欲，故多忧耳。斯则忧与无忧，端在用智不用智之间而已。相去不远，譬夫唯之与阿，皆应人之声也，相去能几何哉？以唯敬而阿慢。忧与无忧，皆应物之心也，而圣凡相隔，善恶相反，果何如哉？此所谓差之毫厘、失之千里也。老子言及至此，恐世俗将谓绝学，便是蒈然无知，故晓之曰，然虽圣人绝学，不是蒈然无知，其实未尝不学也。但世俗以增长知见，日益智巧，驰骋物欲以为学。圣人以泯绝知见，忘情去智，远物离欲以为学耳。且夫声色货利，皆伤生害道之物，世人应当可畏者，我则不可不畏惧而远之。故曰"人之所畏，不可不畏"。苟不知畏，汩没于此，荒淫无度，其害非细，故曰"荒兮其未央"哉。由是观之，世人以增益知见为学，，圣人以损情绝欲为学，所谓"为学日益，为道日损，损之又损，以至于无为"耳。众人忘道逐物，故汩汩于物欲之间：酷嗜无厌，熙熙然如享太牢之味，以为至美；方且荣观不休，如登春台之望，以为至乐。老子谓我独离物向道，泊于物欲未萌之前，不识不知，超然无欲。故曰"我独泊兮其未兆，若婴儿之未孩"。婴儿，乃无心识爱恶之譬。孩，犹骸骨之骸，未骸，所谓骨弱筋柔，乃至柔之譬。众人见物可欲，故其心执着而不舍。老子谓我心无欲，了无系累，泛然应物，虚心游世，若不系之舟，故曰"乘乘兮若无所归"，乘乘，犹泛泛也。众人智巧多方，贪得无厌，故曰"有余"。我独忘形去智，故曰"若遗"，遗，犹忘失也。然我无知无我，岂真愚人之心也哉？但只浑浑沌沌，不与物辨，如此而已。故俗人昭昭，而我独昏昏，昭昭，谓智巧现于外也。俗人察察，而我独闷闷，察察，即俗谓分星擘两，丝毫不饶人之意。昏昏闷闷，皆无知貌。我心如此，澹然虚明，若海之空阔不可涯量。飑然无著，若长风之御太虚。众人皆自恃聪明知见，各有所以，以，犹自恃也。我独无知无欲，顽而且鄙，亦似庸常之人而已。然我所以独异于人者，但贵求食于母耳。凡能生物者，谓之母；所生者，谓之子。且此母字，不可作有名万物之母的母字，此指虚无大道，能生天地万物，是以道为母，而物为子。食，乃嗜好之意。众人背道逐物，如弃母求食于子。圣人忘物体道，故独求食于母，此正绝学之学。圣人如此，所以忧患不能入也。前章绝圣弃智，乃无用之用。此章绝学无忧，乃无学之学。后章孔德之容一章，乃无形名之形名耳。

【串讲】

　　本讲是传统本《老子》的第十七章、第十八章、第十九章、第二十章。第十七章的要点是"太上"即"太上，不知有之；其次，亲之誉之；其次，畏之；其次，侮之"、"贵信"即"信不足，有不信，悠兮其贵言"。第十八章的要点的"道衰图"即"大道废，有仁义；慧智出，有大伪；六亲不和，有孝慈；国家昏乱，有忠臣"。第十九章的要点是"三绝"即"绝圣弃智，民利百倍；绝仁弃义，民复孝慈；绝巧弃利，盗贼无有"、"三策"即"见素抱朴，少私寡欲，绝学无忧"。第二十章是要点是"微殊"即"唯之与阿，善之与恶；人之所畏，不可不畏；荒其未央"、"愚人"即"众人熙熙，我独怕兮其未兆；众人皆有余，而我独若遗；俗人昭昭，我独昏昏；俗人察察，我独闷闷；众人皆有已，而我独似鄙；我独异于人，而贵食母"。

第十七章把历史上的当权者分为四类，以"不知"作为"当权者"的最高境界——特别突出"信"在"治国安民"中的巨大作用。河上公给本章取名"淳风"，意味着以"信"来"淳化风气"。第十八章列举"大道废"等四种现象及其引发的后果，谷上公给本章取名"俗薄"，意味着"大道废"而"世风日下"，这是因为"诚信"缺失所致。第十九章提出拯救世风日下的"三绝""三策"，谷上公给本章取名"还淳"，意味着"回归"大道在于恢复"诚信"。第二十章从善恶差异的微小入手，阐述恢复大道的急迫性和重要性，继续为以"诚信"为基础的为学、为道呐喊奔走！河上公给本章取名"异俗"，意味着必须改变第十八章的"俗薄"。"诚信论"的基点是提高"信"的地位，"以信为德"，以"信"为基，"信"是"功德和事业"的牝母，"信"是"为学和为道"的关键！"诚信论"最基本的策略就是"三绝""三策"。

第十七章的意思是：最好的当权者，老百姓并不知道他们的存在；其次的当权者，老百姓亲近并称赞他们；再次的当权者，老百姓畏惧他们；更次的当权者，老百姓轻蔑他们。当权者如果诚信不足，老百姓就不会信任他们，悠闲自在，好的当权者重信用。事情大获成功，老百姓都说"我们本来就是这样啊"。

第十八章的意思是：因为大道被人废弃，所以大力提倡仁义；因为巧智得到重视，所以伪诈四处流行；因为家庭出现纠纷，所以积极表彰孝慈；因为国家陷于混乱，所以渴望出现忠臣。

第十九章的意思是：杜绝所谓圣明言教人为之痕而抛弃凡夫智诈之用，巧伪不行则百姓获百倍之利；杜绝兼爱之仁而抛弃非攻之义，百姓归根复命则大孝大慈；杜绝偏能之利而抛弃巧夺之益，盗贼因而遁形：仅仅绝弃所谓圣智、仁义、巧利三者，作为治理社会病态的有为法则显然不够，所以还必须使百姓的观念归属正道——归根朴实而回归本性，减少杂念而杜绝贪欲，杜绝浮学而无忧无虑。

第二十章的意思是："应诺"之与"阿谀"的声音，语气相距有多远？美好之与丑恶的情貌，本质相差有多少？凡众人所畏惧的，个人也不能不畏惧。

世道慌乱啊没有尽头啊。众人熙熙攘攘，如同出席太牢盛宴，如同春天登台观景；而"我"则心无旁骛而淡泊宁静，如同婴儿般混混沌沌，好似疲倦闲散啊，就像浪人无家可归。众人都官高财足而志满意得，而"我"无欲无为而若有所失。我只有一颗愚人的心啊，混混沌沌。众人居功自傲，唯我迷迷糊糊；众人斤斤计较，唯我朴厚宽宏。荡荡啊，像大海那样波涛汹涌；飘飘啊，像飓风那样无边无际。众人都那样精明而灵巧恣意妄为，唯独我鄙俗愚昧而无所作为。我独与众人卓而不同，这是因为我找到了大道的根本。

第十二讲·虚谦论：飘风不终朝，诚全而归之

【简注】

第二十一章·孔德之容，惟道是从[1]。道之为物，惟恍惟惚。惚兮恍兮，其中有象；恍兮惚兮，其中有物；窈兮冥兮，其中有精[2]；其精甚真，其中有信[3]。自今及古，其名不去，以阅众甫。吾何以知众甫之状哉？以此[4]。

---

[1] 孔德之容，惟道是从：孔德之容：孔：盛，大。孔德：盛德，大德。《河上公注》：有大德之人，无所不容，能受垢浊，处谦卑也。《王弼注》：孔，空也，惟以空为德，然后乃能动作从道。唯道是从：《河上公注》：唯，独也。大德之人，不随世俗所行，独从于道也。《唐玄宗注》：有德人所行，唯虚极之道是顺。《八仙注》：孔德之容：大包六合。惟道是从：细入微尘。玉华帝君注曰：孔大也。道无形象，未见有容，自运而为德，遂尔容纳万物。人第知德之有容，容而且大，而不知皆归本于道也，故曰"惟道是从"。

[2] 道之为物，惟恍惟惚。惚兮恍兮，其中有象；恍兮惚兮，其中有物；窈兮冥兮，其中有精：道之为物：《河上公注》：唯恍唯惚。道之于万物，独恍惚往来，于其无所定也。惟恍惟惚，其中有象：恍：恍惚，也作芒芴、恍忽等。按《字林》："恍惚，心不明也。"《河上公注》：道唯惚恍无形之中独有万物法象。《王弼注》：恍惚无形，不系之叹。恍兮惚兮：其中有物。《河上公注》：道唯恍忽，其中有一，经营生化，因气立质。《王弼注》：以无形始物，不系成物，万物以始以成，而不知其所以然，故曰，恍兮惚兮，其中有象。《唐玄宗注》：物者，即上道之为物也。自有而归无，还复至道，故云其中有物也。窈兮冥兮，其中有精：《河上公注》：道唯窈冥无形，中有精实，神明相薄，阴阳交会也。《王弼注》：窈、冥，深远之叹，深远不可得而见。然而万物由之，其可得见，以定其真。故曰，窈兮冥兮，其中有精也。《八仙注》：道之为物，惟恍惟惚：亘古无物，了无人识。惚兮恍兮：似有如无。其中有象：居有非有。恍兮惚兮：若忘若存。其中有物：居无非无。窈兮冥兮：心与道合。其中有精：阴阳交会。德容既根于道，而道何在乎？恍兮惚兮而已焉。夫恍惚不几无象而少物乎？而要之虽恍兮恍焉，象固藏于其中。无象而有象也，虽恍兮惚焉，物固寓于其中，无物而有物也。由无象无物之先，推之成象成物之始，不见恍惚而又见窈冥矣。窈冥不犹是难测乎？而其中之真精，虽不可窥测，夫固已信之稳矣。

[3] 其精甚真，其中有信：其精甚真：精：精气，素朴唯物思想。《管子·内业篇》："精，气之极也；精也者，气之精者也。凡人之生也，天出其精。"《河上公注》：言道精气，其妙甚真，非有饰也。其中有信：《河上公注》：道匿功藏名，其信在中也。《王弼注》：信，信验也。物反窈冥，则真精之极得，万物之性定。故曰，其精甚真，其中有信也。《八仙注》：其精甚真：纯一不杂。其中有信：真实不虚。夫惟其精甚真，则其中之包罗涵盖，莫载莫破，益以信大道之不我欺也。

[4] 自今及古，其名不去，以阅众甫fǔ。吾何以知众甫之状哉？以此：自古及今，其名不去：《河上公注》：自古至今，道常在不去。《王弼注》：至真之极，不可得名，无名则是其名也。自古及今，无不由此而成，故曰，自古及今，其名不去也。《唐玄宗注》：言道自古及今，生成万物，物得道用，因用立名。生成之用，既今古是同，应用之名，故古今不去。以阅众甫：《河上公注》：阅，禀也。甫，始也。言道禀与，万物始生，从道受气。《王弼注》：众甫，物之始也，以无名说万物始也。吾何以知众甫之然哉：甫：大，甫的孳乳字，常用"大"义。《荀子·荣辱篇》"薄"

【帛书】孔德之容，唯道是从。道之为物，唯恍唯惚。惚呵望恍呵，中有象呵；恍呵惚呵，中有物呵。窈呵冥呵，中有精呵。其精甚真，其中有信。自古及今，其名不去，以顺众父。吾何以知众父之然也哉？以此。

【憨山注】：此章言道乃无形名之形名也。孔，犹盛也。谓道本无形，而有道之士，和气集于中，英华发现于外，而为盛德之容。且此德容，皆从道体所发，即是道之形容也。故曰："孔德之容，惟道是从。"然此道体本自无形，又无一定之象可见，故曰："道之为物，惟恍惟惚。"恍惚，谓似有若无，不可定指之意。然且无象之中，似有物象存焉，故曰："惚兮恍兮，其中有象。恍兮惚兮，其中有物。"其体至深至幽，不可窥测。且此幽深窈冥之中，而有至精无妄之体存焉，故曰："窈兮冥兮，其中有精，其精甚真。"此正《楞严》所谓"唯一精真"。精色不沉，发现幽秘，此则名为识阴区宇也。学者应知。然此识体虽是无形，而于六根门头，应用不失其时，故曰"其中有信"。此上皆无形之形，下言无名之名。谓世间众美之名自外来者，皆是假名无实，故"其名易去"。惟此道体有实有名，故"自古及今，其名不去，以阅众甫也"。阅，犹经历；甫，美也。谓众美皆具，是以圣人功流万世而名不朽者，以其皆从至道体中流出故耳。其如世间王侯将相之名，皆从人欲中来，故其功亦朽，而名亦安在哉？唯有道者，不期于功而功自大，不期于名而名不朽。是知圣人内有大道之实、外有盛德之容，众美皆具，惟自道中而发也。故

注"广大貌"；《韩诗外传·常武》"'敷'，大也"；《说文》"博，大通也"。《河上公注》：吾何以知万物从道受气。以此：《河上公注》：此，今也。以今万物皆得道精气而生，动作起居，非道不然。《王弼注》：此上之所云也。言吾何以知万物之始于无哉，以此知之也。《唐玄宗注》：以此令万物皆禀道，妙用生成故尔。《八仙注》：自古及今：万劫常存，无终无始。其名不去：人能弘道，非道弘人。以阅众甫：万物始生，皆禀于道。吾何以知众甫之然哉：从道受气。以此：视听言动，非道不然。不去犹云不朽，古今皆有去时，一世去则一世去，世阅世而成古今。所以古今皆有去时，而道独常存不去。道惟常留，斯以阅众美而范围之不过，曲成不遗。夫众甫纷纷遍天地，吾何以知众甫之所以然哉？以知此道，而深信之不疑耳。《八仙注》：此章言道乃无形名之形名也。孔，犹盛也，谓道本无形，而有道之士，和气集于中，英华发现于外，而为盛德之容。且此德容，皆从道体所发，即是道之形容也，故曰"孔德之容，惟道是从"。然此道体本自无形，又无一定之象可见，故曰"道之为物，惟恍惟惚"：恍惚，谓似有若无、不可定指之意。然且无象之中，似有物象存焉，故曰"惚兮恍，其中有象"：恍兮惚，其中有物。其体至深至幽，不可窥测，且此幽深窈冥之中，而有至精无妄之体存焉，故曰"窈兮冥，其中有精，其精甚真"，此正楞严所谓唯一精真。精色不沉，发现幽秘，此则名为识阴区宇也，学者应知。然此识体虽是无形，而于六根门头，应用不失其时，故曰"其中有信"。此上皆"无形之形"，下言"无名之名"。谓世间众美之名自外来者，皆是假名无实，故"其名易去"。惟此道体有实有名，故"自古及今，其名不去，以阅众甫"也：阅，犹经历；甫，美也。谓众美皆具，是以圣人功流万世而名不朽者，以其皆从至道体中流出故耳。其如世间王侯将相之名，皆从人欲中来，故其功亦朽，而名亦安在哉？唯有道者，不期于功而功自大，不期于名而名不朽。是知圣人内有大道之实，外有盛德之容，众美皆具，惟自道中而发也。故曰："吾何以知众甫之然哉？以此。"

曰："吾何以知众甫之然哉？以此。"第二十二章·曲则全：枉则直，洼则盈，敝则新，少则得，多则惑，是以圣人抱"一"，为天下式[1]。不自见，故明；不自是，故彰；不自伐，故有功；不自矜，故长。夫唯不争，故天下莫能与之争[2]。古之所谓"曲则全"者，岂虚言哉？诚全而归之[3]。

---

[1] 曲则全，枉则直，洼则盈，敝则新，少则得，多则惑，是以圣人抱"一"，为天下式：曲则全：《河上公注》：曲己从众，不自专，则全其身也。枉则直：直：正，《易经·文言传》："直其正也。"《广雅·释诂》："直，正也。"《河上公注》：枉，屈己而伸人，久久自得直也。《王弼注》：不自是则其是彰也。洼则盈：《河上公注》：地洼下，水流之；人谦下，德归之。敝则新：《河上公注》：自受弊薄，后己先人，天下敬之，久久自新也。少则得：《河上公注》：自受取少则得多也，天道佑谦，神明托虚。多则惑：《河上公注》：财多者，惑于所守，学多者，惑于所闻。《王弼注》：自然之道亦犹树也，转多转远其根，转少转得其本。多则远其真，故曰惑也；少则得其本，故曰得也。是以圣人抱一，为天下式：《河上公注》：抱，守也。式，法也。圣人守一，乃知万事，故能为天下法式也。《王弼注》：一，少之极也。式，犹则之也。《八仙注》：曲则全：委曲周全。枉则直：大直若曲。洼则盈：谦下德归。敝则新：晦极自明。少则得：易知简能。多则惑：闻疑见殆。是以圣人抱一，为天下式：一距众绳。玉华帝君注曰：天下总是一个理字。要能体认，如直与曲两端。群知直是而曲非也，殊不知任直之过，反与万物有妨，惟曲则能通。通斯和，和则万物在宥，其成全者正无涯也。枉者直之反，既枉矣，亦安得直？而不知木工之引绳，取其直也。究竟引之始直，舍之则曲，未见其常直也。惟枉不见直，而不直中总有个理字作骨，如父子相隐，虽枉正可以处州里、行蛮貊。是为不直之直，其直固自多也。水性就下、洼下之地、众水所归、未有不盈者也。新故相乘，势也。常即于新、安见有新？惟到敝时，由敝以返新。万物成败消长之理，大类如是。少则得者，即一以贯之之谓，虽少而贯通，常自得也。苟厌少而骛多，将荒唐滑稽之论，皆得而惑之矣。是一者，介寂感之交，主危微之界，恍惚窈冥，无离无着，而所喟曲全枉直。六事皆从此一中份出，故圣人独抱此以为天下法式焉。纯阳子注：曲则全，《中庸》所谓"曲能有诚"也。此句，下五句之纲领，文同而义申。枉、屈也；洼、卑湿之处；得、自得也。枉与直、洼与盈、弊与新、极于此则伸于彼，物理之循环不穷者类如斯。守约则能自得，即此可以知彼也。贪多则反，多疑美恶，恶其杂揉出。惟圣人以一贯万，故可为天下式。其次则必致曲以求全，戒多而取少也。按：纯阳子注认为"曲则全"是"下五句之纲领"，意思跟《中庸》的"曲能有诚"相近，很有道理。

[2] 不自见，故明；不自是，故彰；不自伐，故有功；不自矜，故长。夫唯不争，故天下莫能与之争：不自见，故明：《河上公注》：圣人不以其目视千里之外也，乃因天下之目以视，故能明达也。《王弼注》：不自见其明则全也。不自是，故彰：《河上公注》：圣人不自以为是而非人，故能彰显于世。不自伐，故有功：伐：自夸。《河上公注》：伐，取也。圣人德化流行，不自取其美，故有功于天下。《王弼注》：不自伐则其功有也。不自矜，故长：《河上公注》：矜，大也。圣人不自贵大，故能久不危。《王弼注》：不自矜则其德长也。夫惟不争，故天下莫能与之争：《河上公注》：此言天下贤与不肖，无能与不争者争也。《八仙注》：不自见故明：莫见乎隐。不自是故彰：莫显乎微。不自伐故有功：无伐善功自归。不自矜故长：无施劳能不危。夫惟不争，故天下莫能与之争：我尚自忘何况非我？圣人抱一如是，可谓明矣，而究不自以为明也。彼目能见物，不能自见，自见为目，则反不明，故不自以为明，明斯远也。而由是不自以为是，人必是之，人是之则明彰矣。不自伐其功，人必以功归之，功益者矣。不自矜夸其长，人必即其长而钦之，长愈永矣。凡此不自见、不自是、不自伐、不自矜，是皆所谓不争也。夫惟不争，天下亦孰能与之争哉？汉高帝鸿门不与项争，而垓下遂无有与之争者。此类可推。

[3] 故莫能与之争。古之所谓"曲则全"者，岂虚语哉？诚全而归之：古之所谓曲则全者，岂虚言哉？《河上公注》：传古言，曲从则全身，此言非虚妄也。诚全而归之：《河上公注》：诚，实也。能行曲从者，实其肌体，归之于父母，无有伤害也。《唐玄宗注》：实能曲者，则必全理而归之。《八仙注》：古之所谓曲则全者：性不可穷。岂虚言哉：正非虚妄。诚全而归之：归本复初。通

【帛书】曲则全，枉则正，洼则盈，敝则新，少则得，多则惑。是以圣人抱一以为天下式。不自示，故彰；不自见，故明；不自伐，故有功；弗矜，故能长。夫唯不争，故莫能与之争。古之所谓"曲则全"者，岂虚语哉？诚全而归之。

【憨山注】：此承前章言圣人所以道全德备众美皆具者，盖由虚心体道，与物无竞，故众德交归也。曲，委曲，即曲成万物而不遗之意，谓圣人委曲以御世，无一事不尽其诚，无一人不得其所。譬如阳春发育万物，虽草芥毫芒，春气无不充足；若纤毫不到，则春气不全。圣人之于人，无所不至。苟不曲尽其诚，则其德不全矣，故曰"曲则全"。枉则直者，屈己从人曰"枉"，直，伸也，谓圣人道高德盛，则大有径庭，不近人情。若不屈己从人，俯循万物，混世同波，则人不信；人不信，则道不伸，由人屈而道伸：故曰"枉则直。"洼则盈者，众水所聚，地之最下者曰洼。譬如江海最为洼下，故万派皆归。而圣人之心至虚至下，故众德交归，德无不备，故曰"洼则盈"。敝则新者，衣之污损曰敝。不敝，则不浣濯，不见其新，以其敝乃新耳。以譬圣人忘形去智，日损其知见，远其物欲，洗心退藏于密。欲不敝，则道不新，故曰"敝则新"。圣人忘知绝学，专心于一，故于道有得，故曰"少则得"。世人多知多见，于道转失，故曰"多则惑"。是以圣人因憨世人以多方丧道，故抱一为天下学道之式，式，法也。智巧炫耀于外曰"见"：自见者不明，故不自见乃为明耳。执己为必当曰"是"，自是者不彰，故不自是乃彰耳，彰者，盛德显于外也。夸功，曰伐，自伐者无功，故不自伐乃有功耳。司马迁尝谓韩信，假令学道谦让，不伐己功，不矜其能，则庶几于汉家勋，可比周召太公之徒矣。意盖出此。恃己之能曰矜，长，才能也，自矜者不长，不自矜者乃长耳。此上四不字，皆不争之德也。惟圣人有之，故曰"夫惟不争，故天下莫能与之争"者。由其圣人委曲如此，故万德交归，众美备具，故引古语以证之曰："古之所谓曲则全者，岂虚言哉，诚全而归之。"

第二十三章·希言自然[1]：故飘风不终朝，骤雨不终日。孰为此者？天地。

章主意原在首句，故末亦单结。言古之所为，曲则全者，岂虚语哉？无曲弗全，内以全身，外以全物，皆全也。欲全万物，而有不归之于道，即有不归之于苗也哉？即如人之一身，五脏六腑以及四肢皆曲，而是身赖以常全，则曲而能全，更暸efng矣。纯阳子注：见以所知而言，是以所行而言，所谓曲则全者如此。期于道得诸已全而归也，岂委蛇迁就之比哉？

[1] 希言自然：《河上公注》：希言者，谓爱言也。爱言者，自然之道。《王弼注》：听之不闻名曰希，下章言，道之出言，淡兮其味也，视之不足见，听之不足闻，然则无味不足听之，言乃是自然之至言也。《唐玄宗注》：希言者，忘言也。不云忘言而云希者，明因言以诠道，不可都忘。悟道则言忘，故云希尔。若能因言悟道，不滞于言，则合自然。《八仙注》：希言自然：妙音希声。玉华帝君注曰：希言，即简言之谓。道重雌默，以简为贵，世人弗知此道，而烦称博引，不适于中，多致牵强，非自然也。惟圣人希言，适合自然，虽淡而愈旨也。

天地尚不能久，而况于人乎[1]？故从事于道：道者同于道，德者同于德，失者同于失。同于道者，道亦乐得之；同于德者，德亦乐得之；同于失者，失于乐得之[2]。

【帛书】希言自然。飘风不终朝，暴雨不终日。孰为此者？天地。天地尚弗能久，而况于人乎？故从事而道者同于道：得者同于得，失者同于失。同于得者，道亦得之；同于失者，道亦失之。

【憨山注】：此章言圣人忘言体道、与时俱化也。希，少也、希言，犹寡言也。以前云"多言数穷，不如守中"，由其勉强好辩，去道转远，不能合乎自

[1] 故飘风不终朝，骤雨不终日。孰为此者？天地。天地尚不能久，而况于人乎：故飘风不终朝，骤雨不终日：《河上公注》：飘风，疾风也。骤雨，暴雨也。言疾不能长，暴不能久也。《唐玄宗注》：风雨飘骤，则暴卒而害物，言教执滞，则失道而生迷。孰为此者？天地：《河上公注》：孰，谁也。谁为此飘风暴雨者乎？天地所为。天地尚不能久：《河上公注》：不能终于朝暮也。而况于人乎：《河上公注》：天地至神，合为飘风暴雨，尚不能使终朝至暮，何况人欲为暴卒乎？《王弼注》：言暴疾美兴不长也。《唐玄宗注》：天地至大，欲为暴卒，则伤于物，尚不能久，以况于人，执言滞教，则害于道，欲求了悟，其可得乎？《八仙注》：故飘风不终朝：任则不久。骤雨不终日：躁则徒为。孰为此者：是谁主宰。天地：两间而已。天地尚不能久：乾坤无非幻化。而况于人乎：法禁躁妄。自辰至巳曰终朝，自旦至暮曰终日。言夸斗之徒，牵强求合，其言不可以取信，譬之飘风骤雨，不过阴阳一时亢伏之气，不终朝日而旋止也。夫此为飘骤风雨者为谁？乃天地也。天地亢伏之气，且不能久，而况于人乎？

[2] 故从事于道：道者同于道，德者同于德，失者同于失。同于道者，道亦乐得之；同于德者，德亦乐得之；同于失者，失于乐得之：故从事于道：《河上公注》：从，为也。人为事当如道安静，不当如飘风骤雨也。《王弼注》：从事，谓举动，从事于道者也。道以无形无为成济万物，故从事于道者，以无为为君，不言为教，绵绵若存而物得其真，与道同体，故曰同于道。道者同于道：《河上公注》：道者，谓好道之人也。同于道者，所谓与道同也。《唐玄宗注》：体道者，悟道忘言，则同于道矣。德者同于德：《河上公注》：德者，谓好德之人也。同于德者，所谓与德同也。《王弼注》：德，少也，少则得，故曰得也。行得则与得同体，故曰，同于得也。《唐玄宗注》：德者道用之名，人能体道忘功，则其所施为，同于道用矣。失者同于失：《河上公注》：失，谓任己而失人也。同于失者，所谓与失同也。《王弼注》：失，累多也，累多则失，故曰失也。行失则与失同体，故曰，同于失也。《唐玄宗注》：执言滞教，无由了悟，不悟则迷道，自同于失矣。同于道者，道亦乐得之：《河上公注》：与道同者，道亦乐得之也。同于德者，德亦乐得之：《河上公注》：与德同者，德亦乐得之也。同于失者，失亦乐得之：《河上公注》：与失同者，失亦乐失之也。《王弼注》：言随行其所，故同而应之。按："传统本"的"信不足焉，有不信焉"与第十七章同，故删。《河上公注》：君信不足于下，下则应君以不信也。此言物类相召，同声相应，同气相求。云从龙，风从虎，水流湿，火就燥，自然之类也。《王弼注》：忠信不足于下，焉有信也。《唐玄宗注》：执言滞教，不能了悟，是于信不足也，自同于失，失亦乐来，是有不信也。《八仙注》：故从事于道者：顺理合辙。道者同于道：通乎物也。德者同于德：忘乎我也。失者同于失：齐得丧也。同于道者，道亦乐得之：逍遥无累。同于德者，德亦乐得之：随在有得。同于失者，失亦乐得之：顺其自然。信不足焉：吾斯未信。有不信焉：因惑生疑。惟其然，则道尚矣，故从事于道者，道则同于道，德则同于德，失亦同于失。同于道则乐得道矣。同于德则乐得德矣。即不幸而同于失，则亦道中之失耳。故有所失，则亦乐居此失也。此即某幸有过之意，言道之可乐可贵如是，而人乃疑。道根浅而信不足故也，惟信不足，益以不信矣。纯阳子注：夫道不贵多言，为言有尽而道无穷也。飘风骤雨，喻其不久，道统万物而言，德则人之体道于身者也。失谓失意，三者忧乐同人，故人亦信之。结二句反言以明之。若己信不足，人亦不信之，尚口乃穷者也。

然，惟希言者，合乎自然耳。向下"以飘风不终朝，骤雨不终日"以比好辩者之不能久。然好辩者，盖出愤激不平之气，如飘风骤雨，亦乃天地不平之气，非不迅激如人，特无终朝之久。且天地不平之气，尚不能久，而况于人乎？此甚言辩之不足恃也。盖好辩者，只为信道不笃，不能从事于道，未得玄同故耳。惟圣人从事于道，妙契玄同，无入而不自得，故在于有道者则同于道，在于有德者则同于德。失者，指世俗无道德者，谓至于世俗庸人，亦同于俗，即所谓呼我以牛以牛应之，呼我以马以马应之，无可不可。且同于道德，固乐得之，即同于世俗，亦乐而自得。此无他，盖自信之真，虽不言，而世人亦未有不信者。且好辩之徒，哓哓多言，强聒而不休，人转不信。此无他，以自信不足，所以人不信耳。

第二十四章·企者不立，跨者不行，自见者不明，自是者不彰，自伐者无功，自矜者不长[1]。其在道也，余食赘形，物或恶之，故有道者不处[2]。

【帛书】企者不立，跨者不行。自示者不彰，自见者不明，自伐者无功，自矜者不长。其在道也，曰"余食赘行"，物或恶之，故有道者弗居。

【憨山注】：此承前章言好辩者不能持久，犹如跂跨之人不能立行，甚言用智之过也。跂，足根不著地也；跨，阔步而行也。盖跂者只知要强高出人

---

[1] 企者不立，跨者不行，自见者不明，自是者不彰，自伐者无功，自矜者不长：企者不立：企：通跂，抬起脚后跟站着。《字林》："企，举踵也。"《河上公注》：企，进也。谓贪权慕名，进取功荣，则不可久立身行道也。《王弼注》：物尚进则失安，故曰，企者不立。《唐玄宗注》：跂，举踵而望也。跨者不行：跨：越。《说文》"跨，渡也。"段玉裁《说文解字》："谓大其两股间，以有所越也。"《河上公注》：自以为贵而跨于人，众共蔽之，使不得行。《唐玄宗注》：跨，以跨挟物也。自见者不明：《河上公注》：人自见其形容以为好，自见其所行以为应道，殊不知其形丑，操行之鄙。《唐玄宗注》：露才扬己，动而见无，故不明。以喻自见求明，明终不得，何异夫跂求久立，跨求行履乎？自是者不彰：《河上公注》：自以为是而非人，众共蔽之，使不得彰明。《唐玄宗注》：是己非人，直为怨府，故不彰。自伐者无功：《河上公注》：所谓辄自伐取其功美，即失有功于人也。《唐玄宗注》：专固伐取，物所不与，故无功。自矜者不长：《河上公注》：好自矜大者，不可以长久。《唐玄宗注》：矜炫行能，人所鄙薄，故不长。《八仙注》：跂者不立：躁进无功。跨者不行：欲速不达。自见者不明：不能明德。自是者不彰：不能谦下。自伐者无功：不能克己。自矜者不长：不能含容。玉华帝君注曰：言足利于立，腿利于行，此其常也。腿足之能事也，苟或矜其足力而加之以跂，虽立危矣，焉能常立？更或恃其腿力而加之以跨，虽行艰矣，焉能远行？此亦犹夫视而明者，一自见则反不明；学而彰，一自是则反不彰；拥有功者，一自伐则反不见功；泽可长者，一自矜则反不能长久：骄盈之害，大类如是。

[2] 其在道也，余食赘zhuì形，物或恶之，故有道者不处：其在道也，余食赘行：《河上公注》：赘，贪也。使此自矜伐之人，在治国之道，曰赋敛余禄食以为贪行。《王弼注》：其唯于道而论之，若却至之行，盛馔之余也。本虽美，更可藏也。虽有功而自伐之，故更为疣赘者也。物或恶之：《河上公注》：此人在位，动欲伤害，故物无有不畏恶之者。故有道者不处：《河上公注》：言有道之人不居其国也。《唐玄宗注》：凡物尚或恶之，故有道之人，不处斯事矣。《八仙注》：其于道也，余食赘行：仁见为仁，智见为智。物或恶之：念起是病，不续是药。故有道者不处也：不怕念起，惟恐觉迟。由是以观，道尚平易，不贵隐怪，总以适中为主，所谓君子中庸。譬如饮食，适可则作息自如，多食是为有余，而反伤脾胃矣。更如行走，以轻便为快，设使多带重赘之物，则身体不便，而转艰于攸往。物或恶之者，言此二事，皆众人之所恶，有道之士，则亦焉能取是哉？

一头，故举踵而立，殊不知举踵不能久立；跨者只知要强先出人一步，故阔步而行；殊不知跨步不能长行。以其皆非自然。以此二句为向下"自见、自是、自伐、自矜"之譬喻耳。自见，谓自逞己见；自是，谓偏执己是：此一曲之士，于道必暗而不明。自伐，谓自夸其功；自矜，谓自恃其能：此皆好胜强梁之人，不但无功，而且速于取死。然此道中本无是事，故曰：其在道也，如食之余，如形之赘，皆人之所共恶。而有道之士，以谦虚自守，必不处此，故曰"有道者不处，以其不能合乎自然也"。

【串讲】

本讲是传统本《老子》的第二十一章、第二十二章、第二十三章、第二十四章。第二十一章的要点是"明德"即"孔德之容，惟道是从；道之为物，惟恍惟惚；惚兮恍兮，其中有象；恍兮惚兮，其中有物；窈兮冥兮，其中有精；其精甚真，其中有信"、"明物"即"自今及古，其名不去，以阅众甫"。第二十二章的要点是"抱一"即"曲则全，枉则直，洼则盈，敝则新，少则得，多则惑——抱一为天下式"、"四不"即"不自见，故明；不自是，故彰；不自伐，故有功；不自矜，故长"、"诚全"即"夫唯不争，莫能与之争；所谓曲则全者，诚全而归之"。第二十三章的要点是"希言"即"希言自然——飘风不终朝，骤雨不终日；天地尚不能久，而况于人乎"、"三同"即"道者同于道，德者同于德，失者同于失"、"三乐"即"同于道者，道亦乐得之；同于德者，德亦乐得之；同于失者，失于乐得之"。第二十四章的要点是"六不作"即"企者不立，跨者不行，自见者不明，自是者不彰，自伐者无功，自矜者不长"、"一不为"即"余食赘形，物或恶之，有道者不处"。

第二十一章叙述"孔德"（大德、玄德、上德）与"道"的关系，河上公给本章取名"虚心"，象征"虚怀若谷""无所不容"。第二十二章叙述"曲则全"等，旨在说明"以退为进""以弱胜强"的玄妙，因此河上公给本章取名"益谦"。第二十三章通过对自然现象观察得出人类应该"虚静"而"无为"的结论，因而河上公给本章取名"虚无"。第二十四章通过"企者不立"等"有中生无"的例子，得出为学、为道的奥秘，说明成功不忘"根本"，因此河上公给本章取名"苦恩"。"虚谦论"的核心在于"虚心低调"而"感恩自然"，"低姿态""顺自然"，"无中生有"而"有中生无"。

第二十一章的意思是：大德的容量，一切决定于大道。"道"的作为物象，似乎只有恍恍惚惚（没有固定的实体）。"道"似乎恍恍惚惚啊，可其中却有法象；"道"似乎惚惚恍恍啊，可其中却有实物。"道"似乎深远暗昧啊，可其中却有精质；精质之中最为真实，精质之中能够信验。从当今上溯到古代，"道"的名字永不能废，因为依"道"才能追索万物之始。"我"凭什么知道万物的初始情况呢？就凭这个"道"啊。

第二十二章的意思是：委曲则能保全：屈枉便会伸直，低洼自然充盈，陈旧有望更新；取少可以获多，贪婪令人迷惑，所以圣人坚守大道的"一"，而形成天下范式。不自我陶醉，所以显示明白；不自以为是，所以彰显本质；不自己夸耀，所以成就功业；不得意忘形，所以得以长久。正因为不与人争，所以天下没有人能与之争。古时所说"委曲便能保全"，岂能说是空话呢？确实能够保全啊！

第二十三章的意思是：希言合乎于自然之道：狂风刮不了一个早晨，暴雨降不了一个整天。谁能主宰这样的事呢？只有天和地。天和地尚且不能长久地刮疾风降骤雨，更何况人类呢？所以应该尊道贵德：从事于道的与道相同，从事于德的与德相同，从事于失的与失相同。与道相同的，道也乐于得到他；与德相同的，德也乐于得到他；与失相同，失也乐于得到他。

第二十四章的意思是：踮起脚跟渴望站得更高，可反而站不稳；迈起大步想要跑得更快，可反而跑不快；固执己见反而不能显示自己的明白，自以为是反而不能彰显自己的才能，自我夸耀反而不能建立功勋；自高自大反而不能博采众长。这些急功近利的行为，在"道"看来，就像残羹赘瘤一样，即使普通人也都感到厌恶，所以得道者不会出现这种现象。

第十三讲·人本论：尊天地而和鬼神，
守卑弱而反本根

【简注】

第二十五章·有物混成，先天地生[1]；寂兮寥兮，独立而不改，周行而不殆，可为天下母[2]。吾不知其名，强字之曰道，强为之名曰大；大曰逝，逝曰远，远曰反[3]。故道大，天大，地大，人亦大。域中有四大，人居其一。人法

---

[1] 有物混成，先天地生：《河上公注》：谓道无形，混沌而成万物，乃在天地之前。《王弼注》：混然不可得而知，而万物由之以成，故曰混成也。不知其谁之子，故先天地生。《唐玄宗注》：将欲明道立名之由，故云有物。言有物混然而成，含孕一切，寻其生化，乃在天地之先。《八仙注》：有物混成：混沌开先。先天地生：万化生乎身。玉华帝君注曰：此物字，指道而言；混，浑也；先天地生，言先天地而有，而天地即生于其中也，是即道生天地之谓。

[2] 寂兮寥兮，独立而不改，周行而不殆，可为天下母：寂兮寥兮，独立而不改：《河上公注》：寂者，无音声。寥者，空无形。独立者，无匹双。不改者，化有常。《王弼注》：寂寥，无形体也。无物之匹，故曰独立也。返化终始，不失其常，故曰不改也。周行而不殆，可为天下母：殆：危险，困境。《说文》："殆，危也。"《河上公注》：道通行天地，无所不入，在阳不焦，托荫不腐，无不贯穿，而不危怠也。道育养万物精气，如母之养子。《王弼注》：周行无所不至而免殆，能生全大形也，故可以为天下母也。吾不知其名，名以定形，混成无形，不可得而定，故曰，不知其名也。字之曰道，夫名以定形，字以称可，言道取于无物而不由也。是混成之中，可言之称最大也。《唐玄宗注》：有物之体，寂寥虚静，妙本湛然常寂，故独立而不改。应用遍于群有，故周行而不危殆。而万物资以生成，被其茂养之德，故可以为天下母。《八仙注》：寂兮寥兮：湛然常寂。独立而不改：超然常存。周行而不殆：运化无穷。可以为天下母：养育群生。凡物有声，道无声也，常寂然焉；凡物有形，道无形也，常寥然焉。惟其寂寥，故能独立无所依附，而未有天地之先，及既有天地之后，弥纶布濩，莫之变改，周流于前古后今。奉行者第见其善，不见其殆，此道所以为天下之母也乎。

[3] 吾不知其名，强字之曰道，强为之名曰大；大曰逝，逝曰远，远曰反：吾不知其名，强字之曰道：《河上公注》：我不见道之形容，不知当何以名之，见万物皆从道所生，故字之曰道。《王弼注》：名以定形，混成无形，不可得而定，故曰，不知其名也。强为之名曰大：《河上公注》：不知其名，强曰大者，高而无上，罗而无外，无不包容，故曰大也。《王弼注》：吾所以字之曰道者，取其可言之称最大也。责其字定之所由，则系于大，大有系，则必有分，有分则失其极矣。故曰，强为之名曰大。《唐玄宗注》：吾见有物生成，隐无名氏，故以通生表其德。字之曰道，以包含且其体，强名曰大。大曰逝：《河上公注》：其为大，非若天常在上，非若地常在下，乃复逝去，无常处所也。《王弼注》：逝，行也。不守一大体而已。周行无所不至，故曰逝也。逝曰远：《河上公注》：言远者，穷乎无穷，布气天地，无所不通也。远曰反：反：通返，返回。《说文》："返，还也。"《广雅·释诂》："返，归也。"《河上公注》：言其远不越绝，乃复反在人身也。《王弼注》：远，极也。周无所不穷极，不偏于一。逝故曰远也，不随于所适，其体独立，故曰反也。《唐玄宗

地，地法天，天法道，道法自然[1]。

【帛书】有物混成，先天地生。潇呵漻呵，独立而不改，周行而不殆，可以为天下母。吾未知其名，字之曰道，吾强为之名曰大。大曰逝，逝曰远，远曰返。道大，天大，地大，王亦大。国中有四大，而王居一焉。人法地，地法天，天法道，道法自然。

注》：妙用无方，强名不得，故自大而求之，则逝而往矣。自往而求之，则远不及矣。若能了悟，则近在于身心而证之矣。《八仙注》：吾不知其名：不可形容。字之曰道：因名立名。强为之名曰道：无边。大曰逝：无着。逝曰远：无尽。远曰反：取舍归来。浑沌太无，道何所名乎？吾不知其名也。而第见万物皆由之弗越，则亦字之曰道而已。又见天地皆生于其中，万物总无以加之大何如也，则不得不强为名之曰大道矣。道既大则未有不逝者，逝者如斯，亦同此意。积新成故，由故返新；往者有来，来者又往；皆所谓逝也。道既逝矣，而有不远乎？远曰反者，言道虽大而逝，虽逝而远，苟能反而求之吾心，则道即在是，何大且远之有？纯阳子注：寂虚静寥空阔独立，其尊无对不改，悠久无疆，周行于万类而足以给之，故不殆。母字，育之也。机一往而不留曰逝，境辽邈而无尽曰远，反者其所归宿也：此极言道之所以为大。

[1] 故道大，天大，地大，人亦大。域中有四大，人居其一。人法地，地法天，天法道，道法自然：故道大，天大，地大，人亦大。《河上公注》：道大者，包罗天地，无所不容也。天大者，无所不盖也。地大者，无所不载也。人大者，无所不制也。《唐玄宗注》：因其所大而明之，得一者天地王也。天大能覆，地大能载，王大能法地则天行道，故云亦大也。域中有四大：《河上公注》：四大，道、天、地、人也。凡有称有名，则非其极也。言道则有所由，有所由然后谓之为道，然则是道称中之大也，不若无称之大也，无称不可而得为名，曰域也。天地王皆在乎无称之内之，故曰域中有四大者也。人居其一：《河上公注》：八极之内有四大，人居其一也。《王弼注》：处人主之大也。人法地：《河上公注》：人当法地安静和柔也，种之得五谷，掘之得甘泉，劳而不怨也，有功而不置也。地法天：《河上公注》：天澹泊不动，施而不求报，生长万物，无所收取。天法道：《河上公注》：道清静不言，阴行精气，万物自成也。道法自然：按：《老子》郭店竹简本甲组：人法地，地法天，天法道，道法自。“道法自”值得特别注意。《河上公注》：道性自然，无所法也。《王弼注》：法，谓法则也。人不违地，乃得全安，法地也。地不违天，乃得全载，法天也。天不违道，乃得全覆，法道也。道不违自然，乃得其性，法自然者，在方而法方，在圆而法圆，于自然无所违，自然者，无称之言，穷极之辞也。用智不及无知，而形魄不及精象，精象不及无形，有仪不及无仪，故转相法也。道顺自然，天故资焉。天法于道，地故则焉。地法于天，人故象焉。所以为主其一之者，主也。《唐玄宗注》：人谓王也，为生者先当法地安静。既尔又当法天，运用生成。既生成已，又当法道，清静无为，令物自化。人君能尔者，即合道法自然之性。《八仙注》：故道大：太虚无象。天大：同乎无始。地大：同乎无终。人亦大：参天两地。域中有四大，而王居其一焉：上无复色，下无复渊，灵地独存，玄之又玄。人法地：牧养品类，效坤德也。地法天：容载万物，承天施也。天法道：生成宇宙，助造化也。道法自然：清静虚无，因自然也。庸流昧于道本，只知世上有三大，曰天也、地也、人也，而不知域中有四大焉。苟由“本”以推之“末”，由“流”而溯其“源”，则人人虽大，且必取法乎地，地舆虽大，且必取法乎天，天可谓大无外矣。而亦必取法乎道。道虽大无外矣，而作为者非道，自然者乃道也，故道亦必法乎自然。自然之道，无形无声，无朕无为，不可以名者也。名之曰道曰大，犹是强而已矣。按：《八仙注》：“道虽大无外矣，而作为者非道，自然者乃道也，故道亦必法乎自然。”这种说法混淆道作为本体的基本特征，读者应该仔细辨认。道是“自生”的，所谓自本自根；其他的一切都是他生，即道生万物。纯阳子注：此承上文推广言之。道之大不可见，天地实布昭之，王者参赞天地，体道施化，以四大并言之，见人者所以斡三才而能宏道也。法地之含宏光大，品物咸亨，则道无不济矣。地承天而时行，天本道为运化，道体无为，故极乎自然之。致此又承上四大之说，而推论之，以明凡人皆可崇效，卑法而体道也。

【憨山注】：此承前言世俗之士，各以己见己是为得。曾不知大道之妙，非见闻可及，故此特示大道以晓之也。有物者，此指道之全体，本来无名，故但云有一物耳。浑浑沦沦，无有丝毫缝隙，故曰"混成"。未有天地，先有此物，故曰"先天地生"。且无声不可闻，无色不可见，故曰"寂寥"。超然于万物之上，而体常不变，故曰"独立而不改"。且流行四时，而终古不穷，故曰"周行而不殆"，殆，穷尽也。天地万物，皆从此中生，故曰"可以为天下母"。老子谓此物至妙至神，但不知是何物，故曰吾不知其名，特字之曰道，且又强名之曰大道耳。向下释其大字。老子谓我说此大字，不是大小之大，乃是绝无边表之大；往而穷之，无有尽处，故云大曰逝。向下又释逝字。逝者远而无所至极也，故云逝曰远。远则不可闻见，无声无色，非耳目之所到，故云远曰反，反，谓反一绝迹。道之极处，名亦不立，此道之所以为大也。然此大道，能生天生地，神鬼神王，是则不独道大，而天地亦大；不独天地大，而人亦大。故域中所称大者有四，而人居其一焉。世人但知王大，而不知圣人取法于天地，此则天地又大于人。世人但知天地大，而不知天地自道中生，取法于道。此则道又大于天地也。虽然，道固为大，而犹有称谓名字，至若离名绝字，方为至妙，合乎自然，故曰"道法自然"。且而大道之妙，如此广大精微，而世人岂可以一曲之见，自见自是以为得哉？此其所以自见者不明，自是者不彰耳。按："【憨山注】：道固为大，而犹有称谓名字，至若离名绝字，方为至妙，合乎自然，故曰道法自然。"这种说法比《八仙注》似乎明白一点，但是还是没有说出"道法自然"的基本含义。

第二十六章·重为轻根，静为躁君[1]。君子终日行，不离辎重；虽有荣观，

---

[1] 重为轻根，静为躁君：重为轻根：根：本。《河上公注》：人君不重则不尊，治身不重则失神，草木之花叶轻，故零落，根重故长存也。静为躁君：《河上公注》：人君不静则失威，治身不静则身危，龙静故能变化，虎躁故夭亏也。《王弼注》：凡物轻不能载重，小不能镇大。不行者使行，不动者制动，是以重必为轻根，静必为躁君也。《唐玄宗注》：重者制轻，故重为根。静者持躁，故静为君。《八仙注》：重为轻根：心为万物之宗。静为躁君：道为一身之体。玉华帝君注曰：天下轻重之数、静躁之份，夫人而知之也。而轻必借丽于重，必待镇于静，则未之有知，故直揭之曰"重为轻根"。言有重者镇压中央，而以驾轻车，便无颠覆之患，非轻之根而何？静为躁君，言能主静，寂然不动，而以应万事，始见感通之神，非躁之君而何？躁即动也。

燕处超然[1]。轻则失臣，躁则失君[2]。

【帛书】重为轻根，静为躁君。是以君子终日行，不离其辎重。虽有荣观，燕处则超若。若何万乘之主而以身轻于天下？轻则失根，躁则失君。

【憨山注】：此戒君人者，当知轻重动静，欲其保身重命之意也。然重字指身，轻字指身外之物，即功名富贵；静字指性命，躁字指嗜欲之情。意谓身为生本，固当重者；彼功名利禄，声色货利，乃身外之物，固当轻者。且彼外物必因身而后有，故重为轻之根；性为形本，固至静者；彼驰骋狂躁，甘心物欲，出于好尚之情者，彼必由性而发，故静为躁之君。世人不知轻重，故忘身徇物，戕生于名利之间；不达动静，故伤性失真，驰情于嗜欲之境。惟圣人不然，虽终日行而不离辎重：辎重，兵车所载粮食者也，兵行而粮食在后，乃大军之司命。虽千里远行，深入敌国，戒其掳掠，三军不致鼓噪以取败者，赖其所保辎重也。圣人游行生死畏途、不因贪位慕禄、驰情物欲、而取戕生伤性之害者，以其所保身心性命为重也，故曰"不离辎重"。纵使贵为天子、富有四海之荣观，但恬澹燕处，超然物欲之表，此其尧舜有天下而不与也。奈何后之人主，沈暝荒淫于声色货利之间，戕生伤性而不悟，是以物为重而身为轻也，故曰"身轻天

---

[1]　君子终日行，不离辎重；虽有荣观，燕处超然：是以圣人终日行，不离辎重：辎重：车。李善注："有衣之车也。"《河上公注》：辎，静也。圣人终日行道，不离其静与重也。《王弼注》：以重为本，故不离。《唐玄宗注》：辎，车也。重者，所载之物也。轻躁者贵重静，亦由行者之守辎重，故失辎重则遭冻馁，好轻躁则生祸乱。虽有荣观，燕处超然：《河上公注》：荣观，谓宫阙。燕处，后妃所居也。超然，远避而不处也。《王弼注》：不以经心也。《唐玄宗注》：人君者，守重静，故虽有荣观，当须燕尔安处，超然不顾也。《八仙注》：是以圣人终日行：日行火候。不离辎重：时运河车。虽有荣观：无所贪着。燕处超然：心超物外。圣人惟知此道，所以终日行之而不离乎辎重，以重为轻根故也。虽有荣观，言热闹场中，虽光荣足炫，而本然清虚之体，固自超然不乱，以静为躁君故也。

[2]　轻则失臣，躁则失君：按：传统本"轻则失臣，躁则失君"上有十二字："奈何万乘之主，而以身轻天下。"高亨认为此是《韩非子·喻老篇》的"主父万乘之主，而以身轻天下，是以身幽而死"窜入。萧天石《道德经圣解》认为："此疑极是，《老子》经文混入注语者，非此一处而已。"本书赞成这种观点且采用之。下面按照传统本注解，以供读者参考。奈何万乘之主：《河上公注》：奈何者，疾时主伤痛之辞。万乘之主谓王者。而以身轻天下：《河上公注》：王者至尊，而以其身行轻躁乎。疾时王奢恣轻淫也。《唐玄宗注》：奈何者，伤叹之辞也。天下者，大宝之位也。言人君奈何以身从欲，轻用其身，令亡其位也。轻则失臣：《河上公注》：王者轻淫则失其臣，治身轻淫则失其精。躁则失君：《河上公注》：王者行躁疾则失其君位，治身躁疾则失其精神也。《王弼注》：轻不镇重也，失臣为丧身也，失君为失君位也。《唐玄宗注》：君轻易，则人离散，故失臣。臣躁求，则主不齿，故失君。《八仙注》：奈何万乘之主：心君。而以身轻天下：恋有贪生。轻则失臣：轻动摇精。躁则失君：躁妄乱神。言道既尚静尚重如是，世之人主，所当奉若不违。奈何抚有万乘，而以身轻天下也哉？故君轻则游，豫逸乐无节，鲜克励精图治。臣庶知其不足以辅，则望望然去之，轻之故也。不知道有重也，夫君轻且失臣，而况臣之躁乎？臣躁则急功谋利，而少协恭和衷之忧，君知其不可以用。则盘带以褫之者，躁之故也，不知道之静也。既以责君而兼以励臣，君臣交勉于道，严矣哉！纯阳子注：此示人以持重守静之功也。根，本君主也；辎重，行者载资重之车：借以为迟重之喻也。以身轻天下，谓危其身而亡乎天下也。失臣无以驭气，失君无以镇心志以帅气：若君臣然也。

下"。物重则损生，故曰"轻则失根"；欲极则伤性，故曰"躁则失君"：君，谓性也。《庄子》、《养生》、《让王》，盖释此篇之意。子由本云，轻则失臣，然臣字盖亦指身而言，《齐物》以身为臣妾，以性为真君，源出于此。

第二十七章·善行，无辙迹；善言，无瑕谪；善数，不用筹策；善闭，无关键而不可开；善结，无绳约而不可解[1]。是以圣人常善救人，故无弃人；常善救物，故无弃物——是谓袭明[2]。故善人者，不善人之师；不善人者，善人之

---

[1] 善行，无辙zhé迹；善言，无瑕xiá谪zhé；善数，不用筹策；善闭，无关键而不可开；善结，无绳约而不可解：善行无辙迹：辙：车轮压的痕迹。《释文》："辙，轮辗地为辙。"《河上公注》：善行道者求之于身，不下堂，不出门，故无辙迹。《王弼注》：顺自然而行，不造不始，故物得至而无辙迹也。《唐玄宗注》：于诸法中体了真性，行无行相，故云善行。如此则心与道冥，故无辙迹可求。善言无瑕谪：谪：谴责，责备。扬雄《方言》："谪，怒也。"郭璞注："相责怒。"《河上公注》：善言谓择言而出之，则无瑕疵谪过于天下。《王弼注》：顺物之性，不别不析，故无瑕谪可得其门也。《唐玄宗注》：能了言教，不为滞执，遣象求意，理证言忘，故于言教中无瑕疵谪过。善数不用筹策：《河上公注》：善以道计事者，则守一不移，所计不多，则不用筹策而可知也。《王弼注》：因物之数不假形也。《唐玄宗注》：能了诸法本无二门，一以贯之，不生他见，故无劳筹算，自能照了，既无计算，非善而何？善闭，无关键而不可开：筹策：筹算。关键：固定门闩的工具。《字书》："横曰关，竖曰键。"扬雄《方言》："键，户钥，自关而东，陈、楚之间，谓之键。"《河上公注》：善以道闭情欲、守精神者，不如门户有关键可得开。《唐玄宗注》：兼忘言行，不入异门，心无边境之迷，境无起心之累，虽无关键，其可开乎？善结，无绳约而不可解：约：索；套，捆缚。《说文》："约，缠束也。"《河上公注》：善以道结事者，乃可结其心，不如绳索可得解也。《王弼注》：因物自然，不设不施，故不用关键绳约而不可开解。此五者皆言不造不施，因物之性，不以形制物也。《唐玄宗注》：体了真性，本以虚忘，若能虚忘，则心与道合，虽无绳索约束，其可解而散乎？《八仙注》：善行无辙迹：以心知心。善言无瑕谪：以性觉性。善计不用筹策：以神合神。善闭无关键而不可开：合神于无。善结无绳约而不可解：合无于道。玉华帝君注曰：车马轮辕，周行必留辙迹，此物势之必然者也。而本道以行，则不少留夫轨迹。善行也繁称博引，矢口易招怨尤，此兴戎之所致戒也。而准道以言，则不予人以瑕谪焉，善言也。思前想后，图谋必事筹画，此人情之所必尔也，而依道以计，则自然中欵，无所用筹策也。善计也，推之于闭不用关键，肩jiōng固而不可开，非善闭而何？充之于结，无绳约而物束不克以解，非善结而何？是皆所谓道也，即所谓道之自然也。纯阳子注：无辙迹，不拘成迹而合于时中；不用筹策，不逆不亿而自然先觉；善闭，谓凝神养气，不弛其闲；善结，谓抱一守中，绵绵不息。此五者修道之实功，圣人之能事也。

[2] 是以圣人常善救人，故无弃人；常善救物，故无弃物——是谓袭明：是以圣人常善救人：《河上公注》：圣人所以常教人忠孝者，欲以救人性命。故无弃人：《河上公注》：使贵贱各得其所也。《王弼注》：圣人不立形名以检于物，不造进向以殊弃不肖，辅万物之自然而不为始，故曰无弃人也。不尚贤能，则民不争，不贵难得之货，则民不为盗，不见可欲，则民心不乱。常使民心无欲无惑，则无弃民矣。常善救物：《河上公注》：圣人所以常教民顺四时者，欲以救万物之残伤。故无弃物：《河上公注》：圣人不贱石而贵玉，视之如一。《唐玄宗注》：是以圣人常用此五善之教以教之，故无弃者。是谓袭明：《河上公注》：圣人善救人物，是谓袭明大道。《唐玄宗注》：密用曰袭，五善之行在于忘遣，忘遣则无迹，故云密用。密用则悟了，故谓之明。《八仙注》：是以圣人常善救人：视人犹已。故无弃人：均气同体。常善救物：与物混成。故无弃物：随机利物。是谓袭明：定能生慧。夫行善言善计善如是，而尚不可以救人救物乎哉？能救人则天下无弃人矣，能救物则天下无弃物矣，故曰圣人云云。袭，沿袭也，相沿不绝之谓言庸流域于耳目物我之间，恒份壅睽，犹坐井观天，焉得为明？惟圣人视人犹已，欲立立人，且宁不立己，必欲立人，欲达达人，亦宁不达已，必欲达人，心心相印，息息相通，如传灯之相续不绝，其明大矣远矣，不谓之袭明而何？纯阳子注：易

资；不贵其师，不爱其资[1]。虽智大迷，是谓要妙[2]。

【帛书】善行者，无辙迹；善言者，无瑕谪；善数者，不用筹策。善闭者，无关钥而不可启也；善结者，无绳约而不可解也。是以圣人恒善救人而无弃人，恒善救物而无弃物，是谓袭明。故善人，不善人之师；不善人，善人之资也。不贵其师，不爱其资，虽智而大迷，是谓妙要。

【憨山注】：此言圣人善入尘劳，过化存神之妙也。辙迹，犹言痕迹。世人皆以人我对待，动与物竞，彼此不忘，故有痕迹；圣人虚己游世，不与物忤，任物之自然，所谓忘于物者物亦忘之，彼此兼忘，此行之善者，故无辙迹。瑕谪，谓是非辨别，指瑕谪疵之意。圣人无意必固我，因人之言：然，然不然不然；可，可不可不可。未尝坚白同异，此言之善者，故无瑕谪。筹策，谓揣摩进退，算计得失利害之意。圣人无心御世，迫不得已而后应，曾无得失之心。然死生无变于己，而况利害之端乎？此计之善者，故不用筹策。关键，闭门之具，犹言机关也。世人以巧设机关，笼罗一世，将谓机密而不可破。殊不知能设之亦有能破之者，历观古之机诈相尚之士、造为胜负者，皆可破者也。唯圣人忘机待物，在宥群生，然以道为密，不设网罗，而物无所逃，此闭之善者，所谓天下莫能破，故无关键而不可开。绳约，谓系属之意。世人有心施恩，要以结属人心。殊不知有可属，亦有可解。然有心之德，使人虽感而易忘，所谓贼莫大于德有心。圣人大仁不仁，利泽施乎一世，而不为己功，且无望报之心，故使人终古怀之而不忘。此结之善者，故无绳约而不可解。是以圣人处世：无不可化之人，有教无类，故无弃人；无不可为之事，物各有

曰：重明以丽乎天下是也。圣人尽人性以尽物性，明乎五者之义而已。

[1] 故善人者，不善人之师；不善人者，善人之资；不贵其师，不爱其资：故善人者，不善人之师：《河上公注》：人之行善者，圣人即以为人师。《王弼注》：举善以师不善，故谓之师矣。不善人者，善人之资：《河上公注》：资，用也。人行不善者，圣人犹教导使为善，得以给用也。《王弼注》：资，取也。善人以善齐不善，以善弃不善，故不善人，善人之所取也。《唐玄宗注》：师，法也。资，取也。善人可师法，不善人可取役使也。不贵其师：《河上公注》：独无辅也。不爱其资：《河上公注》：无所使也。《唐玄宗注》：此章深旨，教以兼忘，若存师资，未为极致。今明所以贵师为存学相，学相既空，自无所贵，所以爱资为存教相，于教忘教，故不爱资。贵爱两忘，而道自化。《八仙注》：故善人者，不善人之师：见贤思齐。不善人者善人之资：而内自省。不贵其师：道无可学。不爱其资：心无可用。袭明如是，是非善人也乎？善人者，不善之人所师以取法者也；不善人者，正善人所资以施教者也。而究之人日迁善而弗知，何人之力之亦安知有师之足贵乎？道化自然及物，而并非有心鼓舞振作于其中，则亦安知有资之足爱乎？故曰“不贵其师，不爱其资”。

[2] 虽智大迷，是谓要妙：虽智大迷：《河上公注》：虽自以为智。言此人乃大迷惑。《王弼注》：虽有其智，自任其智，不因物，于其道必失。故曰，虽智大迷。是谓要妙：要妙：也作幼妙、幼眇、幽妙，深远的样子。《河上公注》：能通此意，是谓知微妙要道也。《唐玄宗注》：师资两忘，是谓玄德。凡俗不悟，以为大迷，故圣人云虽知凡俗以为大迷，以道观之，是为要妙。《八仙注》：虽智大迷：屏智如愚。是谓要妙：任运天然。圣人善救人物如是，其智可谓大矣，而体立于无为，用运于无心，淡泊浑穆，虽智犹如大迷。是即大智若愚之谓，而道之所以为道者，要妙即在乎此矣。

理，故无弃物。物，犹事也；如此应用，初无难者，不过承其本明，因之以通其蔽耳；故曰袭明。袭，承也，犹因也。《庄子》庖丁游刃解牛，因其固然，动刀甚微，划然已解，意出于此。观留侯蹑足附耳，因偶语而乞封，借四皓而定汉，以得老氏之用。故其因事处事，如此之妙，可谓善救者也。其他孰能与之？故世之善人，不善人之师；不善人，善人之资。由其饰智矜愚，修身明污，故皆知师之可贵；择类而教，乐得而育，故皆知资之可爱。若夫圣人为举世师保，而不知其师之可贵；化育亿兆，而不知其资之可爱。所谓兼忘天下易，使天下忘己难。此虽在智者，犹太迷而不知，况浅识乎？斯所过者化，所存者神，是谓要妙。

　　第二十八章·知其雄，守其雌，为天下溪；为天下溪，常德不离，复归于婴儿[1]。知其白，守其黑，为天下式；常德不忒，复归于无极[2]。知其荣，守其辱，为天下谷；常德乃足，复归于朴[3]。朴散则为器，圣人用之，则为官长。故大制不割[4]。

---

[1] 知其雄，守其雌，为天下溪xī；为天下溪，常德不离，复归于婴儿：知其雄，守其雌，为天下溪：《河上公注》：雄以喻尊，雌以喻卑。人虽自知其尊显，当复守之以卑微，去雄之强梁，就雌之柔和，如是则天下归之，如水流入深溪也。《王弼注》：雄，先之属；雌，后之属也。知为天下之先也，必后也，是以圣人后其身而身先也。为天下溪，常德不离：《河上公注》：人能谦下如深溪，则德常在，不复离于己。复归于婴儿：《河上公注》：当复归志于婴儿，蠢然而无所知也。《王弼注》：溪不求物而物自归之，婴儿不用智而合自然之智。《唐玄宗注》：雄者，患于用牡，故知其雄，则当守其雌，谦德物归，是为天下溪谷，则真常之德不离其身，抱道含和，复归于婴儿之行矣。《八仙注》：知其雄：凝其神。守其雌：入炁穴。为天下溪：万脉归元。为天下溪：深妙。常德不离：造次于是，颠沛于是。复归于婴儿：能受无用。

[2] 知其白，守其黑，为天下式；常德不忒tè，复归于无极：知其白，守其黑，为天下式：《河上公注》：白以喻昭昭，黑以喻默默。人虽自知昭昭，明白当复守之以默默，如暗昧无所见，如是则可为天下法式，则德常在，为天下式。《王弼注》：式，模则也。《唐玄宗注》：能守雌静，常德不离，德虽明白，当如暗昧，如此则为天下法式。常德不忒：忒：差误，过度。《广雅》："忒，差也。"《易经·豫卦》："故日月不过，而四时不忒。"《河上公注》：人能为天下法式，则德常在于己，不复差忒。复归于无极：《河上公注》：德不差忒，则常生久寿，归身于无穷极也。《王弼注》：不可穷也。《唐玄宗注》：常德应用，曾不差忒，德用不穷，故复归于无极。《八仙注》：知其白：养性。守其黑：保命。为天下式：是法是则。为天下式：节候。常德不忒：份毫不爽。复归于无极：完此太虚。

[3] 知其荣，守其辱，为天下谷；常德乃足，复归于朴：知其荣，守其辱，为天下谷：《河上公注》：荣以喻尊贵，辱以喻污浊。人能知己之有荣贵，当复守之以污浊，如是则天下归之，如水流入深谷也。常德乃足：《河上公注》：足，止也。人能为天下谷，则德乃常止于己。复归于朴：《河上公注》：复当归身于质朴，不复为文饰。《王弼注》：此三者，言常反终，后乃德全其所处也。下章云，反者道之动也。功不可取，常处其母也。《唐玄宗注》：德虽尊荣，常守卑辱，物感斯应，如谷报声，虚受不穷，常德圆足，则复归于道矣。《八仙注》：知其荣：心广。守其辱：体胖。为天下谷：空诸所有。为天下谷：虚中。常德乃足：身外无余。复归于朴：太易无极。

[4] 朴散则为器，圣人用之，则为官长。故大制不割：朴散则为器：《河上公注》：器，用也。万物之朴散则为器用也。若道散则为神明，流为日月，分为五行也。圣人用之，则为官长：《河上公注》：圣人升用则为百官之元长也。《王弼注》：朴，真也。真散则百行出，殊类生，若器也。圣人

【帛书】知其雄，守其雌，为天下溪。为天下溪，恒德不离；恒德不离，复归于婴儿。知其白，守其黑，为天下式。为天下式，恒德不忒；恒德不忒，复归于无极。知其白，守其辱，为天下谷。为天下谷，恒德乃足；恒德乃足，复归于朴。朴散则为器，圣人用之则为官长。夫大制无割。

【憨山注】：此承上章行道之妙，而言圣人不以知道为难，而以守道为要妙也。古德云：学道，悟之为难；既悟，守之为难。然行道之妙，实出于守道之要耳。盖此中知字，即悟也。知雄守雌者，物无与敌谓之雄，柔伏处下谓之雌。溪，乃众下之地，众水所归之处也。婴儿者，柔和之至也，前云专气致柔，能如婴儿乎。然气虽胜物，物有以敌之，而道超万物，物无与敌者，故谓之雄。圣人气与道合，心超物表，无物与敌，而能顺物委蛇，与时俱化，不与物竞，故曰知其雄，守其雌。由守其雌，故众德交归，如水之就下，故为天下溪也。由乎处下如溪，故但受而不拒，应而不藏，流润而不竭，故曰常德不离。以入物而物不知，如婴儿终日号而嗌不嗄，和之至也。以能胜物而不伤，故曰复归于婴儿。知白守黑者：白，谓昭然明白，智无不知之意；黑，昏闷无知之貌；式，谓法则；忒，差谬也。谓圣人智包天地，明并日月，而不自用其知，所谓明白四达，能无知乎？故曰知其白，守其黑。由其真知而不用其知，故无强知之过谬，故可为天下式。然强知则有谬，谬则有所不知。既有所不知，则知不极矣。今知既无谬，则知无不极，故曰复归于无极。知荣守辱者，荣，乃光荣贵高；辱，乃污辱贱下；谷，乃虚而能应者也；朴，谓朴素，

因其分散，故为之立官长。以善为师，不善为资，移风易俗，复使归于一也。《唐玄宗注》：含德内融，则复归于朴。常德应用，则散而为器，既涉形器，必有精粗，圣人用之，则为群材之官长矣。故大制不割：《河上公注》：圣人用之则以大道制御天下，无所伤割，治身则以大道制御情欲，不害精神也。《王弼注》：大制者，以天下之心为心，故无割也。《唐玄宗注》：圣人用道，大制群生，暄然似春，蒙泽不谢，动植咸遂，曾不割伤。《八仙注》：朴散而为器：易有太极是生两仪。圣人用之：知有此理。则为官长：设教化人。故大制不割：混沌而无剖析。玉华帝君注曰：雄雌即先后之谓，雄居先，雌居后也。人情莫不争先恐后，乃争先者易蹶，反不如后者之稳步焉。圣人非不知其雄也，而宁守其雌。溪即深溪之溪，言圣人守后而不务先，其德足以感孚天下。天下归之，如众流之趋深渊，是为天下之溪矣。虽为天下溪，而圣人不以众归自矜也，犹是抱常德以不离，冲虚恬淡，绝无嗜欲，虽大人犹然赤子，故曰复归于婴儿。白黑即明暗之义，白其明也，黑其暗也。人情莫不尚明而耻暗，乃尚明者，察察多伤，反不如暗者之韬晦焉。圣人非不知其白也，而宁守其黑。式，即法式之式，言圣人守暗而不务明，其德足以为范天下。天下则之，奉以为式，虽奉为式，而圣人不敢以自伐也，犹是守常德而不忒。泯声色，同寂寥，不滞形象，仍返本始，故曰复归于无极。至于荣辱，尤其较着者也。人情莫不好荣而恶辱，乃至于荣者辱旋及之反不如安辱者之自得也。圣人非不知其荣也，而宁守其辱，谦冲善下，虚而能受，受而不有，如天下之空谷然。夫惟如天下之谷，则无所不容，无所不纳，常德于以足矣，而究之有为仍无为也。朴者，性质之名，性始无为，故曰复归于朴：朴，无也，复归于朴，是有不终有，仍返于无矣。迨朴散而为器，是无不终无，复趋于有矣。无者天地之始也，有者万物之母也。譬如人君既已建其有极，又份设官长以会其极。大制，宰制也；割，割裂也。君令臣共，以此宰制天下，而何割裂之有哉？

乃木之未雕斫也。谓圣人自知道光一世，德贵人臣，而不自有其德，乃以污辱贱下，蒙耻含垢以守之。所谓光而不耀，仁常而不居者，虚之至也，故为天下谷。由其虚，故常德乃足。德自足于中，则不缘饰于外，故复归于朴素也。以虚而能应物，故朴散则为器。圣人以此应运出世，则可以官天地府万物，故能范围天地而不过，曲成万物而不遗，化行于世而无弃人弃物，故曰大制不割：割，截断也；不割者，不分彼此界限之意。

【串讲】

本讲是传统本《老子》的第二十五章、第二十六章、第二十七章、第二十八章。第二十五章的要点是"混成"即"有物混成，先天地生：寂兮寥兮，独立而不改，周行而不殆；可为天下母。强字之曰道，强为之名曰大；大曰逝，逝曰远，远曰反"、"四大"或"四法"即"天大、地大、人亦大；域中有四大，人居其一。人法地，地法天，天法道，道法自然"。第二十六章的要点是"亦重亦静"即"重为轻根，静为躁君；君子终日行，不离辎重；虽有荣观，燕处超然；轻则失根，躁则失君"。第二十七章的要点是"五善"即"善行无辙迹，善言无瑕谪，善数不用筹策；善闭，无关键而不可开；善结，无绳约而不可解"、"袭明"即"圣人常善救人，故无弃人；常善救物，故无弃物"、"要妙"即"故善人者，不善人之师；不善人者，善人之资。不贵其师，不爱其资，虽智大迷"。第二十八章的要点是"三知三守"即"知其雄，守其雌，为天下溪，常德不离，复归于婴儿；知其白，守其黑，为天下式，常德不忒，复归于无极；知其荣，守其辱，为天下谷，常德乃足，复归于朴"、"朴散"即"朴散则为器，圣人用之，则为官长，大制不割"。

第二十五章主要研究"道"组合形态、根本特性及运化规律，提出"人法地，地法天，天法道，道法自然"的著名论断。第二十六章、第二十七章、第二十八章分别阐述"法地""法天""法道"，河上公给第二十五章取名"象元"，意思是"道"为法象的根本。第二十六章阐述"法地"，主张厚重而宁静，河上公给取名"重德"，意味着持"重"守"静"，滋养万物，包容天下。第二十七章阐述"法天"的观点，以"五善"即"善行、善言、善数、善闭、善结"为方法，"两救"即"救人、救物"为目标，以"师"和"资"为形式，以到达"袭明"而"要妙"的境界，河上公给本章取名"巧用"，意味着天道"玄妙"，用之如神。第二十八章阐述"法道"的观点，主张"知其雄，守其雌"、"知其白，守其黑"，河上公给本章取名"反朴"，意味着"常德乃足，复归于朴"。"人本论"的基本内容是确定"人"在"四大"中的地位，明白"人"在"四法"中的作用——人是核心要素，是关键角色——

"尊天地而和鬼神"，"守卑弱而反本根"。

第二十五章的意思是：有一种物象混然而成，先于天地形成之前出现；寂静虚空而无声无形，独立长存而永不变更，周而复始而永不衰竭，可作为万事无物的本源。"我"不知这种物象的名字，只好勉强取名为"道"，勉强为之取名为"大"；物象巨大无边无际而运行不息，运行不息而消逝远方，消逝远方而回归根本。所以道大、天大、地大、人也大。宇宙之间有四大，而人占有其中之一。人效法地，地效法天，天效法道，而道即自然。

第二十六章的意思是：厚重是轻率的本根，静定是躁动的主君。君子终日行走，离不开装载行李的车辆。即使有殿堂美食胜景，也应按照规矩避而不处。为何万乘大国君主还如此轻率而急躁地治理天下呢？轻率就会失去根基，急躁就会丧失主君。

第二十七章的意思是：善于行动的，不会留下痕迹；善于言谈的，不会出现瑕疵；善于计算的，用不着使用筹码；善于造锁的，没有锁钥也能打开；善于结绳的，没有绳约也能解码。因此，圣人善于人尽其才，所以没有被遗弃的人才；圣人善于物尽其用，所以没有被废弃的物品——这就是所说的"隐藏着的聪明和智慧"。所以行善者，可当作恶者的老师；而作恶人者，也可当行善者的借鉴。不情愿给作恶者当老师，不愿意把作恶者当借鉴，即使自以为聪明而实际上却很糊涂——这就是所说的"精深而微妙的智慧"。

第二十八章的意思是：洞察天下的雄强，安守天下的雌柔，甘为卑下的溪涧；能够甘为卑下的溪涧，恒久的德性就不会丢失，就能回归婴儿般的状态。深知世间的明亮，安心世间的暗昧，甘守天下的规则；能够甘守天下的规则，恒久的德性就不会变质，就会逐步回归无极的圣境。明白人间的荣耀，忍受人间的卑辱，甘作谦卑的川谷；能够甘作谦卑的川谷，恒久的德性就会不断充实，就会回归到自然素朴的状态。原始而朴素的人才经过制作而成器物，有道者加以重用，则被拔擢为百官之长，所以从整体上去把握个人及天下的未来就不会出现任何瑕疵。

第十四讲·善悲论：不为不执，大悲大善

【简注】

第二十九章·将欲取天下而为之，吾见其不得已[1]。天下神器，不可为也；为者败之，执者失之[2]。夫物或行或随，或嘘或吹，或强或羸，或挫或堕，是以圣人去甚、去奢、去泰[3]。

---

[1] 将欲取天下而为之，吾见其不得已：将欲取天下而为之：《河上公注》：欲为天下主也，欲以有为治民。吾见其不得已：不得已：在条件成熟的情况下不得不如此，象征顺其自然、除去成见而感悟"不得已"的大智慧，这在道学中是通例。《河上公注》：我见其不得天道人心已明矣，天道恶烦浊，人心恶多欲。《唐玄宗注》：天下者，大宝之位也，有道之人，必待历数在躬，若暴乱之人，将欲以力取而为之主者。老君戒云：吾见其不得已。《八仙注》：将欲取天下而为之：欲行此道。吾见其不得已：道本无为。玉华帝君注曰：帝世之有天下，揖让得之，非取之也。四方风动，黎民变之，非上为之也。若将欲以力取天下，而从而作为于其间，是为失道。已矣通，不得已，言二者皆弗得得道矣。

[2] 天下神器，不可为也；为者败之，执者失之：天下神器，不可为也：《河上公注》：器，物也。人乃天下之神物也，神物好安静，不可以有为治。《王弼注》：神，无形无方也。器，合成也。无形以合，故谓之神器也。为者败之：《河上公注》：以有为治之，则败其质性。《唐玄宗注》：大宝之位，是天地神明之器，谓为神器，故不可以力为。故曰为者败之，此戒奸乱之臣。执者失之：《河上公注》：强执教之，则失其情实，生于诈伪也。《王弼注》：万物以自然为性，故可因而不可为也。可通而不可执。物有常性，而造为之，故必败也。物有往来而执，故必失矣。《唐玄宗注》：历数在躬，已得君位，而欲执有斯位，凌虐神主，天道淫泆，亦当令失之。此戒帝王也。《八仙注》：天下神器：心之所居。不可为也：为有妄心即惊其神。为者败之：为伤自然。执者失之：执乖通变。天下大器也，曰神，言有神默相之。是则神器之大，拥此者皆当抱朴守雌，不可以有为也。一侈志于为，则粉饰太平，徒滋纷扰，反以败国；一着意于执，则拘泥胶固，鲜所通变。不惟得之，适以失之矣。

[3] 夫物或行或随，或嘘xū或吹，或强或羸léi，或挫或堕，是以圣人去甚、去奢、去泰：夫物或行或随：《河上公注》：上所行，下必随之也。或嘘或吹：《河上公注》：嘘，温也。吹，寒也。有所温必有所寒也。或强或羸：《河上公注》：有所强大，必有所羸弱也。或挫或堕：《河上公注》：堕，危也。有所安必有所危，明人君不可以有为治国与治身也。《唐玄宗注》：欲明为则败，执则失，故物或行之于前，或随之于后，或煦之使暖，或吹之使寒，扶之则强，抑之则弱，有道则载事，无德则堕废。是以圣人去甚，去奢，去泰：甚：贪淫声色。《说文》："甚，尤安乐也，从甘从匹。匹，耦也。"朱骏声曰："按：甘者饮食，匹者男女，人之大欲存焉，故训安乐之尤。"《河上公注》：甚谓贪淫声色。奢谓服饰饮食。泰谓宫室台榭。去此三者，处中和，行无为，则天下自化。《王弼注》：凡此诸或，言物事逆顺反复，不施为执割也。圣人达自然之至，畅万物之情，故因而不为，顺而不施。除其所以迷，去其所以惑，故心不乱而物性自得之也。《唐玄宗注》：圣人睹或物之行随，知执者之必失，故去其过分尔。《八仙注》：故物或行或随：念兹在兹。或嘘或吹：思无邪。或强或羸：善用其心。或载或堕：精思此理。是以圣人去甚：过犹不及。去奢：道常如此。去泰：道无不足。总之，道尚自然：故物或有翼之以行者，或有步焉以随者；或呴而暖之，或吹而寒之；或益而强之，或损而羸之；而可栽者，则或从而栽也；可倾者，则或从而堕也。虽应用不同，要皆因物付物，顺其自然而已。何所庸我之侈然恣肆而贪求之无厌也乎？

【帛书】将欲取天下而为之，吾见其弗得已。夫天下，神器也，非可为者也。为者败之，执者失之。物或行或随，或嘘或吹，或强或挫，或培或堕。是以圣人去甚，去太，去奢。

【憨山注】：此言圣人道全德备，应运出世，为官为长。当任无为无事，而不可有为太过也。由上章云，朴散则为器，圣人用之则为官长。故老子因而戒之曰，将欲取天下者，当任自然，不可有心为之。而有心为之者，吾见其必不可得已。何也？且天下者大器，有神主之。岂可以人力私智取而夺之耶？故曰"不可为也"。而为之者，必反败之；纵为而得之，亦不可执为己有。而执之者，必反失之。故如强秦力能并吞六国，混一天下，是为之也。且誓云一世以至万世，是执之也。故不旋踵而败，二世而亡，岂非为者败之、执者失之之验欤？然而所以败之失之者，以其所处过甚而奢泰之极也。凡物极则反，此亦自然之势耳。故物或行而在前，或复随而在后；或呴而暖，或反吹而寒；或强而壮，或又尪羸而弱；或正载而成，或即隳颓而毁。此何以故？是皆用力过甚而奢泰之极也。此皆圣人所不处。故曰是以圣人去甚、去奢、去泰。

第三十章·以道佐人主者，不以兵强天下，其事好还[1]：师之所处，荆棘生焉[2]。

是故圣人，甚则去之，奢则去之，而泰亦并去之也。纯阳子注：为纷更妄，作不得已，可已而不已也。神器，言其至重，妄为则反以扰民，拘执则无所变通，二者皆未适中。盖凡物之理各有所宜，行自行，随从人嘘缓而吹，急物之以息相扇者也。强羸，以形质言；载隳，以才能言。甚，太甚；奢华，侈泰。矜肆物情不一，圣人权其轻重缓急，去此三者。是以能理万物之宜，而天下相安于无事也。

[1]　以道佐人主者，不以兵强天下，其事好还：以道佐人主者：《河上公注》：谓人主能以道自辅佐也。不以兵强天下：《河上公注》：以道自佐之主，不以兵革，顺天任德，敌人自服。《王弼注》：以道佐人主，尚不可以兵强于天下，况人主躬于道者乎。其事好还：《河上公注》：其举事好，还自责，不怨于人也。《王弼注》：为始者务欲立功生事，而有道者务欲还反无为，故云，其事好还也。《唐玄宗注》：人臣能以道辅佐人主者，当柔服以德，不用甲兵之威，取强于天下。何则？兵者凶器也，战者危事也。抗兵加使，彼必应之，其事既好还报，则胜负之数，未可量也。《八仙注》：以道佐人主者：道与心合。不以兵强天下：善胜在于不争。其事好还：归根复命。玉华帝君注曰：治世有道，本道发为文德，武功非所尚也。且兵为凶器，淫佚之事，上帝恶之。苟或侈志于兵，自使天下肝脑涂地，则出乎尔者必反乎尔，若齐之愍王、楚之灵王、秦之始皇、梁之武帝，皆获杀身之祸。故曰"其事好还"。

[2]　师之所处，荆棘生焉：按传统本"师之所处，荆棘生焉"下有八字："大军之后，必有凶年。"景龙本、敦煌本、龙兴碑等都没有"大军之后，必有凶年"。《汉书·严助传》有"臣闻'军旅之后必有凶年'。"严可均认为，"大军之后，必有凶年"这是注解的文章窜入正文。本书取这种观点。下面按照传统本注解，读者参考。师之所处，荆棘生焉：《河上公注》：农事废，田不修。《王弼注》：言师凶害之物也。无有所济，必有所伤，贼害人民，残荒田亩，故曰荆棘生焉。《唐玄宗注》：军师所处，战则妨农，农事不修，故生荆棘。大军之后，必有凶年：《河上公注》：天应之以恶气，即害五谷，尽伤人也。《唐玄宗注》：兵气感害，水旱继之，农废于前，灾随其后，必有凶荒之年。《八仙注》：师之所处：心兵所起。荆棘生焉：神狂心荒。大军之后：情欲驰驱。必有凶年：气神昏耗。此更推言兵强之害。言终日用师，则农业妨而田畴不治，荆棘丛生。不特此也，杀气过旺，有伤天地之和，则灾祲流行，运所必至。大军之后，必有凶年，固不卜而早定也。纯阳子注：其事，谓兵事；好还，杀戮必有报也。荆棘生，则井里萧条，可知必有凶年，伤天地之和气所致。

善者果而已，不敢以取强[1]。果而勿，果而勿伐，果而勿骄，果而不得已，果而勿强[2]——物壮则老，是谓不道，不道早已[3]。

【帛书】以道佐人主者，不以兵强于天下，其事好还。师之所处，荆棘生之；大军之后，必有凶年。善者果而已矣，毋以取强焉。果而毋骄，果而毋矜，果而毋伐，果而毋得已居，是谓果而不强。物壮则老，谓之不道，不道早已。

【憨山注】：此承上言圣人不为已甚，故戒之不可以兵强天下也。凡以兵强者，过、甚之事也。势极则反，故其事好还。师之所处，必蹂践民物，无不残掠，故荆棘生；大军之后，杀伤和气，故五谷疵疠而年岁凶，此必然之势也。然于济弱扶倾，除暴救民，盖有不得不用之者，惟在善用。善用者，果而已；已者，休也，此也；果，犹言结果。俗云了事便休，谓但可了事令其平服便休，不敢以此常取强焉。纵能了事，而亦不可自矜其能，亦不可自伐其功，亦不可骄恃其气。到底若出不得已，此所谓果而不可以取强也。取强者，速败

---

[1] 善者果而已，不敢以取强：善有果而已：《河上公注》：善用兵者，当果敢而已，不美之。不敢以取强：《河上公注》：不以果敢取强大之名也。《王弼注》：果，犹济。言善用师者，趣以济难而已矣，不以兵力取强于天下也。《八仙注》：故善者果而已：定力所到。不敢以取强：忘我而已。言善为治者，绝不谈兵，从不好强。其于四方六合，总以仁义化之，礼乐绥之。绥绥之不得，化之逆命，则不得已取决于一战。阪泉涿鹿之师，是果之明征也。而究不敢恃以取强，自诩用兵之如神也。

[2] 果而勿矜jīn，果而勿伐，果而勿骄，果而不得已，果而勿强：果而勿矜：《河上公注》：当果敢谦卑，勿自矜大也。果而勿伐：《河上公注》：当果敢推让，勿自伐取其美也。果而勿骄：《河上公注》：骄，欺也。果敢勿以骄欺人也。《王弼注》：吾不以师道为尚，不得已而用，何矜骄之有也？《唐玄宗注》：善辅相者，果于止敌。盖在于安人和众，必不敢求胜取强。故虽果于止敌，敌不为寇。慎勿矜功伐取，以自骄盈，骄则败亡，故为深戒。果而不得已：《河上公注》：当果敢至诚，不当逼迫不得已也。果而勿强：《河上公注》：果敢勿以为强兵、坚甲以欺凌人也。《王弼注》：言用兵虽趣功，果济难，然时故不得已当复用者，但当以除暴乱，不遂用果以为强也。《唐玄宗注》：前寇来侵，不得休止，故用兵以止之，如是则果在于应敌，非果以取强也。《八仙注》：果而勿矜：待之以静。果而勿伐：默而守之。果而勿骄：存之以和。果而不得已：用之以虚。果而勿强：自然虚无。人特患无是果耳。诚有是果，则必能不自矜张。不自夸伐，不自骄盈，间用其果，皆出于势不得已，而初不自以为强也。

[3] 物壮则老，是谓不道，不道早已：物壮则老：《河上公注》：草木壮极则枯落，人壮极则衰老也，言强者不可以久。是谓不道：《河上公注》：枯老者，坐不行道。不道早已：《河上公注》：不行道者早死。《王弼注》：壮，武力暴兴，喻以兵强于天下者也。飘风不终朝，骤雨不终日，故暴兴必不道早已也。《唐玄宗注》：物之用壮，由兵之恃强。物壮则衰，兵强则败，是谓不合于道，当须早止不为。《八仙注》：物壮则老：心为物移。是谓不道：性为心蔽。不道早已：永失真道。善者用果而不尚强。夫何以故？盖恃强则逞壮，逞壮则易折。《大过》之上六、《大壮》之上六，其明鉴也。譬如物之发露太过，精华难要于久，灼灼之华，早发者则必先萎，此物壮之未有不老者也。苟或只知壮之足凭，而不知老败之将至，则是昧乎盈虚消息之道矣。是之谓不道，不道之念，其不可不早已也夫：已，止也、息也。纯阳子注：善，善于为治；果，自强不息。取强兵力争也，不得已柔《巽》之意。太上恐人误以勇力为果，故详言五者，以明之物壮则老，正强力不能久之征也。不道，不以道；早已，敝之速也。

之道。且物壮甚则易老，况兵强乎？凡物恃其强壮而过动者，必易伤。如世人恃强而用力过者，必夭死于力；恃壮而过于酒色者，必夭死于酒色。盖伤元气也，元气伤，则死之速。兵强亦然，故曰是谓不道，不道早已：已者，绝也；又已者，止也。言既知其为不道，则当速止而不可再为也，亦通。《孟子》言威天下不以兵革之利，其有闻于此乎？

　　第三十一章·夫唯兵者，不祥之器，物或恶之，故有道者不处[1]，不得已而用之。恬淡为上，胜而不美；而美之者，是乐杀人。夫乐杀人者，则不可得志于天下矣[2]。

————————

　　[1] 夫唯兵者，不祥之器，物或恶之，故有道者不处：夫唯兵者，不祥之器：按："夫唯兵者，不祥之器"的"唯"各种版本都作"佳"，其实此"佳"字是"唯"之误。阮元《经传释词·序》利用《白盘》铭文等已经证明"佳"即"唯"。在《老子·道德经》中，"夫唯"是一种很固定的组合，共有12个例子：即夫唯弗居（02）、夫唯不争（08）、夫唯不可测（15）、夫唯不盈（15）、夫唯不争（22）、夫唯道（41）、夫唯啬（59）、夫唯大（67）、夫唯无知（70）、夫唯病病（71）、夫唯不厌（72）、夫唯无以生为者（75）。上章阐述的是用兵之害，本章阐述对待用兵的态度，这里如果"佳兵"，佳即善等，前后矛盾。下面是传统上对"佳"的解释，读者可以参考。《河上公注》：佳，饰也。祥，善也。兵者，惊精神，浊和气，不善人之器也，不当修饰之。《唐玄宗注》：佳者，好也。兵者，谋略也。凡人修辞立诚，不能以道德藏器，而以兵谋韬略为好。谋略之用，只在于攻取杀伐，故为不善之材器。物或恶之：《河上公注》：兵动则有所害，故万物无有不恶之者。《唐玄宗注》：凡物尚或恶之，是以有道之人不处身于此尔。故有道者不处：《河上公注》：有道之人不处其国。《八仙注》：夫佳兵不祥之器：以心胜物终莫能胜。物或恶之：为物所诱。故有道者不处：不离生死而离生死。孚佑帝君注曰：战，危事也；勇，逸德也；兵，凶器也。虽有佳兵，实为不祥，故曰不祥之器。且穷兵必妨农业，多伤性命，类干天地和气，凡物无不恶之。是以有道者，断不以是为得计，而安以处之也？

　　[2] 不得已而用之。恬淡为上，胜而不美；而美之者，是乐杀人。夫乐杀人者，则不可得志于天下矣：按：传统本"不得已而用"之上有二十二字："君子居则贵左，用兵则贵右。兵者，不祥之器，非君子之器。"《文子·通玄经》作"兵者，不祥之器也，不得已而用之"，多者为错简。马叙伦认为此几句属于其他注解混入正文。"物或恶之，故有道者不处"传统本"夫乐杀人者，则不可得志于天下矣"之下有四十字："吉事尚左，凶事尚右。偏将军居左，上将军居右，言以丧礼处之。杀人之众，以悲哀莅之；战胜，以丧礼处之。"《道藏》张君相汇刻四家注解，引用《王弼注》："君子居则贵左，用兵则贵右。兵者，不祥之器，非君子之器。"王弼注在本句没有注解，本书取这种观点。下面按照传统本注解，读者参考。左：中国古代一般贵右而轻左，而《左传·桓八年》"楚人上左"，所以《老子》"君子居则贵左"、"吉事尚左"等与楚国习俗相合。《河上公注》：贵柔弱也。《唐玄宗注》：左，阳也。阳和则发生，故平居所贵。用兵则贵右：《河上公注》：贵刚强也。此言兵道与君子之道反，所贵者异也。《唐玄宗注》：右，阴也。阴凝则肃杀，故用兵所贵。兵者，不祥之器：《河上公注》：兵，革者。不善之器也。《唐玄宗注》：祥者，善也。好兵者尚杀，故为不善之材器也。非君子之器：《河上公注》：非君子所贵重之器也。《唐玄宗注》：君子以道德为材器，不贵兵谋。不得已而用之：《河上公注》：谓遭衰逆乱祸，欲加万民，乃用之以自守。《唐玄宗注》：夷狄内侵，故不得已。恬淡为上：《河上公注》：不贪土地，利人财宝。《唐玄宗注》：善胜不争，是恬淡为上。胜而不美：《河上公注》：虽得胜而不以为利也。而美之者，是乐杀人：《河上公注》：美得胜者，是为喜乐杀人者也。夫乐杀人者，则不可得志于天下矣：《河上公注》：为人君而乐杀人者，此不可使得志于天下矣，为人主必专制人命，妄行刑诛。《唐玄宗注》：制胜于敌，必哀其人，故不以为美也。夫胜必多杀人，若以胜为美者，是乐多杀人，乐多杀人，人必不附。欲求得志，不亦难乎！吉事尚左：《河上公注》：左，生位也。凶事尚右：《河上公注》：阴道杀

【帛书】夫兵者，不祥之器也。物或恶之，故有道者弗居。君子居则贵左，用兵则贵右，故曰兵者非君子之器也。兵者不祥之器也，不得已而用之，恬淡为上，勿美也。若美之，是乐杀人也。夫乐杀人，不可以得志于天下矣！吉事尚左，丧事尚右；是以偏将军居左，上将军居右。言以丧礼居之也。杀人众，以悲哀莅之；战胜，以丧礼处之。

【憨山注】：此承上言不以兵强天下，故此甚言兵之不可尚也。佳兵，乃用兵之最精巧者，谓之佳兵。凡善用兵者，必甘心于杀人，兵益佳而祸益深，故为不祥之器。历观古今善用兵者，不但不得其死，而多无后，此盖杀机自绝，而造物或恶之者。以其诈变不正，好杀不仁，故有道者不处。不但有道者不处，而苟有仁心者，亦不处也。何以知其然耶？观夫君子所居则以左为贵，用兵则以右为贵，然右乃凶地，由是而知兵者，乃不祥之器，非君子之器也。万一不得已而用之者，老子戒曰，当以恬淡为上。恬淡者，言其心和平，不以功利为美，而厌饱之意。既无贪功欲利之心，则虽胜而不以为美。纵不贪功利，而若以胜为美者，亦是甘心乐于杀人。夫乐于杀人者，必不可使其得志于天下，所谓造物或恶之也。若使此辈得志于天下，将为残害而无涯量矣。且

人。偏将军居左：《河上公注》：偏将军卑而居阳者，以其不专杀也。上将军居右：《河上公注》：上将军尊而居阴者，以其专主杀也。《唐玄宗注》：偏将军卑而处左者，不专杀人。上将军尊而处右者，主兵谋也。言以丧礼处之：《河上公注》：上将军居右，丧礼尚右，死人贵阴也。《唐玄宗注》：丧礼尚右，今上将军居右者，是以丧礼处置之。杀人之众，以哀悲莅之：莅：走到近处察看；治理，管理。《尔雅》："莅，视也。"《河上公注》：伤己德薄，不能以道化人，而害无辜之民。《唐玄宗注》：以生灵之贵，而交战杀之，有恻隐之心，故以悲哀伤泣之尔。战胜，以丧礼处之：《河上公注》：古者战胜，将军居丧主礼之位，素服而哭之，明君子贵德而贱兵，不得已而诛不祥，心不乐之，比于丧也，知后世用兵不已故悲痛之。《唐玄宗注》：勇士雄，入战而获胜，胜则受爵，居于右位，尚右非吉，是以丧礼处之。但以为不祥之器，亦何必缟素为资。《八仙注》：是以君子居则贵左：主柔。用兵则贵右：主刚。兵者不祥之器：凶器逆德。非君子之器：触来勿与兢，事过心清凉。不得已而用之：欲求合道乃不合道。恬澹为上：常寂。胜而不美：求欲凝神神乃不凝。而美之者：用志不份乃凝于神。是乐杀人：用心一处无事不办。夫乐杀人者：绝欲。不可得志于天下矣：凡百从俭。故吉事尚左：东木主生。凶事尚右：西金主杀。偏将军居左：省心。上将军居右：全神。言居上势则以丧礼处之：若论此事，如丧考妣。杀人众多：六贼兵息，三尸不焚。以悲哀泣之：心死神存。战胜以丧礼处之：孤光独照。夫惟有道者不处佳兵，所以君子居则尚左，而用兵则尚右。尚右者，示不敢专制之意，诚以兵为不祥，而非君子之器，其间或用之者，势出于不得已也。盖其本道致治，总以恬淡无欲为上。若兵之凶器，则虽获胜于人，不可为美。而以此为美者，是以杀人为乐矣。如之何其可哉？昔孟子语梁襄王曰，不嗜杀人者能一之，乐杀人者，宜乎难得志于天下也。推而至于凡事之吉凶，则吉居左而凶则居右矣。是亦仪礼祥车轺车以份左右之义，即如行师。将之偏者何反居左？将之上者何反居右？此其中有二义焉：一则谦而不欲自尊大也，一则退而不欲乐杀人也，虽勇居上势，故宁右而毋左焉。夫居上势而处右，则不见可忻，惟见可悯。是视兵势之如丧也，故即以丧礼处之。如秦穆夫人，披发登台而请晋惠，非以丧礼处之而何？所以杀人众多，尸横遍野，目不忍见，耳不忍闻，此犹得窃欣其得志乎？悲哀泣之而已。所以君子于战胜不以为吉，转以为凶，而彻乐不悬，食旨弗甘，多以丧礼处之者，良以兵固不祥之器也。夫丧非不祥者乎？以不祥之丧，处不祥之兵，礼也。

世之吉事必尚左，凶事则尚右。凶事，谓丧事也。所以用兵则贵右，言其可哀也。故兵家以偏将军居左、以上将军居右者，盖上将军司杀之重者。言居上势者，则当以丧礼处之也。故杀人众多，则当以悲哀泣之。即战胜，亦当以丧礼处之。甚言其不得已而用之，即不得已而处之也。上二章，通言人臣不能以道佐人主，而返以兵为强者，故切戒之。

【串讲】

　　本讲是传统本《老子》的第二十九章、第三十章、第三十一章。第二十九章的要点是"二不"即"天下神器，不可为也；为者败之，执者失之"，"八或"即"夫物或行或随，或嘘或吹，或强或羸，或挫或堕"，"三去"即"圣人去甚、去奢、去泰"。第三十章的要点是"非兵"即"以道佐人主者，不以兵强天下。其事好还：师之所处，荆棘生焉；大军之后，必有凶年"、"善兵"即善者果而已，不敢以取强。果而勿矜，果而勿伐，果而勿骄，果而不得已，果而勿强"、"不道"、"物壮则老，是谓不道，不道早已"。第三十一章的要点是"恶兵"即"夫唯兵者，不祥之器，物或恶之，有道者不处；君子居则贵左，用兵则贵右；兵者，不祥之器，非君子之器，不得已而用之"、"淡兵"即"恬淡为上，胜而不美；而美之者，是乐杀人，夫乐杀人者，不可得志于天下"。"哀兵"即"吉事尚左，凶事尚右；偏将军居左，上将军居右，言以丧礼处之；杀人之众，以悲哀莅之，战胜，以丧礼处之"。

　　第二十九章提出"为者败之，执者失之"的观点，认为诸侯"争于物"，所以战争频仍。第三十章、第三十一章继续阐述反对战争，提出战前、战中、战后都要"以悲为本""恬淡为上""胜而不美"等主张。河上公给第二十九章取名"无为"，意味着"别妄为"，河上公第三十章、第三十一章分别取名"俭武"和"偃武"，明确反对"战争"。"善悲论"的基本观点是"革苛政""反战争""守悲善"，基本内容是"三去""五果""两礼"。

　　第二十九章的意思是：企图用强制的手段夺取天下并统治天下，"我"看这样不可能够达到目的。治理天下是神圣的，不可能以强力违背天心民意；用强力统治天下最终必然失败，用强力维持天下最终必然失去。天道人心的规则是有前行就有随后，有轻嘘就有急吹，有刚强就有羸弱，有安全就有危殆，因此，圣人除去那些极端的、奢侈的、过度的行为和法度。

　　第三十章的意思是：以"道"作为指导思想的君主，不会以武力逞强于天下。有道者做事必定返还"无为"：军队所到之处，田园荒芜而荆棘丛生；一场大战之后，必定出现大荒之年。善用兵者适可而止，不恃强乃至逞勇斗狠。达到了目的不自满，达到目了的不夸耀，达到目了的不骄傲，达到目的出于万不得已，达到了目的更不逞强——事物到了极点就会走向衰朽，这说明以武力逞强于天下不合乎"大道"，不合乎"大道"就会很快灭亡。

　　第三十一章的意思是：喜好战争，是不善之兆，即使"物"也厌恶（何况人啊），所以有道者不轻易发动战争。君子平时居处以左为贵，而用兵打仗时却以右为贵。兵器，是不吉祥的工具，不是君子所使用的工具，只有万不得已才能使用。使用武力以淡然作为上佳境界，即使胜利了也不要自鸣得意；如果自鸣得意，那就是嗜好杀人。凡嗜好杀人者，不可能得志于天下。吉庆的事情以左边为上，凶丧的事情以右方为上。不主管杀伐的偏将军居于左边，主管杀伐的上将军居于右边，这就是说要以丧礼的仪式来对待用兵打仗。战争中杀人众多，丧事时用哀痛的心情参加；打了胜仗，用丧礼的仪式去对待胜利。

第十五讲·顺道论：知止不殆，死而不妄

【简注】

　　第三十二章·道常无名：朴虽小，天下莫能臣也；侯王若能守之，万物将自宾[1]。天地相合，以降甘露，民莫之令而自均[2]。始制有名，名亦既有，夫将知止，知止不殆[3]。

---

　　[1]　道常无名：朴虽小，天下莫能臣也；侯王若能守之，万物将自宾：道常无名：《河上公注》：道能阴能阳，能弛能张，能存能亡，故无常名也。《王弼注》：道无形不系常，不可名，以无名为常。故曰道常无名也。《唐玄宗注》：道以应用为常，常能应物，其应非一，故于常无名。朴虽小，天下莫能臣也：《河上公注》：道朴虽小，微妙无形，天下不敢有臣使道者也。《唐玄宗注》：朴，妙本也，妙本精一，故云小。而应用匠成，则至大也，故无敢以道为臣者。侯王若能守之，万物将自宾：《河上公注》：侯王若能守道无为，万物将自宾，服从于德也。《王弼注》：朴之为物，以无为心也，亦无名，故将得道莫若守朴，夫智者可以能臣也，勇者可以武使也，巧者可以事役也，力者可以重任也，朴之为物，愦然不偏，近于无有，故曰，莫能臣也。抱朴无为，不以物累其真，不以欲害其神，则物自宾而道自得也。《唐玄宗注》：侯王若能守道精一，无为而化，则万物将自宾服矣。《八仙注》：道常无名：应化无方。朴虽小：至微。天下不敢臣：道为万化之君。侯王若能守：抱一。万物将自宾：宾服从德。孚佑帝君注曰：首篇云可道非常道，可名非常名，以道不可以道名也，故此章直曰道常无名。然终于无名，则天下又安知有道乎？是有朴在。不可名而犹可名者也，夫所谓朴者何？性也。性之为体，寂焉渺焉，则亦似乎小矣。而天下究不得而域之，所谓不敢臣也。彼智者可以慧使，勇者可以力使，艺者可以才使，皆可得而臣之。若朴则有而仍无，无而又有，恍兮惚兮，则亦奚从而臣之哉？然虽不可臣，而朴则卷之藏于密，放之则可弥六合者也。侯王若能守此朴而不改，则本是以默运潜移，无为成化，万物皆自宾服矣。

　　[2]　天地相合，以降甘露，民莫之令而自均：天地相合，以降甘露：《河上公注》：侯王动作能与天相应和，天即降下甘露善瑞也。民莫之令而自均：莫之令：莫令之。均：调度。《河上公注》：天降甘露善瑞，则万物莫有教令之者，皆自均调若一也。《王弼注》：言天地相合，则甘露不求而自降；我守其真性无为，则民不令而自均也。《唐玄宗注》：侯王若能抱守精一，是地平天成，交泰致和，故降洒甘露。夫甘露既降，萧兰俱泽，不烦教令，而自均平。取譬侯王，称物平施。《八仙注》：天地相合：乾坤交感。以降甘露：一点落黄庭。人莫之令而自均：一气和太和。露者，天地和气之所积而流也，润于有形，而实施于无声。人君以朴理天下，成于有象，而实本于无为。其与天地之降甘露，不爽累黍，故物被无声之露，莫之令而自荣，则民沐无为之化，亦莫之令而自均也。

　　[3]　始制有名，名亦既有，夫将知止，知止不殆：始制有名：《河上公注》：始，道也。有名，万物也。道无名能制于有名，无形，能制于有形也。名亦既有：《河上公注》：既，尽也。有名之物，尽有情欲，叛道离德，故身毁辱也。《唐玄宗注》：人君以道致平，始能制御有名之物，故有名之物，亦尽为侯王所有矣。夫将知止：《河上公注》：人能法道行德，天亦将知之。知止不殆：《河上公注》：天知之，则神灵佑助，不复危怠。《王弼注》：始制，谓朴散始为官长之时也。始制官长，不可不立名分以定尊卑，故始制有名也，过此以往将争锥刀之末，故曰，名亦既有，夫亦将知止，遂任名以号物，则失治之母，故知止所以不殆也。《唐玄宗注》：若侯王能制有名之物，则夫有名之物，亦将知依止于侯王，知依止有道之君，所以无危殆之事。《八仙注》：始制有名：立法制

譬道之与天下，犹川谷之与江海[1]。

【帛书】道恒无名，曰朴，虽小，而天下弗敢臣。侯王若能守之，万物将自宾。天地相合，以降甘露，人莫之令而自均焉。始制有名，名亦既有，夫亦将知止。知止所以不殆。譬道之在天下也，犹川谷之与江海也。

【憨山注】：此承上章不以兵强天下，因言人主当守道无为，则万物宾而四海服，天地合而人民和，自然利济无穷也。常者，终古不变之义。凡有名者，必迁变。道之所以不变者，以其无名也，故曰道常无名。朴，乃无名之譬：木之未制成器者，谓之朴。若制而成器，则有名矣。小，犹眇小，谓不足视也。且如合抱之材，智者所不顾；若取径寸以为冠，则愚者亦尊焉。是以名为大，而以无名为小。甚言世人贵名，概以朴为不足视，故以道曰朴、曰小也。然道虽朴小，而为天地万物之本。即愚夫愚妇，而亦知所尊。故曰天下不敢臣。但侯王不能守耳。藉使侯王若能守，则万物自然宾服矣，奚假兵力哉？然兵者凶器，未必宾服一国。且上干和气，必有凶年。若以道服之，不但万物来宾，抑且和气致祥，天地相合以降甘露。兵来未必尽和民人，若以道宥之，则民莫之令而自然均调，各遂其生。无名之朴，利济如此，惜乎侯王不能守之善用耳。若散朴为器，始制则有名矣。始，犹方才也。谓朴本无名，方才制作，则有名生焉。且从无名而有名。既有名，而名又有名，将不知其所止矣。庄子所谓从有适有，巧历不能得，故曰名亦既有，而殉名者愈流愈下，逐末忘本，不知其返矣。故老子戒之曰，夫名者，不可驰骛而不返。亦将知止而自足，苟不知止足，则危殆而不安，知止所以不殆也。由是而知道在天下，为万物之宗，流润无穷，犹川谷之于江海也。然江海所以流润于川谷，川谷无不归宗于江海。以譬道散于万物，万物莫不宾服于大道。此自然之势也。意明侯王若能守，其效神速于此。

第三十三章·知人者智，自知者明；胜人者有力，自胜者强[2]；知足者富，

度。名亦既有：因器制名。夫将知止：淡然自足。知止不殆：知止而后有定。始制，即所谓朴也，言道本无名，而强为名之以朴，则是始制有名矣。夫道既有名，势必日趋于有，日趋于有，则已与物势将从风而靡。若水之狂澜，无所底止，而极意于有，全失夫无矣。失无则失朴矣，故曰名而无则道隐。名既有矣，则亦当知止以复归于无也。诚能知止，将还原反朴，而何殆之有哉？

[1] 譬道之与天下，犹川谷之与江海：《河上公注》：譬言道之在天下，与人相应和，如川谷与江海相流通也。《王弼注》：川谷之以求江与海，非江海召之，不召不求而自归者，世行道于天下者，不令而自均，不求而自得，故曰，犹川谷之与江海也。《唐玄宗注》：天降甘露，以瑞有道，故譬有道之君，在宥天下，天则应之，犹如川谷与江海通流尔。《八仙注》：譬道之在天下；心之在我。犹川谷之于江海：在止于善。更取而譬之：道在天下，万物从而归之，犹江海无意于众流，而川谷之水，必从而注之也。

[2] 知人者智，自知者明；胜人者有力，自胜者强：知人者智：者：则。《河上公注》：能知人好恶，是为智。自知者明：《河上公注》：人能自知贤与不肖，是为反听无声，内视无形，故为明也。《王弼注》：知人者，智而已矣，未若自知者超智之上也。《唐玄宗注》：智者役用以知物，明

强行者有志；不失其所者久，死而不妄者寿[1]。

【帛书】知人者，智也；自知者，明也。胜人者，有力也；自胜者，强也。知足者，富也。强行者，有志也。不失其所者，久也。死而不忘者，寿也。

【憨山注】：此因上言侯王当守道无为，故此教以守之之要。知人者，谓能察贤愚，辨是非，司黜陟，明赏罚，指瑕摘疵，皆谓之智。但明于责人者，必昧于责己。然虽明于知人为智，不若自知者明也。老子谓孔子曰：聪明深察而近于死者，好议者也；博辩宏大而危其身者，好发人之恶也。去子之恭骄与智能，则近之矣。谓是故也，庄子云：所谓见见者，非谓见彼也，自见而已矣；所谓闻闻者，非谓闻彼也，自闻而已矣。能自见自闻，是所谓自知者明也。世之力足以胜人者，虽云有力，但强梁者必遇其敌，不若自胜者强。然欲之伐性，殆非敌国可比也。力能克而自胜之，可谓真强。如传所云，和而

者融照以鉴微，智则有所不知，明则无所不照。胜人者有力：《河上公注》：能胜人者，不过以威力也。自胜者强：《河上公注》：人能自胜己情欲，则天下无有能与己争者，故为强也。《王弼注》：胜人者，有力而已矣，未若自胜者无物以损其力，用其智于人，未若用其智于己也。用其力于人，未若用其力于己也。明用于己，则物无避焉，力用于己，则物无改焉。《唐玄宗注》：能制胜人者，适可谓有力。能自胜其心使柔弱者，方可全其强尔。《八仙注》：知人者智：外观其物，物无其物。自知者明：内观其心，心，无其物。胜人者有力：勇敢于道而化自成。自胜者强：真积力久。孚佑帝君注曰：智者份别之谓，不知人，则是非邪正将何以辨？是亦已之累德，则知人尚矣。然人苦不自知，不自知而徒知人，尤累德也。故知人者第谓之智，而自知斯谓之明也。犹之恃我勇力以取胜于人，仅可谓之有力耳，终不若君子尚义不尚勇力，而敬胜义胜以自胜者，斯谓之强焉。

[1] 知足者富，强行者有志；不失其所者久，死而不妄者寿：知足者富：《河上公注》：人能知足，则长保福禄，故为富也。《王弼注》：知足自不失，故富也。《唐玄宗注》：知止足者无贪求，可谓富矣。强行者有志：《河上公注》：人能强力行善，则为有意于道，道亦有意于人。《王弼注》：勤能行之，其志必获，故曰强行者有志矣。《唐玄宗注》：强力行者不懈怠，可谓有志节矣。知足强力，不失其所恒，则是久于其道者。不失其所者久：《河上公注》：人能自节养，不失其所受天之精气，则可以长久。《王弼注》：以明自察，量力而行，不失其所，必获久长矣。死而不亡者寿：亡者：《意林》"亡"作"妄"。死而不妄，谓得正而毙者也。《河上公注》：目不妄视，耳不妄听，口不妄言，则无怨恶于天下，故长寿。《王弼注》：虽死而以为生之道，不亡乃得全其寿，身没而道犹存，况身存而道不卒乎。《唐玄宗注》：死者分理之终，亡者夭枉之数，寿者一期之尽，夫知人胜人，必招殃咎，知足强力，动得天常。得天常者，死而不亡。是一期之尽，可谓寿矣。《八仙注》：知足者富：安贫乐道。强行者有志：有志者事竟成。不失其所者久：观其所以命基愈固。死而不亡者寿：妄灭照存。人情，多不知足，得一冀十，得十冀百，得百冀千，得千冀万，追强求之终不可得，久并其得者而转失之，贪之为害故也。诚能知足，则不求富而富矣。卫公子荆可风也。人类不能自强，遇艰深卓绝之事，便推诿不敢向前，无志故也。苟能勉强以行仁义，则谓之有志矣，所者何？性也，即朴也。吾心之所以为心也，离而去之，无以为心，即无以为性，亦即无以为生。夫安能久？惟常抱此浑朴之物。葆而不失其所。则虽形骸或坏。而精英自足千古。不亦历久而弗衰乎？夫体道能历夫久，则人水不溺，入火不焚，可以无死，即或死之，而腐坏者躯壳，吾之精气神，终未之亡也。譬如蝉之脱壳，蛇之脱蜕，其若死者壳与蜕也。而蝉之为蝉，蛇之为蛇，究未尝亡也。夫既云死矣而仍不亡，脱壳尸解者流也。不生亦不灭是也，非寿而何？《八仙注》：知人胜人外骛者也，自知自胜内省者也；知足则常觉其有余；强行则日新而不已。不失其所得主而有恒，也死而不亡，与天地同休也。

不流、中立而不倚者，所谓自强不息者也。凡贪得无厌者，必心不足。苟不知足：虽尊为天子，必务厚敛以殃民；虽贵为侯王，必务强兵而富国。即纵适其欲，亦将忧而不足，故虽富不富。苟自知足，则鷦鹩偃鼠，藜藿不糁，抑将乐而有余，此知足者富也。强志，好过于人者，未为有志。惟强行于道德者，为有志也。所者，如北辰居其所之所。又故有之义，盖言其性也。孟子曰，性者故而已矣。世人贪欲劳形，冀立久长之业。殊不知戕生伤性，旋踵而灭亡，谁能久哉？惟抱道凝神，而复于性真者，德光终古，泽流无穷，此所谓不失其所者久也。世人嗜味养生，以希寿考，殊不知厚味腐肠，气惫速死，谁见其寿哉？惟养性复真，形化而性常存，入于不死不生，此所谓死而不亡者寿也。老子意谓道大无垠，人欲守之，莫知其向往。苟能知斯数者，去彼取此，可以入道矣。侯王知此，果能自知自胜，知足强行。适足以全性复真，将与天地终穷。不止宾万物，调人民而已。又岂肯以蜗角相争，以至戕生伤性者哉？

【串讲】

　　本讲是传统本《老子》的第三十二章、第三十三章。第三十二章的要点是"三原则"即"道常无名：朴虽小，天下莫能臣；侯王能守之，万物将自宾；天地相合，以降甘露，民莫令而自均；始制有名，名亦既有，夫将知止，知止不殆"。第三十三章的要点是"八行为"即"知人者智，自知者明；胜人者有力，自胜者强；知足者富，强行者有志；不失其所者久，死而不妄者寿"。

　　第三十二章集中讨论第一章有关"道"的内容和名称，旨在说明"无名"之道"天人相合"，"有名"之道"知止不殆"，以"三原则"即"守朴、自宾、知止"为基本内容。河上公给本章取名"圣德"，意味着凡事都必须在"道"的范围内行事，必须"适度"。第三十三章继续阐述"适度"的观点，以"八行为"作为判断的标准，河上公给本章取名"辩德"，意味着经过认真分辨以达到"无为"而"上德"的境界。"顺道论"的核心是"知止不殆""死而不妄"，"遵道循名""审时度势"。

　　第三十二章的意思是："道"从本质本不可能有恒久单一的名称："朴"只是其中之一，"朴"虽然很小且不可见，可天下谁也不能够臣服。侯王如果能够依照"道"治理天下，天下万物就会自然归从。天地阴阳协调，就会普降甘露，人类不用命令就自然而均匀。名称的建立是人类主体意识（管理）的开始，名称既然已经确定，官长就必须按照职责制约自己，知道制约就不会出现危险——就像"大道"与天下的关系一样，就像河川与江海的关系一样：天下自然归于"大道",河川自然归于江海。

　　第三十三章的意思是：能洞察他人的只能叫智慧，能明察自己的才算得上聪明；能战胜他人优势的只能叫能力，能克制自己弱点的才算得上刚强；知道满足的就能富有，不懈为道的就有志向；不失根本的就可长盛不衰，身死而"道"存的才是真正的长寿。

第十六讲·大用论：不自为大，能成其大

【简注】

第三十四章·大道泛兮，其可左右[1]：万物恃之，生而不辞，功成不有[2]；衣养万物，而不为主，可名于小；万物归焉，而不为主，可名为大。以其终不自为大，故能成其大[3]。

---

[1] 大道泛兮，其可左右：大道泛兮：泛：泛滥。《说文》："泛，滥也。"《河上公注》：言道泛泛，若浮若沉，若有若无，视之不见，说之难殊。其可左右：《河上公注》：道可左可右，无所不宜。《王弼注》：言道泛滥，无所不适，可左右上下周旋而用，则无所不至也。《唐玄宗注》：大道泛兮，无系而能应物，左右无所偏名矣。《八仙注》：大道泛兮：充满八极。其可左右：取之逢源。孚佑帝君注曰：泛，水中之高地也，道立于高，又极于清，众浊环绕，有似于江之泛，故以是况之。惟道居高而下视，则以一本散为万物，而左宜右有，无非道所充满也。

[2] 万物恃之，生而不辞，功成不有：万物恃之：《河上公注》：待也。万物皆待道而生。生而不辞：《河上公注》：道不辞谢而逆止也。功成不有：《河上公注》：有道不名其有功也。《唐玄宗注》：言万物恃赖冲用而生化，而道不辞以为劳，功用备成，不名己有。《八仙注》：万物恃之，生而不辞：大道无生，不免于生。功成不有：实无所得皜。道可左右如是，其为万物之母可知。既为物母，则物皆恃之。以母能生物，则母亦任之而何辞？第道尚虚无，如是生焉弗辞，势将日趋于有，而不可道者可道矣，不可名者可名矣。道固如是乎，而不知功虽成，不名有也，生者自生，道犹是恍惚寂寥而已。彼滞于无者，类辞物而不生，滞于有者，类生物而居功，皆不可以为道。

[3] 衣养万物，而不为主，可名于小；万物归焉，而不为主，可名为大。以其终不自为大，故能成其大：衣养万物，而不为主：衣养：爱养。朱骏声《说文通训定声》："楚辞九歌：'余处幽篁兮终不见天。'竹善蔽，故从竹。诗静女'爱而不见'，以'爱'为之。诗烝民'爱莫助之'，传：'隐也。'又'衣'，说文：'所以蔽体者也。'假借为'爱'。老子：'衣养万物，而不为主。'"范应元曰："'衣被'，王弼、马诞同古本。衣被犹覆盖也。"案韩康伯易注："衣被万物，故显诸仁。"《河上公注》：道虽爱养万物，不如人主有所收取。《唐玄宗注》：爱养群材而不为主宰。常无欲，可名于小：《河上公注》：道匿德藏名，怕然无为，似若微小也。《王弼注》：万物皆由道而生，既生而不知所由，故天下常无欲之时，万物各得其所，若道无施于物，故名于小矣。《唐玄宗注》：于物无欲，则可名于小，言不可名小。万物归焉，而不为主：《河上公注》：万物皆归道受气，道非如人主有所禁止也。可名为大：《河上公注》：万物横来横去，使名自在，故可名于大也。《王弼注》：万物皆归之以生，而力使不知其所由，此不为小，故复可名于大矣。《唐玄宗注》：爱养之，故万物归之，有万不同，而不为主，可名为大。非小非大，所以难名。以其终不自为大：《河上公注》：圣人法道匿德藏名，不为满大。故能成其大：《河上公注》：圣人以身师导，不言而化，万事修治，故能成其大。《王弼注》：为大于其细，图难于其易。《唐玄宗注》：是以圣人法道忘功，终不自为光大，故能成其光大之业。《八仙注》：爱养万物而不为主：道能育物，忘其所自，故常无欲，常守真空。可名于小：语小含弘。万物归焉，而不知主，人能虚心道自归之。可名为大：何所不容。是以圣人终不为大：粟中藏世界，故能成其大：诚不可量。道惟不辞不有，故于万物虽爱养之而不自为主。其不自主者，以湛然无欲故也。惟常无欲，是自居于小矣。道虽不自以为主，而万物或知而归之。虽大未云大也，惟万物受其陶铸而不知谁氏

【帛书】道泛泛呵，其可左右也。万物恃之以生而不辞也，成功遂事而弗名有也。万物归焉而弗为主，则恒无欲也，可名于小。衣养万物而弗为主，可名于大。是以圣人之能成大也，以其不为大也，故能成大。

【憨山注】：此言道大无方，圣人心与道合，故功大无外，以实前侯王能守之效也。氾者，虚而无著之意。以道大无方，体虚而无系著，故其应用无所不至，故曰"其可左右"。以体虚无物，故生物而不辞。以本无我，但任物自生，故生物功成而不名己有。以与物同体，故虽爱养万物而不为主。其体所以真常者，以其至淡无味，无可欲也。由无可欲，故不足视，似可名于小。若夫万物归焉而不为主，则可名为大矣。然小大因物以名之，道岂然耶？是以圣人忘形释智，图于至细，志与道合，终不为大，故能成其大。若夫侯王专务于大，岂能成其大哉？言外之教，亦深切矣。

第三十五章·执大象，天下往，往而不害，安平泰[1]；乐与饵，过客止；道出口，淡无味；视之不足见，听之不足闻，用之不足既[2]。

之力。耕田凿井，帝力何有于我？是日迁善而究不知有主，皞皞熙熙大何如也。虽不名大，而大之名必归之，究之圣人终不敢自以为大也。惟不自以为大，而大实有所难掩而无容辞者，故曰"能成其大"。

[1] 执大象，天下往，往而不害，安平太：安：乃，则。王引之《经传释词》"'安'犹于是也，乃也，则也。老子曰：'往而不害，安平太。'言往而不害，乃得平泰也。"《河上公注》：执，守也。象，道也。圣人守大道，则天下万民移心归往之也。治身则天降神明，往来于己也。万民归往而不伤害。《王弼注》：大象，天象之母也，不寒不温不凉，故能包统万物，无所犯伤，主若执之，则天下往也。无形无识，不偏不彰，故万物得往而不害妨也。《唐玄宗注》：大象，大道也。帝王执持大道，以理天下，则天下万物归往矣。物往而不伤害，则安于平泰。《八仙注》：执大象，天下往：允执常静，天地悉归。往而不害：道无鬼神，独往独来。安平泰：心安性平，性平神泰。孚佑帝君注曰：象，道也，大象即大道。道本无象，而象以名之，是为无象之象，故曰大象。执之者，奉持不失，言奉道以往，行之天下可也。夫往者利害之交，只求利往而有妨于物，非往之善者也。惟奉道以往，而于物各无所害。万物得所，可谓安矣；万物洽情，可谓平矣。四方风动，可谓泰矣。非执大象以往，而能如是乎？

[2] 乐与饵，过客止；道出口，淡无味；视之不足见，听之不足闻，用之不足既：乐与饵，过客止：《河上公注》：国家安宁而致太平矣，治身不害神明，则身安而大寿也。饵，美也。过客，一也。人能乐美于道，则一留止也。一者，去盈而处虚，忽忽如过客。《唐玄宗注》：乐，音乐也。饵，饮食也。言人家有音乐饮食，则行过之客皆为之留止。如帝王执道以致平泰，亦为万物所归往矣。故人君体道清静，淡然无味，始除察察之政，终化淳淳之人，故下文结云"用之不可既也"。道出口，淡无味：《河上公注》：道出入于口，淡淡非如五味有酸咸苦甘辛也。《唐玄宗注》：人君以道德清静为教，初出于口，淡乎其无味，不似俗中言教，有亲誉畏侮等也。视之不足见：《河上公注》：足，得也。道无形，非若五色有青黄赤白黑可得见也。听之不足闻：《河上公注》：道非若五音有宫、商、角、徵、羽可得听闻也。既：完成。《说文》："既，小食也。"《玉篇》："既，小食也，又已也。《河上公注》：既，尽也。谓用道治国，则国安民昌。治身则寿命延长，无有既尽之时也。《王弼注》：言道之深大，人闻道之言乃更不如乐与饵应时感悦人心也。乐与饵则能令过客止，而道之出言，淡然无味，视之不足见则不足以悦其目，听之不足闻则不足以娱其耳，若无所中然乃用之不可穷极也。《唐玄宗注》：以道镇净，初无言教，故视之不足见，听之不足闻，而淳风大行，万物殷阜，岁计有余，故用不可既。《八仙注》：乐与饵：从心不逾矩。过客止：邪念自绝。道之出口：淡而有味。淡乎其无味：无味之味。视之不足见：道无形。听之不足闻：道无声。用之不可既：道无尽。道之入人，沦肌浃髓，非

【帛书】执大象，天下往。往而不害，安平太。乐与饵，过客止。故道之出言也，曰：淡呵，其无味也。视之不足见也，听之不足闻也，用之不可既也。

【憨山注】：此明前章未尽之意也。无象，谓之大象；大象无形，而能入众形，有形者无不归。圣人执无我以御天下，故天下莫不往，以其与物同体也。万物恃之以生，故无往而不利，故云往而不害。然忘于物者，物亦忘之，故物各得其所而无不安。物物相忘而无竞，故无不平；暖然如春，故无不泰。此所谓万物宾而天地合，人民和，故圣人终不为大，而能成其大也。前云道之所以常者，以其淡然无味，无可欲也。若夫乐之于耳，饵之于口，皆有味而可欲者。若张之于途，虽过客亦止之。然虽暂止，而不能久留，以其用之有尽，盖不常也。若夫道之出口，则淡乎无味，不若饵之可欲。视之不足见，听之不足闻，不若乐之可欲。此可名于小，然而其体真常，故用之不可既。既，尽也。故可名为大，此大象之譬，以譬人君苟能执大象以御天下，恬淡无为。虽无声色以悦天下之耳目，无货利以悦天下之心志，而天下归往乐推而不厌。此所谓万物归焉而不为主，可名为大也。如此用之，岂有尽耶？

第三十六章·将欲翕之，必固张之；将欲弱之，必固强之；将欲废之，必固兴之；将欲取之，必固与之——是谓微明[1]。柔胜刚，弱胜强[2]；鱼不可脱于

徒悦其耳目口体已也。苟第悦其耳目口体，则犹之乐与饵矣。彼作乐以娱耳目，作饵以颐口体，客过之悦其声臭味，未有不从而止车者，迨乐阕而饵尽则又终已不顾矣。若道之出口，则淡焉其无味，不若有味之饵也；视之则不见，听之则不闻，不若有嘈声有色之乐。而推而用之，扩而往之，则有取之不尽，用之不穷者，道之大何如乎？欲不名之以大象得乎？纯阳子注：道本无象，而凡有象者莫能加，执之以驭天下，则天下归往，万姓时雍，共安于泰运之天。彼务缘饰以快目前者，如乐与饵非不悦于目耳，然移时辄忘，如过客之去而不留。大道不然，所以视听不可穷，而取携无有尽也。

[1] 将欲翕xī之，必固张之；将欲弱之，必固强之；将欲废之，必固兴之；将欲取之，必固与之——是谓微明：将欲歙之，必固张之：翕：闭合，收拢。《说文》"翕，缩鼻也。"《河上公注》：先开张之者，欲极其奢淫。将欲弱之，必固强之：《河上公注》：先强大之者，欲使遇祸患。将欲废之，必固兴之：《河上公注》：先兴之者，欲使其骄淫。将欲取之，必固与之：《河上公注》：先与之者，欲极其贪心。是谓微明：微明：似微而显，似幽实明。《河上公注》：此四事，其道微，其效明也。《王弼注》：将欲除强梁，去暴乱，当以此四者。因物之性，令其自戮，不假刑为大，以除将物也，故曰微明也。足其张，令之足而又求其张，则众所歙也，与其张之不足而改其求张者，愈益已，反危。《唐玄宗注》：经云：正言若反，《易》云：巽以行权。权，反经而合义者也。故君子行权贵于合义，小人用之则为诈谲。孔子曰：可与立，未可与权。信矣。故老君前章云执大象，斯谓之实。此章继以歙张，是谓之权。欲量众生根性，故以权实覆却相明，令必致于性命之域。而惑者乃云非道德之意，何其迷而不悟哉？故将欲歙敛众生情欲，则先开张，极其侈心，令自困于爱欲，则当歙敛矣。强弱等义，略与此同。此道甚微，而效则明著，故云是谓微明。《八仙注》：将欲噏之，必固张之：一合一辟。将欲弱之，必固强之：一动一静。将欲废之，必固兴之：若存若忘。将欲夺之，必固与之：舍用得宜。是谓微明：几微先兆。孚佑帝君注曰：将欲噏则先张之，必张而始能歙也，以此推焉，将欲弱其兵，必先骄其心，如晋文退舍以骄子玉是也；且将欲废其事，必先示以兴；将欲夺其地，必先与以贿：如晋献略虞以取虞地是也。以上四者，有似管仲、孙武之谋，曾大道而顾若是。第仲武任术，君子任理：任术则流于诡谲，任理不失其光大。此所谓哲人知几，知几其神之谓。是谓微明者，明之深而微也。八"之"字，俱指物言。

[2] 柔强胜，弱胜刚：《河上公注》：柔弱者久长，刚强者先亡也。《唐玄宗注》：巽顺可以

渊，国之利器不可示人[1]。

【帛书】将欲翕之，必故张之。将欲弱之，必故强之。将欲去之，必故与之。将欲夺之，必故予之。是谓微明。柔弱胜刚强。鱼不可脱于渊，邦之利器不可以示人。

【憨山注】：此言物势之自然，而人不能察，教人当以柔弱自处也。天下之物，势极则反：譬夫日之将昃，必盛赫；月之将缺，必极盈；灯之将灭，必炽明——斯皆物势之自然也。故固张者，翕之象也；固强者，弱之萌也；固兴者，废之机也；固与者，夺之兆也。天时人事，物理自然，第人所遇而不测识，故曰微明——斯盖柔弱胜刚强之义耳：譬夫渊为鱼之利处，但可潜形而不可脱，脱则块然无能为。柔弱为国之利器，人主但可恭默自处，不可揭示于人：示人则致敌而招侮，将反见其不利也，夫是之谓微明。世之观此章，皆谓老子用机智，大非本指，盖老子所以"观天之道，执天之行"是已，殆非机智之端也。

第三十七章·道常无为而无不为[2]，王侯若能守之，万物将自化；化而欲

行权，权行则能制物，故知柔弱者必胜于刚强矣。《八仙注》：柔胜刚，弱胜强：柔弱常和，用刚必败。齿刚易折，舌柔长存，圣人之所以欲翕先张、欲弱先强、欲废先兴、欲夺先与者，以柔能胜刚，弱能胜强故也。

[1] 鱼不可脱于渊，国之利器不可示人：鱼不可脱于渊：《河上公注》：鱼脱于渊，谓去刚得柔，不可复制焉。国之利器，不可以示人：《河上公注》：利器者，谓权道也。治国权者，不可以示执事之臣也；治身道者，不可以示非其人也。《王弼注》：利器，利国之器也。唯因物之性，不假刑以理物，器不可睹，而物各得其所，则国之利器也。示人者，任刑也。刑以利国，则失国也。鱼脱于渊则必见失矣。利国器而立刑以示人，亦必失矣。《唐玄宗注》：脱，失也。利器，权道也。此言权道不可以示非其人，故举喻云：鱼若失渊，则为人所擒；权道示非其人，则当窃以为诈谲矣。《八仙注》：鱼不可脱于渊：心不离乎道。国之利器，不可以示人：可与立不可与权。鱼以水为宫，亦依水为势，当其浮沉于渊，鼓鬣扬鬐，虽强有力者莫之能胜。鱼固居刚矣，追脱渊而陆，则失其所恃，而生杀一听乎人，又刚即于柔乎。是故圣人无时无处，不出于柔，而天下之刚者卒莫能胜，此大明之终始，而国之利器也。国之利器，惟有道者自喻之，而不可出而喻诸人也。纯阳子注：张潝强弱废兴，与夺往复相因，有自然之理势，烛其几于未萌，而贞其守于勿懈，惟知微知彰者能之。柔弱胜刚强，所谓不战而屈人也。利器，国之事权，示人与人。太上此言，为兢意气而昧知几者发也。

[2] 道常无为而无不为：《河上公注》：道以无为为常也。《王弼注》：万物无不由为，以治以成也。《唐玄宗注》：妙本清静，故常无为。物恃以生，而无为也。《八仙注》：道常无为：无为为道妙。而无不为：有作是根基。孚佑帝君曰：无为者，道也，然终于无为，则宇内亦安知有道？故"无为"者其体，而"有为"者其用。究竟无为之而仍无所为，故谓之"常无为"也，即谓之"无不为"也可。按：《八仙注》"无为者其体，而有为者其用"的观点值得非常重视。"无为"即"体"、"有为"即"用"的观点，这跟"常道"即"道"、"非常道"即"德"乃至"上德"、"下德"的观点高度契合，有效地解决了"道不可道"跟"道必须道"的问题。中华文化传统的关键处就在于天才地提出了"道不可道"、"道必须道"的命题，且成功地用"常道"、"非常道"即"道"、"德"和"上德"、"下德"的设计加以圆满解决。这就是天人国学的基本出发点，《八仙注》的"无为"即"体"、"有为"即"用"的观点，阐述的其实就是这样道理。在中华文化传统的发展过程中，这种观点时隐时现，到了近现代就几乎灰飞烟灭，乃至"道可道，非常道"、"道隐无

作，吾将镇之无名之朴[1]。无名之朴，亦将不欲；不欲以静，天下自定[2]。

【帛书】道恒无为也。侯王若能守之，万物将自化。化而欲作，吾将镇之以无名之朴。镇之以无名之朴，夫亦将不欲。不欲以静，天地将自定。

【憨山注】：此教人君乘流救弊之意也。以其道常无为而无不为，故侯王但能守之者，而万物不期化而自化矣。此言守道之效，神速如此。然理极则弊生，且而物之始化也皆无欲，化久而信衰情凿，其流必至于欲心复作。当其欲作，是在人君善救其弊者，必将镇之以无名之朴，而后物欲之源可塞也。若施之以有名，则不济耳。然无名之朴，虽能窒欲，若执此而不化，又将为动源矣。譬夫以药治病，病去而药不忘，则执药成病。故云无名之朴，亦将不欲。此亦不欲，则可专以静而制群动，无敢作者，故云：天下将自正——自正者，谓不待正而自正矣。镇，犹压也，如石压草，非不生也，盖以无名之朴镇压之而已。若欲朴之心，亦是欲机未绝，是须以静制之，其机自息。机息则心定，而天下自正矣。故虽无名之朴，可用而不可执，况有名乎？

【串讲】

本讲是传统本《老子》的第三十四章、第三十五章、第三十六章、第

名"、"道本无名"等名言成了"无人问津"的大白话！呜呼哀哉！

[1] 王侯若能守之，万物将自化；化而欲作，吾将镇之无名之朴：王侯若能守之，万物将自化：《河上公注》：言侯王若能守道，万物将自化效于己也。《唐玄宗注》：侯王若能守道无为，则万物自化。君之无为，而淳朴矣。化而欲作，吾将镇之以无名之朴：作：为；变。阮籍《通老论》："道者法自然而为化，侯王能守之，万物将自化。易谓之太极，春秋谓之元，老子谓之道。"《河上公注》：吾，身也。无名之朴，道德也。万物已化效于己也。复欲作巧伪者，侯王当身镇抚以道德也。《王弼注》：化而欲作，作欲成也。吾将镇之无名之朴，不为主也。《唐玄宗注》：言人既从君上之化，己无为清静而复欲动作有为者，吾将以无名之朴而镇静之。《八仙注》：侯王若能守之：心主于道。万物将自化：万化自然。化而欲作：一念欲起。吾将镇之以无名之朴：要知真一处，当使六用废。是无为者，可卷可放，若现若隐，或即或离，非色非声，冲漠无朕极矣。然为侯王者若能守此无为，则德运于无形，功积于弗知，万物将资焉而自化矣。第物化而我不与之俱化，斯不失无为之体。每见世主因物振兴，遂亦从风而靡，狃于已然，冀其未然，忘其本然，流弊鲜所底止。惟当其化而欲作之时，终以无名之朴镇之。庶乎有以为者，仍是无以为也，是之谓无为。

[2] 无名之朴，亦将不欲；不欲以静，天下自定：无名之朴，亦将无欲；不欲以静：朴：没有经过细加工的木料。《河上公注》：言侯王镇抚以道德，民亦将不欲，故当以清静导化之也。天下将自定：《河上公注》：能如是者，天下将自正定也。《唐玄宗注》：言人君既以无名之朴镇静苍生，不可执此无名之朴而令有迹，将恐寻迹丧本，复入有为，故于此无名之朴，亦将兼忘，不欲于无欲，无欲亦亡，泊然清静，而天下自正平矣。《八仙注》：无名之朴，亦将不欲：我好静而民自正。不欲以静：知者不敢为。天下将自正：为无为则无不治。夫无名之朴，能镇有为之化，朴其不可欲也耶？然存一欲朴之心，则仍趋于有矣。故朴虽美，而初不以为美而欲之，要其所谓不欲者无他，直是主静而已。静者，天地之始，万物之终，虚无而自然也。静以无为，而凡有皆从此生，天下亦安有不定者哉？纯阳子注：道体无为，而其用至广，《中庸》所谓"费而隐"也，侯王能守之，则全体大用具矣，物有不化焉者乎？欲作，谓太平久而燕乐兴，镇以无名之朴，而民果返朴还淳，则欲作者亦将不欲。故夫本道化民者，不以一己之欲强民，而天下自正也。

三十七章。第三十四章的要点是"三行"即"大道泛兮，其可左右。万物恃之，生而不辞，功成不有；衣养万物，而不为主，可名于小；万物归焉，而不为主，可名为大"、"成大"即"终不自为大，能成其大"。第三十五章的要点是"执大象"即"执大象，天下往，往而不害，安平泰；乐与饵，过客止"、"道无味"即"道出口，淡无味；视之不足见，听之不足闻，用之不足既"。第三十六章的要点是"微明"即"将欲翕之，必固张之；将欲弱之，必固强之；将欲废之，必固兴之；将欲取之，必固与之"、"柔胜"即"柔胜刚，弱胜强；鱼不可脱于渊，国之利器不可示人"。第三十七章的要点是"自化"即"道常无为而无不为，王侯若能守之，万物将自化"、"自定"即"化而欲作，镇之无名之朴；无名之朴，亦将不欲；不欲以静，天下自定"。

　　第三十四章集中叙述"道"的"大"与"小"等特征，旨在说明"道""不自为大"而"能成其大"的"大用"功能，河上公给这一章取名"任成"，意味着只要"尊道贵德"，就能"大用大效""小用小效""无用不效"。第三十五章叙述"道"的"大用"——"执大象，天下往"的功能，河上公给这一章取名"仁德"，其理由就是因为"往而不害，安平泰"。第三十六章举例说明"道"的"大用"在于"柔胜刚，弱胜强"，河上公给这一章取名"微明"。第三十七章继续阐述"道"的"大用"在于"无为"而"无不为"，河上公给这一章取名"为政"，意味着"为政"是"无谋"而"大谋"、"大谋"则"无不谋"。"大用论"的重点是"道"的"大用"在于"终不自为大，故能成其大"，"阳谋"（仁德）"阴谋"（微明）和"无谋"（为政）构成了"道经"部分总结——"不自为大，能成其大"，"阳谋""阴谋"，乃至"无谋"而"无不谋"。

　　第三十四章的意思是：大道广为流行，周遍无所不到；万物依赖"道"生长，而"道"不辞辛劳，万物功成而"道"不沽名钓誉；"道"养育万物，而不据为己有，可称其为"小"；万物归附"道"，而"道"不自为主宰，可称其为"大"。正因为"道"始终不自以为强大，所以才能成就并完成其至大。

　　第三十五章的意思是：掌握着"道"的大象，逐渐推广往天下，往天下而不会出现祸害，大家因此和平而安泰；就像用音乐和美食来欢迎驻足的客人。用言语来表述出来的"大道"，似乎平淡而无味儿；因为"大道"眼睛看不见，"大道"耳朵听不见，可"大道"功效却用不尽。

　　第三十六章的意思是：渴望闭合它，必先扩张它；渴望削弱它，必先强大它；渴望废除它，必先兴旺它；想要占有它，必先给予它——这就叫"微明"。柔胜过刚，弱胜过强；鱼儿不可脱离深水池，国家的政教刑法不可轻易用来吓唬人民。

　　第三十七章的意思是："道"恒久"无为"而"无所不为"，王侯如果能尊"道"而为政，万物必将自我化育而发展。如果自我化育而产生贪欲，"我"就用天地之始的"朴"来加以控制。天地之始的"朴"，贪欲全无；万事无欲，天下自然而稳定。

下篇·德经

第十七讲·用德论：失道而失德，
修信而修义

【简注】

第三十八章·上德不德，是以有德；下德不失德，是以无德[1]。上德无为而无不为，下德为之而有以为[2]：上仁为之而无以为，上义为之而有以为[3]；上礼

[1]　上德不德，是以有德；下德不失德，是以无德：上德不德，是以有德：《河上公注》：上德，谓太古无名号之君，德大无上，故言上德也。不德者，言其不以德教民，因循自然，养人性命，其德不见，故言不德也。言其德合于天地，和气流行，民德以全也。《王弼注》：德者，得也。常得而无丧，利而无害，故以德为名焉。何以得德？由乎道也。何以尽德？以无为用。以无为用则莫不载也，故物无焉，则无物不经，有焉，则不足以免其生。是以天地虽广，以无为心。圣王虽大，以虚为主。故曰，以复而视，则天地之心见。至日而思之，则先王之至睹也。故灭其私而无其身，则四海莫不瞻，远近莫不至。殊其己而有其心，则一体不能自全，肌骨不能兼容，是以上德之人，唯道是用。不德其德，无执无用，故能有德而无不为，不求而得，不为而成，故虽有德而无德名也。下德不失德，是以无德：《河上公注》：下德，谓号谥之君，德不及上，故言下德也。不失德者：其德可见，其功可称也。以有名号及其身故。《王弼注》：下德求而得之，为而成之，则立善以治物，故德名有焉。求而得之必有失焉，为而成之必有败焉，善名生则有不善应焉，故下德为之而有以为也。《唐玄宗注》：德者道之用也，庄子曰：物得以生谓之德，时有淳漓，故德有上下。上古淳朴，德用不彰，无德可称，故云不德，而淳德不散，无为化清，故云是以有德。建德下衰，功用稍著，心虽体道，迹涉有为，执德可称，故云不失。迹涉矜有，比上为粗，故云是以无德也。《八仙注》：上德不德：德大无上，不曰有道。是以有德：和气流行，德合天地。下德不失德：有所窒碍。是以无德：与道相违。孚佑帝君注曰：上德即无为之德也，无为之德，虽有以化化生生，而究未有心于化之生之，是不自以为德矣。惟不自以为德，而化生于其德者，无弗归之，是不德而有德矣。若从事于有为，而兢兢抱德以执之，虽亦利及于物，而德滞于有，非德之所以为德也，则谓之无德可也。

[2]　上德无为而无不为，下德为之而有以为：上德无为而无不为：《河上公注》：谓法道安静，无所施为也。言不以名号为也。《王弼注》：无以为者，无所偏为也。凡不能无为而为之者，皆下德也。仁义礼节是也，将明德之上下，辄举下德以对上德，至于无以为，极下德之量，上仁是也，足及于无以为而犹为之焉。《唐玄宗注》：知无为而无者，非至也。无以无为而无为者，至矣。故上德之无为，非徇无为之美，但含孕淳朴，适自无为，故云而无以为，此心迹俱无为也。下德为之而有以为：《河上公注》：言为教令，施政事也。言以为己取名号也。《王弼注》：为之而无以为，故有为，为之患矣。本在无为，母在无名，弃本舍母而适其子，功虽大焉，必有不济。名虽美焉，伪亦必生。《唐玄宗注》：下德为之者，谓心虽无为以功用彰著，而迹涉有为，故云为之。言下德无为而有所以，此心无为而迹有为也。《八仙注》：上德无为：法道安静。而无以为：无所事于心。下德为之：逐妄。而有以为：迷真。上德固无为矣，然或无为而有所以，尚不得谓之无为也。惟无为而并无所以，则混虚太空，窅冥而不可穷。至于下德，已不免于为矣，乃为之而且有所以。是其为者，乃其所以者也。其所以者，即其所为者也。相提并论，何霄霄壤？欲不名以上下得乎？

[3]　上仁为之而无以为，上义为之而有以为：上仁为之而无以为：《河上公注》：上仁谓行仁之

为之而莫之以应，则攘臂而扔之[1]。故失道而后德，失德而后仁，失仁而后义，失义而后礼。失礼者，忠信之薄而乱之首[2]；前识者，道之华，而愚之始[3]。是

君，其仁无上，故言上仁。为之者，为人恩也。功成事立，无以执为。《王弼注》：不能不为而成，不兴而治，则乃为之，故有宏普博施仁爱之者，而爱之无所偏私，故上仁为之而无以为也。《唐玄宗注》：仁者兼爱之名，下德衰而上仁见，所以为兼爱之仁，故云为之。行仁而忘仁，亦欲求无为，故云而无以为。此则心有为而迹无为也。且上仁称无为者，据迹欲无为而方上义尔，未可以语下德之有为也。上义为之而有以为：《河上公注》：为义以断割也。动作以为己，杀人以成威，贼下以自奉也。《王弼注》：爱不能兼，则有抑抗正真而义理之者，忿枉佑直，助彼攻此物事而有以心为矣，故上义为之而有以为也。《唐玄宗注》：义者裁非之义，谓为裁非之义，故曰为之。有以裁断割，令得其宜，故云而有以为，此心迹俱有为也。《八仙注》：上仁为之：施仁及物。而无以为：本无作为。上义为之：以物为心。而有以为：流而忘返。德既份上下矣，岂仁与义？独无有上下乎？曰仁义则下德矣，此而更下，不可言也。第仁义既同于为，而上仁何以为而无为？上义即何以为而有为耶？曰仁主宅内，义主发外，宅内则慈祥恺恻，运于一心，可以为之而不见，此仁之所以能无为也。若发外则因物调剂，称物平施，利在于为，固难泯张弛之迹也，此为之而所以有为也乎。

[1] 上礼为之而莫之以应，则攘rǎng臂而扔rēng之：上礼为之而莫之应：《河上公注》：谓上礼之君，其礼无上，故言上礼。为之者，言为礼制度，序威仪也，言礼华盛实衰，饰伪烦多，动则离道，不可应也。则攘臂而扔之：《广雅》："扔，引也。"《河上公注》：言礼烦多不可应，上下忿争，故攘臂相仍引。《王弼注》：直不能笃则有游饰修文，礼敬之者，尚好修敬，校责往来，则不对之闲，忿怒生焉。故上礼为之而莫之应，则攘臂而扔之。《唐玄宗注》：六纪不和，则为礼以救之，故曰为之。礼尚往来，不来非礼，行礼于彼，而彼不应，则攘臂而怒，以相仍引也。《八仙注》：上礼为之：以礼齐物。而莫之应：终不能齐。则攘臂而扔之：自昧其天。由仁义而推之礼，礼更不逮仁义矣。故仁义有为，礼尤有为，为之所以冀物之应也，迨为之而不应，则更设刑罚以约束之。是强之也，强其可以为训哉？

[2] 故失道而后德，失德而后仁，失仁而后义，失义而后礼。失礼者，忠信之薄而乱之首：故失道而后德：《河上公注》：言道衰而德化生也。《王弼注》：夫大之极也，其唯道乎，自此已往，岂足尊哉？故虽德盛业大，富而有万物，犹各得其德，虽贵以无为用，不能舍无以为体也，不能舍无以为体则失其为大矣，所谓失道而后德也。失德而后仁：《河上公注》：言德衰而仁爱见也。失仁而后义：《河上公注》：言仁衰而分义明也。失义而后礼：《河上公注》：言义衰则失礼聘，行玉帛也。《王弼注》：以无为用，德其母，故能己不劳焉而物无不理。下此已往，则失用之母，不能无为而贵博施，不能博施而贵正直，不能正直而贵饰敬，所谓失德而后仁，失仁而后义，失义而后礼也。《唐玄宗注》：失道者，失上德也，上德合道，故云失道。无道德仁义者，时俗夷险之名也，故道衰而德见，德衰而仁存，仁亡而义立，义丧而礼救，斯皆适时之用尔。故论礼于淳朴之代，非狂则悖，忘礼于浇漓之日，非愚则誙，若能解而更张者，当退礼而行义，退义而行仁，退仁而行德，忘德而合道，人反淳朴，则上德之无为也。按：失，通行本作"夫"，今改。清·魏源《老子本义》引汪仲伊说："'夫'字单以虚词发端，老子无此句法。上下篇但云'夫唯'，不单云'夫'也。'夫'乃'失'之误。"失礼者，忠信之薄而乱之首：《河上公注》：言礼废本治末，忠信日以衰薄。礼者贱质而贵文，故正直日以少，邪乱日以生。《王弼注》：夫礼也，所始首于忠信不笃，通简不阳，责备于表，机微争制，夫仁义发于内，为之犹伪，况务外饰而可久乎。故失礼者，忠信之薄而乱之首也。《唐玄宗注》：制礼者，为忠信衰薄而以礼为救乱之首尔，用礼者，在安上理人，岂玉帛云乎哉？《八仙注》：故失道而后德：不能神其神。失德而后仁：不能性其性。失仁而后义：不能心其心。失义而后礼：已失其真。夫礼者，忠信之薄，而乱之首也：已非自然。由此观之，德者道之次也，仁者德之次也，义次于仁，而礼更次于义。故失道而后尚德，失德而后居仁，失仁而后由义，失义而后制礼。彼其道德仁义，无庸议也。惟是体则虽与仁义齐名，而溯道之源，考德之始，探朴之赋，固无所为礼也。自失德失仁义，而忠与信皆无复存，于是乎制为礼法以约束万物，而顺之则治。稍或强之，则离德离心。纵使粉饰具文，而虚诈日生，国不可以为国矣，故曰：忠信之薄而乱之首。

[3] 前识者，道之华，而愚之始：前识：预见。华：表象。《河上公注》：不知而言知为前识，

以大丈夫处其厚，不居其薄；处其实，不居其华；故去彼取此[1]。

【帛书】上德不德，是以有德；下德不失德，是以无德。上德无为而无以为也；上仁为之而无以为也；上义为之而有以为也；上礼为之而莫之应也，则攘臂而扔之。故失道而后德，失德而后仁，失仁而后义，失义而后礼。夫礼者，忠信之薄也，而乱之首也；前识者，道之华也，而愚之首也。是以大丈夫居其厚而不居其薄，居其实而不居其华。故去彼取此。

【憨山注】此言世降道衰，失真愈远，教人当返其本也。所言：道乃万

此人失道之时，得道之华。言前识之人，愚暗之倡始也。《王弼注》：前识者，前人而识也，即下德之伦也。竭其聪明以为前识，役其智力以营庶事，虽德其情，奸巧弥密，虽丰其誉，愈丧笃实。劳而事昏，务而治藏，虽竭圣智而民愈害。舍己任物，则无为而泰。守夫素朴，则不顺典制，听彼所获，弃此所守，识道之华而愚之首，故苟得其为功之母，则万物作焉而不辞也。万事存焉而不劳也，用不以形，御不以名，故仁义可显，礼敬可彰也。《唐玄宗注》：识者，人之性识也，谓在人性识之前，而制此检外之礼，虽欲应时，实丧淳朴，故云道之华。礼以救乱，所贵同和，而失礼意者，则将矜其玉帛，贵其跪拜，如此之人，故为愚昧之始。前识者，《八仙注》：道之华，而愚之始也。求奇不实愚之倡始。大道本虚，虚则空，空则灵，灵则神。圣人玄览万物如镜之澄澈，物来毕照，无所用识以识之也。世人视止于目，听止于耳，思止于心。间或亿逆微中，烛于几先，则是谓之前识。夫前识不亦份道之华乎？而道尚朴不尚华也，其自矜为华者，子智自雄者也。恃其识而不识者正多，罟擭陷阱，愚我者正难逆睹，故虽曰：道之华，而实愚之所自始也。

[1] 是以大丈夫处其厚，不居其薄；处其实，不居其华；故去彼取此：是以大丈夫处其厚，不居其薄：《河上公注》：大丈夫谓得道之君也。处其厚者，谓处身于敦朴。不处身违道，为世俗乱也。《王弼注》：夫载之以大道，镇之以无名，则物无所尚，志无所营，各任其贞，事用其诚，则仁德厚焉，行义正焉，礼敬清焉，弃其所载，舍其所生，用其成形，役其聪明，仁则诚焉，义其竞焉，礼其争焉，故仁义之厚，非用仁之所能也，行义之正，非用义之所成也。礼敬之清，非用礼之所济也。《唐玄宗注》：有为者，道之薄。礼义者，德之华。故圣人处无为之事，其厚也，不处其薄矣。退礼义之行，其华也，自居其实矣。处其实，不居其华：《河上公注》：处忠信也。不尚华言也。《王弼注》：载之以道，统之以母，故显之而无所尚，彰之而无所竞。用夫无名，故名以笃焉；用夫无形，故形以成焉。守母以存其子，崇本以举其末，则形名俱有而邪不生。大美配天而华不作，故母不可远，本不可失。仁义，母之所生，非可以为母。形器，匠之所成，非可以为匠也。故去彼取此：《河上公注》：去彼华薄，取此厚实。《王弼注》：舍其母而用其子，弃其本而适其末，名则有所分，形则有所止，虽极其大，必有不周，虽盛其美，必有忧患，功在为之，岂足处也？《唐玄宗注》：去彼华薄，取此厚实。《八仙注》：是以大丈夫处其厚。不居其薄：还淳返朴。处其实，不居其华：韬光检欲。故去彼取此：拾妄从真。道厚于德，德厚于仁，仁厚于义，而礼为最薄，此厚薄之大较也。而道则朴实自明，前识则虽华仍暗，何去何从，大丈夫其必有以处此矣。故曰：处其厚不居其薄，处其实不居其华，去彼取此，所端有道矣。纯阳子注：不德，不自是。其德不失德，常自见为德。无为为之，以主治者言；无以为有以为，以在下者言。攘臂忿争之状，仍执固乱治也。书曰：乱臣十人。道该全体大用，德则有浅深分量之不同，仁义礼专指其用之及人者言。上德无为，而民亦无由测其所为，荡荡难名者也；下德为之，而民亦知其有以为形格势禁者也；仁义礼皆治世之具，而其用各殊。仁主于慈爱，故尚仁则百姓日用而不知；义主于断制，故尚义则天下服教而畏神；若夫礼，周乎人官物，曲而其制严密。故礼之至，民莫之应或反攘臂而自是其见。盖世运递降，人心因之，仁义礼今古不易，而其播为政教，则详略损益之分，理势所趋，不能强齐。由太古遽于今，政教有加而风气未必古，若而后云者，言天人气数之适然，非谓仁义礼之可以偏任也。礼以忠信为本，故忠信薄而礼教尤先；前知亦道之发皇，而偏尚则反陷于愚诬。宁厚毋薄，宁实毋华，去取之闲，必务其本。太上此章之旨，因末俗文胜而反复推言之。欲人本道、德、仁、义以化民也。

物之本，德乃成物之功；道为体而德为用，故道尊无名，德重无为；故道言有无，而德言上下：此道、德之辨也。上德者，谓上古圣人，与道冥一，与物同体，虽使物各遂生，而不自有其德，以无心于德，故德被群生，终古不忘，故云"上德不德，是以有德"。下德者，谓中古以下，不知有道，但知有德，故德出于有心，自不能忘，且有责报之心，物难感而易忘，故云"下德不失德，是以无德"：失，忘也；以，恃也。然上德所以有德者，以德出无为，功成事遂，而无恃为之心，故云"无以为"；下德所以无德者，以德出有心，而又矜功恃为，故云"有以为"。由是观之，道无真伪，而德则有真有伪矣。此世数淳薄之辨也。德又下衰，上德不称，而下德为尊，于是始有仁义之名。然仁义皆出于不德，故皆不免有心为之。但上仁虽为，而无恃为之心，故云"无以为"。上义则恃之矣，故云"有以为"。且仁义上者为真，三王是已；下则为假，五霸是已。故不足言，此又下衰，仁义之下，则礼为上矣。礼则但以虚名相尚，不复知有仁义，故上礼为之，有莫之应者，如孔子作《春秋》，虽正名分，而卒莫能正，此莫之应也。不唯不应，且将臂攘而仍之，此五霸之余，战国之习也。且彼既不知仁义，则必相因而报复之矣。此所以为忠信之薄，而乱之首也。故其德下衰，至此已极，圣人亦无可为天下之具矣。故失道而后德，失德而后仁，失仁而后义，失义而后礼。故"礼"乃忠信之薄，为乱之首也。所以愈流愈下者，乃用智之过也。前识，犹言蚤智，谓明见利害于未然者，然蚤智在孔子，则为周身之防，所谓明哲保身之意。其次则如范蠡、乐毅之侪，以为避名全节之计。又其次则为仪、秦纵横游说之流矣。然在圣人，则谓之权。在乐、范，则谓之好高而务名。名者实之宾，故谓道之华。在仪、秦用之，则为愚之始也。此所谓才智，君子用之则成名，小人用之则杀身，岂非愚之始耶？故太上以道德为尊，而仁义次之。故大丈夫处厚而不处薄，务实而不务华，故去彼取此。按【憨山注】："道乃万物之本，德乃成物之功；道为体而德为用，故道尊无名，德重无为；故道言有无，而德言上下：此道、德之辨也。"其中"道乃万物之本，德乃成物之功"、"道为体而德为用"、"道尊无名，德重无为"、"道言有无"和"德言上下"等基本观点非常值得重视。"道乃万物之本，德乃成物之功"即说明"道生德畜"的意思，说明"道是事物的究竟，德是事物的个别"，跟"道为体而德为用"一脉相承，说明道是自生的，而德是他生的。"道尊无名，德重无为"即"道"核心的要素是"无名"，即不可说、不可听等，"德"核心的要素是"无为"，不乱为、不胡为等，突出了道和德的基本特征，读者要认真领会。"道言有无"说明了天人国学的常道、非常道划分的巨大理论价值，解决了"道不可道"、"道必须道"的二难矛盾。"德言上下"说明了天人国学上德、下德划分的巨大理论价值，解决了无善无恶的上德境界和有善有恶的下德层次的价值判断问题。其所以必须重视这些基本观点，这是因为在中华文化传统在流传过程中这些基本观点被不同程度地忽视了和违背了，乃至造成而今的混乱。

第三十九章·昔之得一者：天得一以清，地得一以宁，神得一以灵，谷得一以盈，万物得一以生，王侯得一以为天下正[1]。其致之：天无以清，将恐裂；地无以宁，将恐废；神无以灵，将恐歇；谷无以盈，将恐竭；万物无以生，将恐灭；侯王无以正，将恐蹶[2]。故贵以贱为本，高以下为基[3]，是以侯王自称孤、

　　[1]　昔之得一者：天得一以清，地得一以宁，神得一以灵，谷得一以盈，万物得一以生，王侯得一以为天下正：昔之得一者：《河上公注》：昔，往也。一，无为，道之子也。《王弼注》：昔，始也。一，数之始而物之极也。各是一物之生，所以为主也。物皆各得此一以成，既成而舍以居成，居成则失其母，故皆裂发歇竭灭蹶也。《唐玄宗注》：一者，道之和，谓冲气也。以其妙用在物为一，故谓之一尔。天得一以清：《河上公注》：言天得一故能垂象清明。地得一以宁：《河上公注》：言地得一故能安静不动摇。神得一以灵：《河上公注》：言神得一故能变化无形。谷得一以盈：《河上公注》：言谷得一故能盈满而不绝也。万物得一以生：《河上公注》：言万物皆须道以生成也。侯王得一以为天下正：《河上公注》：言侯王得一故能为天下平正。《八仙注》：昔之得一者：得一万事毕。天得一以清：晃朗太玄。地得一以宁：河海静默。神得一以灵：混然成真。谷得一以盈：绰然有余。万物得一以生：自然发育。侯王得一以为天下贞：泰然安国。孚佑帝君注曰：道不可名："一"则道之名也，而亦即道之体，是"一"者，天地之枢、鬼神之宗、万物之祖、帝王之本。人第见天之清，而不知其得清者有此"一"也；第见地之宁，而不知其得宁者有此"一"也。至于神则称灵，谷则能盈，推而及于万物之生，总皆禀这个"一"。而各擅其所有，就是世之侯王，亦必得此"一"而始可正帅乎天下也：贞训正。

　　[2]　其致之：天无以清，将恐裂；地无以宁，将恐废；神无以灵，将恐歇；谷无以盈，将恐竭；万物无以生，将恐灭；侯王无以正，将恐蹶jué：其致之：《河上公注》：致，诚也。谓下六事也。《王弼注》：各以其一致此清、宁、灵、盈、生、正。《唐玄宗注》：物得道用，因用立名，道在则名立，用失而实丧矣。故天清、地宁、神灵、谷盈，皆资妙用以致之，故云其致之。天无以清，将恐裂：《河上公注》：言天当有阴阳弛张，昼夜更用，不可但欲清明无已时，将恐分裂不为天。《王弼注》：用一以致清耳，非用清以清也。守一则清不失，用清则恐裂也。故为功之母，不可舍也。是以皆无用其功，恐丧其本也。地无以宁，将恐发：《河上公注》：言地当有高下刚柔，节气五行，不可但欲安静无已时，将恐发泄不为地。神无以灵，将恐歇：《河上公注》：言神当有王相囚死休废，不可但欲灵变无已时，将恐虚歇不为神。谷无以盈，将恐竭：《河上公注》：言谷当有盈缩虚实，不可但欲盈满无已时，将恐枯竭不为谷。万物无以生，将恐灭：《河上公注》：言万物当随时生死，不可但欲长生无已时，将恐灭亡不为物。侯王无以正，将恐蹶：《河上公注》：言侯王当屈己以下人，汲汲求贤，不可但欲贵高于人无已时，将恐颠蹶失其位。《唐玄宗注》：得一者不可矜其用，故戒云：天无以其清而矜之，将恐分裂；地无以其宁而矜之，将恐发泄；神矜则灵歇，谷矜则盈竭，物矜则生灭，侯王矜其贵，则将颠蹶矣。圣教垂世，本为生灵，虽远举天地之清宁，而会归只在于侯王守雌用道尔，故下文云。《八仙注》：其致之一也：至诚。天无以清将恐裂：移星易宿。天无以清将恐发：龙蛇起陆。神无以灵将恐歇：阴阳失候。谷无以盈将恐竭：闭塞不通。万物无以生将恐灭：和气耗散。侯王无以贞而贵高将恐蹷：国家危殆。是"一"也，得之则天地神谷万物侯王，无弗位、无弗育即无弗治，反是而无此"一"，则推而致之，害有不可胜言者：天无此"一"而不将裂乎，地无此"一"而不将发发即发泄太尽也，神无此"一"而不将歇乎，谷与万物无此"一"而不将竭与灭乎，更使侯王无此"一"而享贵高之位，天下不将由此蹶乎：蹶即诗方蹶之蹶，覆也。天地岂易裂发，而为此云云者，甚言"一"之为贯耳。

　　[3]　故贵以贱为本：《河上公注》：言必欲尊贵，当以薄贱为本，若禹、稷躬稼，舜陶河滨，

寡、不穀，此其以贱为本邪[1]？故致数誉无誉——不欲琭琭如玉，珞珞如石[2]。

【帛书】昔之得一者：天得一以清，地得一以宁，神得一以灵，谷得一以盈，万物得一以生，侯王得一以为天下正。其致之一也。谓天毋已清，将恐裂；谓地毋已宁，将恐发；谓神毋已灵，将恐歇；谓谷毋已盈，将恐竭；谓万物毋已生，将恐灭；谓侯王毋已贵以高，将恐蹶。故必贵矣而以贱为本，必高矣而以下为基。夫是以侯王自称孤、寡、不穀，此其贱之本与非基也。故致数誉无誉。是故，不欲琭琭若玉，硌硌若石。

【憨山注】：此言道无为而无不为，以明无用之用为大用。欲君人者，当以无为而治也。"一"者，道之体也，其体至虚而无为，精一无二。凡诸有为，莫不以之为本。以，用也。意谓天地万物，皆以道体而为本也。故天得之而清覆于上，地得之而宁载于下。神，指人心而言，谓人得之而为万物之灵。谷，即海也。海得之而容纳百川，故长盈。万物得之而各遂其生，侯王得之而为天下正，正，犹长，所谓君长也。如此者，虽其迹不同，而推其本则一，故曰"致之"一也。其下又返释之曰，天不得此，将恐分裂而不能圆覆于上矣；

周公下白屋也。高以下为基：《河上公注》：言必欲尊贵，当以下为本者，犹筑墙造功，因卑成高，不下坚固，后必倾危。《唐玄宗注》：侯王贵高，兆民贱下，为国者以人为本基，当劳谦以聚之。令乐其恺悌之化，不有离散。《八仙注》：故贵以贱为本：神者性之基。高必以下为基：性者心之本。贱与下，俱指道之"一"言，道非"贱"也，亦非"下"也，而恍惚杳冥，无形无声，不见可贵，不见可崇，则名之曰"贱"也可，名之曰"下"也可。而居贵与高者，实不能舍之，而他岐违之而或越也。故贵则以贱为本。高则以下为基。

[1] 是以侯王自称孤、寡、不穀，此其以贱为本邪：是以侯王自谓孤、寡、不穀：《河上公注》：孤寡喻孤独，不穀喻不能如车毂为众辐所凑。此非以贱为本邪：《河上公注》：言侯王至尊贵，能以孤寡自称，此非以贱为本乎以晓人？非乎！嗟叹之辞。《唐玄宗注》：孤寡不穀，则凡情所恶，侯王自称，以谦为本。《八仙注》：是以侯王：心也。自谓孤寡不穀：无所用其用。此其以贱为本耶：惟道为身。夫以无名名之道，而谬名以贱，漫名以下，不亦轻视此道乎？而不知非也，侯王之尊，犹道之大也。而其自称则以孤寡不穀自谓，然则非有味于此而以贱为本耶？

[2] 故致数誉无誉——不欲琭lù琭如玉，珞luò珞如石：故致数誉无誉：《河上公注》：致，就也。言人就车数之为辐、为轮、为毂、为衡、为舆，无有名为车者，故成为车，以喻侯王不以尊号自名，故能成其贵。《唐玄宗注》：数舆则无舆，轮辕为舆本；数贵则无贵，贱下为贵本。辕为舆本，当存辕以定舆，贱为贵本，当守贱以安贵。将戒侯王，以贱为本；故致此数舆之谈也。按：传统本《老子》"数舆无舆"帛书本《老子》作"数誉无誉"，从帛书本《老子》！不欲琭琭如玉，珞珞如石：《河上公注》：琭琭喻少，珞珞喻多，玉少故见贵，石多故见贱。言不欲如玉为人所贵，如石为人所贱，当处其中也。《王弼注》：清不能为清，盈不能为盈，皆有其母以存其形，故清不足贵，盈不足多，贵在其母，而母无贵形。贵乃以贱为本，高乃以下为基，故致数舆乃无舆也，玉石琭琭珞珞，体尽于形，故不欲也。《唐玄宗注》：琭琭，玉貌；落珞珞，石貌。以贱为本。《八仙注》：故致数车无车：混合。不欲琭琭如玉：不有其有。落落如石：冥然自全。故就其"一"而推致之，"无"以生"有"也，"有"而终"无"也，犹之数车者，若轮若盖，若轸与辐，则历历可数之。而既附之于车，则第见为车而已，不见所为他也。故数车而仍无车，即车之一端思之，可知道不着意想，不落形迹，不滞于贵也，亦不沦于贱也。正非如玉之琭琭，止贵而不能贱也；石之落落，止贱而不能贵也。道之"一"，何无方而无体哉？

地不得此，将恐发动而不能宁载于下矣；人不得此，将恐生机休歇，而不能子子孙孙矗矗而无穷矣；万物若不得此，将恐绝灭而无有矣；侯王若不得此，将恐颠蹶而不能安其贵高之位矣。此老子主意，只重在"侯王无以正而贵高将恐蹶"这一句。必欲人君当体道无为而治耳。凡人听其所用而从于人者，谓之下贱，此道之譬也。夫道本无名，故天地万物皆得而用之，如人之下贱也。且侯王不得此道，而处贵高之位，将恐蹶，岂不以是而为基本耶？故云贵以贱为本，高以下为基。且侯王自谓曰孤、寡、不毂，此三名者，皆贱者之称也。而侯王以之，其意岂不是以贱为本耶？所以称此者，正欲人君忘其贵高之名，而体道凝神，知其无用为用耳。且而侯王所以贵高者，以百官执事总之而为君。若指其所用，而各有所事。至若人君，则无所用其事矣。所谓臣道"有为"，而君道"无为"也。若夫轮辐衡轭，会之而为车。故数其车，则件件可数，其车则无可数矣。以无可数，故得车之用。是故侯王以无为之道，而后方大有为也。然道之在物，本无贵贱高下之分。故侯王当体道忘怀，不可执贵高之名，而取颠蹶之患。故戒之曰，不欲琭琭如玉，落落如石，谓不可视己琭琭如王之贵，视物落落如石之贱也。苟忘贵贱之分，则人人皆为我用矣，岂非无用之为大用耶？

【串讲】

本讲是传统本《老子》的第三十八章、第三十九章。第三十八章的要点是"上德""下德"即"上德不德，是以有德；下德不失德，是以无德"、"上德无为而无不为，下德无为而有以为：上仁为之而无以为，上义为之而有以为；上礼为之而莫之以应，则攘臂而扔之"，"失道""失礼"即"失道而后德，失德而后仁，失仁而后义，失义而后礼；失礼者，忠信之薄而乱之首；前识者，道之华，而愚之始"，"处厚""处实"即"大丈夫处其厚，不居其薄；处其实，不居其华"。第三十八章的要点是"得一"即"昔之得一者：天得一以清，地得一以宁，神得一以灵，谷得一以盈，万物得一以生，王侯得一以为天下正"、"失一"即"其致之：天无以清，将恐裂；地无以宁，将恐废；神无以灵，将恐歇；谷无以盈，将恐竭；万物无以生，将恐灭；侯王无以正，将恐蹶"、"贱本""贵以贱为本，高以下为基，是以侯王自称孤、寡、不毂，此其以贱为本邪？故致数舆无舆，不欲琭琭如玉，珞珞如石"。

第三十八章是"德经"的首章，跟第一章一样，是理解《老子》的关键章节。"道"为体，"德"为"用"。"道"怎样通过"德"发挥作用，是本章的核心内容。其核心在于，老子非常明确地给出了"道·德""上德""下德"即仁·义·礼的"道德衰败路线图"和"礼·义·仁·德·道"的"道德回归路线图"——找到了原因，开出了药方——"处其厚""去其薄"，"处其实，不居其华"。河上公给本章取名"论德"，意味着核心谈论的是有关"德"的问题。第三十九章继续上第三十八章阐述"得"和"道之子""一"的作用，说明"无为"的巨大功能和"得一"和"失一"的不同结果，强调"固本强根"的重要性和必要性。河上公给本章取名"法本"，把"一"当成了一个很重要的基本要素加以论述。"用德论"的基本内容提出了"失道而失德"的"道德衰败路线图"和"修信而修义"的"道德回归路线图"，找到原因，确定目标，为"大道行天下"找到具体的"操作规程"。

第三十八章的基本内容是："上德"在"常道"上表现为"无得"，因而实质上是"有得"；"下德"在"非常道"上表现为"不失得"，因而实质上却是"无得"。"上德"顺应"常道"而"无为"乃至"无不为"，"下德"顺应"非常道"而"无为"实际上"有所作为"："上仁"顺应"非常道"而"有为"却似乎"无所作为"，"上义"顺应"非常道"而"有为"却似乎"大有作为"，"上礼"顺应"非常道"而"有为"却无人响应，于是伸出胳膊去引导人们遵守"礼仪"。所以失去了"道"之后才会出现"德"，失去了"德"之后才会出现"仁"，失去了"仁"之后才会出现"义"，失去了"义"之后才会出现"礼"。出现"礼"的根本原因，是因为忠信不足且祸乱的开始；所谓"先知"，不过是"非常道"的浮华表象，是背离"常道""愚"（朴实而敦厚）的开始。因此大丈夫应该立身在朴实的地方，不应该立身在浅薄之地；大丈夫应该立身敦厚的地方，不应该停留在浮华之处；所以大丈夫舍弃浅薄、浮华而获取朴实、敦厚。

第三十九章的基本内容是：往昔得到"一"的：苍天得到"一"就清明；大地得到"一"就宁静；神圣得到"一"就英明；河谷得到"一"就充盈；万物得到"一"就生长；侯王得到"一"就天下就公正。这六者如果失去"一"：天不得清明，唯恐崩裂；地不得安宁，唯恐震溃；神圣不能持英明，唯恐虚假；河谷不能保流水，唯恐干涸；万物不能继续生长，唯恐被灭；侯王不能保持天下的公正，唯恐倾覆。所以贵以贱作为根本，高以下作为根基，因为这个原因，侯王自称为"孤""寡""不毂"，这不就是以贱作为根本吗？所以最高的荣誉无须称誉——不希望球球晶莹像宝玉，而宁愿珞珞坚硬像山石。

第十八讲·反本论：反者道之动，
弱者道之用

【简注】

第四十章·反者道之动，弱者道之用[1]。天下万物生于有，有生于无[2]。

【帛书】反也者，道之动也；弱也者，道之用也。天下之物生于有，有生于无。

【憨山注】：此承上章以明道为天地万物之本也。反者，道之体也，谓道体虚无至静，为群动之主。世人只知动之为动，不知动处即静。易云：天下之动，贞夫一者也。以其群动之动，皆自虚无至静而发，不动而动，故云"反者道之动也"。然道体至虚，柔弱无用，而为天下有用之本。世人只知有用之用，不知无用之用为大用也，故云"弱者道之用"。是故世人只知天下之物生

---

[1]　反者道之动：《河上公注》：反，本也。本者，道之所以动，动生万物，背之则亡也。《王弼注》：高以下为基，贵以贱为本，有以无为用，此其反也。动皆知其所无，则物通矣。故曰，反者道之动也。《唐玄宗注》：此明权也，反者取其反经合义。反经合义者，是圣人之行权，行权者是道之运动，故云反者道之动也。弱者道之用：《河上公注》：柔弱者，道之所常用，故能常久。《王弼注》：柔弱同通，不可穷极。《唐玄宗注》：此明实也。弱者取其柔弱雌静，柔弱雌静者，是圣人处实。处实者，是道之常用，故云弱者道之用也。《八仙注》：反者道之动：神一出便收来。弱者道之用：致柔气凝。孚佑帝君注曰："反"即物极必反之"反"，亦即反而归者之"反"。诚者物之终始，无其始安见有终，而无其终曷以反始？况有名天地之始也，有名万物之母也，反则无名，而道无为，不终无为也。故见为反而动已伏于其间，此反所以为动之用。且道无为，则杳渺寂寞，亦云弱矣，而卷之则藏，放之则弥，化化生生，并行不悖，并育不害，皆此无为者以有为也，故曰此道之用。

[2]　天下万物生于有，有生于无：天下万物生于有：《河上公注》：天下万物皆从天地生，天地有形位，故言生于有也。有生于无：《河上公注》：天地神明，蜎飞蠕动，皆从道生。道无形，故言生于无也。此言本胜于华，弱胜于强，谦虚胜盈满也。《王弼注》：天下之物皆以有为生，有之所始，以无为本，将欲全有，必反于无也。《唐玄宗注》：天实之于权，犹无之生有，故行权者贵反于实用。有者必资于无，然至道冲寂，离于名称，诸法性空，不相因待，若能两忘权实，双泯有无，数舆无舆，可谓超出矣。《八仙注》：天下万物生于有：有象非为有。有生于无：无形未是无。即此观之，可见天下之物，皆从有生。无此有，安得万物？而是有非本有也，俱从无极生来。向无此无，则亦安有此有哉？有其可名者道也，常道也；无其不可名者也，非常道也。按：《八仙注》似乎有意无意地谈到了"常道"和"非常道"："有其可名者道也，常道也"、"无其不可名者也，非常道也"，这跟天人国学的正好相反，读者留心。纯阳子注：反、复也：人知以动为动，而不知反本还元，正道之所以动而无动也；弱、致柔也：人知以强为用，而不知专气致柔，正道之所以用而不穷也。有者，道之迹；无者，道之妙。

于有，而不知有生于无也。苟知有生于无，则自然不事于物，而能体道凝神矣。岂易得哉？按：【憨山注】所谓"反者，道之体也"的说法跟中华文化传统过程中经常出现的情况类似，这就是"体"太多，乃至几乎到处是"体"。只有"道"即常道是"体"，其余的都是"用"，这是天人国学的基本观点之一。

第四十一章·上士闻道，勤而行之；中士闻道，若存若亡；下士闻道，大笑之——不笑之不足以为道[1]。是以《建言》有之曰：明道若昧，进道若退，夷道若类[2]。上德若谷，大白若辱；广德若不足，建德若偷，质真若渝[3]；大方无

[1] 上士闻道，勤而行之；中士闻道，若存若亡；下士闻道，大笑之——不笑之不足以为道：上士闻道，勤而行之：《河上公注》：上士闻道，自勤苦竭力而行之。《王弼注》：有志也。《唐玄宗注》：了悟故勤行。中士闻道，若存若亡：《河上公注》：上中士闻道，治身以长存，治国以太平，欣然而存之，退见财色荣誉，惑于情欲，而复亡之也。《唐玄宗注》：中士可上可下，故疑。疑则若存若亡。下士闻道，大笑之：《河上公注》：下士贪狠多欲，见道柔弱，谓之恐惧，见道质朴，谓之鄙陋，故大笑之。《唐玄宗注》：迷而不信，故笑。不笑不足以为道：《河上公注》：上不为下士所笑，不足以名为道。《唐玄宗注》：不为下士所笑，不足以为玄妙至道也。《八仙注》：上士闻道，勤而行之：闻非耳闻，一闻便悟。中士闻道，若存若亡：无处着力，两可生疑。下士闻道，大笑之：因何信不及，只为太份明，不笑不足以为道：百姓日用而不知也。瑶华帝君注曰：道不可道也，而亦有其可道；不可名也，而亦有其可名。虽可道之，可名之，而闻之者卒鲜。即或闻之，彼且将道其所道，名其所名矣。夫惟上士，一闻是道，便知道虽虚无，而实在吾身中，勤勤焉服膺，勿失奉之于胸，即佩之于身也。降此而中士，则若明若昧或信或疑，可出可入，道有时存，即有时亡也。更而下士，则不知有道矣，设有诏之以道者，彼且大笑之，以为不足信也。夫笑不几于畔道也乎？然惟闻知而笑，斯足以为道不笑不足以为道也：大道非庸流之所能识也。

[2] 是以《建言》有之曰：明道若昧，进道若退，夷道若类：故《建言》有之曰：《建言》：古书名。高亨："《建言》，殆老子所称书名也。《庄子·人间世篇》引《法言》……《鬼谷子·谋篇》引《阴言》，《汉书·艺文志》有《谰言》（班自注'不知作者'），可证名书曰言，古人之通例也。"《河上公注》：上建，设也。设言以有道，当如下句。《王弼注》：建，犹立也。《唐玄宗注》：建，立也。将欲立言，明此三士于道不同。明道若昧：《河上公注》：上明道之人，若暗昧无所见。《王弼注》：光而不耀。进道若退：《河上公注》：上进取道者，若退不及。《王弼注》：后其身而身先，外其身而身存。夷道若类：类：不平，与"夷"（平）对。《河上公注》：上夷，平也。大道之人不自别殊，若多比类也。《王弼注》：类，也。大夷之道，因物之性，不执平以割物，其平不见，乃更反若类也。《唐玄宗注》：上士勤行，于明若昧，于进若退，于夷若类，故中士疑而下士大笑之。生份别。《八仙注》：其建言者何？一则曰以此身而明道，初不自知其明也，虽明而若昧焉；再则曰以此身而进道，亦不自知其进也，进而若退焉。建言者又曰：道无险阻，亦无奇特，本平也，而以吾之身平易行去，若皆与众共知、共行而若类焉。

[3] 上德若谷，大白若辱；广德若不足，建德若偷，质真若渝：上德若谷：《河上公注》：上上德之人若深谷，不耻垢浊也。《王弼注》：不德其德，无所怀也。《唐玄宗注》：虚缘而容物。大白若辱：辱：黑色。《玉篇》："辱，垢黑也。"《素问·气交变大论》："黑气乃辱。"《广雅·释诂》"辱，污也，又恶也。"《河上公注》：上大洁白之人若污辱，不自彰显。《王弼注》：知其白，守其黑，大白然后乃得。《唐玄宗注》：纯洁而含垢。广德若不足：《河上公注》：上德行广大之人，若愚顽不足也。《王弼注》：广德不盈，廓然无形，不可满也。《唐玄宗注》：大成而执谦也。建德若偷：《河上公注》：上建设道德之人，若可偷引使空虚也。《王弼注》：偷，匹也。建德者，因物自然，不立不施，故若偷匹。《唐玄宗注》：立功而不衒。质真若渝：《河上公注》：上质朴之人，若五色有渝浅不明也。《王弼注》：质真者，不矜其真，故渝。《唐玄宗注》：淳一而和光。《八仙注》：上德若谷：包含万物。大白若辱：素以为绚。广德若不足：惟恐不及。建德若偷：

隅，大器晚成，大音希声，大象无形[1]。道隐无名——夫唯道，善贷且成[2]。

【帛书】上士闻道，勤能行之；中士闻道，若存若亡；下士闻道，大笑之——弗笑，不足以为道。是以建言有之：明道如昧，进道如退，夷道如类；上德如谷，大白如辱，广德如不足，建德如偷，质真如渝；大方无隅；大器晚成，大音希声，大象无形。道隐无名——夫唯道，善始且善成。

【憨山注】：此言道出常情，而非下愚小智之所能知，必欲上根利智可能入也。谓上根之人，志与道合，一有所闻，便身体而力行之，如颜子闻者未尝不知，知之未尝不行。故曰"上士闻道，勤而行之"。若夫中人之资，则且信且疑，或日月至焉。故曰"若存若亡"。至若下根之士，即有所闻，了不相蒙，而且以为怪，故大笑之矣。以道出常情，非愚所测，此辈不笑，不足以为道。以其道与常情，每相反而已矣。何以知之？故古之《建言》者有云，明道若昧。此下十二句，皆古之立言者之辞，老子引之以明相反之意。谓小人用

常怀此念，一照一用。质真若渝：应变无方。建言者又历言曰：以此道而形为德，德则上矣。上则实矣，而其心不自知其德也，盖有如空谷然。以其德而表为白，至洁也，孰克污之？而其心不自以为白也。盖有若污辱然，层而累之，德日以广，广其不可自据乎？而其心不自知其广也。犹若有不足焉，德至于广，亦云建矣，而其心不自知其建也。尚有若偷情然，偷训惰，言德至于广且建，是非无所藉而能然也。盖由其天质之真，纯一不杂，方能造是境界。是其真质，不大可恃乎？而其心不自知其真也，殆有若愚鲁然：渝与愚通。

[1] 大方无隅，大器晚成，大音希声，大象无形：大方无隅：《河上公注》：上大方正之人，无委屈廉隅。《王弼注》：方而不割，故无隅也。《唐玄宗注》：不小立圭角。大器晚成：《河上公注》：上大器之人，若九鼎瑚琏，不可卒成也。《王弼注》：大器成天下不持全别，故必晚成也。《唐玄宗注》：且无近功。大音希声：《河上公注》：上大音犹雷霆待时而动，喻当爱气希言也。《王弼注》：听之不闻名曰希，不可得闻之音也。有声则有分，有分则不宫而商矣，分则不能统众，故有声者非大音也。《唐玄宗注》：不饰小言说。大象无形：《河上公注》：上大法象之人，质朴无形容。《王弼注》：有形则有分，有分者不温则炎，不炎则寒。故象而形者，非大象。《唐玄宗注》：故能应万类也。《八仙注》：大方无隅：不露圭角。大器晚成：道在万物先，成于万物后。大音希声：即之即应。大象无形：无所名相。德积于身，则此身无弗尊且达矣。建言者又历言曰：德备于躬，直方大矣。岂不可以驾驭群伦？而有德者不露圭角，虽大方而无隅焉，且德备于躬，栋梁之大器。岂其不可向荣而早发乎？而韬光养晦，必待晚以成焉，径寸之才，不至于晚，未克蔽日干霄也。以德而发为声，秩秩德音，万物将取则矣。而听之寂然，犹是大乐之无声也。盖龙虎吟啸，从不轻发，非若蛙蝇之聒聒也。和顺积中，英华发外，德未有无象者也。而积而愈敛，不落声色，究何所象乎？盖太素之质，纯白不受采也。

[2] 道隐无名——夫唯道，善贷且成：道隐无名：《河上公注》：上道潜隐，使人无能指名。《唐玄宗注》：功用不彰，无名氏。夫唯道，善贷且成：成：终，最后。《河上公注》：成，就也。言道善禀贷人精气，且成就之也。《王弼注》：凡此诸善，皆是道之所成也。在象则为大象，而大象无形。在音则为大音，而大音希声。物之成而不见其成形，故隐而无名也。始之非唯供其乏而已，一始之则足以永终其德，故曰善始也。成之不如机匠之裁，无物而不济其形，故曰善成。《唐玄宗注》：虽隐无名氏而实善，以冲和妙用资贷万物，且成熟之。《八仙注》：道隐无名：无所指说。夫惟道，善贷且成：能化其化，而不自化。凡若此者，皆所谓道。而道不可名，是盖隐而无为者。而由无为以趋于有为，则能推其有余以贷不足。而万物赖之，且相与以有成也。道之大何如乎？非上士曷克知之？亦曷克体之？

智，恃知以为能；圣人光而不耀，以有智而不用，故"明道若昧"。小人矜夸竞躁；圣人以谦自守，以卑自牧，故"进道若退"。世人崖巇自高；圣人心与道合，同尘混俗，和而不同，故"夷道若类"。世人局量扁浅，一毫不容；圣人心包天地，德无不容，如海纳百川，故"上德若谷"。小人内藏瑕疵，而外矫饰以为洁；圣人纯素贞白，一尘不染，而能纳污含垢，示同庸人：故"大白若辱"。小人一德不忘，必恃自多而责报于人；圣人德被群生，而不以为功，故"广德若不足"。小人一善之长，必炫弄自售，欲求知于人；圣人潜行密用，凡有所施于人者，惟恐人之知己也，如泰伯三让，民无德而称，故"建德若偷"。小人随时上下，见利而趋，望势而变；圣人之心，贞介如玉，而不可夺，而能与世浮沉，变化无穷，无可不可，故"质贞如渝"：渝，变也。世人圭角自立，一定而不化；圣人心如太虚，无适不可：故"大方无隅"，隅，犹定向也。世人小智自用，以图速效；圣人深畜厚养，藏器于身，待时而动，迫不得已而后应，乘运而出，必为天下之利具，故"大器晚成"。所以然者，譬夫大音之希声，大象之无形，殊非常情之所易见易闻。宜乎，下士闻而大笑之也。以其世之所尚者，名也，然道隐于无名，又岂常情所易知耶？所以圣人之广大难测者，以其有大道也。夫惟道也，万物皆往资焉而不匮，曲成万物而不遗，故曰"善贷且成"。圣人如此：所以世人皆以大似不肖，而轻笑之；然不笑，不足以为道也。按：【憨山注】从人的基本素质的角度谈论上士、中士、下士对待"道"的态度，很有启发性。

【串讲】

本讲是传统本《老子》的第四十章、第四十一章。第四十章的要点是"道之用"即"反者道之动，弱者道之用"、"生于无"即"天下万物生于有，有生于无"。第四十一章的要点是"三士"即"上士闻道，勤而行之；中士闻道，若存若亡；下士闻道，大笑之——不笑之不足以为道"、"七德"即"明道若昧，进道若退，夷道若类。上德若谷，大白若辱；广德若不足，建德若偷，质真若渝"、"四大"即"大方无隅，大器晚成，大音希声，大象无形"、"道隐"即"道隐无名：夫唯道，善贷且成"。

第四十章提出了"道"的运化规律（周而复始而无为）和运用智慧（以柔克刚），河上公给本章取名"去用"，"去"意味着"反"不仅象征走向"反面"，也是归返"本源"；"用"意味着"弱者道之用"，"以弱胜强""以柔克刚"。第四十一章继续阐述第四十章阐述"道"的运化规律和运用智慧——"反者道之动，弱者道之用"。河上公给第四十一章取名"同异"，强调"常道"的"同一性"跟"非常道"的"差异性"之间反正相成的关系。

"反本论"的基本内容是"循名求道"，核心就是只有"道"才能能够"善贷且成"（善始善终）！

第四十章的意思是：对立统一而循环往复是"道"的运化规律；守弱持柔而以弱胜强是"道"的运用智慧。天下万物产生于有形有质的天地，有形有质的天地产生于无形无质的大道。

第四十一章的意思是：上士听了"道"理，马上就会身体力行；中士听了"道"理，半信半疑而犹犹豫豫；下士听了"道"理，一脸不屑而哈哈大笑——如果下士不这样嘲笑就不足以证明"道"何以为"道"。因此《建言》这本古书这样说：光明之"道"好似很暗昧；前进之"道"好似在后退；平坦之"道"好似太崎岖。崇高之"德"好似深谷，就像大白似乎有污；广大之"德"好像不足，刚健之"德"好似怠惰，质朴之"德"似乎混浊；最方正的东西反而似乎没有棱角；最大的声响反而似乎无声无息；最大的形象反而似乎没有形象。大道幽隐而无法称名——只有"道"，才能使万物善始而善终。

第十九讲·和合论：负阴而抱阳，无有入无间

【简注】

第四十二章·道生一，一生二，二生三，三生万物。万物负阴而抱阳，冲气以为和[1]。人之所恶，唯孤、寡、不穀，而王公以为称[2]。故物或损之而益，或益之而损。人之所教，我亦教之——强梁者，不得其死，吾将以为教父[3]。

---

[1] 道生一，一生二，二生三，三生万物。万物负阴而抱阳，冲气以为和：道生一：《河上公注》：道使所生者一也。一生二：《河上公注》：一生阴与阳也。二生三：《河上公注》：阴阳生和、清、浊三气，分为天地人也。《唐玄宗注》：一者冲气也，言道动出冲和妙气，于生物之理未足，又生阳气，阳气不能独生，又生阴气，积冲气之一，故云一生二。积阳气之二，故云二生三也。三生万物：《河上公注》：天地人共生万物也，天施地化，人长养之也。《唐玄宗注》：阴阳含孕，冲气调和，然后万物阜成，故云三生万物。万物负阴而抱阳：负：抱。《河上公注》：万物无不负阴而向阳，回心而就日。冲气以为和：《河上公注》：万物中皆有元气，得以和柔，若胸中有藏，骨中有髓，草木中有空虚与气通，故得久生也。《唐玄宗注》：万物得阴阳冲气生成之故，故负阴抱阳，含养冲气，以为柔和也。《八仙注》：道生一：虚无生一气。一生二：一气判阴阳。二生三：阴阳成三才。三生万物：三才生万物。万物负阴而抱阳：背止其后，视听居前。冲气以为和：禀于中和。瑶华帝君注曰：一者，纯一不杂，不二之谓，所谓太极是也。然当无始之初，并无所谓一，自有道而一始生焉。有无极斯生太极也，自太极判而为两仪，一以生二矣。由两仪以列三才，则二又生三矣。自三才奠，而天生之，地生之，人生之，繁然不可纪数矣。故物生于三，则各禀其血气，而既负其阴，又抱其阳。阴阳交会，无所为知识乖侮变诈也。浑然寂然，不过冲气以为和而已矣。冲，即冲漠之冲。冲漠之气，不沦于无，不滞于有，自然而然，非和而何？

[2] 人之所恶，唯孤、寡、不穀gǔ，而王公以为称：为称：自名，自称。《河上公注》：孤寡不穀者，不祥之名，而王公以为称者，处谦卑，法空虚和柔。《唐玄宗注》：万物皆以冲和之气为本，而冲气和柔守本者，当须谦卑柔弱，故王公至尊，而称孤寡不穀者，以谦柔为本故也。《八仙注》：人之所恶，惟孤寡不穀：一无偶众，人之所忌。而王公以为称：自处谦柔。孤寡不穀，微小也，贱且小者也。言性既中气以为和，则可小可贱，而无庸高自贵大矣。乃庸众不识是性，而偏恶夫贱且小者。嗟乎？何不思之甚乎？彼孤寡不谷之称，非贱且小者耶？而王公大人，曷为以之自称耶？

[3] 故物或损之而益，或益之而损。人之所教，我亦教之——强梁者，不得其死，吾将以为教父：故物或损之而益：损：减少。益：增加。《河上公注》：引之不得，推之必还。或益之而损：《河上公注》：夫增高者志崩，贪富者致患。《王弼注》：万物万形，其归一也，何由致一，由于无也。由无乃一，一可谓无，已谓之一，岂得无言乎？有言有一，非二如何，有一有二，遂生乎三，从无之有，数尽乎斯，过此以往，非道之流，故万物之生，吾知其主，虽有万形，冲气一焉。百姓有心，异国殊风，而得一者，王侯主焉。以一为主，一何可舍，愈多愈远，损则近之，损之至尽，乃得其极。既谓之一，犹乃至三，况本不一而道可近乎，损之而益，岂虚言也。《唐玄宗注》：自损者，人益之。自益者，人损之。人之所教：《河上公注》：谓众人所教，去弱为强，去柔为刚。我亦教

【帛书】道生一，一生二，二生三，三生万物。万物负阴而抱阳，中气以为和。天下之所恶，唯"孤""寡""不穀"，而王公以自称也。物或益之而损，或损之而益。故人之所教，我亦议而教人：强梁者不得其死！吾将以为教父。

【憨山注】：此承前言道体冲虚，而为天地万物之本，戒人当以道为怀，以谦自处也。谓道本无名，强名之一，故曰道生一。然天地人物，皆从此生，故曰一生二，二生三，三生万物，是则万物莫不负阴而抱阳也。所以得遂其生、不致夭折者，以物各含一冲虚之体也。和气积中，英华昭著，秀实生成，皆道力也，故云冲气以为和，是则物物皆以冲虚为本也。且冲虚柔弱，与物不类，似乎无用，人皆恶之而不取，殊不知无用之用为大用也。即如世人之所恶者，唯孤寡不穀，以为不美。而王公返以此为称者，岂不以柔弱为天下之利器耶？且孤寡不穀，皆自损之辞也。然而侯王不自损，则天下不归。故尧舜有天下而不与，至今称之，泽流无穷，此自损而人益之，故曰或损之而益。若夫桀纣以天下奉一己，暴戾恣睢，但知有己，而不知有人。故虽有天下，而天下叛之，此自益者而人损之，故曰或益之而损。以人人皆具此道，但日用不知，须待教而后能。且人之所教者，我亦未尝不教之也。惟人不善教人，只知增益知见，使之矫矜恃气，好为强梁。殊不知强梁者，不得其死。我唯教人以日损其欲，谦虚自守，以全冲和之德。是故吾将以为教父。而风天下以谦虚之德也。教父，犹木铎意。按：【憨山注】："和气积中，英华昭著，秀实生成，皆道力也，故云冲气以为和，是则物物皆以冲虚为本也。"其中所说"道力"是"冲气以为和"的观点值得注意，参看"天人国学"有关"道力论"的内容。

第四十三章·天下之至柔，驰骋天下之至坚；无有入无间，吾是以知无为

之：《河上公注》：言我教众人，使去强为弱，去柔为刚。《王弼注》：我之非强使人从之也，而用夫自然，举其至理，顺之必吉，违之必凶。故人相教，违之自取其凶也，亦如我之教人，勿违之也。《唐玄宗注》：老君云：人君所欲立教教人者，当以吾此柔弱谦卑之义以教之。强梁者，不得其死：强梁：阳刚过重，强横凶暴。《河上公注》：强梁者，谓不信玄妙，背叛道德，不从经教，尚势任力也。不得其死者，为天命所绝，兵刃所伐，王法所杀，不得以寿命死也。《唐玄宗注》：强梁之人，动与物亢，求益而损，物或击之，故不得其死。吾将以为教父：教父：教：学，所谓"教学相长"；父：开始。《河上公注》：父，始也。老子以强梁之人为教，诫之始也。《王弼注》：强梁则必不得其死。人相教为强梁，则必如我之教人不当为强梁也。举其强梁不得其死以教邪。若云顺吾教之必吉也，故得其违教之徒，适可以为教父也。《唐玄宗注》：吾见强梁者亡，柔弱者全，故以柔弱之教为众教之父也。《八仙注》：故物或损之而益：引之不得，去弱用强。或益之而损：推之必迁，去刚为柔。人之所教：无一亦无二。我亦教之：唯道而已。强梁者不得其死：好胜常，逢敌亡。吾将以为教父：不善善人之资。凡此者，盖以道尚夫损故也。然损之又损，以至于无可损，则势必转而益。追益之又益，以至于无可益，势又将转而损。损益之道，盈虚之道，即有无之道也。识得此道，则与众何好？亦与何恶？人教之吾亦从而教之矣，和光同尘可也。倘舍柔而务刚，是强梁也。强梁者乖侮是居。尚得其死所也乎？故惟是道，虚而不盈，无而不有，损而不益，柔而不刚，吾将藉之以为立教之祖焉。

之有益[1]。不言之教，无为之益，天下希及之[2]。

【帛书】天下之至柔，驰骋乎天下之至坚。无有入于无间，吾是以知无为之有益也。不言之教，无为之益，天下希能及之矣。

【憨山注】：此承上言无为之益，以明不言之教也。然天下之至坚，非至柔不足以驰骋之，如水之穿山透地，浸润金石是已。若以有入有，即相触而有间；若以空入有，则细无不入；如虚空偏入一切有形，即纤尘芒芴，无所不入，以其虚也。若知虚无之有用，足知无为之有益矣。前云人不善教人者，以其有言也。有言则有迹，有迹则恃智，恃智则自多，自多者则矜能而好为，凡好为者必易败。此盖有言之教、有为之无益也。如此，则知不言之教、无为之益，天下希及之矣。

【串讲】

本讲是传统本《老子》的第四十二章、第四十三章。第四十二章的要点是"生化"即"道生一，一生二，二生三，三生万物"、"阴阳"即"万物负阴而抱阳，冲气以为和"、"损益"即"人之所恶，唯孤、寡、不穀，而王公以为称，故物或损之而益，或益之而损；人之所教，我亦教之——强梁者，不得

---

[1]　天下之至柔，驰骋chíchěng天下之至坚；无有入无间，吾是以知无为之有益：天下之至柔，驰骋天下之至坚：驰骋：骑马奔跑，奔驰。坚：刚，硬。《河上公注》：至柔者，水也。至坚者，金石也。水能贯坚入刚，无所不通。《王弼注》：气无所不入，水无所不出于经。《唐玄宗注》：天下之至柔者，正性也。若驰骋世务，染杂尘境，情欲弃塞，则为天下之至坚。无有入无间：间：缝，隙。《河上公注》：无有谓道也。道无形质，故能出入无间，通神明，济群生也。吾是以知无为之有益：《河上公注》：吾见道无为而万物自化成，是以知无为之有益于人也。《王弼注》：虚无柔弱，无所不通，无有不可穷，至柔不可折，以此推之，故知无为之有益也。《唐玄宗注》：无有者，不染尘境，令心中一无所有。无间者，道性清静，妙体混成，一无间隙。夫不为可欲所乱，令心境俱静，一无所有；则心与道合，入无间矣。故圣人云，吾见身心清静则能合道，是知有为之教，不如无为之有益尔。《八仙注》：天下之至柔：大道虚无有用。驰骋天下之至坚：软能胜坚。无有入无间：贯金透石。吾是以知无为之有益：以有契无。瑶华帝君注曰：坚即刚也——坚与柔、有与无，各相对待，故柔者坚之反，无者有之反。夫人而知之也，而用之则有道。倘不知柔能克坚，而遇刚仍以刚克，其不折而敝者少矣。惟举至柔者以驰骋乎至坚，则坚既不损，柔亦不靡。何克如之？且或不知无能生有，而以有捍有，其不至纷而乱者鲜矣？惟根至无者以趋夫有，则无不终无，有不终有，而无未尝劳，有未尝觉，有无相生，斯称无间，则可知道总归本于无，无为斯以有益也。

[2]　不言之教，无为之益，天下希及之：不言之教：《河上公注》：法道不言，师之以身。无为之益：《河上公注》：法道无为，治身则有益于精神，治国则有益于万民，不劳烦也。天下希及之：希：同稀，少。《河上公注》：天下，人主也。希能有及道无为之治身治国也。《唐玄宗注》：言天下众教，少能及之者。《八仙注》：不言之教：默识潜通。无为之益：为学日益为道日损。天下希及之：民鲜久矣。总之道本立于无形，而非有所作为；运于无声，而非有所昭示。而不声者若提其耳，不形者若策其躬，是所谓"不言之教""无为之益"也，圣人行之，而天下卒希及有之者矣。《中庸》谓"惟圣者能之"，其斯之谓乎？纯阳子注：闲去声道，不倚于形气，故为天下之至柔，驰骋操纵由之也。无有，道之体；无为者，自然之用希，及民鲜能之也。

其死，吾将以为教父"。第四十三章的要点是"至柔"即"天下之至柔，驰骋天下之至坚；无有人无间，吾是以知无为之有益"、"希及"即"不言之教，无为之益，天下希及之"。

第四十二章是《老子》第八十一章的一半，类似《圣经》开篇的《创世记》。《佛经》说，无明震动，忽有山河大地，天地万物，皆是大道所生。第四十二章的"道生一，一生二，二生三，三生万物"，"万物负阴而抱阳，冲气以为和"，叙述的就是"宇宙生成"的基本逻辑思考和"阴""阳"二气通过"和"而"三"（内因、外因和本因）的"生万物"过程。河上公给本章取名"道化"，意思就是"道化生万物"。第四十三章继续论述"道生万物"的重要原则，如"善始善终""至柔""无有""无为"等。河上公给本章取名"偏用"，意味着"道"作用重点在"至柔""无有""无为"等。"和合论"的基本内容是阴阳平衡，不偏不倚，无过无不及，象征调和，和顺，和谐，中华文化传统文化被称为"和合文化"，其基本根源就在"万物负阴而抱阳，中气以为和"。

第四十二章的意思是：道（无极）生化出"一"（太极），"一"生化出"二"（阴阳），"二"生化出"三"（和合），"三"生化出"万物"。万物背怀阴而面抱阳，"阴气""阳气"激荡而生化"和合"。人类最厌恶的唯有"孤""寡""不穀"，可王公却用这些来作为"自称"。因为这样，事物或因减损反而被增加，或因增加反而被减损。众人这样教导"我"，"我"也这样去教导别人——强暴的人，不得好死，"我"把这句话当作施教的开始。

第四十三章的意思是：天下最柔弱的东西（水），能够腾越穿行在最坚硬的东西之中；无形的力量能够进入没有间隙的地方——"我"凭借这些发现了"无为"的巨大益处。"不言"的教诲，"无为"的奇妙，天下当权者很少有人能够明白这个道理。

第二十讲·清静论：清静无为，知止不殆

【简注】

第四十四章·名与身孰亲？身与货孰多？得与亡孰病[1]？是故甚爱必大费，多藏必厚亡。知足不辱，知止不殆，可以长久[2]。

【帛书】名与身孰亲？身与货孰多？得与亡孰病？甚爱必大费，多藏必厚亡。故知足不辱，知止不殆，可以长久。

【憨山注】：此言名利损生，戒人当知止足也。谓世人只知名之可贪，故

---

[1] 名与身孰亲？身与货孰多？得与亡孰病：名与身孰亲：孰：谁，哪个。《河上公注》：名遂则身退也。《王弼注》：尚名好高，其身必疏。《唐玄宗注》：名者实之宾，世人徇名以亡身，设问谁亲，欲令去功与名，而全其真尔。身与货孰多：多：重要。《说文》："多，重也。"《河上公注》：财多则害身也。《王弼注》：贪货无厌，其身必少。《唐玄宗注》：徇名者将以求财，财得而亡身，设问孰多，欲令掷玉毁珠，以全其和。得与亡孰病：《河上公注》：好得利则病于行也。《王弼注》：得多利而亡其身，何者为病也。《唐玄宗注》：问得名货与亡名货，孰者病其身？《八仙注》：名与身孰亲：名遂身退。身与货孰多：利多害己。得与亡孰病：得宠思辱。瑶华帝君注曰：此名字，即荣名之名，不作可名之名。解言荣名虽可慕，而或不自重其身以戈浮名，是先失其身，久必并其名而亦失之。从可知身重而名轻也，故曰名与身孰亲。拥货以自封，是亦肥身之计，而身之所以为身者，贵德以润之，不在货之丰之也。一失其身，身且不有，安用是货？故曰身与货孰多。货与名，皆非切身之物也，诚能不慕荣名，不殖货利，而终日只知有道，则道在我而得矣。反是则亡。夫道：宜得也，不宜亡也，得之较亡，其孰病乎？有识者可憬然悟矣。

[2] 是故甚爱必大费，多藏必厚亡。知足不辱，知止不殆，可以长久：是故甚爱必大费：甚：很，过度。《河上公注》：甚爱色，费精神；甚爱财，遇祸患。所爱者少，所亡者多，故言大费。多藏必厚亡：亡：丢失。《河上公注》：生多藏于府库，死多藏于丘墓。生有攻劫之忧，死有掘冢探柩之患。《王弼注》：甚爱不与物通，多藏不与物散，求之者多，攻之者众，为物所病，故大费厚亡也。《唐玄宗注》：甚爱名者，必劳神，非大费乎？多藏货者，必累身，非厚亡乎？知足不辱：《河上公注》：知足之人绝利去欲，不辱于身。知止不殆：殆：危，危险。《河上公注》：知可止，则财利不累于身，声色不乱于耳目，则身不危殆也。可以长久：《河上公注》：人能知止足则福禄在己，治身者，神不劳；治国者，民不扰，故可长久。《唐玄宗注》：知止者，不多藏，既无辱殆，故可长久。《八仙注》：甚爱必大费：溺于情欲必丧其本。多藏必厚亡：累于贪故必失其真。知足不辱：大圆觉满。知止不殆：应如是住。可以长久：无量无边。世人争名骛利，皆爱之一念阶之也，苟或注意于一物，而从而争之骛之，务求而得之，势必尽其所有而求之，则不至于大费不已。而多藏以为富者：悖而入、必悖而出；得之多，则攻之众。欲不至于厚亡也能乎？夫惟有得即足。足有尽也，知足则有尽。素位而行，苟完苟美，而不妄希不可必得之遇，夫何辱焉？登高防坠，临深防陷，急流而勇退焉，哲人所以见几作也。如是者谓之知止，知止则不蹈于危殆矣，而尚不可以长久也哉？纯阳子注：徇名殖货，自忘其身；贪得无已，自蹈于亡：皆由不知权度其轻重也。大费，谓自耗其所有；厚亡，谓徒甚其悖出。知足、知止，安有此患哉？

忘身以殉名，殊不知名乃身外之虚声耳。与身较之，身亲而名疏，故曰孰亲。货，利也，谓世人只知利之可贪，故忘身以殉利。殊不知利乃身之长物耳。与身较之，身在则有余，故曰孰多。世人不察，每役役于名利之间，贪得而无厌，戕生而伤性。与夫贪得而身亡，不若身存而远害，故曰得与亡孰病。故凡爱之甚者，费必大；藏之多者，亡必厚。如以隋侯之珠，弹千仞之雀，雀未得而珠已失。此爱之甚，而不知所费者大矣。如敛天下之财，以纵鹿台之欲，天下叛而台已空。此藏之多，而不知所亡者厚矣。不唯爱者费而藏者亡，抑且身死名灭，国危而不安，斯皆不知止足之过也。故知足则不辱，知止则不殆，即斯可以长久矣。噫，老氏此言，可谓破千古之重昏，启膏肓之妙药，昭然如揭日月于中天也。而人不察乎此，惜哉！

第四十五章·大成若缺，其用不弊；大盈若冲，其用不穷[1]。大直若屈，大巧若拙，大赢若绌，大辩若讷[2]。躁胜寒，静胜热，清静为天下正[3]。

---

[1] 大成若缺，其用不弊；大盈若冲zhōng，其用不穷：大成若缺：《河上公注》：大成者谓道德大成之君也。若缺者，灭名藏誉，如毁缺不备也。其用不弊：弊：败，疲困。《河上公注》：其用心如是，则无敝尽时也。《王弼注》：随物而成，不为一象，故若缺也。《唐玄宗注》：学行大成，常如玷缺，谦则受益，故其材用无困弊之时。大盈若冲：《河上公注》：大盈者，谓道德大盈满之君也。若冲者，贵不敢骄也，富不敢奢也。《唐玄宗注》：禄位盈满，常若冲虚，俭不伤财，故所用不穷匮。其用不穷：《河上公注》：其用心如是，则无穷尽时也。《王弼注》：大盈冲足，随物而与，无所爱矜，故若冲也。《八仙注》：大成若缺：自胜。其用不弊：韬光。大盈若冲：自默。其用不穷：登虚。瑶华帝君注曰：天下物之成者，久则未有不敝，而要其所以敝者，以其有成之之迹，争用之，势流于敝。若道之大成不若此也。虽有成之形，而无成之之心。常若缺焉，亦如其无成，不自满假，夫何敝？而盈者，天地鬼神之所恶也。器盈则覆，不利攸往。惟道有盈之之理，而无盈之之心。虽大盈犹若冲虚而无物焉，夫虚则灵矣，灵则四会而五达，其用亦安有穷乎？

[2] 大直若屈，大巧若拙zhuō，大赢若绌chù，大辩若讷nè：大直若屈：屈：弯曲，与"伸"相对。《河上公注》：大直，谓修道法度正直如一也。若屈者，不与俗人争，故可屈折。《王弼注》：随物而直，直不在一，故若屈也。《唐玄宗注》：直而不肆，故若屈。大巧若拙：拙：笨。《河上公注》：大巧谓多才术也。若拙者，亦不敢见其能。《王弼注》：大巧，因自然以成器，不造为异端，故若拙也。《唐玄宗注》：巧不伤于分外，故若拙。大赢若绌：按：传统本无此句，依帛书《老子》所增，意思是"最丰足却好似匮乏"。绌：不足，不够。大辩若讷：讷：语言迟钝。《河上公注》：大辩者，智无疑。若讷者，口无辟。《王弼注》：大辩因物而言，己无所造，故若讷也。《唐玄宗注》：不饰小说，故若讷。《八仙注》：大直若屈：顺道。大巧若拙：无为。大辩若讷：忘言。类而推之，曲则能全，不尚直也。任直过则多折，故有道者不自处于直，而受委曲周旋之中礼，常若屈而不克伸焉。虽屈而直正大也，至于巧则初不自以为巧。其巧必劳，故若拙焉。不巧之巧，巧斯大矣。而阐扬道德，则需辩，有道者初不敢自逞其也。自逞其辩，其辩必穷，故若讷焉。不辩之辩，其辩大矣。

[3] 躁胜寒，静胜热，清静为天下正：躁胜寒：躁：性急。《说文》："躁，疾也。"《河上公注》：胜，极也。春夏阳气躁疾于上，万物盛大，极则寒，寒则零落死亡也。言人不当刚躁也。静胜热：《河上公注》：秋冬万物静于黄泉之下，极则热，热者生之源。清静为天下正：《河上公注》：能清静则为天下之长，持身正则无终已时也。《王弼注》：躁罢然后胜寒，静无为以胜热，以此推之，则清静为天下正也。静则全物之真，躁则犯物之性，故惟清静乃得如上诸大也。《唐玄宗注》：于躁胜者则寒，寒，薄也。于静胜者则热，热，和也。故若屈者大直，清静为正矣。《八仙注》：躁胜寒：清者浊之源。静胜热：静者动之基。清静为天下正：人能常清静，天地悉皆归。向使成而不

【帛书】大成若缺，其用不弊。大盈若冲，其用不穷。大直若屈，大巧若拙，大赢若绌，大辩若讷。躁胜寒，静胜热。知清静，可以为天下正。

【憨山注】：此言圣人法天制用，与道为一，故能胜物而物不能胜，以申明前章不言之教，无为之益也。大成若缺，其用不敝者，若天地生物曲成万物而不遗，可谓成之大矣。然必春生而夏方长之，秋杀而冬方成之。以此观之，似若有所缺。苟不如此，若一径生长而无秋冬之肃杀，不但物不能成，而造物者亦将用之而敝矣。由其若缺，故所成者大，而其用不敝也。大盈若冲，其用不穷者，若阳和之气，充塞天地，无处不至，无物不足，可谓盈矣。其体冲虚而不可见，若块然可见，亦将用之有尽矣。由其若冲，故既已与人己愈有，既已为人己愈多，故其用不穷也。大直若屈者，若一气浩然，至大至刚，可谓直矣。然潜伏隐微，委曲周匝，细入无间，故若屈。由若屈，故能伸其生意也。大巧若拙者，若天之生物，刻雕众形而不见其巧，故云若拙。若恃其巧者，巧于此而拙于彼，则巧非大矣。大辩若讷者，上云若缺，则天地无全功，故人犹有所憾。然天何言哉？四时行焉，百物生焉，是则生物之功，不辩而自白矣，故曰若讷。是以天地不言而万物成，圣人不言而教化行。以圣人法天制用，故以不言之教，无为之化，似乎不胜，而物卒莫能胜之也。且躁能胜寒而不能胜热，静能胜热而不能胜寒，斯皆有所胜，则有所不胜。是故圣人贵乎清净为天下正。此其不言之教，无为之益，天下希及之矣。

【串讲】

本讲是传统本《老子》第四十四章、第四十五章。第四十四章的要点是"三问"即"名与身孰亲，身与货孰多，得与亡孰病"、"甚爱"即"甚爱必大费，多藏必厚""两知"即"知足不辱，知止不殆，可以长久"。第四十五章的要点是"六大"即"大成若缺其用不弊，大盈若冲其用不穷。大直若屈，大巧若拙，大赢若绌，大辩若讷"，"清静"即"躁胜寒，静胜热，清静为天下正"。

第四十四章继续揭示第四十三章"天下希及之"的原因在于不明白"名"与"身"、"身"与"货"、"得"与"亡"之间的关系，在于不"知足"，

缺，盈而不冲，以及直而不能屈，巧而不安拙，辩而不欲讷，是犹燥之不能静，静之不能躁矣。彼躁能胜寒，不能胜热；静能胜热；而又不能胜寒：偏于一边，非中道也。一失中则纷纭扰攘，全失清静之体矣。故必清静以正天下，斯为得之。纯阳子注：范万物而无迹，纳万有而若虚，盖德盛化神者然也。求伸者反折，炫长者必败，多言者易穷。圣贤：以理胜气，以拙晦才，以默屈人，皆反身修愿之实功。躁胜寒，温以解冻也；静胜热、定以除蒸也。二者阴阳之义，修道者，体此以审乎寒暖燥湿之宜。动静交养，俾未发之中已发之和，无稍差谬，而清静之道心，其亦庶几矣。不然而小成易盈，纷纷于直与巧辩以正天下，何惑乎烦劳而无成功哉？

不"知止"，河上公给本章取名"立戒"，意味着"知足不辱，知止不殆，可以长久"。第四十五章继续阐述"知足不辱，知止不殆"的微言大义，通过对"大成若缺"等相反相成的关系，说明何以要用"清静无为"来指导修身养性和治理天下。河上公给本章取名"洪德"，意味着宏大"大成""大盈""大直""大巧""大赢""大辩"所象征的"道"的特征。"清静论"的核心在于"知足不辱，知止不殆"，"躁胜寒，静胜热"，在于"有所克制""清静无为"。

第四十四章的意思是：名利跟生命哪样更亲近？生命跟财富哪样更贵重？获得跟失去哪样更有害？因此，过度追名必定付出更大的代价；过度逐利最终必然招致更惨的损失。懂得满足就不会遭遇屈辱，懂得自律就不会出现危险，这样就能维持长生久视。

第四十五章的意思是：最完满的东西似乎都有所残缺，可其作用永不衰竭；最充盈的东西似乎都比较空虚，可其作用永不穷尽。最笔直的东西似都有弯曲，最巧灵的东西好似笨拙，最卓越的辩才好似口拙。清静克服躁动，寒冷克服暑热，清静无为能够让天下走上正道。

第二十一讲·常足论：不见而明，不为而成

【简注】

第四十六章·天下有道，却走马以粪；天下无道，戎马生于郊[1]。祸莫大于不知足，咎莫大于欲得，故知足之足，常足矣[2]。

【帛书】天下有道，却走马以粪；天下无道，戎马生于郊。罪莫大于可欲，祸莫大于不知足，咎莫憯于欲得。故知足之足，恒足矣。

【憨山注】：此承上清净无为之益，甚言多欲有为之害，以戒人君当以知足自守也。谓上古之世，有道之君，清净无欲，无为而化，故民安其生，乐其业，弃却走马而粪田畴，所以家给人足，而无不足者。及世衰道微，圣人不作，诸侯暴乱，各务富国强兵，嗜欲无厌，争利不已，互相杀伐，故戎马生于郊，以致民不聊生，奸欺并作。此无他，是皆贪欲务得，不知止足之过也。故

---

[1] 天下有道，却走马以粪；天下无道，戎马生于郊：天下有道：《河上公注》：谓人主有道也。却走马以粪：却：退。走马：走：跑；骏马。粪：屎便。《说文》："粪，弃除也。"《河上公注》：粪者，粪田也。治国者兵甲不用，却走马以治农田，治身者却阳精以粪其身。《王弼注》：天下有道，知足知止，无求于外，各修其内而已，故却走马以治田粪也。《唐玄宗注》：天下有道之主，无为化行，既不贪求，故无交战，屏却走马之事，人得粪除田园。天下无道：《河上公注》：谓人主无道也。戎马生于郊：戎：战马。郊：郊区。《河上公注》：战伐不止，戎马生于郊境之上，久不还也。罪莫大于可欲。好淫色也。《王弼注》：贪欲无厌，不修其内，各求于外，故戎马生于郊也。《唐玄宗注》：天下无道之君，纵欲攻取，故兵戎士马寄生于郊境之上矣。

[2] 祸莫大于不知足，咎莫大于欲得，故知足之足，常足矣：祸莫大于不知足：《河上公注》：富贵不能自禁止也。《唐玄宗注》：求取不已，为祸大矣。咎莫大于欲得：咎：过失，罪过。《河上公注》：欲得人物，利且贪也。《唐玄宗注》：殃咎之大，莫大于欲，于欲必令皆得，皆得则祸深，故云咎也。故知足之足，常足矣：《河上公注》：守真根也；无欲心也。《唐玄宗注》：物足者，非知；心足者，乃知足。心若知足，此足则常足矣。《八仙注》：天下有道：情归性。却走马以粪：意马闲灵苗秀。天下无道：性逐情。戎马生于郊：意马狂心地荒。罪莫大于可欲：一念易动。祸莫大于不知足：迷己逐物。咎莫大于欲得：岂可更添一物？故知足之足常足：鸿钧赋予不为贫。瑶华帝君注曰：《尚书》云稼穑艰难，《诗雅》云稼穑惟宝，则可知农事乃有天下者之亟务，而穷兵黩武，最足以妨农业。是故有道之世，寓兵于农，屏却战斗田猎，而马无所用，一时民得三时无害，遂致力以粪田焉。苟或无道，则戎马生于郊圻，民不聊生，尚何粪田之有？要其戎马之生，总缘于金壬败类，逢君之恶，悬可欲者以相招。而人君不以有天下自足，且必欲得而甘心焉，则其祸患有鲜所底者。故以可欲者诱人，其罪大矣。而不知自足，为其所诱而必欲得之，迨至得祸惨酷，伊谁之咎乎？太上曰祸曰咎，盖深切以警人也。由是论之，足有何尽？贪得者缘于不知，虽日求足而究不克足，惟知现在处即是足，则无入弗足，斯常足矣。

天下罪之大者，莫大于可欲。以其戕生伤性，败乱彝伦，以至君臣父子，皆失其分者，皆见可欲之罪也；以致败国亡家，覆宗灭族之祸者，皆不知止足所致也。由不知足，故凡见他人之所有，而必欲得之。然欲得之心，为众罪大祸之本。故咎之大者，莫大于欲得，欲得者，心不足也。古人云，若厌于心，何日而足？以贪得不止，终无足时。惟知足之足，无不足矣，故常足。

　　第四十七章·不出户，知天下；不窥牖，见天道；其出弥远，其知弥少[1]。是以圣人不行而知，不见而明，不为而成[2]。

　　【帛书】不出于户，以知天下；不窥于牖，以知天道。其出弥远者，其知弥少。是以圣人弗行而知，弗见而明，弗为而成。

　　【憨山注】：此承上言圣人所以无为而成者，以其自足于己也。谓圣人性真自足，则智周万物，无幽不鉴，故天下虽可不出户而知，天道虽微，可不窥牖而见。以其私欲净尽，而无一毫障蔽故也。若夫人者，沉瞑利欲，向外驰

[1] 不出户，知天下；不窥牖yǒu，见天道；其出弥远，其知弥少：不出户：户：门，一扇门。知天下：《河上公注》：圣人不出户以知天下者，以己身知人身，以己家知人家，所以见天下也。《王弼注》：事有宗，而物有主，途虽殊而同归也，虑虽百而其致一也。不窥牖，见天道：牖：窗。《河上公注》：天道与人道同，天人相通，精气相贯。人君清净，天气自正，人君多欲，天气烦浊。吉凶利害，皆由于己。《王弼注》：道有大常，理有大致，执古之道，可以御今，虽处于今，可以知古始，故不出户，窥牖而可知也。《唐玄宗注》：垂拱无为，不出教令于户外，是知治天下之道，人事和则天象顺，故不烦窥牖而天道可知。其出弥远，其知弥少：弥：更加。《河上公注》：谓去其家观人家，去其身观人身，所观益远，所见益少也。《王弼注》：无在于一而求之于众也，道视之不可见，听之不可闻，抟之不可得，如其知之，不须出户，若其不知，出愈远愈迷也。《唐玄宗注》：若不能无为，假使出令弥远，其知治天下之道弥少。《八仙注》：不出户：潜心。知天下：智周万物。不窥牖：嚣肢体，见聪明。见天道：离形去智。其出弥远：神游万国。其知弥少：心包太虚。瑶华帝君注曰：易之同人曰：出门同人，昌黎伯曰：坐井观天，斯二说者，均与不出户、不窥牖之论相左。而太上当日乃为是说者，为性之浑全而言也。盖人同此心，心同此道。此一人之心，即千百人之心，即万亿人之心。本是心以运之，四海融于一室，故无庸出户而知之也，天之道，即人之道。喜怒哀乐，阴惨阳舒，恒相配待，人身所以为一小天地也。川流敦化之德，而即本吾德以德之，则天道了在尔室，亦奚俟窥牖而始见乎？世人不知道在目前，而远以求之，惟出求之弥远，则其知道也弥少矣。

[2] 是以圣人不行而知，不见而明，不为而成：是以圣人不行而知：《河上公注》：圣人不上天，不入渊，能知天下者，以心知之也。《王弼注》：得物之致，故虽不行而虑可知也。《唐玄宗注》：不出户，故云不行，无为淳朴，而知为理之道。不见而名：《河上公注》：上好道，下好德；上好武，下好力。圣人原小知大，察内知外。《王弼注》：识物之宗，故虽不见，而是非之理可得而名也。《唐玄宗注》：不窥牖，故云不见。人和天顺，而能名其太平。不为而成：《河上公注》：上无所为，则下无事，家给人足，万物自化就也。《王弼注》：明物之性，因之而已。故虽不为而使之成矣。《唐玄宗注》：不为言教，而天下化成。《八仙注》：是以圣人不行而知：明镜当胸。不见而名：宝剑在手。不为而成：不动一毫。道之浑全如彼，心之光莹如此。光莹者，浑全之用也。圣人无方无体，何虑何思？其所知者，不待行而始知；其能名者，不待见而始名。则其所成者，盖亦无事于为，而为之利已溥矣。惟无为斯以有为，有为未有不自无为运之也。无为之为，亦安用出户以窥牖也哉？纯阳子注：万物皆备，故不出户而知天下；造化由心，故不窥牖而见天道。反是而驰骛以求周知，则见闻有穷，心思易涸。是以圣人养其本真，清明在躬，志气如神，岂必历九州岛而数名象，任智力以要近功哉？《中庸》言"至诚"之妙，曰"不见而章，无为而成"，即此意也。

求，以利令智昏，故去性日远，情尘日厚，尘厚而心益暗。故其出弥远，其知弥少。是以圣人淡然无欲，不事于物。故寂然不动，感而遂通天下之故，故曰"不行而知"。如此则尸居而龙见，渊默而雷声，故曰"不见而名"。道备于己，德被群生，可不言而化，故曰"不为而成"。是皆自足于性也。

【串讲】

本讲是传统本《老子》的第四十六章、第四十七章。第四十六章的要点是"有道"即"天下有道，却走马以粪；天下无道，戎马生于郊"、"常足"即"祸莫大于不知足，咎莫大于欲得，故知足之足，常足矣"。第四十七章的要点是"见天道"即"不出户，知天下；不窥牖，见天道——其出弥远，其知弥少"、"体天理"即"不行而知，不见而明，不为而成"。

第四十六章以有无战争作为是否有道的标准来讨论"知足不辱""知止不殆"的道理，河上公给本章取名"俭欲"，旨在说明"知足之足"的道理。第四十七章继续对"知足之足"加以讨论，河上公给本章取名"鉴远"，指出老子"洞察天下"的独特之处。"常足论"以"知足"作为起点，以"鉴远"作为方法，靠"悟证"洞察天下，以期实现"不行而知""不见而明""不为而成"的目标。

第四十六章的意思是：治理天下如果有道，战马没用而只好用来运输肥料；治理天下如果无道，被迫上战场的母马在郊外生驹。最大的祸害没有超过不知满足的，最大的过失没有超过贪心不足的。所以知道到了什么地步是满足，这才是永远的满足。

第四十七章的意思是：不出家门，就能推知天下的事理；不窥窗外，就可发现自然的规律；走得越远，所必须亲为的就应越少。所以圣人不出家门就能推知人事，不窥窗外而能明白天道，不妄为而能无所不成。

第二十二讲·益损论：为学为道，
以百姓心为心

【简注】

第四十八章·为学日益，为道日损；损之又损，以至于无为，无为而无不为[1]。取天下常以无事，及其有事，不足以取天下[2]。

【帛书】为学者日益，为道者日损；损之又损，以至于无为；无为而无不为矣。故将欲取天下也，恒以无事；及其有事也，则不足以取天下矣。

---

[1] 为学日益，为道日损；损之又损，以至于无为，无为而无不为：为学日益：《河上公注》：学谓政教礼乐之学也。日益者，情欲文饰日以益多。《王弼注》：务欲进其所能，益其所习。《唐玄宗注》：为学者，日益见闻。为道日损：《河上公注》：道谓之自然之道也。日损者，情欲文饰日以消损。《王弼注》：务欲反虚无也。《唐玄宗注》：为道者，日损功行。损之又损：《河上公注》：损之者，损情欲也。又损者，所以渐去之也。以至于无为：《河上公注》：当恬淡如婴儿，无所造为也。《唐玄宗注》：益见闻为修学之渐，损功行为悟道之门，是故因益以积功，忘功而体道矣。无为而无不为：《河上公注》：情欲断绝，德与道合，则无所不施，无所不为也。《王弼注》：有为则有所失，故无为乃无所不为也。《唐玄宗注》：为学者，积功行，为道者，忘损之，虽损功行，尚有欲损之心，兼忘此心，则至于泊然无为。方彼镜象而无不应，故无不为也。《八仙注》：为学日益：百尺竿头，更进一步。为道日损：空诸所有，纳此一无。损之又损：皮毛剥尽，惟有真实。以至于无为：恬淡虚灵。无为而无不为：自然万化。瑶华帝君注曰：损益二字：在孔子为经世者说，则取益而戒损；在太上为出世者说，则取损而忌益。如人或昧于道本，而逐其末以学之，博闻强识，采是摭华，龟勉既深，聪明就广，非不勤且专也，然亦第谓之益而已。苟一日知道，而去其妄心，收其放性，处处俱从本原上探求，舍多识而会一贯，若是者方谓之损。然知其当损，从而损之，是犹有心于损之也。惟损之又损，以至不自知其损，则是无心损矣。无心者即所谓无为也，惟无为而溥博渊泉。无非道所充塞，则亦无不为也已。

[2] 取天下常以无事，及其有事，不足以取天下：取天下常以无事：《河上公注》：取，治也。治天下当以无事，不当以劳烦也。《王弼注》：动常因也。《唐玄宗注》：无为无事，天下归怀，故可取天下。及其有事，不足以取天下：《河上公注》：及其好有事，则政教烦，民不安，故不足以治天下也。《王弼注》：自己造也；失统本也。《唐玄宗注》：有事则烦劳，烦劳则凋弊，故不足以取天下。《八仙注》：故取天下常以无事：无心是大还。及其有事：物来斯照。不足以取天下：弃天下如敝屣。道在损而无为，则亦何疑于治天下乎？天下虽至广大，天下之人虽极繁多，而将欲取天下之人从而化之，使皆从而归之，则常贵于无事。无事者，潜移默运，而耕田凿井，帝力何有之谓也？若夫张皇补葺，润色太平，而风即于浮，情流于伪，天下相率而浮伪之，则亦安克取天下而化之也哉？纯阳子注：博文则日知其所未知，约礼则日去其所本。无由万殊以归于一本，此损之又损之道也。无为，谓浑然天理而不假强为，千变万化皆从此出，故可以无不为。无事恭己而治，若舜禹之有天下而不与也。反是者，败。

【憨山注】：此承上言无为之德，由日损之功而至也。为学者，增长知见，故日益；为道者，克去情欲，穷形泯智，故日损。初以智去情，可谓损矣；情忘则智亦泯，故又损。如此，则心境两忘，私欲净尽，可至于无为，所谓我无为而民自化。民果化，则无不可为之事矣。此由无为而后可以大有为，故无不为。是故取天下者，贵乎常以无事也。无事，则无欲；我无欲，而民自正；民自正，而天下之心得；天下之心得，则治国如视诸掌：此所以无事足以取天下也。若夫有事则有欲，有欲则民扰，民扰则人心失，人心既失，则众叛亲离：此所以有事不足以取天下也。无为之益，天下希及之者，此耳。旧注取字训为，摄化之意。应如春秋取国之取，言得之易也。

第四十九章·圣人无常心，以百姓心为心：善者吾善之，不善者吾亦善之，得善；信者吾信之，不信者吾亦信之，得信[1]。圣人在天下，怵怵；为天下，浑浑。百姓皆瞩其耳目，圣人皆孩之[2]。

---

[1] 圣人无常心，以百姓心为心：善者吾善之，不善者吾亦善之，得善；信者吾信之，不信者吾亦信之，得信：圣人无常心：《河上公注》：圣人重改更，贵因循，若自无心。以百姓心为心：《河上公注》：百姓心之所便，圣人因而从之。《王弼注》：动常因也。《唐玄宗注》：圣人之心，物感而应，应在于感，故无常心。心虽无常，唯在化善，是常以化百姓心为心。善者吾善之：《河上公注》：百姓为善，圣人因而善之。《王弼注》：各因其用则善不失也。不善者吾亦善之，得善：《河上公注》：百姓虽有不善者，圣人化之使善也。百姓德化，圣人为善：《王弼注》：无弃人也。信者吾信之：《河上公注》：百姓为信，圣人因而信之。不信者吾亦信之，得信：《河上公注》：百姓为不信，圣人化之为信者也，百姓德化，圣人以为信。《唐玄宗注》：欲善信者，吾因而善信之。不善信者，吾亦以善信教之，令百姓感吾德而善信之。《八仙注》：圣人无常心：不以我为我，乃见心中心。以百姓心为心：人我之心，同乎一性。善者吾善之：与我同然。不善者吾亦善之：各返其正。德善矣：同乎德化。信者吾信之：消息天然。不信者吾亦信之：谁非此道。得信矣：全其智信。瑶华帝君注曰：道无心也，道生天；天无心也，天生圣人，岂其独有心乎？故曰"圣人无常心"。无常心者，无成心也。惟无成心，而即以百姓之心为心矣。曷以见其以百姓之心为心？盖百姓有善即有不善，有信即有不信，妍媸美恶之份途也。人类虽份，圣人之心无份，故于善者从而善之，于不善者亦从而善之。善不善，在人，而吾所以善之之心未尝渝也，德可谓善矣。信不信，在人，而吾所以信之之心未尝变也，德可谓信矣。德之善，德之信，则亦安用夫常心哉？

[2] 圣人在天下，怵怵；为天下，浑浑。百姓皆瞩其耳目，圣人皆孩之：圣人在天下，怵怵；为天下，浑浑。百姓皆瞩其耳目，圣人皆孩之：圣人在天下，怵怵：怵怵：恐惧的样子。《河上公注》：圣人在天下怵怵常恐怖，富贵不敢骄奢。为天下，浑浑：浑浑：浑然的样子。《河上公注》：言圣人为天下百姓混浊其心，若愚暗不通也。《唐玄宗注》：圣人在理天下，化引百姓，常揲揲用心，令德善信而圣心凝寂，德照圆明，浑同用心，皆为天下，故云为天下浑其心。百姓皆注其耳目：《河上公注》：注，用也。百姓皆用其耳目为圣人视听也。《王弼注》：各用聪明。《唐玄宗注》：百姓化圣德为善，故倾注耳目，以观听圣人。圣人皆孩之：《河上公注》：圣人爱念百姓如婴孩赤子，长养之而不责望其报。《王弼注》：皆使和而无欲，如婴儿也。夫天地设位，圣人成能，人谋鬼谋，百姓与能者，能者与之，资者取之，能大则大，资贵则贵，物有其宗，事有其主，如此则可冕旒充目而不惧于欺，黈纩塞耳而无戚于慢，又何为劳一身之聪明以察百姓之情哉？夫以明察物，物亦竞以其明应之，以不信察物，物亦竞以其不信应之。夫天下之心，不必同其所应，不敢异则莫肯用其情矣。甚矣，害之大也，莫大于用其明矣。夫在智则人与之讼，在力则人与之争。智不出于人而立乎讼地，则穷矣；力不出于人而立乎争地，则危矣。未有能使人无用其智力乎己者也，如此则己以一敌人，而人以千万敌己也。若乃多其法网，烦其刑罚，塞其径路，攻其幽宅，则

【帛书】圣人恒无心，以百姓之心为心：善者善之，不善者亦善之，得善也；信者信之，不信者亦信之，得信也。圣人之在天下也，歙歙焉为天下；浑其心，百姓皆瞩其耳目焉，圣人皆孩之。

【憨山注】：此言圣人不言之教，无心成化，故无不可教之人也。常者，一定不移之意，谓圣人之心，至虚无我，以至诚待物，曾无一定之心，但以百姓之心为心耳。以圣人复乎性善，而见人性皆善，故善者固已善之，即不善者亦以善遇之。彼虽不善，因我以善遇之，彼将因我之德所感，亦化之而为善矣，故曰德善。以圣人至诚待物，而见人性皆诚，故信者固已信之，即不信者亦以信待之。彼虽不信，因我以信遇之，彼将因我之德所感，亦化之而为信矣，故曰德信。以天下人心不古，日趋于浇薄，圣人处其厚而不处其薄，汲汲为天下浑厚其心。惵惵，犹汲汲也。百姓皆注其耳目者，谓注目而视，倾耳而听，司其是非之昭昭。圣人示之以不识不知，无是无非，浑然不见有善恶之迹，一皆以淳厚之德而遇之，若婴孩而已，故曰"皆孩之"。若以婴孩待天下之人，则无一人可责其过者。圣人之心如此，所以不言而信，无为而化，则天下无不可教之人矣。

【串讲】

本讲是传统本《老子》的第四十八章、第四十九章。第四十八章的要点是"两为"即"为学日益，为道日损；损之又损，以至于无为；无为而无不为"、"无事"即"取天下常以无事，及其有事，不足以取天下"。第四十九章的要点是"无常心"即"圣人无常心，以百姓心为心"、"善信"即"善者吾善之，不善者吾亦善之，得善；信者吾信之，不信者吾亦信之，得信"、"圣人在天下"即"圣人在天下，怵怵；为天下，浑浑——百姓皆瞩其耳目，圣人皆孩之"。

第四十八章把修道的"认识论"分为"为学"而"为道"两个前后相关的阶段，并介绍了具体的途径、方法、目标，河上公给本章取名"忘知"，意

万物失其自然，百姓丧其手足，鸟乱于上，鱼乱于下，是以圣人之于天下，歙歙焉，心无所主也，为天下浑心焉，意无所适莫也。无所察焉，百姓何避，无所求焉，百姓何应，无避无应，则莫不用其情矣。人无为舍其所能而为其所不能，舍其所长而为其所短，如此，则言者言其所知，行者行其所能，百姓各皆注其耳目焉，吾皆孩之而已。《唐玄宗注》：圣人念彼苍生，犹如慈母，故凡视百姓，皆如婴儿。《八仙注》：圣人之在天下怵怵：无不敬也。为天下浑其心：忘所以然。百姓皆注其耳目：一有成心是有份别。圣人皆孩之：任其自然。圣人虽不以善恶信伪份别人品，而天下之人偏以善不善、信不信相挟相攻，纷纷穰穰，迄无宁日。圣人用是忧之惵惵。惵惵，即惴惴也。为天下浑其心于相忘，在天下之人，方注其耳目，以聆圣人之奖让，以窥圣人之予夺，而不知圣人之待天下，全无所好，亦全无所恶，如婴孩之纯一无伪，与天下相安于无事也，故曰"皆孩之"。

味着不以"智"治国，以"无事"而"取天下"。第四十九章强调像圣人那样"以百姓心为心"，"抱一为天下式"最后实现"百姓皆瞩其耳目，圣人皆孩之"的和谐社会，河上公因此给本章取名"任德"。"益损论"的核心在于"为学"而"为道"，"益"天道，"损"私心，在于"以百姓心为心"，构建和谐社会！

第四十八章的意思是：为学则情欲文饰每天都在增加，为道则情欲文饰每天都在减少；情欲减少而又减少，以至于达到无为的境界；通过"无为"的手段而实现"无不为"的目标。取天下恒久的方法就是不滋事，如果滋事，就不可能取得天下。

第四十九章的意思是：圣人没有成见，百姓的心愿就是圣人的心愿；行善的"我"善待，不行善的"我"也善待，这样"我"就得到了"善"；守信的"我"信任；不守信的"我"也信任，这样"我"就得到了"信"。圣人君临天下，收敛个人的欲望；圣人治理天下，回归浑朴的心境。百姓尊敬地按照圣人的意愿去做，圣人都如婴儿般跟百姓相处。

第二十三讲·生死论：道生德畜，物形势成

【简注】

第五十章·出生入死：生之徒，十有三；死之徒，十有三；人之生，动之于死地，亦十有三[1]。夫何故？以其生生之厚[2]。盖闻善摄生者，陆行不遇虎兕，入军不被甲兵；兕无所投其角，虎所用其爪，兵无所措其刃。夫何故？以其无死地[3]。

———————

[1]　出生入死：生之徒，十有三；死之徒，十有三；人之生，动之于死地，亦十有三：出生入死：《河上公注》：出生，谓情欲出五内，魂静魄定，故生。入死，谓情欲入于胸臆，精劳神惑，故死。《王弼注》：出生地，入死地。《唐玄宗注》：了悟则出生，迷执则入死，正标也。生之徒，十有三；死之徒，十有三：徒：途：途径。《河上公注》：言生死之类各有十三，谓九窍四关也。其生也，目不妄视，耳不妄听，鼻不妄嗅，口不妄言，舌不妄味，手不妄持，足不妄行，精神不妄施。其死也，反是也。《唐玄宗注》：泛论众生当生安生得生理，处死顺死得死理，如此者，大凡十中有三人尔。人之生，动之于死地，亦十有三：《河上公注》：人知求生，动作反之十三死地也。《唐玄宗注》：徇生太厚，以养伤生，既心矜此生，故动往死地，此则生理既失，死理亦亏，如此之辈，亦十中有三人尔。《八仙注》：出生入死：日圆月缺。生之徒十有三：初三生魄，十五乃圆。死之徒十有三：十六亏至，念八丧魄。人之生：亦如月然。动之死地：水火相违。亦十有三：木成数六，火成数七。瑶华帝君注曰：死生亦大矣，而性固无生死也。人出入之，则有生死矣，故能知性以见性，见性以复性，超出乎嗜欲攻取之外，则从此长生。假若昧失本性，离却真性，陷溺恒性，日入乎华靡丽之场，则自趋于死地矣。出生入死，其明较也，人能去妄求诚，守真抱朴，此炼形住世者也。生之徒也，可生之道，十有其三焉。倘或缘情逐境，耽滞于声色货利之中，则是狗欲以丧生矣，而谓非死之徒乎？取死之道，亦十有三焉。生死之义，明白昭雪若此，而有人既已知夫生之之道，及物来诱之，遂将素所知者顿忘，而径趋于欲海，则其动而之死地者，亦十有三焉。夫生之徒十有三，死之徒十有三，生而动之死地亦十有三。三三并而为九，而性止一性，性之数恒少，何不敌欲数之多乎？

[2]　夫何故？以其求生之厚：《河上公注》：问何故动之死地也，言人所以动之死地者，以其求生活之事太厚，违道忤天，妄行失纪。《唐玄宗注》：设问所以动之死地，夫缘何故？但以其求生此生太厚之故。《八仙注》：夫何故：人月相似。以其生生之厚：同天地之一气。是非无因也，以庸众爱生贪生之厚故耳。过于生生之厚，自必趋于死之途矣。纯阳子注：出入，指日月言。生者，气之至而伸；死者，气之往而寂也。乾坤无为，以日月为功；东西出入，而五行布四时成焉。徒犹类也。水之成数六，火之成数七，合为十三。日月者，水火之精，人得其真气而不能守，故其由生而之死也。易动，对静而言。生生之厚，秉阴阳之气，以生者厚于物也。太上将勉人以摄生之道，而先言生者不能无死如此。

[3]　盖闻善摄生者，陆行不遇虎兕sì，入军不被甲兵；兕无所投其角，虎所用其爪，兵无所措其刃。夫何故？以其无死地：盖闻善摄生者：《河上公注》：摄，养也。路行不遇兕虎：兕：雌犀牛。《河上公注》：自然远离，害不干也。人军不被甲兵：被：准备，备办。《史记·绛侯世家集解》"被，具也。"《广雅·释诂》："备，具也。"《河上公注》：不好战以杀人。兕无所投其角，虎

出生入死：生之徒十有三，死之徒十有三；而民之生生而动，皆之死地者亦十有三。夫何故也？以其生生之厚也。盖闻善摄生者，陆行不避兕虎，入军不被甲兵。兕无所揣其角，虎无所措其爪，兵无所容其刃。夫何故也？以其无死地焉。

【憨山注】：此言圣人所以超乎生死之外者，以其澹然无欲、忘形之至、善得无生之理也。出生入死者，谓死出于生也。言世人不达生本无生之理，故但养形以贪生，尽为贪生以取死。是所以入于死者，皆出于生也，大约十分而居其九。而不属生死者，唯有一焉，而人莫之知也。生之徒者，养形寿考者也；死之徒者，汩欲忘形，火驰而不返者也；动之死地者，嗜欲戕生，无所避忌者也：举世之人，尽此三种，而皆不免入于死者，以其出于贪生也。何所以故？以其生生之厚耳。是皆但知养生，而不知养生之主。苟不知养生之主，皆为不善养生者也。摄，养也。盖闻善养生者，不养其生，而养其生之主。然有其生者，形也；主其生者，性也。性为生主，性得所养，而复其真，则形骸自忘；形忘则我自空，我空则无物与敌。故陆行不遇兕虎，入军不避甲兵。色欲伐性，甚于兕虎甲兵也。以无我故，踪遇之而亦无可伤。故兕无所投其角，虎无所措其爪，兵亦无所容其刃矣。夫何故？以其无死地焉。是知我者，生之寄；生者，死之地也。无我无生，又何死之？孔子曰，未知生，焉知死？是知生本无生，则知死亦不死，此所以贵"朝闻道而夕死可矣"。非超乎生死之外者，不易致此。

无所措其爪，兵无所措其刃：措：安置，安放。《河上公注》：养生之人，兕虎无由伤，兵刃无从加之也。《唐玄宗注》：善摄卫生理之人，心照清静，无贪取之意，则凡是外物不可加害，陆行不求遇虎兕，入军不被带甲兵，此不求害物也，则物无害心，故无投角措爪刃之所矣。夫何故？以其无死地：《河上公注》：问兕虎兵何故不加害之。以其不犯十三之死地也。言神明营护之，此物不敢害。《王弼注》：十有三，犹云十分有三分，取其生道，全生之极，十分有三耳。取死之道，全死之极，亦十分有三耳。而民生生之厚，更之无生之地焉，善摄生者无以生为生，故无死地也。器之害者，莫甚乎兵戈，兽之害者，莫甚乎兕虎，而令兵戈无所容其锋刃，虎兕无所措其爪角，斯诚不以欲累其身者也，何死地之有乎？夫蚖蟺以渊为浅，而凿穴其中，鹰鹯以山为卑，而增巢其上，矰缴不能及，网罟不能到，可谓处于无死地矣，然而卒以甘饵，乃入于无生之地，岂非生生之厚乎？故物苟不以求离其本，不以欲渝其真，虽入军而不害，陆行而不可犯也，赤子之可则而贵信矣。《唐玄宗注》：夫何故？兕虎甲兵无容措之所乎？以其顺化无私，不以死为死，则物不得害其生，故云无死地也。《八仙注》：盖闻善摄生者：无忿欲。陆行不遇兕虎：内省不疚。入军不甲兵：何忧何惧？兕无所投其角：身非我有。虎无所措其爪：我亦忘我。兵无所容其刃：此心自若。夫何故：本无生死。以其无死地：生死特一，气之聚散。庸众厚生而不免于死也如是，若所闻善摄生者则不然。善摄生者，本无生者也。故在陆而行，则不遇兕虎焉；其入军阵，则不避甲兵焉。非不遇兕虎也，兕角无所投之，虎爪无所措之，则有若不遇。亦非不避甲兵也，兵无所投其刃，则有若不避也。伊何故哉？以圣人本无恐地也。圣人何以无死地？以其无生也。不有生，亦安有死乎？是所谓不生不灭、不溺不焚、不漏不残之谓。纯阳子注：兕虎甲兵无道，则或罹其凶。善摄生者，合阴阳之撰，通神明之德，命由我立，而何死地之有哉？

第五十一章·道生之，德畜之，物形之，势成之，是以万物莫不尊道而贵德[1]。道之尊，德之贵，夫莫之爵而常自然[2]。故道生之，德畜之；长之育之，成之孰之，养之覆之[3]。

———————

[1]　道生之，德畜之，物形之，势成之，是以万物莫不尊道而贵德：道生之：《河上公注》：道生万物。《唐玄宗注》：妙本动用降和气。德畜之：《河上公注》：德，一也。一主布气而蓄养。《唐玄宗注》：物得以生养万类。物形之：《河上公注》：一为万物设形像也。《唐玄宗注》：乾知坤作兆形位。势成之：《河上公注》：一为万物作寒暑之势以成之。《王弼注》：物生而后畜，畜而后形，形而后成，何由而生？道也；何得而畜？德也；何由而形？物也；何使而成，势也。唯因也，故能无物而不形；唯势也，故能无物而不成。凡物之所以生，功之所以成，皆有所由，有所焉，则莫不由乎道也。故推而极之，亦至道也。随其所因，故各有称焉。《唐玄宗注》：寒暑之势各成遂。是以万物莫不尊道而贵德：《河上公注》：道德所为，万物无不尽惊动，而尊敬之。《唐玄宗注》：万物由道德以生畜，故尊贵之。《八仙注》：道生之：元皇祖炁。德畜之：化生诸天。物形之：在天成象。势成之：在地成形。是以万物：一切有象。莫不尊道而贵德：皆从道生。妙法元君注曰：道生天地，何况万物？故凡自无而有者，皆道生之也。第道能生之，不能畜之，于是乎赖德。德者道之所积而流者也，并生并育。非德充周于其中，固难冀咸若其性也。道生即"常无，以观其妙"；德畜即"常有，以观其徼"耳。顾道虽生之，德虽畜之，而必有所附而斯形。假如天地间无物，亦安所知为道之生、见为德之畜乎？故形道之生，形德之畜，皆物也。有物则有势，凡刚柔之相取，燥湿之异宜，动静之互根，隐显之殊途，相推相积而成者，又势为之也。物形势成，此特其末耳流耳。由末以溯本，从流以探源，则总不离乎道与德也。道之尊何如乎？德之贵何如乎？尊则师保承之，贵则侯王奉之。万物共禀道德，即莫不共知尊贵也！按：《八仙注》的"道生即常无，以观其妙；德畜即常有，以观其徼耳"、"假如天地间无物，亦安所知为道之生、见为德之畜乎？故形道之生，形德之畜，皆物也"等说法，阐述了中华文化传统的一个很重要的经典理论，即"道生、德畜、物形、势成"的基础性价值，这为天人国学的"无中生有"、"有无相生"、"望无识有"、"存无守有"提供了历史的依据。

[2]　道之尊，德之贵，夫莫之爵而常自然：《河上公注》：道一不命召万物，而常自然应之如影响。《王弼注》：道者，物之所由也。德者，物之所得也。由之乃得，故曰不得不失；尊之则害，不得不贵也。道之尊，德之贵，夫莫之爵而常自然。《唐玄宗注》：道德之尊，非假爵命，但生成之功，被物而常，自然贵尔。是以人莫不尊道而贵德也。《八仙注》：道之尊，德之贵：越古超今。夫莫之爵而常自然：生成道体，受命于天。道德尊贵若是，是岂有大于道德而从而爵之者乎？曰非也，此天爵也，子舆氏所云之良贵。自然而生物，亦自然而畜物，则亦自然而尊且贵，夫安所从而爵之？纯阳子注：道统名德，则其真实无妄者也。生以资始言，畜以含煦言，品物咸章则有形矣，畅茂条达则势成矣，万物莫不由此，是以道德至为尊贵。莫之命，无命令也，此言道德之在天地者，本于自然如此。按：《八仙注》、纯阳子注都把"道"跟"自然"混同起来了，这是值得特别注意的。"道法自然"或"道法自"的意思是"道"是"自生"的，而不是"言道德之在天地者，本于自然如此"。

[3]　故道生之，德畜之，长之育之，成之孰之，养之覆之：《河上公注》：道之于万物，非但生而已，乃复长养、成孰、覆育，全其性命。人君治国治身，亦当如是也。生而不有，道生万物，不有所取以为利也。《王弼注》：谓成其实，各得其庇荫，不伤其体矣。按：河上公本、王弼本"养之覆之"下有"生而不有，为而不恃，长而不宰，是谓玄德"与第十章相同而省。《八仙注》：故道生之，德畜之：禀其精，含其气。长之育之：遂其形，字其才。成之熟之：权其成，果其用。养之覆之：作其和，护其伤。生而不有：内无其心。为而不恃：外无其形。长而不宰：远无其物。是谓玄德：合道。道之自然若此，则本自然以及物，而或从而生之，或从而畜之，或从而长之，或从而育之。以至于成且熟也，养且覆也。似皆出于有心，而道固无为也，无为则无心而成化矣。虽生之而不自以为有也，不有则不恃，为一如其无为，于以长立万物之上，全不自谓有宰制之能。如是者，欲不谓之玄德能乎？盖德介有无之间，虽形未形，不可名无，亦不可名有，是德而玄者也，德至矣！按：

【帛书】道生之而德畜之，物形之而器成之，是以万物莫不尊道而贵德。道之尊也，德之贵也，夫莫之爵而恒自然也。道生之畜之，长之育之，亭之毒之，养之覆之。生而弗有也，为而弗恃也，长而弗宰也，是谓玄德。

【憨山注】：此言道德为万物之本，欲人体道虚怀，而造乎至德也。然道为天地根，故万物非道不生，且道但能生之而已，然非德不畜。畜，长养也，如阳和之气，含有而培养之，皆其德也。故道德无形，乃因物以形。形，犹见也。苟不知道德之大，但即物而观，可知已，故曰物形之。且道之生物，唯一气流行，苟无四时寒暑之序，生杀之势，则虽生之畜之，而亦不能成熟之也。所以成万物者，又因其势也。势者，凌逼之意。若夫春气逼物，故物不得不生，秋气逼物，故物不得不成。此其皆以势成之也。观其成物之功，故知其道无位而尊、无名而贵。所以如此尊贵者，乃道体之自然，又非有以命之者，故曰莫之命而常自然。若侯王之尊，则受命于天；卿相之贵，则受命于君。故凡禀命而得之者，亦可夺而失之也，岂常然耶？以道德乃天然尊贵，故莫之命而常自然耳。所以常然而不失者，以其体至虚，故其用至大。所以万物赖之以生长之，既生长而又含育之，既育而又成熟之，既成熟而又爱养以覆护之，此所谓成始成终。而道德之量，何如耶？且如此生之，生生不已，而不自有其生；如此作为，以成熟之，而不自恃其为。虽为万物之主，而不自以为宰，所以为玄德也。是故君天下者，贵乎体道虚怀而造乎德之至也。

第五十二章·天下有始，以为天下母[1]。既得其母，以知其子；既知其子，复守其母，殁身不殆[2]。塞其兑，闭其门，终身不勤；开其兑，济其事，终身不

《八仙注》"德介有无之间，虽形未形，不可名无，亦不可名有"的观点非常值得注意："德介有无之间"即"道"即常道的存在状态是"无"，"德"即非常道的存在状态是"有"，"有"的起点是"太极"、是"一"，因此是"混沌"和"恍惚"，所以"德"的上德近乎道，下德乃是"仁义礼智信"，所以"德介有无之间"，因此"虽形未形，不可名无，亦不可名有"。

[1] 天下有始，以为天下母：天下有始：《河上公注》：始有道也。以为天下母：《河上公注》：道为天下万物之母。《王弼注》：善始之则善养畜之矣，故天下有始则可以为天下母矣。《唐玄宗注》：始者冲气也，言此妙气生成万物，有茂养之德，故可以为天下母。《八仙注》：天下有始：道生一。以为天下母：一生二。妙法元君注曰：始即无名天下之始，无极也。自无极而太极，无不终无而有矣；有，非即"有名万物之母"乎？惟母能生万物，然不有个始，母从何有？故曰"天下有始"，方以为天下之母也。

[2] 既得其母，以知其子；既知其子，复守其母，殁mò身不殆：既知其母，复知其子：《河上公注》：子，一也。既知其母己，当复知一也。《唐玄宗注》：万物既得冲和茂养，以知其身即是冲气之子。既知其子，复守其母：《河上公注》：已知一，当复守道，反无为也。殁身不殆：殁：死，终。《广雅·释诂》："殁，终也。"《河上公注》：不危殆也。《王弼注》：母，本也，子，末也。得本以知末，不舍本以逐末也。《唐玄宗注》：既知身是冲气之子，当守此冲和妙气，不令离散，则终没其身，长无危殆也。《八仙注》：既得其母：二生三。以知其子：三生万物。既知其子：夫物云云。复守其母：各复归其根。没身不殆：常存。子者，母之所生也，天下未有无母之子。道生万物，则万物之母矣。得其母，则凡充满于宇宙者，皆道生之子也。以母知子，何事推求？第子母有相顾

救[1]。见小曰明，守柔曰强。用其光，复归其明；无遗身殃，是为袭常[2]。

【帛书】天下有始，可以为天下母。既得其母，以知其子；既知其子，复守其母，没身不殆。塞其闼，闭其门，终身不勤；启其闼，济其事，终身不救。见小曰明，守柔曰强。用其光，复归其明，无遗身殃，是谓袭常。

【憨山注】：此言道体之方，当以背物合道为要妙也。由万物皆资始乎

之义。倘子日逐于驰骋，而全缺定省温凊之道，虽博得个爵禄以荣亲，而母之精神念虑，已随其子消耗无几，势不将沦于殆乎？彼滞于有而不复反于无者，何以异是？故曰既得其子，则必仍完守其母，方不至殆厥终身也。

[1] 塞其兑（duì），闭其门，终身不勤；开其兑，济其事，终身不救。塞其兑：《河上公注》：兑，目也。使目不妄视也。按：兑：八卦之一，象征"口"。《易经·说卦》："兑为口。"象征意义具有任意性和相关性特质，所以不必拘泥。《唐玄宗注》：兑，爱悦也。目悦色，耳悦声，六根各有所悦，则生祸患，是故塞之。闭其门：《河上公注》：门，口也。使口不妄言。《王弼注》：兑，事欲之所由生；门，事欲之所由从也。终身不勤：勤：担心，忧虑。《河上公注》：人当塞目不妄视，闭口不妄言，则终生不勤苦。《王弼注》：无事永逸，故终身不勤也。《唐玄宗注》：不纵六根爱悦，则祸患之门闭矣，故终身不勤劳矣。开其兑：《河上公注》：开目视情欲也。济其事：《河上公注》：济，益也。益情欲之事。终身不救：《河上公注》：祸乱成也。《王弼注》：不闭其原而济其事，故虽终身不救。《唐玄宗注》：开张六根，纵其视听，以成济其爱悦之事，则常有祸患，故终身之不救尔。《八仙注》：塞其兑：寡言惜气。闭其门：收视返听。终身不勤：不劳而治。开其兑：内境出济，其事：外境入。终身不救：永绝道根。兑者，悦也；门，即理欲之门。言母既守如是，则当从事于淡泊清静，而无所用其滋扰矣。天下纷纭，类起于心之多悦，而理欲之交不克贞耳。惟塞其悦之心，闭其理欲之门，相与于无相与，则终身克全于道而不劳。是为不勤，反是而不惟塞之。转以开之，不惟闭之。反以济之，将攻取日深，陷溺日甚。既失其母，并害其子，此其人之终身，尚可以救援也乎？

[2] 见小曰明，守柔曰强。用其光，复归其明；无遗身殃，是为袭常。见小曰明：《河上公注》：萌芽未动，祸乱未见为小，昭然独见为明。《唐玄宗注》：人能于事微小，则见而改行，可谓明。守柔曰强：《河上公注》：守柔弱，日以强大也。《王弼注》：为治之功不在大，见大不明，见小乃明。守强不强，守柔乃强也。用其光：《河上公注》：用其目光于外，视时世之利害。《王弼注》：显道以去民迷。《唐玄宗注》：守柔弱，则人不能加，可谓强矣。复归其明：《河上公注》：复当返其光明于内，无使精神泄也。《王弼注》：不明察也。《唐玄宗注》：见小则明，守柔则强，若矜明用强，将失守柔见小之义，故当用光外照，复归守内明，长无患累矣。无遗身殃：《河上公注》：内视存神，不为漏失。是谓袭常：《河上公注》：人能行此，是谓修袭常道。《王弼注》：道之常也。《唐玄宗注》：遗，与也。言还守内明，则无与身为殃咎者，如此是谓密用真常之道。《八仙注》：见小曰明：虚中则明。守柔曰强：刚中则强。用其光：照耀金庭。复归其明：圣日圣月。无遗身殃：心无一尘。是谓袭常：直下承当。恒情每重大而轻小，而不知小即大之阶。涓涓不除，遂成江海；炎炎不灭，遂至燎原。是皆忽小之明征也。塞而闭之，是以其所见之真。谨而守之，尚不谓之明乎？凡事退后，视有如无，而绝不与物争得失。其桑甚矣，然惟桑斯能不敝，不敝而尚不谓之强乎？人生耳之能听，目之能视，鼻之能嗅，口之能言，皆所谓光也。以神运之，不以欲滞之，便谓之用其光。圣人塞兑闭门，非全绝意于物，第以神运之，用其光而已矣。虽用其光，又不欲使光之尽泄也，仍聚其精以还本明之体，如知子守母之谓，故能复归其明，而不使少有渗漏以遗身殃。如是则不溺不焚，不凋不残，而得以常生常明，相续而不绝矣。纯阳子注：天下有始，以为天下母，所谓有物浑成，先天地生者是也。神是母，炁是子，神炁相抱终身不殆。兑，金之窍门，六神出入之所。勤，劳扰也。济其事，事事而求其济，徒为自苦，故不救。察于几微，则无所蔽矣；守其柔顺，则无所折矣。光，性体之光明，金精是也。归明者，收视返听之意。道备于己，无恶于时，殃之所以免也。袭常，犹言守常也。

道，故曰天下有始，以为天下母。所谓道生之也，是知道为体而物为用，故道为母，物为子。人若但知道体虚无而不知物从此生，是知母而不知子，则沦于断灭。若但知物而不知道，是殉物而忘道，则失其性真。所以既知其母，亦复要知其子，所谓有体有用也。既知物从道生，则不事于物，故曰既知其子，复守其母。所谓用不离体也。体用两全，动静不二，故没身不殆。殆，危也，又尽也。下示守母之方。兑为口，门乃、眼耳，为视听之根，谓道本无言，言生理丧，妄机鼓动，说说而不休，去道转远。唯是必缄默以自守，所谓"多言数穷，不如守中，故曰塞其兑"。然道之于物，耳得之而为声，目得之而为色，若驰声色而忘返，则逐物而背性。是必收视返听，内照独朗，故曰"闭其门"。如此，则终身用之而不勤矣。勤，劳也。若徒执言说以为得，以资耳目之欲，火驰而不返，则是开兑济事，丧心于物，则终身不可救矣。是皆不能戒谨于隐微之间，而忽于欲机之兆，非为明也。孔子曰，知机其神乎，故曰"见小曰明"；以道自胜，故曰"守柔曰强"。是故学人当用其光，复其明，则"无遗身殃"也。然光，道之用也；明，道之体也。用不离体，故用愈光，而体愈明。此所以能无遗其殃也。袭，承也。且真常之道，吾固有之，但凡人不能承袭而自绝耳。苟能如此做工夫，则绵绵而不绝矣，故曰是谓袭常。

【串讲】

本讲是传统本《老子》的第五十章、第五十一章、第五十二章。第五十章的要点是"三三"即"出生入死：生之徒，十有三；死之徒，十有三；人之生，动之于死地，亦十有三"。"摄生"即"陆行不遇虎兕，入军不被甲兵；兕无所投其角，虎无所用其爪，兵无所措其刃；以其无死地"。第五十一章的要点是"尊道贵德"即"道生之，德畜之，物形之，势成之——万物尊道而贵德；道之尊，德之贵，夫莫之爵而常自然"、"五作"即"道生之，德畜之；长之育之，成之孰之，养之覆之"。第五十二章的要点是"母子"即"天下有始，以为天下母；既得其母，以知其子；既知其子，复守其母，殁身不殆"、"开闭"即"塞其兑，闭其门，终身不勤；开其兑，济其事，终身不救"、"袭常""见小曰明，守柔曰强。用其光，复归其明；无遗身殃，是为袭常"。

第五十章阐述的是"出生入死"的问题，河上公取名"贵生"，总结得很到位——"贵生"就是尽量避免走死路，尽量争取谋生路。第五十一章从"道生之，德畜之，物形之，势成之"的角度阐述"出生入死"，"生死自然"，所以河上公给这章取名"养德"。第五十二章从"得其母，以知其子"的角度阐述"出生入死"的观点，突出"得道与守道的关系"，所以河上公给本章取名"归元"。"道生""德畜""物形""势成"能够"养德"，"养德"能够"归元","归元"则"复归其明","无遗身殃"。"生死论"的目的是"避死路""谋生路""无死地";方法是"道生之，德畜之，物形之，势成之";忌讳是"开其兑，济其事"。

第五十章的意思是：出生和死亡：属于生的途径，有十分之三；属于死的途径，有十分之三；人本来可以活得长些，可有人却往死地里走，也有十分之三。这是为什么呢？这是因为失度的缘故啊。听说善于养生的人，在陆地上行走不会遇到凶恶的犀牛和猛虎，参加战争不会被刀枪剑戟伤害。犀牛对这种人无处投角，老虎对这种人无处伸爪，刀剑对这种人无处下刃。为什么会这样呢？因为这种人不会进入死亡之地。

第五十一章的意思是："道"生化万物，"德"养育万物，"道"给万物以形态，"德"给万物以成长。因此万物莫不尊崇并珍贵"道"和"德"。"道"和"德"之所以被尊崇和被珍贵，不是为之加官晋爵而是顺其自然。因此"道"生长万物，"德"养育万物；"道""德"使万物生长发展，"道""德"使万物壮大成熟，"道""德"使万物受到抚养保护。

第五十二章的意思是：天地万物起始于"道"，"道"是天地万物的根源。既然找到了"道"这个总的根源，就能明白天地万物的本质；既然能够明白天地万物的本质，就能回归天地万物的根本"道"，这样终身就都不会出现危险。塞住五色的欲望，抵制五音的诱惑，终身都不会劳烦。企图打开欲望的大门，竭力寻找刺激的享受，终身就不可救药了。能够察见细微的叫"明"，能够持柔守弱的叫"强"。运用道的光芒，回归内在的"光明"；这样就不会给自己留下灾难，这就是神秘莫测的"常道"啊。

第二十四讲·为政论：善建而善抱，无信无不信

【简注】

第五十三章·使我介然有知，行于大道，唯施是畏[1]。大道甚夷，而人好径[2]。朝甚除，田甚芜，仓甚虚；服文彩，带利剑，厌饮食，财货有余，是谓盗夸。非道也哉[3]？

----

[1] 使我介然有知，行于大道，唯施是畏：使我介然有知，行于大道：介然：坚固的样子。《河上公注》：介，大也。老子疾时王不行大道，故设此言。使我介然有知于政事，我则行于大道，躬行无为之化。唯施是畏：《河上公注》：唯，独也。独贤有所施为，恐失道意。欲赏善，恐伪善生；欲信忠恐诈忠起。《王弼注》：言若使我可介然有知，行大道于天下，唯施为之是畏也。《唐玄宗注》：若使我耿介然矜其有知，欲行大道，既与道不合，故唯所施为，是皆可畏。《八仙注》：使我介然有知：未举先觉。行于大道：一念而已。惟施是畏：一理而已。妙法元君注曰：夫道无为，则无所为知，即无所行。虽无知而知自存，虽无行而行自在，则亦不言而物化焉。介犹忽也。言使我忽然有知于道，而以所知见之于行，则设施建立，非不卓卓可观，而民之望其治者，已莫不心乎惕惕矣，所谓善政民畏之是也。纯阳子注：道非知之难而行之难。偶然一隙之明，何尝非知？但验诸实行恐穷于推施，甚言大道之不易也。

[2] 大道甚夷，而人好径：夷：平坦。径：正道。《河上公注》：夷，平易也。径，邪、不平正也。大道甚平易，而人好从邪径也。《王弼注》：言大道荡然正平，而人犹尚舍之而不由，好从邪径，况复施为以塞大道之中乎？故曰，大道甚夷，而人好径。《唐玄宗注》：大道平易，是畏有知，而人多故，欲心求捷，如彼行人好从邪径。《八仙注》：大道甚夷：周道坦易。而民好径：思无邪。此民字，作人字解；夷，平易也。言大道本至平易，平则不嫌于迂阔。百年莫殚，累世莫尽可也。而人情骛于近功，欲速以求有济，则不惜辟径以图之矣。夫好径而期欲速，其流弊尚有穷乎？

[3] 朝甚除，田甚芜，仓甚虚；服文彩，带利剑，厌yàn饮食，财货有余，是谓盗夸。非道也哉：朝甚除：《河上公注》：高台榭，宫室修。《王弼注》：朝，宫室也。除，洁好也。《唐玄宗注》：尚贤矜智生巧伪。除，理也。田甚芜：芜：秽。《河上公注》：农事废，不耕治。《唐玄宗注》：浮食堕业废农事。仓甚虚：《河上公注》：五谷伤害，国无储也。《王弼注》：朝甚除，则田甚芜，仓甚虚，设一而众害生也。《唐玄宗注》：南亩不收无储积。服文彩：《河上公注》：好饰伪，贵外华。《唐玄宗注》：刻雕绮绣害工利。带利剑：《河上公注》：尚刚强，武且奢。《唐玄宗注》：文德不修尚武备。厌饮食，财货有余：厌：饱食。《河上公注》：多嗜欲，无足时。《唐玄宗注》：烹肥击鲜重滋味，聚敛积宝饶珍异。是谓盗夸：《河上公注》：百姓不足而君有余者，是由劫盗以为服饰，持行夸人，不知身死家破，亲戚并随之也。非道也哉：《河上公注》：人君所行如是，此非道也。复言也哉者，痛伤之辞。《王弼注》：凡物不以其道得之则皆邪也，邪则盗也。夸而不以其道得之，窃位也，故举非道以明非道，则皆盗夸也。《唐玄宗注》：矜其有知，动以成弊，行同盗窃，仍自矜夸，夸盗非道，适令兴叹也。《八仙注》：朝甚除：心欲正。田甚芜：性要明。仓甚虚：神要灵。服文彩：黄庭内入服锦衣。带利剑：执剑百丈舞锦幡。厌饮食：何不食炁太和精。财货有

【帛书】使我介然有知也，吾将行于大道，唯施是畏。大道甚夷，民甚好径。朝甚除，田甚芜，仓甚虚；服文采，带利剑，厌饮食，资财有余，是谓盗夸。盗夸，非道也哉！

【憨山注】：此言世衰道微，人心不古，而极叹道之难行也。介然，犹些小，乃微少之意，盖谦辞也。老子意谓使我少有所知识，而欲行此大道于天下，奈何天下人心奸险可畏，而将施之于谁耶？故曰唯施是畏。且有施而无受者，非徒无益而又害之，所谓生乎今之世，反古之道，灾及其身者，故可畏。何也？以大道甚坦夷直捷，而民心邪僻，不由于大道，皆好径矣。民好径，则教化衰；教化衰，则奸愈甚；奸愈甚，则法益严：故曰朝甚除。除，谓革其弊也。且法令滋彰，盗贼多有。是以朝廷之法日甚严，而民因法作奸，更弃本而不顾，好为游食，故田日甚芜。田甚芜，则仓日甚虚；仓甚虚，而国危矣。风俗之坏，民心之险，一至于此。君人者，固当躬行节俭，清净无欲，以正人心可也。且在上之人：犹然不知止足，而虚尚浮华，极口体之欲；而服文采，带利剑，厌饮食，而积货财。且上行下效，捷如影响，故上有好之，而下必有甚焉者。是则民之为盗，皆由上以唱之也。故曰是为盗竽。竽，乐之首，而为先唱者也。如此，岂道也哉？上下人心之如此，所以道之难行也。

第五十四章·善建者不拔，善抱者不脱，子孙以祭祀不辍[1]。修之于身，其德乃真；修之于家，其德乃余；修之于乡，其德乃长；修之于国，其德乃丰；

余：但得归复法金宝积如山。是为盗夸：其盗机也。非道也哉：于道何有。有如贤良在位，朝则以之，欲速势必听谮谄而疏贤良，善人其尽除矣。深耕易耨，田则以之，欲速势必揠苗助长，而田反荒芜不治矣。陈陈相因，仓则以之，欲速势必急功趋利，耗竭盈储，而仓反空虚无有矣。凡若此者，皆好径之害也。由是以推，则凡为人上者，总当出华崇实，端本舍末，如卫文大布之衣，大帛之冠可也。若好服文采，喜带利剑，贪饕饮食，拥财货以自封，则是盗之竽而已。夫竽乐器之长，所以声乐者也，竽作而众音皆作。人君以盗倡，使民亦以盗和，何以异此？是所谓上有好者，下必有甚焉者。如是而尚不谓盗竽乎哉？

[1] 善建者不拔，善抱者不脱，子孙以祭祀不辍chuò：善建者不拔：《河上公注》：建，立也。善以道立身立国者，不可得引而拔之。《王弼注》：固其根而后营其末，故不拔也。《唐玄宗注》：善能以道建国立本者，不可倾拔也。善抱者不脱：《河上公注》：善以道抱精神者，终不可拔引解脱。《王弼注》：不贪于多，齐其所能，故不脱也。《唐玄宗注》：善能以道怀抱百姓者，不可脱离。子孙祭祀不辍：《河上公注》：辍，绝也。为人子孙能修道如是，则长生不死，世世以久，祭祀先祖，宗庙无有绝时。《王弼注》：子孙传此道以祭祀则不辍也。《唐玄宗注》：善以道德建抱之君，功施于后，爱其甘棠，况其子孙乎？而王者祖有功，宗有德，故周之兴也，始于后稷，成于文武，周之祭也，郊祀后稷，宗祀文王，故虽卜代三十，卜年七百，毁庙之主，流溢于外，而后稷文王郊宗之祀，不辍，止也。《八仙注》：善建者不拔：不出乎道。善抱者不脱：不离乎道。子孙祭祀不辍：此道常有。妙法元君注曰：创建非常，以期百世之基，乃未几而建者或从而拔之，夫何故建未善也？攀援巩固，以为依附之资，乃未几而抱者或从而脱之，抱未善也。及身弗支，而何况于孙子？夫惟本道以立基址，善建矣；本德以为依据，善抱矣。不惟不拔不脱，而世世守之，子孙于以相继而不辍也，岂不信乎？纯阳子注：建德则有不拔之基，抱一则无离道之时，是以长子孙而保世，下文乃推广言之。

修之于天下，其德乃普[1]。故以身观身，以家观家，以乡观乡，以国观国，以天下观天下。吾何以知天下然哉？以此[2]。

【帛书】善建者不拔，善抱者不脱，子孙以祭祀不绝。修之身，其德乃真；修之家，其德乃余；修之乡，其德乃长；修之邦，其德乃丰；修之天下，其德乃溥。故以身观身，以家观家，以乡观乡，以邦观邦，以天下观天下。吾何以知天下之然也哉？以此。

【憨山注】：此言圣人所以功德无穷、泽及子孙者，皆以真修为本也。举世功名之士，靡不欲建不拔之功、垂不朽之业。至皆不能悠久者，以其皆以智力而建之，则有智力过之者，亦可以拔之矣。抱，守也；脱，犹夺也，谓失脱也。以机术而守之，则有机术之尤者，亦可以夺之矣。是皆不善建，不善守

[1] 修之于身，其德乃真；修之于家，其德乃余；修之于乡，其德乃长；修之于国，其德乃丰；修之于天下，其德乃普：修之于身，其德乃真：《河上公注》：修道于身，爱气养神，益寿延年。其德如是，乃为真人。《唐玄宗注》：修德于身，德乃真纯。修之于家，其德乃余：《河上公注》：修道于家，父慈子孝，兄友弟顺，夫信妻贞。其德如是，乃有余庆及于来世子孙。《王弼注》：以身及人也，修之身则真，修之家则有余，修之不废，所施转大。《唐玄宗注》：一家尽修，德乃余羡。修之于乡，其德乃长：《河上公注》：修道于乡，尊敬长老，爱养幼少，教诲愚顽。其德如是，乃无不覆及也。《唐玄宗注》：一乡尽修，德乃长久。修之于国，其德乃丰：《河上公注》：修道于国，则君信臣忠，仁义自生，礼乐自兴，政平无私。其德如是，乃为丰厚也。《唐玄宗注》：一国尽修，德乃丰盈。修之于天下，其德乃普：《河上公注》：人主修道于天下，不言而化，不教而治，下之应上，信如影响。其德如是，乃为普博。《王弼注》：以天下百姓心观天下之道也，天下之道，逆顺吉凶，亦皆如人之道也。《唐玄宗注》：若天下尽修，其德施乃周普矣。《八仙注》：修之于身，其德乃真：筑基炼精。修之于家，其德乃余：炼精还气。修之于乡，其德乃长：炼气还神。修之于国，其德乃丰：炼神还虚。修之于天下，其德乃普：炼虚合道。由是推之，善违善抱，总不外修其德而已矣。德修于身，则德乃真矣；德修于家，则德乃余矣；德修于乡，则德乃长矣；更进而修于邦，修于天下，其德有不丰且普乎？大用之则大效，小用之则小效也。按：《八仙注》的"筑基炼精"、"炼精还气"、"炼气还神"、"炼神还虚"、"炼虚合道"，是道家内丹修炼的术语，读者了解一二即可。如果希望深入，当再研读比较专门的书籍且拜师学艺方庶几有所增益。

[2] 故以身观身，以家观家，以乡观乡，以国观国，以天下观天下。吾何以知天下然哉？以此：故以身观身：《河上公注》：以修道之身，观不修道之身，执亡执存也。《唐玄宗注》：以修身之法观身，能清静者真。以家观家：《河上公注》：以修道之家，观不修道之家。《唐玄宗注》：以修家之法观家，能和睦者有余。以乡观乡：《河上公注》：以修道之乡，观不修道之乡也。《唐玄宗注》：以修乡之法观乡，能顺序者乃长。以国观国：《河上公注》：以修道之国，观不修道之国也。《唐玄宗注》：以修国之法观国，能勤俭者乃丰。以天下观天下：《河上公注》：以修道之主，观不修道之主也。《唐玄宗注》：以修天下之法观天下，能无为者乃普。吾何以知天下之然哉，以此：《河上公注》：老子言，吾何以知天下修道者昌，背道者亡，以此五事观而知之也。《唐玄宗注》：以此观身等观之，则可知尔。《八仙注》：故以身观身：心中心。以家观家：性中性。以乡观乡：神中神。以邦观邦：道中道。以天下观天下：无中无。吾何以知天下然哉：不无中无。以此：反求诸身。此字指身言：以身观身，此身同，此德同也；以家观家，此家同，此德同也；以乡观乡以邦观邦，此乡同此邦同，此德同也。夫家乡与国，既皆可以执此例，彼岂天下独不可以观天下乎？天下至广也，吾何以观之哉？曰即以此身而知之也。以天下观天下，犹以身观身也。岂身可以观身，而天下独不可以观天下乎？按：《八仙注》的"心中心"、"性中性"、"神中神"、"道中道"、"无中无"，跟上文"筑基炼精"、"炼精还气"等相同。

者也。至若圣人复性之真，建道德于天下，天下人心感服，确乎而不可拔。故功流万世，泽及无穷，杰然而不可夺，此皆善建善抱，所以福及子孙，故祭祀绵远而不绝也。是故学道之人，修之于身，故其德乃真。庄子曰，道之真以治身，其绪余以为国家，其土苴以为天下。故曰：修之家，其德乃余；修之乡，其德乃长；修之国，其德乃丰；修之天下，其德乃普。故以性观身，则性真而身假。若以我身而观天下之身，则性同而形忘。以此观家则家和，以此观乡则乡睦，以此观国则国治，以此观天下则天下平。所谓以性融物，则天下化；会物为己，则天下归。故其德乃普，是以圣人一真之外无余事，故唯以此。按：【憨山注】的"以此观家则家和，以此观乡则乡睦，以此观国则国治，以此观天下则天下平"说法跟"修齐治平"没有二致，可见中华文化传统一脉相承，都在道的旗帜下不断前进！

　　第五十五章·含德之厚，比于赤子[1]；毒虫不螫，猛兽不攫，鸷鸟不搏[2]。骨弱筋柔而握固，未知牝牡之合而朘作，精之至也[3]；终日号而不嗄，和之至也[4]。

---

[1] 含德之厚，比于赤子：含德之厚：《河上公注》：谓含怀道德之厚者也。比于赤子：比：并列、等同，不是比如，《八仙注》"盖有如赤子焉"误把"比"当"如"。《河上公注》：神明保佑含德之人，若父母之于赤子也。《唐玄宗注》：至人含怀道德之厚者，其行比赤子。《八仙注》：含德之厚：抱道。比于赤子：无心大还。妙法元君注曰：厚即纯一无伪之谓，赤子知识未开，浑然在抱，秉厚无逾于此。而体道者视于无形，听于无声，道自无为，我自无心。其含此厚德，默运潜行，盖有如赤子焉。

[2] 毒虫不螫zhē，猛兽不攫jué，鸷zhì鸟不搏：毒虫不螫：《河上公注》：蜂虿蛇虺不螫。猛兽不攫，鸷鸟不搏：攫：抓取，掠夺。鸷：凶猛的鸟，如鹰、雕、枭等。《河上公注》：赤子不害于物，物亦不害。故太平之世，人无贵贱，皆有仁心，有刺之物，还返其本，有毒之虫，不伤于人。《王弼注》：赤子无求无欲，不犯众物，故毒虫之物无犯之人也。含德之厚者，不犯于物，故无物以损其全也。《唐玄宗注》：至人神矣，物不能伤，既无害物之心，故无螫搏之地，此至人之含德也。《八仙注》：毒虫不螫：无畏。猛兽不据：无忧。攫鸟不搏：无虑。天下祸患之来，非无自也。总缘人有以召之，如逐于有为，涉境多，则戕贼以尝试者亦多，而或毒虫螫之，猛兽据之，攫鸟搏之，皆势所必至者也。若含德厚，则我且无为，无为则灾害奚至？则可不虑夫毒虫猛兽攫鸟也矣。

[3] 骨弱筋柔而握固，未知牝牡pìn牡mǔ之合而朘zuī作，精之至也：骨弱筋柔而握固：《河上公注》：赤子筋骨弱而持物坚固，以其意专而心不移也。《王弼注》：以柔弱之故，故握能周固。未知牝牡之合而朘作，精之至也：朘：小男孩的生殖器。《河上公注》：赤子未知男女会合而阴阳作怒者，由精气多之所致也。《王弼注》：无物以损其身，故能全长也。言含德之厚者，无物可以损其德，渝其真；柔弱不争而不摧折者，皆若此也。《八仙注》：骨弱筋柔而握固：神完。未知牝牡之合而朘作：精全。精之至也：杳冥。且含厚而比于赤子，更自有说。赤子之骨弱也，其筋亦最柔也，而所握则常坚固而不易开。当是时，冥然无知，寂然鲜动，不知有牝，即又焉知牝牡之有合，然虽不知而其朘作矣。是朘也，与形俱来，有根于无者也。是先天之所秉，乃精之至者也。含德厚者可援此例之。朘，音装，赤子之阴也。

[4] 终日号而不嗄shà，和之至也：终日号而不嗄，和之至也：《河上公注》：赤子从朝至暮啼号声不变易者，和气多之所至也。《王弼注》：无争欲之心，故终日出声而不嗄也。《唐玄宗注》：赤子骨弱筋柔，而能握拳牢固，未知阴阳配合，而含气之源。动作者，犹精粹之至。终日啼号而声不嘶嗄，犹纯和之至，此赤子之全和也。《八仙注》：终日号而嗌不嗄：性全。和之至也：恍惚。气伤于和，过号即必嗄，赤子不然。虽终日号啼，而其嗌固未见有哑。是非赤子之能不哑也，谓其虽号而

知和曰常，知常曰明，益生曰祥[1]，心使气曰强[2]。

【帛书】含德之厚者，比于赤子。蜂虿虺蛇弗螫，攫鸟猛兽弗搏。骨弱筋柔而握固，未知牝牡之合而朘怒，精之至也。终日号而不嗄，和之至也。和曰常，知和曰明，益生曰祥，心使气曰强。物壮则老，谓之不道，不道早已。

【憨山注】：此承上言圣人善建善抱，而不为外物之所摇夺者，以其所养之厚也。然人之所以有生者，赖其神与精、气耳。此三者苟得其养如赤子，则自不被外物所伤矣。故曰含德之厚，比于赤子。且毒虫猛兽攫鸟，皆能伤人之物，至于赤子，则毒虫虽毒而不螫，猛兽虽恶而亦不据，攫鸟虽枭而亦不搏，何也？以其赤子不知不识，神全而机忘也。所谓忘于物者，物亦忘之。入兽不乱群，入鸟不乱行。彼虽恶而不伤，以其无可伤之地。此言圣人神之王也：且如赤子之骨最弱，筋极柔，手无执，而屈握极固，不可擘；且又不知阴阳之合，而朘亦作者，乃精满之至。圣人筋骨亦柔弱，而所握亦坚固者，以其精纯之至也。故草木之有精液者，则柔弱而连固；精竭者，则枯槁而萎散。是知圣人如婴儿者，以精得其养故也。然赤子终日号啼而咽嗌不嗄哑者，以其心本不动，而无哀伤怨慕之情，乃气和之至。圣人之心和，亦然。斯三者，皆得其所养之厚，故所以比赤子之德也。且此三者，以神为主，以精为卫，以气为守。故老子教人养之之方，当先养其气，故曰"知和曰常"。何也？盖精随气转，气逐心生。故心妄动则气散，气散则精溢，所谓心著行淫，男女二根自然流液。故善养者，当先持其心，勿使妄动。心不妄动则平定，心平则气和，气和

不伤气。和之至也，气和则嗄安从生？而又何疑于含德厚者耶？

[1] 知和曰常，知常曰明，益生曰祥：《河上公注》：人能和气柔弱有益于人者，则为知道之常也。《王弼注》：物以和为常，故知和则得常也。《唐玄宗注》：能如婴儿，固守和柔，是谓知常之行。知常曰明：《河上公注》：人能知道之常行，则日以明达于玄妙也。《王弼注》：不皦不昧，不温不凉，此常也。无形不可得而见，曰明也。《唐玄宗注》：守和知常，是曰明了。益生曰祥：《河上公注》：祥，长也。言益生欲自生，日以长大。《王弼注》：生不可益，益之则夭也。《唐玄宗注》：祥者吉凶之兆，言人不知守常，而求益生越分，动之死地，是凶祥也。《八仙注》：知和曰常：常寂光中。知常曰明：慧光明照。益生曰祥：灵源不竭。由是以观则和为贵矣，和即所谓柔也，牝也，即所谓无形无声之物也。人特患其不知耳，诚知之则道在是，德亦在是。而常为道德之人，不失常存之理，时时奉而守之，则始自明诚者，久且诚则明矣。故曰知和曰常，知常曰明。苟或既不知和，又不知常，而益以生之，夫大道无生，安用益生？益之则反贼之矣。欲免于祥也得乎？祥训妖，犹乱训治也。

[2] 心使气曰强：《河上公注》：心当专一和柔而神气实内，故形系。而反使妄有所为，则和气去于中，故形体日以刚强也。《王弼注》：心宜无有，使气则强。《唐玄宗注》：心有是非，气无分别，若役心使气，是曰强梁之人。按：一般版本此下还有"物壮则老，谓之不道，不道早已"等内容，因跟第三十章重复，故删。《八仙注》：心使气曰强：气动则刚。物壮则老：人欲太盛。谓之不道：丧却本真。不道早已：真不立妄不空。人知和则心静，心静则气常柔。反是而使之，则气妄作而肆，是谓之强梁也。且强梁则壮，刚过易折；即或不折，亦必易败。几见自古英雄，常留天壤也耶？故用壮而老，皆非守柔守虚、无名无为之道，是所谓不道也。不道之事，尚不当早已也哉？

则精自固，而神自安，真常之性自复矣，故曰"知和曰常"。如所云不认缘气之心为心，则真常之性自见，故曰"知常曰明"。意谓知真常之性者，可称明智矣。苟不知真常之性，徒知形之可养，而以嗜欲口腹以益其生。殊不知生反为其戕，性反为其伤，故曰"益生曰祥"。祥，妖也。言益生反为生之害也。心不平，则妄动而使气，气散则精竭，精竭则形枯，故曰"心使气曰强"。强，木之枯槁也，过强曰壮，故曰物壮则老。草木之物过壮，则将见其枯槁而老。人之精神元气不知所养，而斫丧太过，可谓不道之甚矣。不道之甚，乃速其死也，故曰不道早已。已者，绝也。此老氏修养功夫，源头盖出于此。而后之学者，不知其本，妄构多方傍门异术，失老氏之指多矣。

第五十六章·知者不言，言者不知，是谓玄同[1]。故不可得而亲，亦不可得而疏；不可得而利，亦不可得而害；不可得而贵，亦不可得而贱——故为天下贵[2]。

【帛书】知者弗言，言者弗知。塞其穴，闭其门；挫其锐，解其纷；和其光，同其尘，是谓玄同。故不可得而亲，亦不可得而疏；不可得而利，亦不可

---

[1] 知者不言，言者不知，是谓玄同：知者不言：知，同智，智慧，下同。《河上公注》：知者贵行不贵言也。《王弼注》：因自然也。言者不知：《河上公注》：驷不及舌，多言多患。塞其兑，闭其门，塞闭之者，欲绝其源。挫其锐，情欲有所锐为，当念道无为以挫止之。解其纷，纷，结恨不休也。当念道恬怕以解释之。和其光，虽有独见之明，当和之使暗昧，不使曜乱人也。同其尘，不当自别殊也。《王弼注》：造事端也。塞其兑，闭其门，挫其锐，含守质也。解其分，除争原也。和其光，无所特显则物无所偏争也。同其尘，无所特贱则物无所偏耻也。《唐玄宗注》：知，了悟也；言，辩说也。是谓玄同：《河上公注》：玄，天也。人能行此上事，是谓与天同道也。《唐玄宗注》：言人能体道，是为与玄同德也。《八仙注》：知者不言：默识。言者不知：口头三昧。是谓玄同：一贯。妙法元君注曰：道可言传，亦不可以言传。其可言传者，迹也，散殊也；不可以言传者，体也，一本也。是惟知者识得道之来龙。无始无名，而从无始而始，无名而名，总可以默守之，故常不轻言大道。若捃摭一二，拥座拂尘，凿凿大言，谬自以为知道而不知者，固已多矣。此兑字指口言，与上不同；而门指喉舌言，亦与上异。言道在无言，是必塞止其口。而闭其出纳之门，挫其轻躁之锐气，解其缠结之纷纭，而有光不耀用是和之。虽尘弗避，用是同之。若是者可谓同矣。而塞与闭，挫与解，和与同，皆运于自然。而无心以出之，所谓玄也，故曰玄同。

[2] 故不可得而亲，亦不可得而疏；不可得而利，亦不可得而害；不可得而贵，亦不可得而贱——故为天下贵：故不可得而亲：《河上公注》：不以荣誉为乐，独立为哀。《唐玄宗注》：玄同无私，故不可得而亲。不可得而疏：《河上公注》：志静无欲，故与人无怨。《王弼注》：可得而亲，则可得而疏也。《唐玄宗注》：泛然和众，故不可得而疏。不可得而利：《河上公注》：身不欲富贵，口不欲五味。《唐玄宗注》：无欲，故不可得而利。亦不可得而害：《河上公注》：不与贪争利，不与勇争气。《王弼注》：可得而利，则可德而害也。《唐玄宗注》：不争，故不可得而害也。不可得而贵：《河上公注》：不为乱世主，不处暗君位。《唐玄宗注》：体道自然，故不可得而贵。亦不可得而贱——故为天下贵：《河上公注》：不以乘权故骄，不以失志故屈。《王弼注》：可得而贵，则可得而贱也。《唐玄宗注》：浩然无滓，故不可得而贱也。《八仙注》：故不可得而亲：释迦参禅未已。亦不可得而疏：太上学道未浓。不可得而利：伏羲究易未了。亦不可得而害：孔子梦奠方终。不可得而贵：道者心体。亦不可得而贱：心者道用。故为天下贵：一切皆尽，真常独存。事之操于人者，人得主之，而我不为政。孟子云赵孟之所贵，赵孟能贱之是也。若知道而默，抱道而处，则人不得亲之。夫亲极必疏，既不得亲，则亦安从而疏之耶？推之于利害贵贱，均无弗然。此道之所以不落声色，不着形色，浑浑噩噩，为今古之重宝，而见贵于天下也乎。

得而害；不可得而贵，亦不可得而贱，故为天下贵。

【憨山注】：此言圣人所以为天下贵者，以其善得所养，妙契忘言，而能与道玄同也。谓圣人自知之明，故善能含养于心，而不形于言。以自知之真，言有所不及也。若夫常人哓哓资于口谈者，皆非真知者也，故曰"知者不言，言者不知"。下言养之之方，兑为口，为说。谓圣人缄默自守，不事口舌，故曰"塞其兑"。不事耳目之玩，故曰"闭其门"。遇物浑圆，不露锋芒，故曰"挫其锐"。心体湛寂，释然无虑，故曰"解其纷"。纷，谓纷纭杂想也。含光敛耀，顺物忘怀，故曰和其光，同其尘。此非妙契玄微者，不能也，故曰是谓玄同。圣人造道之妙，大而化之至于此。其心超然尘表，故不可得而亲。精诚动物，使人见而不能舍，故不可得而疏。淡然无欲，故不可得而利。妙出死生，故不可得而害。视王侯之如隙尘，故不可得而贵。披褐怀玉，故不可得而贱。以其圣人迹寄寰中，心超物表，不在亲疏利害贵贱之间，此其所以为天下贵也。

【串讲】

本讲是传统本《老子》的第五十三章、第五十四章、第五十五章、第五十六章。第五十三章的提要是"一畏"即"唯施是畏"、"三甚"即"朝甚除，田甚芜，仓甚虚"、"四奢"即"服文彩，带利剑，厌饮食，财货有余"。第五十四章的提要是"两善"即"善建、善抱"、"五修"即"修之于身、修之于家、修之于乡、修之于国、修之于天下"、"五观""以身观身，以家观家，以乡观乡，以国观国，以天下观天下"。第五十五章的提要是"双至"即"骨弱筋柔而握固，未知牝牡之合而朘作，精之至也；终日号而不嗄shà，和之至也"、"三为""知和曰常，知常曰明，益生曰祥"、"一戒"即"心使气曰强"。第五十六章的提要是"知不言"即"知者不言，言者不知"、"六不可"即"不可得而亲，亦不可得而疏；不可得而利，亦不可得而害；不可得而贵，亦不可得而贱"。

五十三章叙述"为政"的基本态度"唯施是畏"，分析"见道""信道""行道""守道"的关系，主张"无为而治"，反对恣意妄为。第五十四章章叙述"为政"的基本方法是"推己及人"，基本内容是"两善""五修""五观"，河上公给本章取名"修观"，意味着从"修炼"到"观察"，"无为而取天下"。第五十五章阐述为政"含德之厚"的基础品质，河上公给本章取名"玄符"。第五十六章叙述"为政"的基本思想"玄同""无善无恶""无信无不信"，因此河上公给本章取名"玄德"。"为政论"的核心也是《老子》全书的核心"无为而治"，"无善无恶"，"无信无不信"。

第五十三章的意思是：假如有一天"我"名正言顺地执掌政权，"我"必定信心百倍地施行大道，而"我"最感到恐惧的就是"有为"而治。施行大道的道路本来非常平坦，可当权者总是偏爱歪门邪道。朝中宫室林立，国家田园荒芜，府库入不敷出；而当权者仍旧穿着锦绣，佩带宝剑，美食难下咽，财货绰绰有余，这就好像劫盗抢了东西在那样炫耀一样。"无道"到了极点啊呀！

　　第五十四章的意思是：善于创业的不可能被拔除，善于守成的不可能被推翻，因此祖祖孙孙的祭祀就不会中断。一个人能够把"道"理付诸本身，这个人的"德"就会真实而纯正；一个人能够把"道"理付诸本家，这个人的"德"就会丰盈而有余；一个人能够把"道"理付诸本乡，这个人的"德"就会不断增加；一个人能够把"道"理付诸本国，这个人的"德"就会丰盛而硕大，一个人能够把"道"理付诸天下，这个人的"德"就会普及而广大。所以，用本身的修为来观察他人，以本家的修为来观察他家；以本乡的修为来观察照他乡，以本国的修为来观察他国，以现在天下的修为观察未来天下的修为。"我"凭什么知道天下的情况如此呢？就是因为"我"用了以上的道理和方法。

　　第五十五章的意思是：道德涵养浑厚的得道者，等同于初生的婴孩：毒虫不会螫，猛兽不会伤，凶鸟不会搏。初生婴孩筋骨柔弱而拳头却攥得很紧，虽然不明白男女交合之事而小生殖器却能经常勃起，这是因精气充沛所致；初生婴孩整天啼哭而嗓子不会沙哑，这是因和气纯厚所致。明白醇和的叫作"常"，知道"常"的叫作"明"，能够促进养生的叫作"祥"，意气用事的叫作"强"。

　　第五十六章的意思是：智者不随便说话，随便说话的不可能是智者，这就是所说的"智者"与天地同道（玄同）。因此，"玄同"不可因得而亲，也不可因失而疏；不可因得而利，也不可因失而害；不可因得而贵，也不可因失而贱——所以"玄同"能够获得天下的尊重。

第二十五讲·无事论：自化而自正，
自富而自朴

【简注】

第五十七章·以正治国，以奇用兵，以无事取天下[1]。吾何以知其然哉？以此：天下多忌讳，而民弥贫；民多利器，国家滋昏；人多技巧，奇物滋起；法令滋彰，盗贼多有[2]。故圣人云：我无为，而民自化；我好静，而民自正；我无

---

[1]　以正治国，以奇用兵，以无事取天下：以正治国：《河上公注》：以，至也。天使正身之人，使有国也。以奇用兵：奇，与正相对，邪，不正。《河上公注》：奇，诈也。天使诈伪之人，使用兵也。以无事取天下：无事，不生事。《河上公注》：以无事无为之人，使取天下为之主。《王弼注》：以道治国则国平，以正治国则奇正起也，以无事则能取天下。上章云，其取天下者，常以无事，及其有事，又不足以取天下也。故以正治国则不足以取天下，而以奇用兵也夫。以道治国，崇本以息末，以正治国，立辟以攻末，本不立而末浅，民无所及，故必至于奇用兵也。《唐玄宗注》：在宥天下，贵乎无为，为政若以政教治国，奇诈用兵，斯皆不合于道。唯无事无为，可以取天下，此三句标也。《八仙注》：以正治国：凝神。以奇用兵：明心。以无事取天下：了性。妙法元君曰：事出于平易者为正，出于权术者为奇，而出于无心为无事。故抚国，不事张皇、不矜振作而与民共者，同此庸常。使尽人能知能行，则是以正治之矣；而准此以用兵，则势有不能；欲不以权术行之，未克济事。故曰"以奇用兵"。而欲胥天下从而化之，使皆归向于我，正不贵乎要结招徕以有事也，默化潜移而已。故曰以无事取天下。

[2]　吾何以知其然哉？以此：天下多忌讳，而民弥贫；民多利器，国家滋昏；人多技巧，奇物滋起；法令滋彰，盗贼多：吾何以知其然哉？以此：《河上公注》：此，今也。老子言，我何以知天意然哉？以今日所见知之也。《唐玄宗注》：以此，下文知之。天下多忌讳而民弥贫：讳忌：所畏为忌，所隐为讳。《河上公注》：天下谓人主也。忌讳者防禁也。今烦则奸生，禁多则下诈，相殆故贫。《唐玄宗注》：以政治国，动多忌讳，人失作业，故令弥贫也。民多利器，国家滋昏：《河上公注》：利器者，权也。民多权则视者眩于目，听者惑于耳，上下不亲，故国家昏乱。《王弼注》：利器，凡所以利己之器也。民强则国家弱。《唐玄宗注》：利器，谓权谋，人主以权谋为多，不能反实，下则应之以诈谲，故令国家滋益昏乱。人多技巧，奇物滋起：《河上公注》：人谓人君、百里诸侯也。多技巧，谓刻画宫观，雕琢章服，奇物滋起，下则化上，饰金镂玉，文绣彩色日以滋甚。《王弼注》：民多智慧则巧伪生，巧伪生则邪事起。《唐玄宗注》：人主以伎巧为多，不能见素，下则应之以奢泰，故令淫奇之物滋起也。法物滋彰，盗贼多有：《河上公注》：法物，好物也。珍好之物滋生彰着，则农事废，饥寒并至，而盗贼多有也。《王弼注》：立正欲以息邪，而奇兵用多；忌讳欲以耻贫，而民弥贫；利器欲以强国者也，而国愈昏多。皆舍本以治末，故以致此也。《唐玄宗注》：无为既失，法令益明，窃法为奸，尽成盗贼，岂非多有乎？《八仙注》：吾何以知其然哉？以此：得道。天下多忌讳：居移气养移体。而民弥贫：此心易失。民多利器：念念伏跃。国家滋昏：此性不明。人多伎巧：性静情逸。奇物滋起：心动神疲。法令滋彰：以心用心。盗贼多有：百念愈炽。以正、以奇、以无事，斯三者、吾何以知其然哉？以此，言即以此道可而知之也。倘一出于有事，则无论纷更多端，即所为忌讳之事。正复不少，上多忌讳，则争言祥瑞，恶闻灾祲，而间阎疾苦，壅于上

事，而民自富；我无欲，而民自朴[1]。

【帛书】以正治邦，以奇用兵，以无事取天下。吾何以知其然也哉？夫天下多忌讳，而民弥贫；民多利器，而邦家滋昏；人多智能，而奇物滋起；法物滋彰，而盗贼多有。是以圣人之言曰：我无为而民自化，我好静而民自正，我无事而民自富，我欲不欲而民自朴，我无情而民自清。

【憨山注】：此言治天下国家者，当以清净无欲为正，而不可用奇巧以诱民也。且奇巧诈术，是为诡道，但可用之于兵，不可以治国，故曰以正治国、以奇用兵。然兵者不祥之器，不得已而用之，乃好事者为之耳，非取天下之具也，故以无事取天下。吾何以知无事可以取天下之然哉？以此。此，指下文有事而言。盖忌讳、利器、技巧、法令，皆有事也。此何以不足取天下？且天下多忌讳，而民弥贫。忌，谓禁不敢作；讳，谓不敢言。只如文王之囿七十里，与民共之，刍荛雉兔取之者无禁。即有不便于民者，言之不讳，所以民得安其生。故在上者无事，而民日富。今则杀其麋鹿者如杀人之罪，取之者死，民有不便，言之者戮，故民不聊生，且又无所措手足。此多忌讳之事，而民弥贫也。贤者，国之利器也。今国无道，贤者在野，是利器在民不在朝。所以国家滋昏，由上多欲好奇，故人心雕琢，技巧日生。技巧生，而奇物滋起；奇物起，则贪愈甚；贪愈甚，而盗贼生，故"法令滋彰而盗贼多有"也。以此天下扰扰而不安，是皆有为妄动，有事多欲之过也。故古之圣人有言曰，我无为而民自化，我好静而民自正，我无事而民自富，我无欲而民自朴。宜矣！

闻，民欲不贫也，能乎？利器即权术也。上好粉饰太平，则质直鲜所投合，而人争以权术偿之。久之，君日以骄，臣日以谄，上下相蒙，而国家欲不至于昏乱也，得乎？由是而递降焉。人多技巧，犹其有权术也。夫技巧曲艺之事，似于国有利无害，而不知一尚技巧，则凡可矜可怪之物。群争构之，尤而效之，而奇物滋起矣，更由是而上焉。文网日密，爱书曰甚，法令滋扰，使下民手足均无所措，则赋黄鸟鸿雁者，其不相率而为盗贼也，几希矣。

[1] 故圣人云：我无为，而民自化；我好静，而民自正；我无事，而民自富；我无欲，而民自朴：故圣人云：我无为而民自化：《河上公注》：圣人言：我修道承天，无所改作，而民自化成也。我好静而民自正：《河上公注》：圣人言：我好静，不言不教，而民自忠正也。我无事而民自富：《河上公注》：我无徭役征召之事，民安其业故皆自富也。我无欲而民自朴：《河上公注》：我常无欲，去华文，微服饰，民则随我为质朴也。《王弼注》：上之所欲，民从之速也。我之所欲，唯无欲而民亦无欲自朴也。此四者，崇本以息末也。《唐玄宗注》：无为则清静，故人自化；无事则不扰，故人自富；好静则得性，故自正；无欲则全和，故人自朴。此无事取天下矣。《八仙注》：我无为而民自化，不尚权谋；我好静而民自正，不用利器；我无事而民自富，不贵奇货；我无欲而民自朴：身修国治，凡若此者，皆有事以致之。若准无始之道以致治，夫何有斯弊哉？圣人知其然也，而一准无为以立其本根。无为则静而少事，而位躬行已，全然无欲，则民或从而化之，或从而正之。而以务本业，不趋浮伪，其富也必矣。质直好义，承上意旨，其朴也必矣。夫有事积弊若彼，无事获效若此，则亦何惮而不无为？让圣人以独劳哉。纯阳子注：忌讳，犹言猜嫌；利器，凡才智权谋可以起争夺者皆是也。为政以德，然后无为。居敬行简为好静，因民之所利而利之为无事，有天下而不与为无欲，盖圣人恭己之治如此，与上文正相反也。

第五十八章·其政闷闷，其民淳淳；其政察察，其民缺缺。祸兮，福之所倚；福兮，祸之所伏。孰知其极？其无正。正复为奇，善复为妖。人之迷，其日固久[1]。是以圣人方而不割，廉而不害，直而不肆，光而不耀[2]。

————————

[1] 其政闷闷，其民淳chún淳；其政察察，其民缺缺。祸兮，福之所倚yǐ；福兮，祸之所伏。孰知其极？其无正。正复为奇，善复为妖。人之迷，其日固久：其政闷闷：闷：混沌。《河上公注》：其政教宽大，闷闷昧昧，似若不明也。其民淳淳：淳：朴实。《河上公注》：政教宽大，故民淳淳富厚，相亲睦也。《王弼注》：言善治政者，无形无名，无事无政可举，闷闷然，卒至于大治，故曰，其政闷闷。其民无所争竞，宽大淳淳，故曰，其民淳淳也。《唐玄宗注》：政教闷闷，无为宽大，人则应之淳淳然而质朴矣。其政察察：《河上公注》：其政教急疾，言决于口，听决于耳也。其民缺缺：《河上公注》：政教急疾，民不聊生，故缺缺日以疏薄。《王弼注》：立刑名，明赏罚，以检奸伪，故曰察察也。殊类分析，民怀争竞，故曰，其民缺缺也。《唐玄宗注》：政教察察，有为苛急，人则应之缺缺然而凋弊矣。祸兮福之所倚：倚：随着，和着，伴随。《河上公注》：倚，因也。夫福因祸而生，人遭祸而能悔过责己，修道行善，则祸去福来。福兮祸之所伏：《河上公注》：祸伏匿于福中，人得福而为骄恣，则福去祸来。孰知其极：《河上公注》：祸福更相生，谁能知其穷极时。《唐玄宗注》：倚，因也。伏，藏也。上言其政闷闷，俗则以为无政理之体，人反淳淳然而质朴，此则祸为福之所因也。其政察察，而俗则以为有政理之术，人乃缺缺然而凋弊，此福为祸之所藏。其无正：正：定。《玉篇》："正，长也，定也。"《河上公注》：无，不也。谓人君不正其身，其无国也。《王弼注》：言谁知善治之极乎！唯无可正举，无可形名，闷闷然而天下大化，是其极也。正复为奇：《河上公注》：奇，诈也。人君不正，下虽正，复化上为诈也。《王弼注》：以正治国，则便复以奇用兵矣。故曰，正复为奇。善复为妖：《河上公注》：善人皆复化上为妖祥也。《王弼注》：立善以和万物，则便复有妖之患也。《唐玄宗注》：祸福之极，岂无正邪？但众生迷执，正者复以为奇诈，善者复以为妖祥，故祸福倚伏，若无正尔。人之迷，其日固久：《河上公注》：言人君迷惑失正以来，其日已固久。《王弼注》：言人之迷惑失道，固久矣。不可便正善治以责。《唐玄宗注》：以正为奇，以善为妖，如此迷倒，其为日也，固以久矣。《八仙注》：其政闷闷：昏默。其民醇醇：浑厚。其政察察：明见秋毫。其民缺缺：日以疏薄。祸兮福之所倚：损者益也。福兮祸之所伏：祸福无门，惟心所召。孰知其极：无有边际。其无正耶：道无形体。正复为奇：心不可测。善复为妖：不可知识。人之迷：昧其本性。其日固久：无始以来。妙法元君注曰：道尚浑厚，不尚精明；惟浑厚者无为，无为而民自化。一涉精明，则有为矣，有为则缺陷者必多。故其政闷闷者，其民必醇醇也；其政察察者，其民必缺缺也。且从事于有为者，不过欲获福而免祸耳，而不知祸福虽是两端，实则一事。当其有祸，而福已倚于其中矣；当其有福，而祸已伏于其内矣。祸福相乘，罔所止极。而昏昏者卒弗知之，岂天下竟是一祸福之天下，而无大道以正之耶？要之正不终正，正之复流而为奇；善不终善，善之复返而为妖。人之迷弗悟者，只知有福，而不知祸已随之；只知有正与善，而不知奇与妖已随之。呜呼，其蔽锢为日固已久矣。正复之正，即上以正治国之正。善即祥瑞之祥，不作善字解。纯阳子注：无无为，言为政者民所观效，当慎于所施。况一人之智不能穷天下之情伪，彼祸福之倚伏，孰则能知其归？极而持之，其惟不任智力，以无为正天下者乎。

[2] 是以圣人方而不割，廉而不害，直而不肆，光而不耀：是以圣人方而不割：《河上公注》：圣人行方正者，欲以率下，不以割截人也。《王弼注》：以方导物，舍去其邪，不以方割物，所谓大方无隅。廉而不害：《河上公注》：害，伤也。圣人廉清，欲以化民，不以伤害人也。今则不然，正己以害人也。《王弼注》：廉，清廉也；刿，伤也。以清廉清民，令去其邪，令去其污，不以清廉刿guì伤于物也。直而不肆：《河上公注》：肆，申也。圣人虽直，曲己从人，不自申也。《王弼注》：以直导物，令去其僻，而不以直激沸于物也。所谓大直若屈也。光而不耀：《河上公注》：圣人虽有独见之明，当如暗昧，不以曜乱人也。《王弼注》：以光鉴其所以迷，不以光照求其隐慝tè也，所谓明道若昧也。此皆崇本以息末，不攻而使复之也。《唐玄宗注》：圣人善化，不割彼而为方，不刿彼而为廉，不申彼而为直，不耀彼而为光，修之身而天下自化矣。肆，申也。《八仙注》：是以圣人方而不割：圆通。廉而不刿：清静。直而不肆：中正。光而不耀：冲虚。凡物方者必割，廉者必刿，直

【帛书】其政闷闷，其邦淳淳；其政察察，其邦缺缺。祸，福之所倚；福，祸之所伏。孰知其极？其无正也。正复为奇，善复为妖。人之迷也，其日固已久矣。是以圣人方而不割，廉而不刿，直而不肆，光而不曜。

【憨山注】：此详言上章有为之害，而示之以无为之方也。闷闷，无知貌：所谓"民可使由之不可使知之"之意，由百姓皆注其耳目。若示有知，即上云法令滋彰，盗贼多有矣。故圣人潜行密用，令其闷闷然若无所知，则民情不凿，奸伪自然不生。故其政闷闷，其民醇醇。若其政令察察然分星擘两，则民多不自安，缺缺然忧有余矣。故云其政察察，其民缺缺。缺缺，多忧不足之意。盖祸福之机，端在人心之所萌。若其机善，则祸转为福；若其机不善，则福转而为祸：此祸福相倚伏也。由人机心不息，则祸福旋转如循环之无端，人孰能知其止极耶？故孔子曰，知机其神乎，谓是故也。然祸福循环之如此，岂无真人而以理正之耶？但世衰道微，人心不古，邪正不分，善恶颠倒。本示之以正，则彼反以为奇诡；本教之以善，而彼反以为妖怪。正所谓未信而劳谏，则以为厉谤。此人心之迷固已久矣，纵有圣人之教，亦不能正之矣。庄子曰，三人行，一人迷方，犹有解者。二人惑，则不能易。今天下皆迷，其谁能解之耶。是以圣人游浊世以化民，贵在同尘和光，浑然无迹。故虽方而不伤其割。割，谓割截，乃锋棱太露也。虽廉而不伤于刿。刿，谓刻削太甚也。虽直而不伤于肆。肆，谓任意无忌也。虽光而不伤于耀。耀，谓炫耀己见也。此圣人有所长，而能养其所长，故为天下贵。此所以无为而治，好静而自安，无为而民自化矣。

【串讲】

本讲是传统本《老子》的第五十七章、第五十八章。第五十七章的要点是"三法"即"以正治国，以奇用兵，以无事取天下"，"四害"即"天下多忌讳，而民弥贫；民多利器，国家滋昏；人多技巧，奇物滋起；法令滋彰，盗贼多有"，"四利"即"我无为，而民自化；我好静，而民自正；我无事，而民自富；我无欲，而民自朴"。第五十七章的要点是"两政"即"其政闷闷，其民淳淳；其政察察，其民缺缺"、"祸福"即"祸兮，福之所倚；福兮，祸之所伏"、"两复""正复为奇，善复为妖"、"四不""方而不割，廉而不害，直而不肆，光而不耀"。

第五十七章通过比较"三法"，清除"四害"，推行"四利"，提出"以

者必肆，光者必耀。惟圣人于无极而有、有极而无之理识得十份透亮，知极者必有返时。故方而不至于割，廉而不至于刿，直而不至于肆，光而不至于耀。归本于无，注德于柔，守贞抱璞，而超出乎祸福、奇正、妖祥之外，省却多少经营烦恼，何等安闲？而从容以中道之。纯阳子注：四者之弊。人之所以迷也。圣人方而达权，廉而不戾于俗，不肆不耀，所以葆无为之德，而善世宜民也。

无事取天下"的观点，河上公给本章取名"淳风"，其理由即在此。第五十八章主要阐述在"上德"指导性下"以无事取天下"，说明事物相互转化、政风决定民风的基本思想，所以谷上公给本章取名"顺化"。"无事论"的核心就是"以无事取天下"，"无为"而"自化"，"好静"而"自正"，"无事"而"自富"，"无欲"而"自朴"。

第五十七章的意思是：用"为无为"（正）之道管理国家，用"为不为"（奇）之道指导用兵，用"无所事"（无为）之道安定天下。"我"凭什么知道所以如此呢？根据就在于此：当权者的清规戒律越多老百姓就会越陷入贫穷；老百姓权变的手段越多，国家就会越陷于混乱；人君的奇谋巧智越多，歪风邪气就会越严重；当权者的法令越是严苛，盗贼就会越多。所以圣人说，我无所作为（无为），而老百姓就会自我化育；我"好静"，老百姓就会自我归正；我"无事"，而老百姓就会自然而富足；我"无欲"，老百姓就会自然淳朴。

第五十八章的意思是：政治如果宽大而清明，老百姓就会淳朴而忠诚；政治如果严苛而黑暗，老百姓就会抱怨而狡黠。灾祸啊，幸福依存在里面；幸福啊，灾祸藏伏在里面。谁知道灾祸或幸福的奇点呢？灾祸或幸福的奇点就是没有"正"（没有标准）。"正"可能转化为"邪"，"善"可能转化为"恶"。当权者对此迷惑不解，时间由来已久。正因为如此，圣人严守规矩而不削足适履，清廉刚直而不伤天害理，天真直率而不肆意妄为，光亮明朗而不炫目刺眼。

第二十六讲·积德论：深根固蒂，长生久视

【简注】

第五十九章·治人事天，莫若啬；夫唯啬，是谓早服道。早服道谓之重积德，重积德则无不克，无不克则莫知其极，莫知其极，可以有国。有国之母，可以长久[1]，是谓深根固蒂、长生久视之道[2]。

---

[1] 治人事天，莫若啬sè；夫唯啬，是谓早服道。早服道谓之重积德，重积德则无不克，无不克则莫知其极，莫知其极，可以有国。有国之母，可以长久：治人事天：《河上公注》：谓人君治理人民；事，用也。当用天道，顺四时。莫若啬：《河上公注》：啬：吝啬，小气。啬，爱惜也。治国者当爱惜民财，不为奢泰；治身者当爱惜精气，不为放逸。《王弼注》：莫若，犹莫过也。啬，农夫，农人之治田务，去其殊类，归于齐一也。全其自然，不急其荒病，除其所以荒病，上承天命，下缓百姓，莫过于此。《唐玄宗注》：啬，爱也。人君将欲理人、事天之道，莫若爱费，使仓廪实，人知礼节，三时不害，则天降之嘉祥。人和可以理人、天保可以事天矣。夫为啬，是谓早服：《河上公注》：早，先也。服，得也。夫独爱民财，爱精气，则能先得天道也。《王弼注》：早服，常也。《唐玄宗注》：何以聚人？曰财，故能俭爱，则四方之人将襁负而至，早服事其君矣。服，事也。早服道谓之重积德：早：先。服：得。《河上公注》：先得天道，是谓重积得于己也。《王弼注》：唯重积德不欲锐速，然后乃能使早服其常，故曰早服谓之重积德者也。《唐玄宗注》：夫唯俭啬，以是有德，人归有德，早事其君，故云重积德。重积德则无不克：克：胜。《字林》："克，能也。"《河上公注》：克，胜也。重积德于己，则无不胜。《唐玄宗注》：圣人积德，四海归仁，则无有不能制服者矣。无不克则莫知其极：极：穷尽。《河上公注》：无不克胜，则莫知有知己德之穷极也。《王弼注》：道无穷也。《唐玄宗注》：人君之德，无有不能制御者，则无远不至，故四方莫知其穷极也。莫知其极可以有国：《河上公注》：莫知己德者有极，则可以有社稷，为民致福。《王弼注》：以有穷而莅国，非能有国也。《唐玄宗注》：莫知其穷极，然后可以为有国。有国之母，可以长久：《河上公注》：国身同也。母，道也。人能保身中之道，使精气不劳，五神不苦，则可以长久。《王弼注》：国之所以安谓之母，重积德是唯图其根，然后营末，乃得其终也。《唐玄宗注》：有国而茂养百姓者，则其国福祚可以长久矣。《八仙注》：治人事天：存心养性。莫若啬：以天理胜人欲。夫唯啬：俭从约易从简。是谓早服：先得此理。早服谓之重积德：有所操持。重积德则无不尅：复礼克己。无不尅则莫知其极：无所不用其极。莫知其极，可以有国：静极见真种。有国之母：真一来投。可以长久：神与道存。妙法元君注曰：啬简也，柔也，虚而无也。世之治人者必从事于铺张，事天者必致力于昭格，往往纷更滋扰，而不知治人事，总莫若以啬处之。盖人之心即我之心：以我之心治人，是以心治心也。我之心即天之心，以我之心事天，是以心印心也。而运于无形，不见作为之迹，啬之至矣。下民化之，即根于其啬而来，是其输服固已久矣，非早服而何？早服上之重积德以致之也。德即所谓啬。言重积德，则德之所运，风流而令行，无弗尅而治之尅训洽。既无弗洽，则莫知其极矣；莫知其极，则德徧群黎。不事声教，而不动而变，无为而成，尚不可以有国也耶？弟有国必得其母，有国之母，啬也，柔也，虚也，无也，是即不可名之道也。以道治天下，是以母育天下也，而尚不享祚于长久也哉？纯阳子注：啬，德反于渊微，《中庸》所谓不显也。服，谓人天早感其诚；重积德，克明峻德。克、能也；莫知其极；量之所函者，远也；可以有国，治人事天之宝也。

[2] 是谓深根固蒂、长生久视之道：是谓深根固蒂：柢：木根，树根。《河上公注》：人能以气

【帛书】治人事天，莫若啬。夫唯啬，是以早服。早服是谓重积德；重积德则无不克；无不克则莫知其极；莫知其极，可以有国。有国之母，可以长久。是谓深根固柢、长生久视之道也。

【憨山注】：此言圣人离欲复性，以为外王内圣之道也。啬，有而不用之意。老子所言人天，庄子解之甚明。如曰，不以人害天，不以物伤性。盖人，指物欲；天，指性德也。言治人事天莫若啬者，然啬，即复性工夫也。谓圣人在位，贵为天子，富有四海。其子女玉帛，声色货利，充盈于前。而圣人以道自守，视之若无，澹然无欲，虽有而不用。所谓尧舜有天下而不与，此以啬治人也。圣人并包四海，智周万物，不以私智劳虑，而伤其性真，所谓毋摇尔精，毋劳尔形，毋使汝思虑营营。盖有智而不用其智，此以啬事天也。复性工夫，莫速于此，故曰是谓之"早复"。此复字，是《复卦》不远复之意，言其速也。又如一日克己复礼，天下归仁之意。庄子曰：贼莫大于德有心——然有心之德施于外，故轻而不厚。复性之功，天德日全，不期复而自复，所谓复见天地之心，故曰早复谓之重积德。能重积德，则无不克矣。此克字，乃克敌之克，即颜子克己之克。以性德日厚，则物欲消融。而所过者化，无物与敌，则其德高明广大，民无得而称焉，故曰无不克，则莫知其极。极，至极，犹涯量也。此内圣之德既全，虽无心于天下，乃可以托于天下，故曰莫知其极，可以有国。此内圣之道，真以治身，其绪余以为天下国家，故曰可以有国。此道先天地不为老、后天地不为终，故曰可以长久。古人所言深根固蒂、长生久视之道者，如此而已。结句盖古语，老子引证，以结其意耳。

第六十章·治大国，若烹小鲜。以道莅天下，其鬼不神[1]。非其鬼不神，其

为根，以精为蒂，如树根不深则拔，果蒂不坚则落。言当深藏其气，固守其精，使无漏泄。长生久视之道：《河上公注》：深根固蒂者，乃长生久视之道。《唐玄宗注》：积德有国，则根深花蒂固矣。深固者，有国长生久视之道。《八仙注》：是谓深根固蒂：深息固精。长生久视之道：虚空消殒，道乃常存。凡物根不深者则易拔，蒂不固者则易败。若本道以治之，道之入人深者，盖固结而不可解矣，是之谓深根固蒂，而不惟治国，且能长生寿已以寿人。寿人以寿世，于以悠久而博厚，博厚而高明也。倘所谓长生久视之道，非耶。纯阳子注：凡物之根本曰母，未二句乃质言之。深根固蒂，神息与性命相依；长生久视，内元精乾坤并寿。此修道之极功，而致治之本原，啬于德者然也。

[1] 治大国，若烹pēng小鲜。以道莅lì天下，其鬼不神：治大国，若烹小鲜：烹：烹炒，调制。《河上公注》：鲜，鱼也。烹小鱼不去肠、不去鳞、不敢挠，恐其糜也。治国烦则下乱，治身烦则精散。《王弼注》：不扰也，躁则多害，静则全真，故其国弥大，而其主弥静，然后乃能广得众心矣。《唐玄宗注》：烹小鲜者不可挠，治大国者不可烦。烦则人劳，挠则鱼烂矣。以道莅天下，其鬼不神：莅：走到近处察看，莅临。《河上公注》：以道德居位治天下，则鬼不敢以其精神犯人也。《王弼注》：治大国则若烹小鲜，以道莅天下则其鬼不神也。《唐玄宗注》：以道临莅天下，不求有妄之福，故鬼无以见其神明。《八仙注》：治大国：虚生明，空生慧。若烹小鲜：治心亦易。以道莅天下：道不远在身中。其鬼不神：阴魔俛首。妙法元君注曰：此二语于孔子武城之说。相反适所以相成，割鸡焉用牛刀，言小邑不必以大道治之。此言治大国若烹小鲜，言不如烹小鲜之法，则不可以治大国也。此何以说？曰：治大国不可烦，烹小鲜不可挠。挠则鲜者易烂，烦则政治多扰。夫是以取譬

神不伤人；非其神不伤人，圣人亦不伤人；夫两不相伤，故德交归焉[1]。

【帛书】治大邦，若烹小鲜。以道莅天下，其鬼不神。非其鬼不神也，其神不伤人也；非其神不伤人也，圣人亦弗伤民也。夫两不相伤，故德交归焉。

【憨山注】：此言无为之益，福利于民，反显有为之害也。凡治大国，以安静无扰为主，行其所无事，则民自安居乐业，而蒙其福利矣。故曰"若烹小鲜"。烹小鲜，则不可挠，挠，则糜烂而不全矣；治民亦然。夫虐政害民，灾害并至，民受其殃。不知为政之道，乃以鬼神为厉而伤人，反以祭祀以要其福；其实，君人者不道所致也。若以道德君临天下，则和气致祥，虽有鬼而亦不神矣。不神，谓不能为祸福也。且鬼神非无，然洋洋乎如在其上，如在其左右，岂不昭格于上下耶？第虽灵爽赫然，但只为民之福，不为民害，故曰"非其鬼不神"，但其神不伤人耳。然非其神不伤人，实由圣人含哺百姓，如保赤子，与天地合其德、鬼神合其吉凶，而绝无伤民之意，故鬼神协和而致福也，故曰"非其神不伤人"，圣人亦不伤之。如汤之时，七年大旱，汤以身代牺牲，藉茅以祷，致雨三尺，故民皆以汤王克诚感格所致，斯盖由夫两不相伤，故其德交归焉。此无为之德，福民如此。

第六十一章·大国者下流，天下之交，天下之牝；牝常以静胜牡，以静为

而喻。世之所以重鬼神奇鬼神者，以鬼阴之灵、神阳之灵，幽明胥待命焉。若以道莅天下，则聚精于至精之中，秉灵至至灵之始，无精也而有精，无灵也而有灵。此其洞洞属属，神为何如？彼鬼亦弟安于不识不知之天，无所用其神矣。

[1] 非其鬼不神，其神不伤人：《河上公注》：其鬼非无精神也，非不入正，不能伤自然之人。《王弼注》：神不害自然也，物守自然则神无所加，神无所加则不知神之为神也。《唐玄宗注》：上言其鬼不神，非谓鬼歇灭而无神，但有其神而不见神怪以伤民也。非其神不伤人，圣人亦不伤人：《河上公注》：非鬼神不能伤害人，以圣人在位不伤害人，故鬼神不敢干之也。《王弼注》：道洽则神不伤人，神不伤人则不知神之为神；道洽则圣人亦不伤人，圣人不伤人则不知圣人之为圣也。犹云，不知神之为神，亦不知圣之为圣也。夫恃威网以使物者，治之衰也；使不知神圣之为神圣，道之极也。《唐玄宗注》：鬼见神怪则伤民，圣人有为则伤民，今鬼所以不见神怪而伤民者，盖以圣人无为清静故尔。夫两不相伤：《河上公注》：鬼与圣人俱两不相伤也。非其鬼不神，其神不伤人；非其神不伤人，圣人亦不伤人；夫两不相伤，故德交归焉：故德交归焉：《河上公注》：夫两不相伤，则人得治于阳，鬼神得治于阴，人得保全其性命，鬼得保其精神，故德交归焉。《王弼注》：神不伤人，圣人亦不伤人，圣人不伤人，神亦不伤人。故曰，两不相伤也。神圣合道，交归之也。《唐玄宗注》：鬼神伤民则害国亏本，圣人伤民则匮神乏祀，今两不相伤物，故德交归焉。《八仙注》：非其鬼不神，其神不伤人：幻尽觉圆。非其神不伤人，圣人亦不伤人：心境两忘。夫惟两不相伤：形神俱妙。故德交归焉：道德感通。世人所以重鬼之神者，以其能伤人也。若以道治天下，鬼神听命，则非惟鬼不伤人，其神亦且相囿于大道，而不致伤人矣，是非神之不伤人？良以圣人治本于啬，守要于柔，心而无心，为而无为，与天下浑浑闷闷，全无作为以害之，是能不伤人矣。圣人不伤人，而谓神忍伤人乎？是之谓两不相伤矣。而神不伤人，总由于圣人不伤人以致之。圣人之德何如也？天下德之；从而归之，且以德神归神者，亦并而德之归之，是交相归也，故曰"交归"。纯阳子注：治国者和民而已，故譬之烹鲜，小鲜极言其易也。无道之国德薄而渗，重鬼或能神，以侵害于人。圣人以道莅天下，阴阳和而万民育，各不相害。故幽明交格，德甚神也。

下[1]。故大国以下小国，则取小国；小国以下大国，则取大国[2]。故或下以取，或下而取[3]。大国不过欲兼畜人，小国不过欲入事人。夫两者各得其所欲，大者宜为下[4]。

---

[1] 大国者下流，天下之交，天下之牝；牝常以静胜牡，以静为下：大国者下流：《河上公注》：治大国者，当如江海居下流，不逆细微。《王弼注》：江海居大而处下，则百川流之，大国居大而处下，则天下流之，故曰，大国下流也。天下之交：《河上公注》：大国者，天下士民之所交会。《王弼注》：天下所归会也。《唐玄宗注》：下流者，谦德也。大国当下流开纳，则天下之人交至矣。天下之牝：牝：雌性的鸟或兽，与"牡"相对。《河上公注》：牝者，阴类也。柔谦和而不昌也。《王弼注》：静而不求，物自归之也。牝常以静胜牡：牡：雄性的鸟或兽，与"牝"相对。《河上公注》：女所以能屈男，阴胜阳，以安静不先求之也。《唐玄宗注》：天下之人交至者，归于谦德，则如牝之雌静，常为牡动所求，由以静为下故。以静为下：《河上公注》：阴道以安静为谦下。《王弼注》：以其静故能为下也，牝，雌也。雄躁动贪欲，雌常以静，故能胜雄也。以其静复能为下，故物归之也。《八仙注》：大国者下流，上善若水。天下之交：众高从下。天下之牝：众刚从柔。牝常以静胜牡：静为躁君。以静为下：无争。光垣帝君注曰：自来任世者，动日必争上流，而不知上极必下，迫上而下，下不可为矣。太上则教人以下自居，而有国者尤当下也，故篇首曰：大国者下流。盖国大则人归之者众，犹水下则就之者多，是大国本擅下流之势，而抚国者又能屏却骄盈。安处恬淡，无侈大，无张皇，冲而守之，抑而持之，则是愿处于下流矣。所以然者，天下酬应之交，尚柔而不尚壮。天下之牝，皆性生于柔者也。人而涉世接物，以柔自处，正不殊于牝也。盖牝之柔缘于静，牡则好动而不能静。此牝之胜牡端在于静，而静非也冲也抑也，即所谓下也。人不知下，岂其不知静乎？故曰以静为下。

[2] 故大国以下小国，则取小国；小国以下大国，则取大国：故大国以下小国，则取小国：取：聚集。《河上公注》：能谦下之，则常有之。《王弼注》：大国以下，犹云以大国下小国。小国则附之。小国以下大国，则取大国：《河上公注》：此言国无大小，能持谦畜人，则无过失也。《王弼注》：大国纳之也。《唐玄宗注》：大取小，以为臣妾。小取大，以为援助。《八仙注》：故大国以下小国：容纳。则取小国：静定。小国以下大国：处顺。则取大国：存理。是下也，保国之良策也，大国小国均不可离者也。大国而下小国，则取小国之心而服之，汤事葛、文事昆夷是也。小国而大国，则能取大国之心而悦之，句践事吴、太王事獯鬻是也。

[3] 故或下以取，或下而取：《河上公注》：下者谓大国以下小国，小国以下大国，更以义相取。《王弼注》：言唯修卑下，然后乃各得其所。《唐玄宗注》：以者，大取小；而者，小取大。《八仙注》：故或下以取：小必归大；或下而取：大必纳小。凡若此者，或本此下以取人，或守此下而见取于人。可知柔能克刚，柔之极，正刚之极也。

[4] 大国不过欲兼畜人，小国不过欲入事人。夫两者各得其所欲，大者宜为下：大国不过欲兼畜人：《河上公注》：大国不失下，则兼并小国而牧畜之。小国不过欲入事人：《河上公注》：使为臣仆。《唐玄宗注》：大国执谦而下小国者，不过欲兼畜小国为臣妾；小国赞贡赋以下大国者，不过欲入事大国为援助也。夫两者各得其所欲，大者宜为下：《河上公注》：大国小国各欲得其所，大国又宜为谦下。《王弼注》：小国修下自全而已，不能令天下归之，大国修下则天下归之。故曰，各得其所欲，则大者宜为下也。《唐玄宗注》：一求臣妾，二求援助，是两者各求得其所欲，然大国者常戒于满盈，故特云大者宜为下。《八仙注》：大国不过欲兼畜人：神者，万化之主。小国不过欲入事人：心者，大道之源。夫两者：即心是道。各得所欲：自当其份。故大者宜为下：除垢出观。且大国沃野广饶，带甲千万，他何所欲？不过欲四海归心，而同在吾胞与之内，兼畜之巳耳。小国截长补短方五六十，他何所欲？不过欲抚我爱我，吾宁人而臣妾之，谨事之巳耳大国欲之。小国归之，小国欲之，大国纳之，是两者各得其所欲矣。而得其所欲者非有他术也，冲也，抑也，下也。抚大国者，亦何惮而不下也哉？故曰大者宜为下。《纯阳子注》：下流，水之所归；交，比附；牝，柔服；下，下人也；以取，我取人；而取，人取我；欲，入事；人，欲人纳其请也。此为恃强大以陵弱小者发，而

【帛书】大邦者，下流也，天下之牝也，天下之交也。牝恒以静胜牡，为其静也，故宜为下。故大邦以下小邦，则取小邦；小邦以下大邦，则取于大邦。故或下以取，或下而取。故大邦者不过欲兼畜人，小邦者不过欲入事人。夫皆得其所欲，则大者宜为下。

【憨山注】：此言君天下者，当以静胜为主，不可以力相尚也。夫流之在下者，如江海，众水归之。故大国之在天下，众望归之。故如流之在下，以为天下之交。纳污含垢，无所不容。又虚而能受，如天下之牝也。凡物之雌曰牝，雄曰牡，牡动而牝静。动则不育，静能有生，是牝以静胜牡也。以此譬喻圣人之德。然圣人为天下牝者，以天下之人，衣食皆赖之以生，爵禄皆赖之以荣，万几并集于一人。故君道无为，而皆任其所欲，各遂其所生。所谓万物皆往资焉而不匮，此似牝以静胜牡也。是则静为群动之归趋，故以静为下。大字小，小事大，皆有以下之也。取者，得之易也。大字小，如母育子；小事大，如子奉母。精神相孚，相得最易，故如掇之也。然大字小，必有所容，故曰或下以取。以，犹左右之也。小事大，必有所忍，故曰或下而取。而，因而取之也。皆无妄动之过，故交归焉。且大国之欲，不过兼畜人，非容无以成其大；小国之欲，不过入事人，非忍无以济其事。两者既各得其所欲，而大者更宜下，何也？以大国素尊，难于下耳，故特勉之。此老子见当时诸侯，专于征伐，以力不以德，知动不知静，徒见相服之难，而不知下之一字，为至简之术。盖伤时之论也。

【串讲】

本讲是传统本《老子》的第五十九章、第六十章、第六十一章。第五十九章的要点是"莫若啬"即"治人事天，莫若啬"，"重积德"即"重积德则无不克，无不克则莫知其极"。第六十章的要点是"以静治大国"即"治大国，若烹小鲜""以道莅天下"即"鬼神、圣人两不相伤"。第六十一章的要点是"以柔取刚"即"牝常以静胜牡，以静为下"，"以下取上"即"或下以取，或下而取"。

第五十九章以"啬"为中心阐述只有"积德至厚重"国家才能长治久安的"道"理，河上公给本章取名"守道"，深得《老子》的妙意。第六十章继

反复推下人之功效，乃太上救时之论也。从来大国以力相服，往往不胜，不知柔可以制刚，理足以夺势。大国权重而势尊，可以容民畜众，而咸欲归焉如下流。然第天下之所欲附，必天下之至柔者也，譬诸牝牡以静胜动。所谓静者，偃武修文，相安无事。以此下人，则无论国之大小，皆可相制。盖大国欲兼小国，而小国亦不过欲售其事，人之谋两者，各思得其所，欲则以势相争，必不甘为所屈，故大国宜为下也。

续阐述"从事于德""从事于道",通过对"其鬼不神"的正反论述,推崇"以道天下"所能获得的大治、大顺、大和谐的局面,河上公给本章取名"居位",意味着"人神共处""天人合一"。第六十一章主要阐述国家之间的关系,强调大国首先应该以"谦下",这是老子的国际关系原则,正因为如此,河上公给本章取名"谦德"。"积德论"的核心是"早服道""积厚德""守道""居位""谦德"而"无不克",乃至"深根固蒂","长生久视"。

　　第五十九章的意思是:管理百姓而顺天道四时,没有超过爱惜民财民力;爱惜民财民力,这就所谓"先得天道(早服)"。"先得天道"谓之"积德至厚","积德至厚"就无所不能,无所不能就会无往不胜,无不克胜,就能拥有国家。拥有了治理国家的根本,国家就能长治久安,这就是根深蒂固、长生久视之道。

　　第六十章的意思是:治理大国,就像煎烹小鱼那样不要频繁翻动而导致破碎。用"道"治理天下,神鬼起不了坏作用,不仅神鬼不起坏作用,而且神鬼也伤不了人。并非神鬼伤害不了人,圣人也不会伤害人;因为圣人、神鬼互不相伤;所以神、圣合道而德汇在这里。

　　第六十一章的意思是:大国要像江河那样居于下游,处在百川交汇之地,处在天下雌柔之位。雌柔常以安静守定而胜过雄强,这是因为居静守柔的缘故。所以,大国对小国谦下而忍让,就可以取得小国的拥护;小国对大国谦下而忍让,就可以得到大国的庇护。所以或大国对小国谦让而取得小国的拥护,或小国对大国谦让而得到大国的庇护;大国不过希望兼畜小国,小国不过希望得到大国的庇护。大国小国各得所求,所以大国特别应该学会谦下而忍让。

第二十七讲·贵道论：穷物理，尽人性

【简注】

第六十二章·道者万物之奥。善人之宝，不善人之所保。美言可以市尊，美行可以加人。人之不善，何弃之有[1]？故立天子，置三公，虽有拱璧以先驷马，不如坐进此道[2]。古之所以贵此道者何？不曰"求以得，有罪以免"邪？故

[1]　道者万物之奥。善人之宝，不善人之所保。美言可以市尊，美行可以加人。人之不善，何弃之有：道者，万物之奥：奥：藏。《广雅·释诂》："奥，藏也。"《河上公注》：道为万物之藏，无所不容也，《王弼注》：奥，犹暧也。可得庇荫之辞。《唐玄宗注》：万物皆资始本以生成，是万物取给之所，故兴言云为万物之奥。善人之宝：《河上公注》：善人以道为身宝，不敢违也。《王弼注》：宝以为用也。《唐玄宗注》：善人知守道者昌，失道者亡，故常宝贵之，而无患累也。不善人之所保：保：亲附，亲近。《河上公注》：遭患逢急，犹知自悔卑下。《王弼注》：保以全也。《唐玄宗注》：不善之人，不能宝贵至道，及有患难，即欲以身保住于道，自求免尔。美言可以市尊：《河上公注》：美言者独可于市耳。夫市交易而退，不相宜善言美语，求者欲疾得，卖者欲疾售也。美行可以加人：《河上公注》：加，别也。人有尊贵之行，可以别异于凡人，未足以尊道。《王弼注》：言道无所不先，物无有贵于此也。虽有珍宝璧马，无以匹之，美言之则可以夺众货之贾，故曰，美言可以市也，尊行之则千里之外应之，故曰，可以加于人也。《唐玄宗注》：甘美其言，可以求市，尊高其行，可以加人，以况圣人，以甘美法味之言，尊高清静之行，以化不善之人，亦如市贾之售，相率而从善矣。人之不善，何弃之有：《河上公注》：人虽不善，当以道化之。盖三皇之前，无有弃民，德化淳也。《王弼注》：不善当保道以免放。《唐玄宗注》：不善之人，亦在化之而已，何弃遗之有？《八仙注》：道者万物之奥：造化玄微。善人之宝：一点真金，源流天造。不善人之所保：人各有心，谨持勿失。美言可以市：巽语能说；尊行可以加人：力行近仁。人之不善：昧道。何弃之有：道亦在。光垣帝君注曰：天地闲散见于事物之中，而可以范围乎人者，固自甚多，然特其门堂巳耳。非奥也，惟道介有无之间，不绝闻见而究不落声色，则是幽深而玄远，方可云"万物之奥"也。善人性而有之，如骊龙颔下之珠，本自生成，非宝而何若不善人有而失之。然苟能寻踪觅迹，取巳失者求而得之，约而守之，亦未尝不可以束身于寡过是非其所恃以保者乎。夫善者宝之，不善者保之，则是道公共之道也。本道而发美言，可以为于世；道而尊行之，亦可加之于人。胥天下而化之，在良才固成大器，即楛者亦不至弃于无用也。道不远人，人人之不善，夫何弃之有哉？按：《八仙注》曾经有"盖德介有无之间"的观点，这里有"惟道介有无之间"的说法，因此这里的"道"相当于前面的"德"，即这里的"道"即非常道即德，读者留意。

[2]　故立天子，置三公，虽有拱gǒng璧以先驷sì马，不如坐进此道：故立天子，置三公：《河上公注》：欲使教化不善之人。《王弼注》：言以尊行道也。《唐玄宗注》：共教不善之人。虽有拱璧以先驷马，不如坐进此道：拱：古代玉器，大璧。《玉篇》："拱，大璧也。"《河上公注》：虽有美璧先驷马而至，故不如坐进此道。《王弼注》：此道，上之所云也。言故立天子，置三公，尊其位，重其人，所以为道也。物无有贵于此者，故虽有拱抱宝璧以先，驷马而进之，不如坐而进此道也。《唐玄宗注》：三公辅佐，虽以合拱之璧，先导驷乘之马以献之，犹不如坐进此无为之道于君，以化人尔。《八仙注》：故立天子：心君。置三公：神气精也。虽有拱璧以先驷马：世之所贵。不如

为天下贵[1]。

【帛书】道者，万物之奥也。善人之宝也，不善人之所保也。美言可以市尊，美行可以贺人。人之不善，何弃之有？故立天子，置三卿，虽有拱之璧以先驷马，不若坐而进此道。古之所以贵此道者，何也？不谓'有求以得，有罪以免'欤？故为天下贵。

【憨山注】：此言道之为贵，戒人当勉力求之也。道者，万物之奥：奥者，室之西南隅，有室必有奥。但人虽居其室，而不知奥之深邃，以譬道在万物，施之日用寻常之间，人日用而不知，故如奥也。然道既在万物，足知人性皆同。虽有善恶之差，而性未尝异，以其俗习之偏耳。故善人得之以为宝，恶人虽失，亦赖此道保之以有生，故曰"所保"。苟非其道以保之，则同无情瓦石矣。足见理本同也，所谓尧舜与人同耳。由此观之，天下岂有可弃之人耶？且一言之美，则可以市。市，利也。一行之尊，则可以加于人之上。况大道之贵，岂止一言之美、一行之尊？且人之全具而不欠缺一毫者，斯则不善之人，又何弃之有耶？故立天子，置三公，虽有拱璧以先驷马，不如坐进此道，此古语也。老子解之曰：然天子三公不足为尊贵，拱璧驷马不足为荣观，总不如坐进此道。所以贵此道者，何耶？岂不曰"求道以得之，纵有罪亦可以免之"耶？是知桀纣，天子也，不免其诛；四凶，三公也，不免其戮。非无拱璧驷马，而竟不能免其罪。故夷、齐谏武王而不兵，巢、许傲天子而不遣，岂非求以得有罪以免耶？况夫一念复真，诸罪顿灭，苟求而得，立地超凡，故为天下贵也。按：本【憨山注】有两点值得进一步提醒：一是"虽有善恶之差，而性

坐进此道：我之所宝，道之可宝如是，则凡智愚贵贱，均以道为楷模。是虽贵如天子，尊如三公，驷马盈朝，拱璧炫采，而拥彼靡丽，无裨于身心也。何如日进于道，日达于上乎？故曰：不如坐进此道。

[1]　古之所以贵此道者何？不曰"求以得，有罪以免"邪？故为天下贵：古之所以贵此道者何？不曰以求得：贵：贵重。不曰：难道说。《说文》："贵，物不贱也。"《河上公注》：古之所以贵此道者，不曰日远行求索，近得之于身。有罪以免邪：《河上公注》：有罪谓遭乱世，暗君妄行形诛，修道则可以解死，免于众也。故为天下贵：贵，往，归。《释名·释言语》："贵，归也，物所归仰也。汝、颖言贵声如'归往'之归也。"《河上公注》：道德洞远，无不覆济，全身治国，恬然无为，故可为天下贵也。《王弼注》：以求则得求，以免则得免，无所而不施，故为天下贵也。《唐玄宗注》：道在于悟，不在于求，不如财帛，故可曰日求而得之，故云不曰求以得。既悟则自无罪累，岂待有罪方求免乎？可以为天下贵。《八仙注》：古之所以贵此道者何也：完我本无。不曰求以得：求则得之。有罪以免耶：纯一如初。故为天下贵：用和为贵道斯为美。是道，非始重于今，而从古贵之者也。彼古之所以贵此道维何？不曰求则得之，而凡有罪之物，可以污我者，悉从而免之耶？天下患在不可得与不可免耳，而今则得之免之，道之可宝何如乎，故曰"为天下贵"。《纯阳子注》：道生万物，无所不在，故善人宝之，不善人亦赖之也，承上不善人之所保而言。市，售；加人，上人也。人虽不善，然闻美言者心折，尊德行者咸钦，盖秉彝之好不可得而泯没，岂可弃不善而不教也哉？故天降下民作之君师，天子三公之设，皆所以化不善而使善也。求以得，求而得也；拱璧先驷马，仪至丰矣；然不如道诱人。古人所以贵此者，以道在吾身求则得之，自新无以加乎？此也老子既恐人以不善弃人，又恐人以不善自弃。故反复推言，道贵如斯，其忧世至深远矣。

未尝异，以其俗习之偏耳"。在【憨山注】看来，在下德的层次，即使有善有恶的差别，但是"性"是没有差别的：在天为天理，在人为人性，善恶有别，人性无异，因此老子主张"不弃人、不弃物"，"以德报怨"。二是以"岂不曰'求道以得之，纵有罪亦可以免之'耶"解释《老子》原文"不曰'求以得，有罪以免'邪"，证明我们的断句的准确性。"不曰求以得有罪以免邪"的断句，历来五花八门，如："不曰求以得，有罪以免邪"、"不曰，求以得，有罪以免邪"、"不曰：求以得有，罪以免邪"，这是因为不明白"不曰……邪"这种句式所致。

【串讲】

本讲是传统本《老子》的第六十二章，要点是"道妙"即"善人之宝，不善人之所保。美言可以市尊，美行可以加人"，"不弃人"即"人之不善，何弃之有"，"道贵"即"立天子，置三公，虽有拱璧以先驷马，不如坐进此道。"古之所以贵此道者何？不曰"求以得，有罪以免"邪？故为天下贵"。河上公给第六十二章取名"为道"，意思是以道治理天下，给"善良人"以满足，给"不善人"以庇护，"贵道论"的核心就在于"不弃人""不弃物"一视同仁。

第六十二章的意思是："大道"是荫庇万物的宝库，"善人"以之作为宝贝，"不善人"以之作为庇护。美言可以换来尊重，美行能够提高影响。人的不善，何以舍弃？所以古代虽然树立天子，设置三公，拱璧之后跟着驷马，可效果还不如用"道"来加以劝化。古人之所以如此看重"道"为何？不是说"'道'能够给'善人'以满足，给'不善人'以庇护吗"？因此"道"获得了天下人的珍视。

第二十八讲·难易论：图难于其易，为大于其细

【简注】

第六十三章·为无为，事无事，味无味；大小多少，报怨以德[1]。图难于其易，为大于其细；天下难事，必作于易；天下大事，必作于细。是以圣人终不为大，故能成其大。夫轻诺必寡信，多易必多难；是以圣人犹难之，故终无难矣[2]。

---

[1] 为无为，事无事，味无味；大小多少，报怨以德：为无为：《河上公注》：因成循故，无所造作。事无事：《河上公注》：预有备，除烦、省事也。味无味：《河上公注》：深思远虑，味道意也。《王弼注》：以无为为居，以不言为教，以恬淡为味，治之极也。大小多少：《河上公注》：陈其戒令也。欲大反小，欲多反少，自然之道也。报怨以德：《河上公注》：修道行善，绝祸于未生也。《王弼注》：小怨则不足以报，大怨则天下之所欲诛，顺天下之所同者，德也。《唐玄宗注》：于为无为、于事无事，于味无味者，假令大之与小、多之与少，既不越分，则无与为怨。若逐境生心，违分伤性，则无大无小，皆为怨对。今既守分全和，故是报怨以德。《八仙注》：为无为：不扰其心。事无事：不凿其性。味无味：不惊其神。大小多少：纵横顺逆。报怨以德：修行无咎。光垣帝君注曰：大道原丽于无，无即道之原也。人惟趋于妄，斯攻取多而作为起，道则不然。苟能深味乎此，则不必从事于为，无为可也；不必致营乎事，无事可也；亦不必备尝乎味，无味可也。本此，无以立体则任彼大小多少，而总以无为处之。虽极之于所怨，而物有致怨之事，我无蓄怨之心。不见可怨，怨亦何报？迨至浑忘，我仍以德待之，是所谓无怨也。而无怨实根于道之无也。按：《八仙注》"大道原丽于无，无即道之原也"的观点值得注意：按照天人国学的观点，"无"只是道即常道的存在状态，而不是道本身，王弼之"以无为本"就是"无即道之原"的源头，读者认真辨认。《纯阳子注》：炼道合道，为其无为；顺应自然，事其无事；味无味之味，淡而不厌也。怨，专谓一己之私忿，无关伦纪者也。大小多少，称呼物不施意，不以怨报即为德，非加厚也。

[2] 图难于其易，为大于其细；天下难事，必作于易；天下大事，必作于细。是以圣人终不为大，故能成其大。夫轻诺必寡信，多易必多难；是以圣人犹难之，故终无难矣：图难于其易：《河上公注》：欲图难事，当于易时，未及成也。为大于其细：《河上公注》：欲为大事，必作于小，祸乱从小来也。《唐玄宗注》：肆情纵欲者，于为无不难，于事无不大，今欲图度其难，营为其大，当须于性未散而分未越，则是于其易、细也。天下难事必作于易，天下大事必作于细：《河上公注》：从易生难，从细生大。《唐玄宗注》：明上文所以预图为也。是以圣人终不为大，故能成其大：《河上公注》：处谦虚，天下共归之也。《唐玄宗注》：因云大事必作于细，将明圣人所以能成其大者，以不为其难事大事，故能成其尊大耳。夫轻诺必寡信：《河上公注》：不重言也。多易必多难：《河上公注》：不慎患也。《唐玄宗注》：轻诺诈人，必寡于信；动作多易，后必多难。是以圣人犹难之：《河上公注》：圣人动作举事，犹进退，重难，欲塞其源也。《王弼注》：以圣人之才犹尚难于细易，况非圣人之才而欲忽于此乎，故曰，犹难之也。故终无难矣：《河上公注》：圣人终生无患难之事，犹避害深也。《唐玄宗注》：是以圣人犹难之，难为轻诺多易，故终无难大之事。《八仙注》：

【帛书】为无为，事无事，味无味。大小多少，报怨以德。图难乎其易也，为大乎其细也。天下之难必作于易，天下之大必作于细。是以圣人终不为大，故能成其大。夫轻诺必寡信，多易必多难。是以圣人犹难之，故终于无难。

【憨山注】：此言圣人人道之要妙，示人以真切工夫也。凡有为，谓智巧；有事，谓功业；有味，谓功名利欲。此三者，皆世人之所尚。然道本，至虚而无为，至静而无事，至淡而无味，独圣人以道为怀，去彼取此。故所为者无为，所事者无事，所味者无味，故世人皆以名位为大、以利禄为多而取之，然道至虚微淡泊无物，皆以为小少，故弃而不取。圣人去功与名，释智遗形，而独与道游，是去其大多，而取其小少。故以至小为至大，至少为至多，故大其小而多其少也。试观世人报怨以德，则可知矣，何也？且世之人，无论贵贱，事最大而难解者，怨也。然怨之始也，偶因一言之失，一事之差，遂相构结，以至杀身灭名，亡国败家之祸，甚至有积怨深愤，父子子孙，累世相报而未已者，此举世古今之恒情也。岂非其事极大且多哉？惟圣人则不然，察其怨之未结也，本不有；始结也，事甚小；既结也，以为无与于己。故无固执不化之心，亦无有我以与物为匹敌。其既往也，事已消之，求其朕而不可得。以此观之，则任彼之怨，在我了无报之之心矣。然彼且以为有怨，在我全无报复之心，彼必以我为德矣。是所谓报怨以德，非谓曲意将德以报怨也。孔子以直报怨，正谓此耳。斯则怨乃事之至大而多，人人必有难释者。殊不知有至易者存焉，是所谓为无为、事无事、大其小而多其少也。天下之事，何独于怨？而事事皆然。故天下之事至难者，有至易存焉；至大者，有至细存焉。人不见其易与细，而于难处图之，大处为之，必终无成。苟能图之于易，而为之于细，鲜不济者。以天下难事必作于易，天下大事必作于细，故也。作者，始起也。是以圣人虚心体道，退藏于密。迹愈隐而道愈光，泽流终古而与天地参。此所谓终不为大，故能成其大也。老子言及至此，抑恐世人把易字当作容易轻易字看，故戒之曰，夫轻诺必寡信，多易必多难。谓世人不可将事作容易看也。且容易许人，谓之轻诺。凡轻许者，必食言而寡信。见事之容易而轻为者，必有

图难于其易：抱一。为大于其细：执中。天下难事，必作于易：仁者先难而后获。天下大事，必作于细：积精累气以成真。是以圣人终不为大：圣不自圣。故能成其大：身等虚空。夫轻诺必寡信：易悟易疑，易得易失。多易必多难：大迷之下必有大悟。是以圣人犹难之：不可说破。故终无难：欲其自得。人倘不识无为之道，则必从事于为：而为于其难者，遂致轻夫易；为于其大者，遂致忽夫细矣。而不知易者难之引也，细者大之阶也，故图大则必于其易者先图之，为大则必于其细者先为之。由易而难，斯不难矣？由细而大，斯不大矣？天下之难事大事，皆未有不从易与细以致力也。夫大事既作于细，则第求其细可矣。圣人知之，所以终不为大也。不为大而大自在，其不成者几希矣。推之易言与轻为，似若两途，实同一辙。彼轻诺者易言之故也，而已信之寡矣。轻为者视事一切皆易，而正惟多易，其踬前踬后者，难正不少。是以圣人虽由细以几于大，而此心慄慄，戛乎其难。盖临事而惧之衷也，究之慎终如始。固无人弗得矣，夫何难之有哉？

始而无终。是故易字,非容易也。世人之所难,而圣人之所易;世人之所易,而圣人之所难。故曰圣人犹难之,故终无难。犹,应作尤,古字通用,更也。谓世人之所甚易者,而圣人更难之,故终不难耳。观夫文王兢兢,周公业业,戒慎恐惧乎不睹不闻,皆圣人之所难也。余少诵图难于易为大于细二语,只把作事看。及余入山学道,初为极难,苦心不可言。及得用心之诀,则见其甚易。然初之难,即今之易。今之易,即初之难。然治心如此,推之以及天下之事皆然。此圣人示人入道之真切工夫也,志道者勉之。

第六十四章·其安易持,其未兆易谋;其脆易破,其微易散。为之于未有,治之于未乱[1]。合抱之木,生于毫末;九层之台,起于累土;千里之行,始于足下。为者败之,执者失之。是以圣人无为,故无败;无执,故无失[2]。民之

---

[1] 其安易持,其未兆易谋;其脆易破,其微易散。为之于未有,治之于未乱:其安易持:《河上公注》:治身治国安静者,易守持也。其未兆易谋:《河上公注》:情欲祸患未有形兆时,易谋止也。《王弼注》:以其安不忘危,持之不忘亡,谋之无功之势,故曰易也。《唐玄宗注》:言人正性安静之时,将欲执持,令不散乱,故虽欲起心,尚未形兆,谋度绝之,使令不起,并甚易耳。其脆易破:《河上公注》:祸乱未动于朝,情欲未见于色,如脆弱易破除。其微易散:《河上公注》:其未彰着,微小易散去也。《王弼注》:虽失无入有,以其微脆之故,未足以兴大功,故易也。此四者,皆说慎终也,不可以无之,故而不持,不可以微之,故而弗散也,无而弗持,则生有焉,微而不散,则生大焉,故虑终之患,如始之祸,则无败事。《唐玄宗注》:欲心初染,尚自危脆,能绝之者,脆则易破。祸患初起,形兆尚微,将欲防之,微则易散耳。为之于未有:《河上公注》:欲有所为,当于未有萌芽之时塞其端也。《王弼注》:谓其安未兆也。《唐玄宗注》:覆上易持易谋也,所以易者,为营为之于未有形兆耳。治之于未乱:《河上公注》:治身治国于未乱之时,当豫闭其门也。《王弼注》:谓微脆也。《唐玄宗注》:覆上易破易散也,所以易者,为理之于未成祸乱耳。《八仙注》:其安易持:安静自得。其未兆易谋:临事谋始。其脆易破:防危虑险。其微易散:道心惟微。为之于未有:未发之中。治之于未乱:发皆中节。光垣帝君注曰:安者,无事之时,暇豫之居诸也。而安每即于危者,以人恃其安而放之,故安不终安。要之其安,原我所应获,是在于守而持之耳,持之固自易也。事几已露,每难图维,当其未兆,尚在寂感之交。于此致力,谋孔易矣。譬之于物,质久而坚,急难攻错;若当其脆,破可立致,何易如之。而积重者难返,势大者难图。当其微,未至于重且大也;从而散之,夫亦易焉。所谓先事之图,必在几先之哲也。故为之于未有者,尚无所有也,清其源也,上也。治之于未乱者,已有而未乱也,塞其流也,次也。《纯阳子注》:此示人以审几之学,而下文复推广言之,欲人以自然者恒其德也。脆、柔薄;微、细弱。未兆易谋,故为之于未有;其安易持,故治之于未乱也。

[2] 合抱之木,生于毫末;九层之台,起于累土;千里之行,始于足下。为者败之,执者失之:合抱之木,生于毫末:《河上公注》:从小成大。九层之台,起于累土:层:重叠。《说文》:"层,重屋也。"累:同纍léi,藤制的盛土筐子。《河上公注》:从卑立高。千里之行,始于足下:《河上公注》:从近至远。《唐玄宗注》:此三者喻其不早图复,使后成患。为者败之:《河上公注》:有为于事,废于自然;有为于义,废于仁;有为于色,废于精神也。执者失之:《河上公注》:执利遇患,执道全身,坚持不得,推让反还。《王弼注》:当以慎终除微,慎微除乱,而以施为治之形名,执之反生事原,巧辟滋作,故败失也。《唐玄宗注》:凡情不能因任,营为分外,为者求遂,理必败之。于事不能忘遣,动成执着,执着求得,理必失之。是以圣人无为,故无败:《河上公注》:圣人不为华文,不为色利,不为残贼,故无败坏。无执,故无失:《河上公注》:圣人有德以教愚,有财以与贫,无所执藏,故无所失于人也。《八仙注》:合抱之木,生于毫末:从微至着。九层之台,起于累土:登高自卑。千里之行,始于足下:行远自迩。为者败之:道不可穷。执者失

从事，常于几成而败之——慎终如始，则无败事[1]。是以，圣人欲不欲，不贵难得之货；学不学，复众人之所过，以辅万物之自然，而不敢为[2]。

【帛书】其安也，易持也；其未兆也，易谋也；其脆也，易判也；其微也，易散也。为之于其未有也，治之于其未乱也。合抱之木，生于毫末；九成之台，作于累土；百仞之高，始于足下。为之者败之，执之者失之。是以圣人无为也，故无败也；无执也，故无失也。民之从事也，恒于几成事而败之。故慎终若始，则无败事矣。是以圣人欲不欲，而不贵难得之货；学不学，而复众人之所过。是以能辅万物之自然，而弗敢为也。

之：道不可得。是以圣人无为故无败：与道合一，千古不朽。无执故无失：与神合无，万世常存。圣人之所以致防于未然者，以小宜谨而微宜慎也。盖小者，大之基；微者，显之机。维彼合抱之木，不始于毫末之萌蘖乎？九层之台，不始于累土之逐加乎？千里之行，不始于足下之步趋乎？夫小必大，微必显，近必远也。历历如是，则是未兆之先，无所庸其滋扰矣，而遑妄以为之者必至于败，胶执以自信者必至于失，圣人则不若此也。知"道"在于无，而即以"无为"安之，以"无执"化之，夫何败与之有？故曰无为故无败，无执故无失。《纯阳子注》：事莫不由微至着，惟当顺其自然而因应之。妄为则败，执滞则失，圣人天理浑然，故泛应曲当也。

[1] 民之从事，常于几成而败之——慎终如始，则无败事：民之从事，常于几成而败之：《河上公注》：从，为也。民之为事，常于功德几成，而贪位好名，奢泰盈满而自败之也。《王弼注》：不慎终也。《唐玄宗注》：民之始从事于善者，当于近成而自败之。慎终如始，则无败事：《河上公注》：终当如始，不当懈怠。《唐玄宗注》：慎其终，未尝如始从善之心，则必无祸败之事。《八仙注》：民之从事：不知自然。常于几成而败之：不谨于始，鲜克有终。慎终如始，则无败事：初心不昧永无危殆。彼圣人之无为无执，不可望之于凡民也。彼民囿于习染，蔽于聪明，狃于伪妄，其从事也，每于事几之已成而始加图谋，究之势已逼近，虽极力挽回，不克旋转，每十无以救其一，此败之所以类然。而要之人情，多致谨于始，而于终则疏忽也。若果能慎终如始，先后一致，亦胡至以败事闻哉？

[2] 是以，圣人欲不欲，不贵难得之货；学不学，复众人之所过，以辅万物之自然，而不敢为：是以，圣人欲不欲：《河上公注》：圣人欲人所不欲。人欲彰显，圣人欲伏光；人欲文饰，圣人欲质朴；人欲色，圣人欲于德。不贵难得之货：《河上公注》：圣人不眩于服，不贱石而贵玉。《王弼注》：好欲虽微，争尚为之，兴难得之货虽细，贪盗为之起也。《唐玄宗注》：难得之货，为性分所无者，今圣人于欲不欲，不营为于分外，故常全其自然之性，是不贵难得之货。学不学：《河上公注》：圣人学人所不能学。人学智诈，圣人学自然；人学治世，圣人学治身：守道真也。复众人之所过：《河上公注》：众人学问反，过本为末，过实为华。复之者，使反本也。《王弼注》：不学而能者，自然也。喻于学者，过也。故学不学，以复众人之过。以辅万物之自然：《河上公注》：教人反本实者，欲以辅助万物自然之性也。而不敢为：《河上公注》：圣人动作因循，不敢有所造为，恐远本也。《唐玄宗注》：圣人不求过分之学，是于学不学，将以归复众人过分之学，以辅自然之性，不敢为俗学与多欲也。《八仙注》：是以圣人欲不欲：欲人之所不欲。不贵难得之货：尊德乐道。学不学：学人之所不学。复众人之所过：反本。以辅万物之自然：与时偕行。而不敢为：慎独戒惧。古之圣人知其然也，故众人有欲，圣人不讳言欲。而不欲之欲，乃其欲也。夫以不欲为欲，亦安贵难得之货也乎？众人有学，圣人不讳言学，而不学之学，乃其学也。夫以不学为学，尚不可以转众人之过而免之也乎？夫其所以不欲、不学者，道尚自然，正无事于欲与学也。万物皆禀自然之道，而即以无欲、无学者辅之，而弗敢为焉。此圣人之以无为立隆于天下万世也夫。《纯阳子注》：人情不欲道，而欲难得之货，不务学，而安于过举，所以功败垂成，而事无终始。惟圣人贱货而贵德，成己以成人，是以复众人于无过，而未尝逞其私智也。按：《纯阳子注》"成己以成人"的观点值得重视：成就自己才能成就他人，修养自己才能修养他人，己所不欲，勿施于人，而不是要求他人而不要求自己。

【憨山注】：此释上章图难于易为大于细之意，以示圣人之要妙，只在为人之所不为，以为学道之捷径也。治人、事天工夫，全在于此。安与未兆，盖一念不生，喜怒未形，寂然不动之时，吉凶未见之地，乃祸福之先，所谓几先也。持字，全是用心力量，谓圣人寻常心心念念，朗然照于一念未生之前，持之不失。此中但有一念动作，当下就见就知。是善则容，是恶则止，所谓早复。孔子所谓知几其神乎。此中下手甚易，用力少而收功多，故曰其安易持。兆，是念之初起；未兆，即未起。此中喜怒未形，而言谋者，此谋，非机谋之谋，乃戒慎恐惧之意。于此著力，图其早复，盖第一念为之于未有也。若脆与微，乃是一念始萌，乃第二念耳。然一念虽动，善恶未著，甚脆且微。于此著力，所谓治之于未乱也。合抱之木以下，三句皆譬喻。毫末，喻最初一念；累土足下，喻最初一步工夫也。上言用心于内，下言作事于外。为执二句，言常人不知著力于未然之前，却在既发之后用心。为之则反败，执之则反失矣。圣人见在几先，安然于无事之时，故无所为，而亦无所败。虚心鉴照，故无所执，而亦无所失，以其圣人因理以达事耳。常民不知知在心上做，却从事上做，费尽许多力气，且每至于几成而败之。此特机巧智谋，有心做来，不但不成，纵成亦不能久，以不知听其自然耳。慎终如始：始，乃事之初；终，乃事之成。天下之事，纵然盈乎天地之间，圣人之见，察其始也，本来不有。以本不有，故将有也，任其自然，而无作为之心。及其终也，事虽已成，观之亦似未成之始，亦无固执不化之念，此所谓慎终如始，故无败事也。是以下，总结圣人返常合道也。若夫众人之所欲者，功名利禄，玉帛珍奇。所学者，权谋智巧，火驰于此，往而不返，皆其过也。至于道德无为，皆以为贱而所不欲，以为无用而不学，故恃智好为，以伤自然之朴。圣人离欲释智，以复众人之过耳。以恃万物之自然，故终不敢为也。庄子内圣外王学问，全出于此。吾人日用明此，可以坐进此道。以此用世，则功大名显，伊周事业，特绪余耳，岂不至易哉？

【串讲】

本讲是传统本《老子》的第六十三章、第六十四章。第六十三章的要点是"三无"即"为无为，事无事，味无味"，"一易"即"图难于其易：天下难事，必作于易；夫轻诺必寡信，多易必多难；圣人犹难之，故终无难矣"，"一细"即"为大于其细：天下大事，必作于细；圣人终不为大，故能成其大"。第六十四章的要点是"四兆"即"其安易持，其未兆易谋；其脆易破，其微易散"，"两未"即"为之于未有，治之于未乱"，"三比"即"合抱之木，九层之台，千里之行"，"两无"即"无为，故无败；无执，故无失"、

"一慎"即"慎终如始"、"两不"即"欲不欲，不贵难得之货；学不学，复众人之所过"。

第六十三章主要叙述"为无为，事无事，味无味"的基本观点，重点阐述"难"与"易"，"大"与"细"的关系，强调从"易""细"着手！第六十四章继续阐述第六十三章"为无为，事无事，味无味"的观点，进而提出"为之于未有，治之于未乱"的行政和做事原则，主张由小而大，由低而高，由近而远，循序渐进，顺从自然，慎终如始，最后实现"自然无为"。"难易论"的核心是"图难于易，为大于细"，"为之于未有，治之于未乱"，"慎终如始"。

第六十三章的意思是：以无为的方法去大有作为，以无事的心态去成就大事，以无味的习惯去品味天下；把小看大而把大看小；把多看少而把少看多；小怨不别报，大怨天必报。解决困难要从容易的地方着手，成就大事要从细微的地方开始。解决天下的难事，一定要从简明的地方着手；成就天下的大事，一定要从微细的部分开始。按照这种指导思想，圣人始终都不贪大求全，所以最终能够成就大事。轻易许诺必定难以守信，看轻事情必定遭受困难。按照这种指导思想，圣人总是在战术上重视困难，所以最终能够克服困难。

第六十四章的意思是：局面安定的时候容易维持，事情的漏洞还未出现的时候容易修补；危机很小的时候容易消解，征兆细微的时候容易化散。做事要在尚未发生错误之前妥当处理，治国要在大乱没有形成之前早做准备。合抱的大树，生长于细小的萌芽；九层的高台，累积于每一筐泥土；千里的远行，开始于脚下的每一步。妄为将招致失败，固执将遭受损害。因此圣人不妄为，所以不会招致失败。不固执，所以不会遭受损害。常人做事情，总是在快要成功的时候失败；快要成功的时候要像开始的时候那样慎重，就不会出现失败的情况。因此，圣人追求的是常人不追求的，不看重稀奇的货物；圣人学习的是常人不学的东西（正道），纠正常人舍本求末的过失，以此加持万物的自然本性，而不敢胡作非为。

第二十九讲·淳朴论：处上而民不重，处前而民不害

【简注】

第六十五章·古之善为道者，非以明民，将以愚之[1]。民之难治，以其智多。故以智治国，国之贼[2]；不以智治国，国之福。知此两者，亦稽式。常知稽式，是谓玄德。玄德深矣、远矣，与物反矣，然后乃至大顺[3]。

---

[1] 古之善为道者，非以明民，将以愚之：明：明智巧诈。愚：淳朴，返璞归真。《河上公注》：古之善以道治身及治国者，不以道教民明智巧诈也，将以道德教民，使质朴不诈伪。《王弼注》：明，谓多见巧诈，蔽其朴也。愚谓无知守真，顺自然也。《唐玄宗注》：人君善为道者，非以其道明示于民，将导之以和，使归复于朴，令如愚耳。《八仙注》：古之善为道者，非以明民：在明明德。将以愚之：不使其有知。光垣帝君注曰：三皇而后，尧舜禹汤文武，均号先觉先知。惟先觉则以所觉者觉人，惟先知则以所知者知人，总欲使民归于明而已矣。究之于道无涉也，道在于无为也，故古之善为道者，不欲使民趋于明，将以愚之，使民常安于无知无觉之中，庶几伪妄不作而浑浑噩噩，我得端居而默拱矣。

[2] 民之难治，以其智多。故以智治国，国之贼：民之难治，以其智多：智多：巧诈。《河上公注》：民之所以难治者，以其智多而为巧伪。《王弼注》：多智巧诈，故难治也。《唐玄宗注》：君将明道以临下，下必役智以应上，智多则诈兴，是以难治。故以智治国，国之贼：《河上公注》：使智能之人治国之政事，必远道德，妄作威福，为国之贼也。《王弼注》：智，犹治也，以智而治国，所以谓之贼者，故谓之智也。民之难治，以其多智也，当务塞兑闭门，令无知无欲，而以智术动民。邪心既动，复以巧术防民之伪，民知其术，防随而避之，思惟密巧，奸伪益滋，故曰，以智治国，国之贼也。《唐玄宗注》：人君任用多智之臣，使令治国，智多必作法，法作则奸生，故是国之贼也。《八仙注》：民之难治：心乱。以其智多：动则易昏。故以智治国，国之贼：觉亦有念。上古之世，无怀葛天，民风何等淳厚，何等浑朴，御世者不烦而自就理。三代而下，世风浇薄，人情洶伪，盖苦于难治久矣。而要其难治之由，实缘于多智，智则诪张为幻，奸宄丛生，而文网虽密，不足以罗之矣。夫民既以智而难治，则智其当绝也明矣，尚可以智为之倡乎？苟以智治之，则不惟不爱国矣，非国之贼而何？《纯阳子注》：智愚，以在上者言：愚，诚朴意；道者，治民之具。然必毋以智自居而后可。古之善为道者，非以明自炫于民，将以诚朴化之，故民之难治者，以在上之智术多，而去道远也。

[3] 不以智治国，国之福。知此两者，亦稽式。常知稽式，是谓玄德。玄德深矣、远矣，与物反矣，然后乃至大顺：不以智治国，国之福：《河上公注》：不使智能之人治国之政事，则民守正直，不为邪饰，上下相亲，君臣同力，故为国之福也。《唐玄宗注》：若不用巧智之臣，但取纯德之士，使偃息蕃丑，弄丸解难，自然智诈日薄，淳朴日兴，人和年丰，故是国之福也。知此两者，亦稽式：《河上公注》：两者谓智与不智也。常能智者为贼，不智者为福，是治身治国之法式也。《唐玄宗注》：役智诈则害于人，任淳德则福于国，人君能知此两者，委任淳德之臣，是以为君楷模法式。常知稽式，是谓玄德：揩：楷模。《广雅·释诂》："楷，法也。"《河上公注》：玄，天也。能知治身及治国之法式，是谓与天同德也。《唐玄宗注》：人君常知所委任，是谓深玄至德矣。玄德深矣、

【帛书】为道者非以明民也，将以愚之也。民之难治也，以其智多也。故以智知邦，邦之贼也；以不智知邦，邦之德也。恒知此两者，亦稽式也。恒知稽式，是谓玄德。玄德深矣，远矣，与物反矣，然后乃至大顺。

【憨山注】：此言圣人治国之要，当以朴实为本，不可以智夸民也。明者，昭然揭示之意；愚者，民可使由之不可使知之之意。夫民之所趋，皆观望于上也，所谓百姓皆注其耳目。凡民之欲蔽，皆上有以启之。故上有好者，下必有甚焉者也。故圣人在上，善能以斯道觉斯民，当先身以教之。上先不用智巧，离欲清净，一无所好，若无所知者，则民自各安其日用之常，绝无一念好尚之心。而黠滑之智自消，奸盗之行自绝矣。所谓我好静而民自正，我无为而民自化，故曰非以明民，将以愚之。此重在"以"字。前云众人皆有"以"，以，如春秋以某师之"以"，谓左右之也。此其上不用智，故民易治耳。然民之难治者，皆用智之过也。足知以智治国者，反为害也，乃国之贼。不用智而民自安，则为国之福矣。人能知此两者，可为治国之楷式也。楷式，好规模也。苟能知此楷式，是谓之玄德矣。玄德，谓德之玄妙，而人不测识也。故叹之曰，玄德深矣、远矣。非浅识者所可知也。民之欲，火驰而不返。唯以此化民，则民自然日与物相反，而大顺于妙道之域矣。语曰，齐一变至于鲁，鲁一变至于道，犹有智也，况玄德乎？

第六十六章·江海之所以能为百谷王者，以其善下之，故能为百谷王。是以圣人欲上民，必以言下之；欲先民，必以身后之[1]。是以圣人处上而民不重，

远矣：《河上公注》：玄德之人深不可测，远不可及也。《王弼注》：稽，同也。古今之所同则而不可费，能知稽式，是谓玄德，玄德深矣，远矣。与物反矣：《河上公注》：玄德之人与万物反异，万物欲益己，玄德施与人也。《王弼注》：然后乃至大顺。然后乃至大顺：《河上公注》：玄德与万物反异，故能至大顺，顺天理也。《唐玄宗注》：玄德深远，能与物反，归复其本，令物乃至大顺于自然之性也。《八仙注》：不以智治国之福：道之以德，其民有余。知此两者亦楷式：道贵若愚，行为世法。常知楷式：抱虚守中。是谓玄德：教父。玄德深矣远矣：愈觅愈深，愈求愈远。与物反矣：不与万法为侣。然后乃至大顺：逆行顺化。诚不以智治国，则浑沦无为，国之福矣；彼以智则贼国，不以智则福国。知斯二者，尚不可以为楷式也乎？要之楷式非他，无为之德也。玄也，夫德谓之玄，则至深矣至远矣，与物相反矣。何言之？世人尚智，圣人尚玄，反而用之者也。尚智则狗欲忘理而多逆，尚玄则默运潜移而自化。顺之至也，故曰乃至于大顺。《纯阳子注》：玄德极于深远，处乎万物之先，以此治国乃至大顺。《中庸》言笃恭天下平，而称赞其妙，至于无声无臭而后已焉，即此义也。

[1] 江海之所以能为百谷王者，以其善下之，故能为百谷王。是以圣人欲上民，必以言下之；欲先民，必以身后之：江海所以能为百谷王者，以其善下之，故能为百谷王：水注溪曰谷。王：往，百川之所归往。《河上公注》：江海以卑，故众流归之，若民归就王。以卑下，故能为百谷王也。《唐玄宗注》：江海所以能令百川委输归往者，以其善能卑下之，故百川朝宗矣。是以圣人欲上民：《河上公注》：欲在民之上也。必以言下之：《河上公注》：法江海处谦虚。欲先民：《河上公注》：欲在民之前也。必以身后之：《河上公注》：先人而后己也。《八仙注》：江海之所以能为百谷王：心为万法之王。以其善下之：虚而能容寂而不见。故能为百谷王：异派同归。是以圣人欲上民：使人知道。必以言下之：示之以无。欲先民：使契乎道。必以身后之：能忘其心。光垣帝君注曰：江海巨津

处前而民不害，是以天下乐推而不厌。以其不争，故天下莫能与之争[1]。

【帛书】江海之所以能为百谷王者，以其善下之也，是以能为百谷王。是以圣人之欲上民也，必以其言下之；其欲先民也，必以其身后之。故居上而民弗重也，居前而民弗害也，天下乐推而弗厌也。非以其无争欤？故天下莫能与之争。

【憨山注】：此教君天下者，以无我之德，故天下归之如水之就下也。百川之水，不拘净秽，总归于江海。江海而能容纳之，以其善下也。此喻圣人在上，天下归之，以其无我也。欲上民，必以言下者。言者，心之声也。故君天下者，尊为天子。圣人虚心应物，而不见其尊，故凡出言必谦下，如曰孤寡不毂，不以尊陵天下也。欲先人，必以身后之者。身者，心之表也。君天下者，贵为天子，天下推之以为先。圣人忘己与人，而不自见有其贵。故凡于物欲，澹然无所嗜好，不以一己之养害天下也。重者，犹不堪也。是则圣人之心，有天下而不与。故虽处上，而民自堪命，不以为重；虽处前，而民自遂生，不以为害。此所以天下乐推而不厌。盖无我之至，乃不争之德也。此争非争斗之谓，盖言心不驰竞于物也。以其不争，故天下莫能与之争。庄子所谓兼忘天下易，使天下忘己难。此则能使天下忘己，故莫能与之争耳。

【串讲】

本讲是传统本《老子》的第六十五章、第六十六章。第六十五章的要点是

也，而百谷朝之，以其王也。要其所以为百谷之王者，以其势处于下，众流归之。书曰江汉朝宗于海，非善下而能王。若是乎圣人有悟于江海，知人之不可据上也。而必以言下于人，其下愈卑，而下者上之。已高不可仰，知人之不可漫先也。而以其身后之，其后弥远，而后者先之，已轶不可追。究之圣人非有意于下之后之也，道本如是，则其居上与先者沾即存于下之后之中也，道也欤。

[1] 是以圣人处上而民不重，处前而民不害，是以天下乐推而不厌。以其不争，故天下莫能与之争：是以圣人处上而民不重：重：劳累。《河上公注》：圣人在民上为主，不以尊贵虐下，故民戴而不为重。处前而民不害：《河上公注》：圣人在民前，不以光明蔽后，民亲之若父母，无有欲害之心也。《唐玄宗注》：谦为德柄，尊用弥光，以言谦下之，百姓欣戴，故处其上而人不以为重，以身退后之，百姓乐来，故处其前而人不以为害。是以天下乐推而不厌：《河上公注》：圣人恩深爱厚，视民如赤子，故天下乐推进以为主，无有厌也。《唐玄宗注》：以是不重不害之故，故天下之人乐推崇之主，而不厌倦。以其不争：《河上公注》：天下无厌圣人时，是由圣人不与人争先后也。故天下莫能与之争：《河上公注》：言人皆有为，无有与吾争无为。《唐玄宗注》：圣人谦退，不与物争，天下共推，谁与争者？《八仙注》：是以圣人处上而民不重：道大。处前而民不害：性空。是以天下乐推而不厌：中心悦而诚服。以其不争：不与物竞。故天下莫能与之争：自然无碍。又弗上矣先先矣，而居上者势愚重民，居先者势患害民。圣人虽上而不自尊贵，何重于民？故民亦不苦其重。虽居先而不自谓无前，故不害民，而民亦不受其害。于是乎翕然归之，群焉戴之，共推以为有道，而绝无厌弃之心。悦而诚服，莫敢不享正矣。而要其不上而下不先而后，皆此不争之心，与天下相忘故也。语云仁者无敌，圣人既不自处于争，则凡争者不惟不忍与之争，且不能与之争矣。此道之所以贵下与后，而圣人则之者也。

"愚民"即"非以明民，将以愚之"。"弃智"即"以智治国，国之贼；不以智治国，国之福"。第六十六章的要点是"善下"即"江海之所以能为百谷王者，以其善下之，故能为百谷王"。"身后"即"是以圣人欲上民，必以言下之；欲先民，必以身后之"。

第六十五章的核心句是"非以明民，将以愚之"，其中"愚"是"闪光点"——淳朴忠厚：圣人以"淳朴忠厚"对待老百姓，老百姓以"淳朴忠厚"面对一切，因此河上公给本章取名"淳德"。第六十六章继阐述圣人以"愚"的态度"居下""不欲""身后""不争""为下"，乃至"天下莫能与之争"，因此河上公给本章取名"后己"。"淳朴论"的落脚点是"处上而民不重，处前而民不害"，其结果是"以其不争"，"莫能与之争"，圣人"不争"而"善争"，成天下共主。

第六十五章的意思是：古代善于为道者，不是鼓励老百姓投机取巧，而是引导老百姓返璞归真。老百姓之所以难以管理，就是因掌权者喜欢利用投机去管理老百姓诱发了老百姓的取巧。所以用投机取巧管理国家，国家必然遭受危害；不用投机取巧管理国家，国家必然安稳而和谐。明白"智与不智"这两种治国法则，可以作为一个法式。恒久地遵守这个法式，就叫作"玄德"。玄德又深又远，随着万事万物复归真朴，这以后乃至达到大顺的境界。

第六十六章的意思是：江河湖海之所以能够成为万溪百川都向往的地方，就是因为善于处在低下的地方，因而成为万溪百川之王。因此，圣人希望统治老百姓，就必须言辞谦下；希望率领老百姓，就必须把自己的利益放在老百姓的后面。因此，圣人虽然位居老百姓之上而老百姓却不会感到有负担，率领老百姓而老百姓就不会受到伤害，因此老百姓就乐意拥护而不感到厌恶。因为圣人不与老百姓争名夺利，所以天下诸侯没有能够跟这样的圣人相抗衡。

第三十讲·三宝论：慈故能勇，俭故能广

【简注】

第六十七章·天下皆谓我道大不肖。夫唯大，故不肖。若肖，久矣其细也夫[1]。我有三宝，持而保之：一曰慈，二曰俭，三曰不敢为天下先。慈故能勇；俭故能广；不敢为天下先故能成器长[2]。今舍慈且勇，舍俭且广，舍后且先，死

---

[1] 天下皆谓我道大不肖。夫唯大，故不肖。若肖，久矣，其细也夫：天下皆谓我道大不肖：肖：像，相似。扬雄《方言》："肖，类，法也。齐曰类，西楚、梁、益之间曰肖……西南、梁、益之间凡言相类者，亦谓之肖。《河上公注》：老子言：天下谓我德大，我则佯愚似不肖。《唐玄宗注》：肖，似也。老君云，天下之人皆谓我道大，无所象似，我则答云耳。夫唯大，故似不肖：《河上公注》：唯独名德大者为身害，故佯愚似若不肖。无所分别，无所割截，不贱人而自责。若肖久矣：《河上公注》：肖，善也。谓辨惠也。若大辨惠之人，身高自贵行察之政所从来久矣。其细也夫：《河上公注》：言辨惠者唯如小人，非长者也。《王弼注》：久矣其细，犹曰其细久矣。肖则失其所以为大矣，故曰，若肖，久矣其细也夫。《唐玄宗注》：夫唯我道至大，故无所象似。若如世间诸法，有所象似，则不得称大，久已微细也夫。《八仙注》：天下皆谓我大：惟道独尊。似不肖：如愚。夫惟大，故似不肖：无可议拟。若肖，久矣其细也夫：可比便小。光垣帝君注曰：天下之至大者，莫道若矣。圣人奉道以为依归，则天下之至大者，亦莫圣人若矣。世人大道，则亦因大圣人，故皆谓之大。然虽谓之大，而窃疑其浑漠相处，绝不见有震动恪恭。若一无所肖者然，故虽大之，而又以为似不肖也。夫既大之，而又不肖之，亦何畸轻畸重之若此耶？然无足怪也，不肖始大，大实似无可肖也，故曰惟大似不肖。若肖矣而于礼乐刑政之间，斤斤以求合，沾沾以急功，则是骓虞杂霸之为，盖渺乎其细久矣。

[2] 我有三宝，持而保之：一曰慈，二曰俭，三曰不敢为天下先。慈故能勇；俭故能广；不敢为天下先故能成器长：我有三宝，持而保之：保：持有，拥有。《河上公注》：老子言：我有三宝，抱持而保倚。《唐玄宗注》：我道虽大无所象似，然有此三行甚可珍贵，能常保倚执持，可以理身理国也。一曰慈：《河上公注》：爱百姓若赤子。二曰俭：《河上公注》：赋敛若取之于己也。三曰不敢为天下先：《河上公注》：执谦退，不为倡始也。《唐玄宗注》：慈则广救，俭则足用，不敢为天下先，故乐推而不厌也。慈故能勇：《河上公注》：以慈仁，故能勇于忠孝也。《唐玄宗注》：慈人敏慧，则德有余，故勇于救济也。《王弼注》：夫慈，以陈则胜，以守则固，故能勇也。俭故能广：《河上公注》：天子身能节俭，故民日用广矣。《王弼注》：节俭爱费，天下不匮，故能广也。《唐玄宗注》：节俭爱费，财用有余，故施益广。不敢为天下先，故能成器长：《河上公注》：不为天下首先；成器长，谓得道人也。我能为得道人之长也。《王弼注》：唯后其身，为物所归，然后乃能立，成器为天下利，为物之长也。《唐玄宗注》：慈俭之德，谦撝huī益光，推先与人，人必不厌，故能成神器之长。《八仙注》：我有三宝，持而宝之：道不可离。一曰慈：专气如婴。二曰俭：少私寡欲。三曰不敢为天下先：退藏自牧。慈故能勇：其力大。俭故能广：其量深。不敢为天下先：心广。故能成器长：体胖。夫圣人之所以大，而不落声色者，以其有三宝故也。持此宝而重之，则挥弦就理，何事作为，是即王天下三重之谓。三者何？一曰慈，慈忍也，谓慈忍而敛也；其二曰俭，俭约也，俭约而不敢肆也；三则曰不敢为天下先，即以身后人之说也。人特患失此三宝，而不能慈且俭以先人耳。果能慈忍而有济，则以有守发为有为，勇何如也？果能俭约以自敛，则能发必自能收，广何

矣！夫慈以战则胜，以守则固。天将救之，以慈卫之[1]。

【帛书】天下皆谓我道大，大而不肖。夫唯不肖，故能大；若肖，久矣其细也夫！我恒有三宝，持而保之：一曰慈，二曰俭，三曰不敢为天下先。夫慈，故能勇；俭，故能广；不敢为天下先，故能为成事长。今舍其慈且勇，舍其俭且广，舍其后且先，则死矣！夫慈，以战则胜，以守则固。天将建之，如以慈垣之。

【憨山注】：此章老子自言所得之道至大，世人不知，其实所守者至约也。道大，如巍巍乎惟天为大，荡荡乎民无称焉，言其广大难以名状也。不肖，如孔子云"不器"。大史公谓孟子迂远而不切于事情之意，即庄子所谓大有径庭、不近人情也。此盖当时人见老子其道广大，皆如下文所云，以勇广器长称之，且不得而名，故又为不肖，即若孔子称之犹龙也。故老子因时人之言，乃自解之曰：天下人皆谓我之道大，似乎不肖，无所可用。惟其大，所以似不肖耳。肖者，与物相似，如俗云一样也。若肖，作一句；久矣其细，作一句：倒文法耳。谓我若是与世人一样，则成细人久矣，又安得以道大称之哉？下文释其大之所以。谓世人皆见其物莫能胜我，遂以我为勇；见我宽裕有余，遂以我为广；见其人皆推我为第一等人，遂以我为器长：器者，人物之通称也。以此故，皆谓我道大，其实似无所肖。殊不知我所守者至约：乃慈，俭，不敢为天下先，三法而已。慈者，并包万物，覆育不遗，如慈母之育婴儿；俭者，啬也，有而不敢尽用；不敢为天下先者，虚怀游世，无我而不与物对。然以慈育物，物物皆己，且无己与物敌，物自莫能胜矣，故曰慈故能勇。心常自

如也？果能不敢为天下先，则后人者必居其前，不以力强，而强固已多矣，是浑朴之器也，即大成之器也，成是器而与天长存可矣。

[1] 今舍慈且勇，舍俭且广，舍后且先，死矣！夫慈以战则胜，以守则固。天将救之，以慈卫之：今舍慈且勇：《河上公注》：今世人舍慈仁，但为勇武。《王弼注》：且，犹取也。舍俭且广：《河上公注》：舍其俭约，但为奢泰。舍后且先，死矣：《河上公注》：舍其后己，但为人先。所行如此，动入死地。《唐玄宗注》：今舍慈且勇，勇则害物，舍俭且广，广则伤财。舍后且先，先则人怨。伤财害物，聚怨于人，是必死之道，故云死矣。夫慈以战则胜，以守则固：《河上公注》：夫慈仁者，百姓亲附，并心一意，故以战则胜敌，以守卫则坚固。《王弼注》：相慜而不避于难，故胜也。《唐玄宗注》：用慈以战，利在全众，用慈以守，利在安人，各保安全，故能胜固耳。天将救之，以慈卫之：《河上公注》：天将救助善人，必与慈仁之性，使能自营助也。《唐玄宗注》：以慈战守，岂但人和，天道孔明，亦将救卫。战胜，天救也；守固，天卫也。是皆以慈故，故云天将救之，以慈卫之。《八仙注》：今舍慈且勇：逐物。舍俭且广：贪嗔。舍后且先：急欲求成。死矣：不见乎道。夫慈以战则胜：仁者无敌。以守则固：静以待之。天将救之：惟德是辅。以慈卫之：守位曰仁。圣人三宝若是，今或从而反之：舍慈以就勇也，舍俭以就广也，舍后以就先也。是三者，皆有取死之理，其不入于死者，几希。今且就慈一端言之小不忍者，乱大谋临事惧者，无只悔。慈忍则不敢轻敌而量敌，故以战则必致胜。且慈忍则必内谋之密，外谋之周，而敌乘无隙。守何固也？盖是慈也，天所与也。天将救人于涂炭之中，恒开广圣心之慈，以为斯民之卫。乃圣既卫民，而被其慈者，亦从而卫之。慈之可宝何如也？而信与不先可例推矣。

足，虽有余而不用，所处无不裕然宽大矣，故曰俭故能广。物我两忘，超然独立，而不见有己以处人前，故人皆以我为畸人，推为人中之最上者矣，故曰不敢为天下先，故能成器长。以此故，皆以我为道大似不肖耳。以我所守者如此，即前所云我独异于人，而贵求食于母也。以此三者，乃大道之要妙耳。且今世人，舍慈而言勇，舍俭而言广，舍后而言先，死矣。此死字，非生死之死，如禅家所云死在句下：盖死活之死，言其无生意也。以世人不知大道之妙，但以血气夸侈争胜做工夫。故一毫没用头，皆死法，非活法也。且此三者之中，又以慈为主。不但学道，即治天下国家莫不皆然。若以战则胜，以守则固，故王师无敌，民效死而勿去，皆仁慈素有所孚，故为战胜守固之道。此所谓道之真以治身，其绪余以为天下国家。以天地之大德曰生，故天将救斯民，而纯以慈卫之。故圣人法天利用，而以慈为第一也，世俗恶足以知之。故知治世能用老氏之术，坐观三代之化。所以汉之文景，得糟粕之余，施于治道，回超百代耳。此老子言言皆真实工夫，切于人事，故云甚易知易行。学人视太高，类以虚玄谈之，不能身体而力行，故不得其受用耳，惜哉！

【串讲】

本讲是传统本《老子》的第六十七章，要点是"不肖"即"夫唯大，故不肖"。"三宝"即"慈：慈故能勇；夫慈以战则胜，以守则固；天将救之，以慈卫之。俭，俭故能广；后——不敢为天下先，故能成器长"，"三舍"即"舍慈且勇，舍俭且广，舍后且先"。

第六十七章老子针对"天下皆谓我道大不肖"所给予回答。在这个回答中，老子把"非常道"即德的精华浓缩为"三宝"，因此河上公给本章取名"三宝"——"慈""俭""不敢为天下先"即"后"，进而说明"天将救之，以慈卫之"的大道之理。"三宝论"的显著功能是"慈故能勇；俭故能广；不敢为天下先故能成器长"、"以慈战则胜"，"以慈守则固"。

第六十七章的意思是：天下人（诸侯等）都说"道"宏大而不像任何具体的东西。正因为"道"的"宏大"，所以才不像任何具体的东西。如果像任何一个具体的东西，那么时间一长"道"也就显得很渺小了。"我"有三件法宝，一直执守而保全着：第一件叫"慈"，第二件叫"俭"，第三件叫"不敢为天下先"（后）。有了"慈"所以能"勇于忠孝"，有了"俭"所以能"民日用广"，有了"不敢为天下先"所以能成为"得道人"的首领。今世之人丢弃慈仁而崇尚于武勇，丢弃啬俭而迷恋于奢靡，舍弃谦卑而执著于争夺——这样的所作所为，必然走向死亡。用慈仁来征战就能胜利，用慈仁来守卫就能巩固。天道救助善人，必然给善人以慈仁之性使之自营自助。

第三十一讲·适度论：用人之力，配天之极

【简注】

第六十八章·善为士者不武，善战者不怒，善胜敌者不与，善用人者为之下[1]：是谓不争之德，是谓用人之力，是谓配天之极[2]。

【帛书】善为士者不武，善战者不怒，善胜敌者弗与，善用人者为下：是谓不争之德，是谓用人之力，是谓配天，古之极也。

【憨山注】：此言圣人善于下人，以明不争之德，释上三宝之意也。一章主意，只在善用人者为之下一句，乃假兵家战胜之事，以形容其慈，乃不争之至耳。士者，介胄之士；武者，武勇。然士以武为主，战以怒为主，胜敌以争为主，三者又以气为主。况善于为士者不用武，善于战者不在怒，善于胜敌者不必争，即前所云以慈用兵也。意谓武、怒、争三者，独兵事所必用。若用

---

[1]　善为士者不武，善战者不怒，善胜敌者不与，善用人者为之下：善为士者不武：与：争，夺。《河上公注》：言贵道德，不好武力也。《王弼注》：士，卒之帅也。武，尚先陵人也。《唐玄宗注》：士，事也。善以道为理国之事者尚德，故云不武。善战者不怒：《河上公注》：善以道战者，禁邪于胸心，绝祸于未萌，无所诛怒也。《王弼注》：后而不先，应而不唱，故不在怒。《唐玄宗注》：事不得已，必须应敌，以慈则善，故不凭怒。善胜敌者不与：《河上公注》：善以道胜敌者，附近以仁，来远以德，不与敌争，而敌自服也。《王弼注》：不与争也。《唐玄宗注》：师克在和，和则善胜，全胜之善，故不交争。善用人者为之下：《河上公注》：善用人自辅佐者，常为人执谦下也。《唐玄宗注》：悦以使人，令尽其力，必先下之，是为善用。《八仙注》：善为士者不武：慈和。善战者不怒：宽奉。善胜敌者不争：安稳。善用人者为下：小心翼翼。光垣帝君注曰：行列之中，以怯为胜，惟能怯，斯以胜敌，而不恃夫赳赳桓桓之武也。善战者以义制兵：可进则进，不注于进；可杀则杀，不注于杀。而无所用其怒、而善胜敌者，恒以兵为不得己之为，虽战而有矜心，初无所尚其争也。至于用人之善，亦初无他术也。冲而抑之，约而敛之，善下而已。

[2]　是谓不争之德，是谓用人之力，是谓配天之极：是谓不争之德：《河上公注》：谓上为之下也，是乃不与人争之道德也。是谓用人之力：《河上公注》：能身为人下，是谓用人臣之力也。《王弼注》：用人而不为之，下则力不为用也。是谓配天古之极：极：至，最。《河上公注》：能行此者，德配天也。是乃古之极要道也。《唐玄宗注》：善胜是不争之德，为下是用人力，能如此者，可以配天称帝，是古之至极要道也。《八仙注》：是谓不争之德：好是懿德。是谓用人之德：天理自见。是谓配天：高明。古之极：大道乃明。言此不武不怒不争而善下也，皆德也。德而不自有其者，德乌在是即不争之谓也。而不自有其力，则且以用人之力矣。浑浑而荡荡，噩噩而巍巍，是尚不可以配天而与古为徒，至极而无以复加也哉？《纯阳子注》：恃力曰武，恃气曰怒，两相攻击曰争，为之下屈己下贤也。有此四者，则不动声色而万物无不效其能，是谓不争之德。用人之材亦如天之不言，而五行顺布，古之立极者然也。

之而必死，故善者皆不用，何况常人？岂可恃之以为用耶？乃骄矜恃气，不肯下人，故人不乐其用，乃不善用人耳。故古之善用人者，必为之下，即此是谓不争之德也。若以力驱人，能驱几何？若以下驱人，则天下归之。是以下用人，最有力也。所谓上善若水，水善利万物而不争，以其有力也。是谓配天古之极者。乾天坤地，若天地正位，则为《否》，而万物不生；若乾下坤上，则为《泰》。是知天在上而用在下也。圣人处民上而心在下，可谓配天之德。此古皇维极之道，置百姓于熙皞至乐之中。斯岂不争之德以治天下，而为力之大者与？此章主意，全在不用气上做工夫。即前云专气致柔，能如婴儿。纯和之至，则形化而心忘。不见物为对，则不期下而自下矣。殆非有心要下，而为用人之术也。然学人有志于谦德，则必尊而光，况圣人无我之至乎？

　　第六十九章·用兵有言：吾不敢为主而为客，不敢进寸而退尺——是谓行无行，攘无臂，扔无敌，执无兵[1]。祸莫大于轻敌，轻敌几丧吾宝，故抗兵相加，哀者胜矣[2]。

————————

　　[1] 用兵有言：吾不敢为主而为客，不敢进寸而退尺——是谓行xíng无行háng，攘rǎng无臂，扔rēng无敌，执无兵：用兵有言：《河上公注》：陈用兵之道。老子疾时用兵，故托己设其义也。《唐玄宗注》：老君伤时，轻残人于兵，故托古以陈戒。有言者，谓下句。吾不敢为主而为客：《河上公注》：主，先也。不敢先举兵。客者，和而不倡。用兵当秉天而后动。不敢进寸而退尺：《河上公注》：侵人境界，利人财宝，为进；闭门守城，为退。《唐玄宗注》：主有动作，则生事百贪。客无营为，则以慈自守。自守则全胜，生事则败亡。进虽少不能无事，退虽多不失谦让，故不敢进于寸，而退于尺。是谓行无行：《河上公注》：彼遂不止，为天下贼，虽行诛之，不成行列也。《王弼注》：彼遂不止。《唐玄宗注》：为客退尺，不与物争，虽行应敌，与无行同矣。攘无臂：攘：排斥，推辞。《河上公注》：虽欲大怒，若无臂可攘也。《唐玄宗注》：攘臂所以表怒，善战不怒，故若无臂可攘。扔无敌：《河上公注》：虽欲扔引之，若无敌可扔也。《王弼注》：行，谓行陈也，言以谦退哀慈，不敢为物先，用战犹行无行，攘无臂，执无兵，扔无敌也，言无有与之抗也。《唐玄宗注》：扔，引也。引敌者，欲争不争，故若无敌可引。执无兵：《河上公注》：虽欲执持之，若无兵刃可持用也。何者？伤彼之民罹罪于天，遭不道之君，愍忍丧之痛也。《唐玄宗注》：执兵所以表杀，今以慈和为主，故虽执兵，与无兵同。《八仙注》：用兵有言：托己设义。吾不敢为主而为客：任他为主，我为宾。不敢进寸而退尺：份寸之间，进退火候。是谓行无行：莫惨于志，模鄃为下。攘无臂：不得已而后起。扔无敌：一阵交锋定太平。执无兵：两枝慧剑埋真土。光垣帝君注曰：道德真经八十有一篇，其言兵者数篇，非好谈兵也，所以甚恶用兵而垂戒也。此篇通体虽是说兵，实以喻道。读者勿以文害辞、辞害义也。用兵有言，犹云古之用兵者曾有是说。主则制敌之谓，客则应敌之谓，制敌则尚武尚争，应敌则不过敷衍应酬，期无败覆而已。故善战者不敢为主，而为客也；进寸则其进无几，而已居然进矣，若退尺则退之惟恐不远者也。不主而客，不进而退，皆所谓守柔守虚，而无或强与实矣。凡军行者必有行列，而攘臂以争之，因敌以仍之，持兵以执之。若为客与为退，则不阵而行之，如无行也；不争而攘之，如无臂也；不战而仍之，如无敌也；不勇而执之，如无兵也。

　　[2] 祸莫大于轻敌，轻敌几丧吾宝，故抗兵相加，哀者胜矣：祸莫大于轻敌：《河上公注》：夫祸乱之害，莫大于欺轻敌家，侵取不休，轻战贪财也。轻敌几丧吾宝：轻：凌侮。丧：忘，丢失。《河上公注》：几，近也。宝，身也。欺轻敌者，近丧身也。《王弼注》：言吾哀慈谦退，非欲以取强，无敌于天下也。不得已而卒至于无敌，斯乃吾之所以为大祸也。宝，三宝也，故曰，几亡吾宝。《唐玄宗注》：为祸之大，莫大于轻侮敌人，轻侮敌人者，则殆丧吾以慈之宝。故抗兵相加：抗：举，加。《河上公注》：两敌战也。《王弼注》：抗，举也；加，当也。哀者，必相惜而不趣利避

【帛书】用兵有言曰：吾不敢为主而为客，不敢进寸而退尺。是谓行无行，攘无臂，执无兵，扔无敌。祸莫大于无敌，无敌近亡吾宝矣。故称兵相若，则哀者胜矣。

【憨山注】：此重明前章不争之德，以释上三宝以慈为本之意也。然慈乃至仁之全德也，所谓大仁不仁。以其物我兼忘，内不见有施仁之心、外不见有受施之地，故凡应物而动，皆非出于有心好为，盖迫不得已而后应，故借用兵以明慈德之至也。何以知之？且如古之用兵者有言曰，吾不敢为主而为客，不敢进寸而退尺。以此观之，足可知也。古之用兵，如涿鹿孟津之师是也。兵主，如春秋征伐之盟主。盖专征伐，主于兵者，言以必争必杀为主也。客，如诸侯应援之师，本意绝无好杀之心，今虽迫不得已而应之，然亦听之待之，若可已则已。以无心于功利，故绝无争心，所以进之难而退之易。故曰不敢进寸而退尺，言身进而心不进，是以退心进也。以无争心，故虽行而如不在行阵，虽攘而若无臂之人。言彼以我为敌，而我以彼为敌也。虽就，亦似无敌可对；虽执，犹若无兵可挥。戒惧之至，而不敢轻于敌。由不敢轻敌，所以能保全民命，不伤好生之仁。然祸之大者莫大于轻敌，以轻敌则多杀，多杀则伤慈，故几丧吾宝矣。抗兵，乃两敌相当，不相上下，难于决胜。但有慈心哀之者，则自胜矣。何则？以天道好生，助胜于慈者也。由是观之，兵者对敌，必争必杀以取胜。今乃以不争不杀而胜之，盖以慈为本故也。足见慈乃不争之德，施于必争地，而以不争胜之，岂非大有力乎？用之于敌尚如此，况乎圣人无物为敌，而以平等大慈，并包万物，又何物而可胜之耶？故前云不争之德，是谓用人之力，是谓配天之极。此章旧解多在用兵上说，全不得老子主意。今观初一句，乃借用兵之言，至轻敌丧宝，则了然明白。是释上慈字，以明不争之德耳。

【串讲】

本讲是传统本《老子》的第六十八章、第六十九章。

第六十八章的要点是"四善"即"善为士者不武，善战者不怒，善胜敌者不与，善用人者为之下"，"三誉"即"不争之德，用人之力，配天之极"。

害，故必胜。哀者胜矣：《河上公注》：哀者慈仁，士卒不远于死。《唐玄宗注》：抗，举也。两国举兵以相加，则慈哀于人者胜之。《八仙注》：祸莫大于轻敌：守城野战要防危。轻敌几丧吾宝：恐丧吾家无价珍。故抗兵相加：纵横顺逆没遮拦。哀者胜矣：饮酒藏花鬼神哭。由此观之者祸也，用而轻敌，尤祸之祸也。故祸莫大于轻敌，一轻敌几丧失吾宝矣：宝即上篇三宝之宝。如是而奈何独恃力以尚强乎？故当抗兵相加之时，能时切哀矜之心者，方为爱人之至。而不欲胜人，常制胜矣，诚即用兵之道。以悟立身之道，道不远矣。《纯阳子注》：易谈兵者轻敌，轻敌则有亡国丧身之祸。宝，谓仁义。仁义者治世之宝，轻敌则有好杀之心，故两兵相遇强弱未分，而有哀怜无辜之心者必胜，所谓仁者无敌也。

第六十九章的要点是"为客"即"吾不敢为主而为客，不敢进寸而退尺"，"四无"即"行无行，攘无臂，扔无敌，执无兵；抗兵相加，哀者胜"。

第六十八章以用兵为喻，叙述圣人不争之德、用人之力，配天之极，突出为帅"不武"，为将"不怒"，临阵"不与"，用人"谦下"，河上公给本章取名"配天"，意味着"不偏不倚""恰如其分"。第六十九章继续以用兵为喻，叙述"以退为进""以无形胜利有形"的奇思妙想，因此河上公给本章取名"玄用"。"适度论"的中心是：在"我"有道则"善为士者不武，善战者不怒，善胜敌者不与，善用人者为之下"，在"彼"无道我则"行无行，攘无臂，扔无敌，执无兵"，因此不能"轻敌"而应该"哀敌"。

第六十八章的意思是：善于为帅者不逞勇武，善于为将者不易激怒，善于临阵者不赤膊上阵，善于用人者谦卑守雌：这就是不争的上德，这就是用人的能力，这就是天道的至理。

第六十九章的意思是：用兵的人曾经这样说：我不敢主动举兵而倡议和平，不敢冒进一寸而宁可后退一尺——这种"为客"而"退一尺"的做法就叫作虽然有阵势却像没有阵势，虽然奋臂而像没有臂膀，虽然临敌而像没有敌人，虽然手握兵器而像没有兵器。祸患没有大于轻敌的，轻敌差点丧失了"我"的"三宝"，所以两军对阵而实力相当的，则善于"以慈为本"者容易获胜啊。

第三十二讲·不病论：有知为无知，
大知为小知

【简注】

第七十章·吾言甚易知，甚易行；天下莫能知，莫能行[1]。言有宗，事有君。夫唯无知，是以不我知[2]；知我者希，则我者贵：是以圣被褐怀玉[3]。

---

[1] 吾言甚易知，甚易行；天下莫能知，莫能行：吾言甚易知，甚易行：《河上公注》：老子言：吾所言省而易知，约而易行。《王弼注》：可不出户窥牖yǒu而知，故曰，甚易知也。无为而成，故曰甚易行也。《唐玄宗注》：老君云，吾所说言契理，故易知，简事，故易行。天下莫能知，莫能行：《河上公注》：人恶柔弱，好刚强也。《王弼注》：惑于躁欲，故曰，莫之能知也。迷于荣利，故曰，莫之能行也。《唐玄宗注》：天下之人滞言而不悟，烦事而不约，故莫能知，莫能行。《八仙注》：吾言甚易知：惟心而已。甚易行：惟道而已。天下莫能知：不知无心。莫能行：不知大道。光垣帝君注曰：天下平近浅淡之处，即精深微妙之所存。道本平近浅淡者也；以此道而发为言，吾言甚易知；以此道而见诸事，吾事甚易行耳。易知则宜尽人能知矣，易行则宜尽人能行矣。而天下卒莫能知与行者何哉？以平近浅淡之不足知、不足行故也。而求之于精深微妙，则反失其知与行。呜呼，其亦不思甚矣！《纯阳子注》：圣人之言皆道也，百姓日用而不知，故老子深叹之。

[2] 言有宗，事有君。夫唯无知，是以不我知：言有宗，事有君：《河上公注》：我所言有宗祖根本，事有君臣上下，世人不知者，非我之无德，心与我之反也。《王弼注》：宗，万物之宗也。君，万物之主也。《唐玄宗注》：言者在理，理得而言忘，故言以无言为宗。事者在功，功成而不宰，故事以无事为君。夫唯无知，是以不我知：不我知：不知我。《河上公注》：夫唯世人之无知者，是我德之暗，不见于外，穷微极妙，故无知也。《王弼注》：以其言有宗，事有君之故，故有知之人不得不知之也。《唐玄宗注》：夫唯世人无了悟之知，是以不知我无言无事之教。《八仙注》：言有宗：物有本末。事有君：事有终始。夫惟无知：冥然。是以不我知：夫复何有。由是论之，与其言之无稽，何如简默之为贵也？言本有宗，离乎宗者非言也。与其行之不轨，何如朴率之为贵也？事必有君，背乎君者非事也。我知宗而言之易，我知君而行之易。世人不知宗与君，因以不知我，是皆人之无知也。人既无知，则亦安能知我乎？宗君即主宰之谓。《纯阳子注》：宗，主也；君，纲领也。道具于圣人之心，不得测其妙也。宜诸于言，见诸于事，不能即委穷源，安能知之？

[3] 知我者希，则我者贵：是以圣被褐hè怀玉：知我者希，则我者贵：希：少。则：效法。《河上公注》：唯达道者乃能知我，故为贵。《王弼注》：唯深故知者希也，知我益希，我亦无匹，故曰，知我者希，则我者贵也。《唐玄宗注》：了知我忘知之意者希少，法则我不言之教者至贵。是以圣人被褐怀玉：被：披。褐：粗布或粗布衣服。《淮南子·齐俗训注》："楚人谓袍为短褐大衣。"《河上公注》：被褐者薄外，怀玉者厚内，匿宝藏德，不以示人也。《王弼注》：被褐者，同其尘，怀玉者，宝其真也。圣人之所以难知，以其同尘而不殊，怀玉而不渝，故难知而为贵也。《唐玄宗注》：被褐者，晦其外；怀玉者，明其内；故知我者希少耳。《八仙注》：知我者希：孰是知音？则我贵矣：孰肯承当。是以圣人被褐而怀玉：衣锦尚絅，韫椟而藏。夫人不我知，患在我乎？亦患在人乎？是惟知我者希，则我愈尊贵矣。神圣之诣，岂寻常之耳目所能窥其万一者哉？所以古之圣人，暗而章，简而文，温而理，美在其中，外观不耀，其被褐也，若不异于寻常者流，而所怀之玉，则固已

【帛书】吾言甚易知也，甚易行也；而天下莫之能知也，莫之能行也。言有宗，事有君。其唯无知也，是以不我知。知我者希矣，则我者贵矣。是以圣人被褐而怀玉。

【憨山注】：此章示人立言之指，使知而行之，欲其深造而自得也。老子自谓我所言者，皆人人日用中最省力一著工夫。明明白白，甚容易知、容易行。只是人不能知，不能行耳。以我言言事事，皆以大道为主，非是漫衍荒唐之说，故曰言有宗、事有君。宗，君，皆主也。且如一往所说，绝圣弃智、虚心无我、谦下不争，忘形释智，件件都是最省力工夫，放下便是，全不用你多知多解。只在休心二字，岂不最易知最易行耶？然人之所以不能知者，因从来人人都在知见上用心，除却知字，便无下落。以我无知无识一著，极难凑泊，所以人不知我耳，故曰夫惟无知，是以不我知。然无知一著，不独老子法门宗旨，即孔子亦同，如曰吾有知乎哉？无知也，有鄙夫问于我空空如也。此岂不是孔圣亦以无知为心宗耶？此夫子见老子后，方得妙悟如此，故称犹龙，正谓此耳。然以"无知"契"无知"，如以空合空。若以有知求无知，如以水投石。所以孔、老心法，千古罕明，故曰"知我者希"。若能当下顿悟此心，则立地便是圣人，故曰"则我者贵"。则，谓法则，言取法也。圣人怀此虚心妙道以游世，则终日与人周旋，对面不识，故如"披褐怀玉"。永嘉云：贫则身常披缕褐，道则心藏无价珍。此一章书，当在末后结束。盖老子向上一往所言天人之蕴，至此已发露太尽，故著此语。后章只是要人在日用著力做工夫，以至妙悟而后已。

第七十一章·知不知，上；不知知，病[1]。夫唯病病，是以不病[2]。圣人不病，以其病病，是以不病[3]。

抱宝弗拭，弥敛而弥越也。《纯阳子注》：褐，贱者之服；被褐怀玉，喻外陋而内美。此一节又推言知希之无损，以为有德而不见知者劝。盖圣人忘名乃能遁世，不见知而不悔，其次则不免以知希为戚。故太上言此以勉人，非自谓其知希之贵也。

[1] 知不知，上；不知知，病：知不知，上：《河上公注》：知道言不知，是乃德之上。不知知，病：《河上公注》：不知道言知，是乃德之病。《王弼注》：不知知之不足任则病也。《唐玄宗注》：了法性空，本非知法，于知忘知，是德之上。不知知法，本性是空，于知强知，是行之病。《八仙注》：知不知，上：真知。不知知，病：妄知。普炼帝君注曰：大道广大精微，即知之犹死肤末，何况无知？是则知者求道从入之途也，第知则知矣，而不可存一知之心、着一知之见。故凡能知而不自以为知者，最上乘也。若徒得其肤末，而于道全未深知，则亦不知之类，而诩诩自谓有知，则是病而已矣。《纯阳子注》：能知人之所不知者，义精仁熟故为上；不知而自以为知，妄作聪明之大患。夫惟患以不知为知，则能逊让以求知，是以可免于此患。

[2] 夫唯病病，是以不病：《河上公注》：夫唯能病苦众人有强知之病，是以不自病也。《唐玄宗注》：夫唯能病，能知之病，是以不为强知所病也。《八仙注》：夫惟病病：惟恐有知。是以不病：终无妄知。由是观之，不知而以为知，是生人切己之病也。诚以此病为病，则必能日求其所未知者，以底于知之尽。而歉然若歉，一如无知，方与道相符，契则亦何病之有？

[3] 圣人不病，以其病病，是以不病：《河上公注》：圣人无此强知之病者，以其常苦众人有此病，以此非人，故不自病。夫圣人怀通达之知、托于不知者，欲使天下质朴忠正，各守纯性。小人不

【帛书】知不知，尚矣；不知不知，病矣。是以圣人之不病也，以其病病也，是以不病。

【憨山注】：此承上言惟"无知"，是以不我知。恐人错认"无知"，故重指出"无知"之地也。然世人之知，乃敌物分别之知，有所知也；圣人之知，乃离物绝待照体独立之知，无所知也。故圣人之无知，非断灭无知，乃无世人之所知耳。无所知，乃世人所不知也。世人所不知，乃圣人之独知。人能知其所不知之地，则为上矣。故曰"知不知，上"。若夫臆度妄见，本所不知，而强自以为知，或错认无知为断灭，同于木石之无知，此二者皆非真知，适足为知之病耳，故曰"不知知，病"。若苟知此二者为知之病，则知见顿亡，可造无知之地，而无强知、妄知之病矣。故曰"夫惟病病，是以不病"。圣人但无强、妄之知，故称"无知"，非是绝然断灭无知也，故曰"圣人不病"。此段工夫，更无别样玄妙。唯病其妄知、强知是病而不用，是以不堕知病之中而名无知。此无知，乃真知。苦如此真知，则终日知而无所知。斯实圣人自知之明，常人岂易知哉？此所以易知易行，而世人不能知不能行也。古云：知之一字，众妙之门；知之一字，众祸之门。然圣人无知之地，必假知以入。若悟无知，则妄知自泯，此乃知之一字，众妙之门也；若执有知以求无知，则反增知障，此乃众祸之门。正是此中知之病也。"知不知，上"，最初知字，正是入道之要。永嘉云，所谓知者，但知而已，此句最易而难明。学者日用工夫，当从此入。

【串讲】

本讲是传统本《老子》的第七十章、第七十一章。第七十章要点是"两易两莫"（吾言甚易知，甚易行；天下莫能知，莫能行）、"一宗一君"（言有宗，事有君）、"一希一贵"（知我者希，则我者贵）。第七十一章要点是"两知"（知不知，上；不知知，病）、"不病"（夫唯病病，是以不病；圣人不病，以其病病，是以不病）。

第七十章老子以"吾""我"指代"道"，叙述"道""甚易知""甚易行"，可天下居然"莫之能知""莫之能行"。究其原因，是因为"言有君，事有宗"，"道不同不与谋"，所以"圣人"只好"被褐而怀玉"！第七十一

知道意，而妄行强知之事以自显著，内伤精神，减寿消年也。《唐玄宗注》：唯圣人所以不病病者，以其病众生强知之病，是以不病。《八仙注》：圣人不病：尘净光生。以其病病：一念不存，此性乃见。是以不病：三界惟心，一切惟识。企此者，其惟圣人乎。盖圣人无予智之病也，而不病由于病病，则是道无为。圣人之知亦无知，无无有无，有有无有，此其所以德契鬼神，而灵关朗照也，其不病职是故耳。《纯阳子注》：此所谓病以忧患而言病，病忧勤，惕厉也。孟子曰：君子有终身之忧，无一朝之患，盖述此意。

章承第七十章进一步叙述"圣人"的本质特征与"知"的玄妙之处。"不病论"指的是怎样避免"把无知当有知""把小知当大知","不病论"主张的是"把有知当无知""把大知当小知","被褐怀玉","是以不病"。

第七十章的意思是："我"的话非常容易理解，非常容易施行；可是天下人（诸侯等）竟没有人能理解，没有人愿推行。这是因为言论各有主旨，行事各有根据。正因为天下人不能理解我的"道"，因此才不会理解"我"。能理解"道"的人很少，而能够取法"道"的人更少。因此有道的圣人总是像穿着粗布衣服而怀里揣着美玉的那样（不能被人理解）。

第七十一章的意思是：明白自己不明白的东西，这是上等的表现；自己不明白的东西而认为自己明白的，这是下等的毛病。只有把"自己不明白的东西而认为自己明白的"看成是一种毛病，才能避免出现这种毛病。圣人之所以能够避免这种毛病，就是因为能够把"自己不明白的东西而认为自己明白的"真正作为一种毛病，因而才能避免出现这种毛病。

第三十三讲 · 不敢论: 无狎其所居, 无厌其所生

【简注】

第七十二章 · 民不畏威, 则大威至[1]——无狎其所居, 无厌其所生; 夫唯不厌, 是以不厌[2]。是以圣人自知不自见, 自爱不自贵, 故去彼取此[3]。

---

[1] 民不畏威, 则大威至:《河上公注》: 威, 害也。人不畏小害则大害至。大害者, 谓死亡也。畏之者当爱精神, 承天顺地也。《唐玄宗注》: 有威而可畏, 谓之威。言人于小不畏, 拙于慎微, 则至于大可畏也。《八仙注》: 民不畏威: 不能究心。则大威至矣: 生死事大。普炼帝君注曰: 人之有性, 本自挺然高出物表, 虽无威可畏, 无仪可象, 而位天地, 育万物, 正有大威者存。第人昧于吾性之贵, 而以死生得丧之故, 棋于胸中, 则凡有操生死之权、握得丧之柄者, 鲜不俯首而畏其威。而所性之威, 反不克立。苟能一死生, 齐得丧, 不见有威可畏。将炼形以炼神, 炼神以炼性, 而超出乎死生得丧之外, 则大威固不求而至矣。

[2] 无狎xiá其所居, 无厌其所生; 夫唯不厌, 是以不厌: 无狎其所居: 狎: 胁迫。《河上公注》: 谓心居神, 当宽柔, 不当急狭也。《唐玄宗注》: 神所居者, 心也。无狭者, 除情去欲, 使虚而生白。无厌其所生:《河上公注》: 人所以生者, 以有精神。托空虚, 喜清静, 饮食不节, 忽道念色, 邪僻满腹, 为伐本厌神也。《王弼注》: 清静无为谓之居, 谦后不盈谓之生, 离其清净, 行其躁欲, 弃其谦后, 任其威权, 则物扰而民僻, 威不能复制民, 民不能堪其威, 则上下大溃矣, 天诛将至, 故曰, 民不畏威, 则大威至。无狎其所居, 无厌其所生, 言威力不可任也。《唐玄宗注》: 身所生者, 神也。无厌者, 少思寡欲, 使不劳倦。夫唯不厌, 是以不厌:《河上公注》: 夫唯独不厌精神之人, 洗心濯垢, 恬泊无欲, 则精神居之不厌也。《王弼注》: 不自厌也; 不自厌, 是以天下莫之厌。《唐玄宗注》: 夫唯人不厌神, 是以神亦不厌人。《八仙注》: 无狭其所居: 身藏世界。无厌其所生: 无劳尔形, 无摇尔精。夫惟不厌: 洗心涤垢。是以不厌: 神自居之。大威如是, 则可知性地广阔。人当即其广阔而安宅焉, 而无容狭隘其规模也。不知者逐于纷华靡丽, 从而狭其所居, 不亦可悯之甚乎? 夫不知而狭, 固失性矣。其有知之者, 以纷华靡丽之害性, 而以为此害性之物, 总缘此生以招之, 而欲绝其物, 因并厌其所生, 夫生亦不可少也。倘皆厌生, 宇宙间无人类矣。圣人知之, 而既不狭其所居, 亦不厌其所生。夫惟不厌, 是以虽住生于世, 而所性冲然, 万物乐附, 初无有厌斁于天下也。故曰夫惟不厌, 是以不厌。《纯阳子注》: 威, 理势之防, 难犯者皆是也。书曰: 天命明威, 无挟其所居。孟子所谓: 居天下之广居, 所厌数所生, 所以生之理也。全其所生之理, 则尽性立命, 与天合德, 是以不可厌绝也。

[3] 是以圣人自知不自见, 自爱不自贵。故去彼取此: 是以圣人自知不自见: 见: 同现, 表现。《河上公注》: 自知己之得失, 不自显见德美于外, 藏之于内。《王弼注》: 不自见其所知, 以光耀行威也。自爱不自贵:《河上公注》: 自爱其身以保精气, 不自贵高荣名于世。《王弼注》: 自贵则物狎厌居生。《唐玄宗注》: 自知其身, 防可畏之事, 自爱其身, 无厌神之咎, 不自见其能以犯患, 不自贵其身以聚怨也。故去彼取此:《河上公注》: 去彼自见、自贵, 取此自知、自爱。《唐玄宗注》: 去彼见贵, 取此知爱。《八仙注》: 是以圣人自知, 不自见: 虚能生白。自爱不自贵: 人人本有, 个个不无。故去彼取此: 去彼见贵, 取此知爱。恒流每苦不自知, 即或自知, 亦不能不亟于表

【帛书】民之不畏威，则大威将至矣。毋狎其所居，毋厌其所生。夫惟弗厌，是以不厌。是以圣人自知而不自见也，自爱而不自贵也，故去彼取此。

【憨山注】：此章教人遗形去欲，为入道之工夫，以造圣人之地也。凛然赫然而可畏者，谓之威。如云寒威、炎威是也。是则凡可畏者，皆谓之威。唯国之大罚与天地之肃杀，乃大威也。此借以为戕生伤性者之喻。世人以为小恶不足戒而不知畏，必致杀身而后已。此民不畏威，大威至矣。喻世人只知嗜欲养生而不知养生者，皆足以害生而可畏也。且若嗜酒色，必死于酒色。嗜利欲，必死于利欲；嗜饮食，必死于饮食。是则但有所嗜，而不知畏，必至于戕生伤性而后已。此不畏威，故大威至矣。然人但知嗜而不知畏者，以其止知有身之可爱，有生之可贵，以此为足。而不知大有过于此者，性也。且吾性之广大，与太虚同体，乃吾之真宅也。苟以性视身，则若大海之一涵，太虚之一尘耳，至微小而不足贵者。人不知此，而但以蕞尔之身，以为所居之地，将为至足，而贵爱之，则狭陋甚矣。故戒之曰，无狭其所居。狭其居者，将以此身此生为至足也。故又戒之曰，无厌其所生。厌，足也。若知此身此生之不足贵，则彼物欲固能伤生，亦不足以害我矣，以其无死地也。故曰"夫惟不厌，是以不厌"。厌，弃也。故圣人自知尊性，而不见生之可养。自爱遗形，而不见身之可贵。此圣人之所独知，世人之所不知也。故去彼众人之所知，取彼所不知，以为道之要妙耳。以此足见世人之所知者，皆病也。圣人病之而不取，故不病也。后三章互相发明此章之旨。

第七十三章·勇于敢则杀，勇于不敢则活——此两者或利或害。天之所恶，孰知其故？是以圣人犹难之[1]。天之道：不争而善胜，不言而善应，不召而

着；每苦于不自爱，即或自爱，则未有不侈然自尊者——是皆昧于大威者也。大威有不见之见、有不贵之贵者存，圣人知其然也。是以自知而不自见、自爱而不自贵、故去彼取此。彼指狭居厌生言，此指不见不贵言。去取之间，严于彼此如是。

[1] 勇于敢则杀，勇于不敢则活——此两者或利或害。天之所恶，孰知其故？是以圣人犹难之：勇于敢则杀：《河上公注》：勇敢有为，则杀其身。《王弼注》：必不得其死也。勇于不敢则活：《河上公注》：勇于不敢有为，则活其身。《王弼注》：必齐命也。《唐玄宗注》：敢谓果敢，言人勇于果敢从事，则失于谦柔退让，必害于身，故云则杀。不敢者，则可以活身矣。此两者或利或害：《河上公注》：谓敢与不敢也。活身为利，杀身为害。《王弼注》：俱勇而所施者异，利害不同，故曰，或利或害也。天之所恶：《河上公注》：恶有为也。孰知其故：《河上公注》：谁能知天意之故而不犯？《唐玄宗注》：两者，敢与不敢也。或，有也。能知不敢者有利，敢者有害，当须勇于不敢，此勇敢之人。动有灾害，乃天之所恶，孰能知其故哉？是以圣人犹难之：《河上公注》：言圣人之明德犹难于勇敢，况无圣人之德而欲行之乎？《王弼注》：孰，谁也。言谁能知天下之所恶，意故邪，其唯圣人，夫圣人之明，犹难于勇敢，况无圣人之明而欲行之也，故曰，犹难之也。《唐玄宗注》：圣人犹难为勇敢之事。《八仙注》：勇于敢则杀：剪除妄念。勇于不敢则活：守雌抱一。此两者：能杀能活。或利或害：祸福昭然。天之所恶：贵无所用。孰知其故：天道无知。是以圣人犹难之：尧舜其犹病诸。普炼帝君注曰：勇者美德也，而人恒以敢败之，遂致美者不美。故负此勇而济以敢心，则捐生轻斗，势将不免于杀。反是而勇以不敢之心处之，则守柔守怯，动出万全，希不存活者

自来，坦然而善谋[1]。天网恢恢，疏而不失[2]。

【帛书】勇于敢者则杀，勇于不敢者则活：此两者或利或害。天之所恶，孰知其故？天之道，不战而善胜，不言而善应，不召而自来，繟chǎn然而善谋。天网恢恢，疏而不失。

【憨山注】：此言天命可畏，报应昭然，教人不可轻忽也。勇者，决定之志也；敢者，不计利害而决于为也；杀活，死生也。谓凡世人作事，不顾利害，不怕死生，而敢为之，然敢乃必死之地，故曰"勇于敢则杀"。若用志于不敢为，是足以保身全生，故曰"勇于不敢则活"。此天道必然之理也。且此二者，亦有敢而生，不敢而死者。至若颜子夭而盗跖寿，此乃当害而利、当利而反害者，何耶？况天道好谦而恶盈，与善而恶恶。是则为恶者，当恶而不恶，斯岂报应差舛耶？世皆疑之。故解之曰，天之所恶，孰能知其故？故所以然也。孔子曰，无求生以害仁，有杀身以成仁。由此观之：生存而仁害，虽生亦死；身灭而仁成，虽死亦生。斯则跖非寿，颜非夭矣。此乃天道所以然之妙，而非世人所易知。是以圣人于此犹难之，不敢轻忽，而敬畏之。所谓畏天之威，于时保之也，故下文历示天道之所以。逆天者亡，故不争而善胜；感应冥符，故不言而善应；吉凶祸福如影响，故不召而自来。然报愈迟，而恶愈

矣。此两者，或利焉，或害焉，乃当理也。然天下间，有因敢而活，不敢而转死者，类出乎常理之外。人不克解，则搔首以问天。而天之好，固不可知。即天所恶，亦无从而知其故也。是以圣人有见于天道隐微，而犹难乎其测度焉。

[1] 天之道：不争而善胜，不言而善应，不召而自来，坦然而善谋：天之道，不争而善胜：《河上公注》：天不与人争贵贱，而人自畏之。《王弼注》：天唯不争，故天下莫能与之争。《唐玄宗注》：此下言天道谦虚，以戒人事勇敢。天不与物争，四时盈虚，物无违者，故善于胜。不言而善应：《河上公注》：天不言，万物自动以应时。《王弼注》：顺则吉，逆则凶，不言而善应也。《唐玄宗注》：天何言哉？福善而祸淫，曾无差忒，故云善应。不召而自来：《河上公注》：天不呼召，万物皆负阴而向阳。《王弼注》：处下则物自归。《唐玄宗注》：天道不召物使从己，物不能违，自来顺天耳。坦然而善谋：《河上公注》：天道虽宽博，善谋虑人事，修善行恶，各蒙其报也。《王弼注》：垂象而见吉凶，先事而设诚，安而不忘危，未召而谋之，故曰，坦然而善谋也。《唐玄宗注》：天道玄远，坦然宽大，垂象示人，可则之，故云善谋也。《八仙注》：天之道，不争而善胜：自然神化。不言而善应：动应以时。不召而自来：负阴向阳。繟然而善谋：无为而成。要之天道大公至正，不怒而威，隐而显，神而灵，不遗不御者也。所以凡物尚争，不争则不克胜，而天则无所争也。乃万物无弗听命，其善胜也固已多矣。天不惟不争也，而亦不言，虽不言而应之者无有或爽。时行物生，曾有怨乎？曾有窒乎？且不惟不言也，亦无所用其召。抑之诗曰：神之格思，不可度思。盖不召而已临在上，质在旁矣，而且与地并其大生广生之功。生日月，生星辰，生山水，其为人谋也无弗周致，盖又繟然而善焉。繟即联络不绝之谓。

[2] 天网恢恢，疏而不失：《河上公注》：天所网罗恢恢甚大，虽疏远，司察人善恶，无有所失。《唐玄宗注》：天之网罗，虽恢恢疏远，刑淫赏善，毫分不失。《八仙注》：天网恢恢：何物不在此道之中。疏而不失：此道常在万物之内。夫既不争不言不召繟而谋也，天之于物，亦何周密而间乎？乃或有因一二死生得丧之事，稍出常理之外者，遂以为天之网恒多疏也。而不知徼幸者不可常，彰报者恒在远。书曰：惟天聪明，诗曰：日鉴在兹，天之网盖，恢恢广大，而无或有逃其鉴察者，福善祸淫，虽疏而究未有失也。

深，祸愈惨，故繟然而善谋。以报速者有所警，报缓则不及悔，必至尽绝而后已，此所谓善谋也。是则天道昭昭在上，如网之四张，虽恢恢广大，似乎疏阔，其实善恶感应，毫发不遗，此所谓"疏而不失"也。世人不知天命之如此，乃以敢以强以争竞于名利之场，将谓一身之谋，不顾利害死生而为之，自谓智力以致之。盖不知命之过，皆取死之道也，可不畏哉？

第七十四章·民不畏死，奈何以死惧之[1]？若使民常畏死，而为奇者，吾得执而杀之，孰敢[2]？常有司杀者杀。夫代司杀者杀，是谓代大匠斲。夫代大匠斲者，希有不伤其手矣[3]。

【帛书】若民恒不畏死，奈何以杀惧之也？若民恒畏死，则而为者，吾将

---

[1] 民不畏死，奈何以死惧之：民不畏死：《河上公注》：治国者刑罚酷深，民不聊生，故不畏死也。治身者嗜欲伤神，贪财杀身，民不知畏之也。奈何以死惧之：《河上公注》：人君不宽刑罚，教民去情欲，奈何设刑法以死惧之？《唐玄宗注》：纵放情欲，动之死地，习以为常，尝无畏者，人君当以清静化之，奈何更立刑法以诛杀恐惧之？《八仙注》：民不畏死：念死道全。奈何以死惧之：海枯终见底，人死不知心。普炼帝君注曰：民情所恶者死也，曷言乎不畏？曰谋生之计过也。声色贷利，凡可以厚生者，有其得之，虽至死亦不恤，夫何畏死之有？而在上者，不知其不畏死也，且多方设恐以惧之，而不知其所设者，皆民之所甘蹈者也，如之何其以死惧之也耶？

[2] 若使民常畏死，而为奇者，吾得执而杀之，孰敢：若使民常畏死：《河上公注》：当除己之所残克，教民去利欲也。而为奇者，吾得执而杀之，孰敢：《河上公注》：以道教化而民不从，反为奇巧，乃应王法执而杀之，谁敢有犯者？老子疾时王不先道德化之，而先刑罚也。《王弼注》：诡异乱群谓之奇。《唐玄宗注》：若使世人皆从清静之化，不敢溺情纵欲，常畏于死，而独为奇诈者，假令吾势得执杀此奇诈之人，孰敢即杀？故下文云。《八仙注》：若使民常畏死：惟贪生不知死。而为奇者：素隐行怪。吾得执而杀之：安能杀心。孰敢：谁肯。若使民知养生卫生之道，则必常能畏死，不自戕贼其生。而其中或有越乎道德而为奇淫者，则吾得执而杀之，杀之正所以畏之也。杀一人，于以畏亿万人也，孰有敢荡越心志而甘害其生者乎？《纯阳子注》：民不畏死，衰世之极矣，奈何更以刑罚惧之？若使民常有怀刑之心，则教化明而民已知所趋避。乃有为奇，邪以诱民者，从而杀之，民孰敢不畏死乎？太上此言，为末世以杀禁乱而不务本者发也。

[3] 常有司杀者：《河上公注》：司杀者，谓天居高临下，上司察人过。天网恢恢，疏而不失也。夫代司杀者杀，是谓代大匠斲：斲：用刀、斧等砍。《河上公注》：天道至明，司杀有常，犹春生夏长，秋收冬藏，斗杓运移，以节度行之。人君欲代之，是犹拙夫代大匠斲木，劳而无功也。《王弼注》：常有司杀者杀，如此奇诈之人，天网不失，是常有天之司杀者杀之也。《唐玄宗注》：人君好自执杀，必不得天理，是犹拙夫代大匠斲木。夫代大匠斲者，希有不伤手矣：希：同稀，少有。《河上公注》：人君行刑罚，犹拙夫代大匠斲，则方圆不得其理，还自伤。代天杀者，失纪纲，不得其纪纲，还受其殃也。《王弼注》：为逆顺者之所恶忿也，不仁者人之所疾也。故曰，常有司杀也。《唐玄宗注》：拙夫代斲，岂但伤材，亦自伤其手。人君任用刑法，代彼司杀，岂唯残害百姓，抑亦自丧天和也。《八仙注》：常有司杀者：心为司杀能绝有念。夫代司杀者：心虽同我不可代。是谓代大匠斲：才生思惟劳而无功。夫代大匠斲者，希有不伤其手者矣：轻弄命宝后必有灾。司杀者天也，言民有取杀之事，而司杀者从而杀之，是天本欲杀之也。我即奉天命以杀之，非我杀之，乃天之杀也。若天未欲杀，而我从而杀之，是代司杀者杀之矣。杀不在天，而代杀者杀也，是犹代大匠之斲矣。夫大匠善斲者也，善斲者自无或伤，代而斲之，鲜有不伤其手者。代斲而且伤其手，岂代杀而不自伤其身乎？感应篇云：殃必及身，此之谓耳。《纯阳子注》：司杀者、孟子所谓天吏也，代天理物，能好能恶，故可以杀。非其人而以杀禁民，若代斲之伤手，无益而有害。此承上文而言，欲人尽化民之道，非教之杀也。

得而杀之，夫孰敢矣？若民恒且必畏死，则恒有司杀者。夫代司杀者杀，是代大匠斫也。夫代大匠斫者，则希不伤其手也。

【憨山注】：此承上章天道无言，而赏罚不遗，以明治天下者当敬天保民，不可有心尚杀以伤慈也。治天下者，不知天道，动尚刑威，是以死惧民也。老子因而欺之曰，民不畏死，奈何以死惧之耶？以愚民无知，但为养生口体之故，或因利而行劫夺，或贪欲而嗜酒色，明知曰蹈死亡，而安心为之，是不畏死也。如此者众，岂得人人而尽杀之耶？若民果有畏死之心，但凡有为奇诡之行者，吾执一人而杀之，则足以禁天下之暴矣。如此，谁又敢为不法耶？民既不畏死，杀之无益，适足以伤慈耳。夫天之生民，必有以养之。而人不知天，不安命，横肆贪欲以养生，甚至不顾利害，而无忌惮以作恶，是乃不畏天威。天道昭昭，必将有以杀之矣。是居常自有司杀者杀，无庸有心以杀之也。所谓天生天杀，道之理也。今夫人主，操生杀之权，乃代天之威以保民者。若民恶贯盈，天必杀之。人主代天以行杀，故云代司杀者杀，如代大匠斫也。且天鉴昭明，毫发不爽。其于杀也，运无心以合度，挥神斤以巧裁。不疾不徐，故如大匠之斫，运斤成风而不伤锋犯手。至若代大匠斫者，希有不伤手矣，何也？夫有心之杀，乃嗜杀也。嗜杀伤慈，且天之司杀，实为好生。然天好生，而人好杀，是不畏天而悖之，反取其殃，此所以为自伤其手也。孟子曰"不嗜杀人者能一之"，此语深得老子之余意，故轲力排杨墨而不及老庄，良有以焉。至哉！仁人之言也。

第七十五章 · 民之饥，以其上食税之多，是以饥；民之难治，以其上之有为，是以难治[1]。民之轻死，以其求生之厚，是以轻死[2]。夫唯无以生为者，是

---

[1] 民之饥，以其上食税之多，是以饥；民之难治，以其上之有为，是以难治：民之饥，以其上食税之多，是以饥：《河上公注》：人民所以饥寒者，以其君上税食下太多，民皆化上为贪，叛道违德，故饥。《唐玄宗注》：天下之民所以饥之不足者，以其君上食用赋税之太多故耳。民之难治，以其上之有为，是以难治：《河上公注》：民之不可治者，以其君上多欲，好有为也。是以其民化上有为，情伪难治。《唐玄宗注》：天下之民所以难治化者，以其君上之有为，有为则多难，多难则诈兴，是以难治。《八仙注》：民之饥：人不知道。以其上食税之多：以其心之念不已。是以饥：所以不知道。民之难治：人之不得道。以其上之有为：以其心之事不停。是以难治：所以不得道。普炼帝君注曰：国之大计在农，民之大本在食，而往往不免于啼饥者，以上之赋税过多而妨其食业。税其食，即夺其食也。夫安得而不饥斯民共秉是性？则亦共秉此道，从令如流，固其所也。而往往梗顽之不克治者，良以上昧于无为之化，而多方作为以震动之，则民亦相率而趋于纷纭，不克静矣。不静而尚可以治乎？故曰难治。

[2] 民之轻死，以其求生之厚，是以轻死：民之轻死，以其上求生之厚：《河上公注》：人民所以侵犯死者，以其求生活之道太厚，贪利以自危。是以轻死：《河上公注》：以求生太厚之故，轻入死地也。《唐玄宗注》：天下之人所以轻其死者，以其违分求生太厚之故，是以轻死。《八仙注》：民之轻死：人之不合道。以其求生之厚：以其心之情不尽。是以轻死：所以不合道。即此推之，顺治者则未有不重其死者也，乃有不以为重而轻之者何哉？盖以求生之厚。苟有可以利生，虽陷危亡而弗恤。故视死如归，咸从而轻之矣，则甚矣。生之途，即死之途也。身既陷于死矣，虽厚亦何以为生哉？《纯阳子注》：有为，若刑名法术张皇补昌之属皆是。民不自爱其生，以其殖货利而徇嗜欲也。

贤于贵生^[1]。

【帛书】人之饥也，以其取食税之多也，是以饥。百姓之不治也，以其上有以为也，是以不治。民之轻死，以其求生之厚也，是以轻死。夫惟无以生为者，是贤于贵生。

【憨山注】：此释上章民不畏死之所以，教治天下者当以淡泊无欲为本也。凡厥有生，以食为命。故无君子莫治野人，无野人莫养君子，是则上下同一命根也。然在上之食，必取税下民。一夫之耕，不足以养父母妻子。若取之有制，犹可免于饥寒；若取之太多，则夺民之食以自奉，使民不免于死亡。凡贼盗起于饥寒也，民既饥矣，求生不得，而必至于奸盗诈伪，无不敢为之者。虽有大威，亦不畏之矣。是则民之为盗，由上有以驱之也。既驱民以致盗，然后用智术法以治之。故法令兹彰，盗贼多有，此民所以愈难治。虽有斧钺之诛，民将轻死而犯之矣。由是推之，民之轻死，良由在上求生之厚以致之，非别故也。厚，重也。此句影前当有一上字，方尽其妙。然重于求生，以但知生之可贵，而以养生为事，不知有生之主。苟知养生之主，则自不见有身之可爱，有生之可贵。欲自消而心自静，天下治矣。所谓我无为而民自化，我好静而民自正，我无事而民自富，我无欲而民自朴。故曰"夫惟无以生为者，是贤于贵生"。贤，犹胜也。此中妙处，难尽形容。当熟读庄子《养生主》《马蹄》《胠箧》诸篇，便是注解。又当通前四章反复参玩，方见老子吃紧处。

【串讲】

本讲是传统本《老子》的第七十二章、第七十三章、第七十四章、第七十五章。第七十二章的要点是"两无"即"无狎其所居，无厌其所生"，"知爱"即"自知不自见，自爱不自贵"。第七十三章的要点是"两勇于"即"勇于敢则杀，勇于不敢则活"，"四善于"即"不争而善胜，不言而善应，不召而自来，坦然而善谋"。第七十四章的要点是"不畏"即"若民不畏死，不能以死惧之；若民习惯畏死，吾得执而杀之"、"毋伤""代大匠斫者，希有不伤其手矣"。第七十五章的要点是"三因"即"民之饥，以其上食税之

---

[1] 夫为无以生为者，是贤于贵生：《河上公注》：夫唯独无以生为务者，爵禄不干于意，财利不入于身，天子不得臣，诸侯不得使，则贤于贵生也。《王弼注》：言民之所以僻，治之所以乱，皆由上不由其下也，民从上也。《唐玄宗注》：自然之分定则生全，若养过其分，分过则生亡矣。故夫唯无以厚其生为者，是贤于矜贵其生。《八仙注》：夫惟无以生为者：勇于忘我。是贤于贵生：所以得道。夫惟无以生为者，不存一生之念，不设一厚生之想。而可以生，可以无生，全不知有其生，则是忘生以生，而生之所全多矣。岂不贤于彼后生以贵生者哉？《纯阳子注》：以生为者，营营于衣食嗜好，而惟恐伤其生，自以为贵生矣。不知多欲多累反无以葆其天，而全其性。夫惟顺性命之理，以养二气之和，无所矫揉，而贤于贵生也。

多；民之难治，以其上之有为；民之轻死，以其求生之厚"、"贵生"即"无以生为贤于贵生"。

　　第七十二章主要叙述"自知不自见"、"自爱不自贵"的观点，阐述掌权者应该怎样对待"衣食父母"老百姓。第七十三章主要叙述无所不在的天道"不争而善胜""不言而善应""不召而自来""坦然而善谋"，中心是"勇于敢则杀，勇于不敢则活"。第七十四章继续叙述"勇于敢则杀"的主题，提出"民不畏死，奈何以死惧之"的观点。老子提醒，如果老百姓"不畏死"，掌权者就应该自省自纠，弃恶从善，不能"以死惧之"，更不能"代司杀者杀"，否则"希有不伤其手矣"。第七十五章主要阐述"民之饥""民之难治""民之轻死"的根源都在于掌权者，其结论是老百姓才是掌权者的"衣食父母"。"不敢论"中心是老百姓是掌权者的"衣食父母"，对老百姓应该"无狎其所居，无厌其所生"，尊人道"自知不自见，自爱不自贵"；尊天道"不争而善胜，不言而善应，不召而自来，坦然而善谋"，因为"天网恢恢，疏而不失"！

　　第七十二章的意思是：当老百姓不再畏惧掌权者威压的时候，掌权者的大难就要临头了——不要逼迫老百姓不得安居，不要阻塞老百姓谋求生路；只有让老百姓不产生怨恨，老百姓才会拥护掌权者。因此圣人有自知之明而不自我张扬，有自爱之心也不自以为是，所以掌权者应该舍弃自我张扬和自以为是，而秉持自知之明和自爱之心。

　　第七十三章的意思是：勇敢而冒险的就可能死，勇敢而谨慎的就可能活——这两种"勇"，或因谨慎得利，或因冒险遭祸。天道的爱恶，谁知其中缘故？因而圣人也感到疑难。天道是这样的：不争强好胜而战无不胜，不滔滔不绝而应对自如；不振臂疾呼而蜂拥而至，悠然自得而多谋善断。天网恢恢，疏而不漏。

　　第七十四章的意思是：既然老百姓不畏惧死亡，怎么能用死亡来吓唬老百姓呢？假如让老百姓习惯于畏惧死亡，对为非作歹而罪大恶极的，"我"就可以把这种人抓来杀掉，谁还敢为非作歹呢？应该设立专门的机构去负责处置犯罪。如果其他人代替有关机构去处置犯罪，这就如同常人代替高明的木匠去砍伐木头。代替高明的木匠砍木头的常人，很少有不砍伤自己手指头的。

　　第七十五章的意思是：老百姓之所以遭受饥荒，是因为当权者的苛捐杂税太多，所以老百姓才陷于饥饿之中；老百姓之所以难于管理，是由于当权者政令繁苛，所以老百姓才难于统治。老百姓之所以敢于轻生冒死，就是因为当权者追求奢侈的欲望太过分，所以老百姓不得不轻生冒死。不过分追求欲望的当权者，比过分追求欲望的当权者更加难能可贵。

第三十四讲·均衡论：有余者损之，不足者补之

【简注】

第七十六章·人之生也柔弱，其死也坚强；草木之生也柔脆，其死也枯槁。故坚强者，死之徒；柔弱者，生之徒[1]。是以兵强则灭，木强则共——强大处下，柔弱处上[2]。

【帛书】人之生也柔弱，其死也坚强；万物草木之生也柔脆，其死也枯槁。故曰：坚强者，死之徒也。柔弱微细，生之徒也。兵强则不胜，木强则梗。强大居下，柔弱微细居上。

---

[1] 人之生也柔弱，其死也坚强；草木之生也柔脆，其死也枯槁。故坚强者，死之徒；柔弱者，生之徒：人之生也柔弱：《河上公注》：人生含和气，抱精神，故柔弱也。其死也坚强：《河上公注》：人死和气竭，精神亡，故坚强也。万物草木之生也柔脆：《河上公注》：和气存也。其死也枯槁：《河上公注》：和气去也。故坚强者，死之徒；柔弱者，生之徒：《河上公注》：以上二事观之，知坚强者死、柔弱者生也。《唐玄宗注》：生之柔弱，和气全也；死之坚强，和气散也。欲明守柔弱者，全生保年。为强梁者，亡身失性。《八仙注》：人之生也柔弱：水结成冰。其死也坚强：冰消即水。万物草木之生也柔脆：水流元在海。其死也枯槁：月落不离天。故坚强者死之徒：死者生之本。柔弱者生之徒：生者死之基。普炼帝君注曰：大道尚柔，柔者，虚无之作用也，而柔之中有至坚者存，故柔为上；人之生也，能昧乎此，而立身一出于柔弱，则精气神结而不散，其死也必能坚强，而不至与草木同腐。盖万物草木之生也，亦未尝不柔脆，而死即至于枯槁者，无所以为柔者也。君子鉴于齿敝舌存，则知坚强以自负者，有取死之道，死之徒也。柔弱以自处者，有生之理，生之徒也。《纯阳子注》：人之得气也厚，聚则和融，散则骨立；物之得气也薄，生则易折，死则朽敝。盖道生于卑退，而祸生于刚狠，故太上即形质之易晓者以示人也。

[2] 是以兵强则灭，木强则共——强大处下，柔弱处上：是以兵强则灭：《河上公注》：强大之兵轻故乐杀，毒流怨结，众弱为一强，故不胜。《王弼注》：强兵以暴于天下者，物之所恶也，故必不得胜。《唐玄宗注》：见哀者胜，故知恃强者必败。木强则共：《河上公注》：本强大则枝叶共生其上。《王弼注》：物所加也。《唐玄宗注》：木本强大，故处于下。枝条柔弱，共生于上。盖取其柔弱者在上，强梁者在下，故下文云。强大处下，柔弱处上：《河上公注》：兴物造功，大木处下，小物处上。天道抑强扶弱，自然之效。《王弼注》：木之本也，枝条是也。《八仙注》：是以兵强则不胜：心杂则道愈远。木强则共：念头不已心则愈杂。强大处下：沉沦之本。柔弱处上：升腾之象。夫坚则必折，强则必死。故凡用兵，不知守柔而恃强以争，则必不能取胜。譬之于木，柔稚者工师弗贵，若自拱抱以逮干霄，不谓不强，而斧斤之人，群然伐之，则是其强，徒以供人之斩伐已耳。由是观之，强大者必折，柔弱者多全。然则必折者不居其下乎，多全者不居其上乎。至理彰彰如是，而人乃贵坚强而耻柔弱，抑独何耶？《纯阳子注》：结言柔弱之为贵也。兵恃力而无仁智信三者，则适足以取败。木气不疏达而坚确，则仅于一拱，不成美材。是以凡事皆戒强大，而尚谦和也。

【憨山注】：伤世人之难化，欲在上者当先自化，而后可以化民也。结句乃本意，上文皆借喻以明之耳。经曰，此土众生，其性刚强，难调难化。故老子专以虚心、为不敢为立教之本。全篇上下，专尚柔弱而斥刚强。故此云，坚强者死之徒，柔弱者生之徒，乃借人物草木为喻。是以兵喻戒惧，木喻心虚。言兵若临事而惧，不敢轻敌，故能全师以自胜。是以全生为上，而多死为下也。木之枝条，以冲气为和，故欣欣向荣，而生意自见。是以虚心柔弱在上。若成拱把，则粗干坚强者在下矣。以此足知戒惧虚心、柔弱禽受者，方可处于民上也。若夫坚强自用，敢于好为，则终无有生意矣。此语大可畏哉。

第七十七章·天之道，其犹张弓与[1]：高者抑之，下者举之；有余者损之，不足者补之。天之道，损有余而补不足；人之道则不然，损不足以奉有余。孰能有余以奉天下？唯有道者[2]。是以圣人为而不恃，功成而不处——其不欲见贤邪[3]！

---

[1] 天之道，其犹张弓与：其：表示反问语气。《河上公注》：天道暗昧，举物类以为喻也。《唐玄宗注》：天道玄远，非喻不明，故举张弓以彰其用耳。《八仙注》：天之道，其犹张弓乎：心性有力。普炼帝君注曰：道不可名，其可名者天也；道不可见，其可见者天也。而可名究不可名，可见即不可见，则不得不罕譬而喻之——其道殆有如张弓者然。按：《八仙注》"道不可名，其可名者天也；道不可见，其可见者天也"、"可名究不可名，可见即不可见"的观点值得特别注意："道"不可名、不可见，可是"天"可名。可见，因此"可名究不可名""可见即不可见"，很深刻地阐述了"道"的基本特征，天是作为道可名可见的象征。

[2] 高者抑之，下者举之；有余者损之，不足者补之。天之道，损有余而补不足；人之道则不然，损不足以奉有余。孰能有余以奉天下？唯有道者：高者抑之，下者举之，有余者损之，不足者补之：抑yì：压制。损：减少。《河上公注》：言张弓和调之，如是乃可用耳，夫抑高举下，损强益弱，天之道也。《唐玄宗注》：张弓如此，乃能命中，是犹天道亏盈益谦，欲令人君法天字人，故示抑高举下之道。天之道，损有余而补不足：《河上公注》：天道损有余而益谦，常以中和为上。人之道则不然，损不足以奉有余：奉：献。《河上公注》：人道则与天道反，世俗之人损贫以奉富，夺弱以益强也。《王弼注》：与天地合德，乃能包之，如天之道。如人之量，则各有其身，不得相均，如惟无身无私乎，自然然后乃能与天地合德。《唐玄宗注》：天道平于，衰多益寡，人则违天，翻损不足。孰能有余以奉天下？唯有道者：孰：谁，哪。《河上公注》：言谁能居有余之位，自省爵禄以奉天下不足者乎？唯有道之君能行也。《唐玄宗注》：谁能以己之有余，奉与天下之不足者乎？独有道者能耳。《八仙注》：高者抑之：省思虑。下者举之：奋精神。有余者损之：绝嗜欲。不足者补之：养冲和。天之道，损有余而补不足：亏盈益谦。人之道则不然：反是。损不足以奉有余：贪其所爱忘其自然。孰能有余以奉天下：损己益人。惟有道者：效天。曷以言乎犹张弓也？盖弛弓者尚角，张弓者尚筋，总以端平正直为准。故于高者则从而抑，卑者则从而举，于其有余处，则不得不损以汰，于其不足处，则不得不与以益。凡此抑之举之，损及与之，是皆张弓之道。而即以取譬于天之道，何弗然也？盖天道至公，天心最慈，其于人也，类损有余以补不足，若人则私而多忍者也。损益之数，恒与天反。每多损不足以奉有余焉。而要之人道之所以异于天者，以其有已之见存也。有为已有，余为已余，遂不甘持以与人，此其所以去道恒远。夫孰是能举已之有余以奉天下者乎？是必为有道者能之，固不克稍及其万一也。

[3] 是以圣人为而不恃，功成而不处——其不欲见xiàn贤邪：是以圣人为而不恃：恃：倚仗。《说文》："恃，赖也。"《河上公注》：圣人为德施，不恃其报也。《唐玄宗注》：圣人法天，称物均施，施平于物，而不恃其功。功成而不处：《河上公注》：功成事就，不处其位。《唐玄宗注》：推功于物，不处其成。其不欲见贤：见即现，显露。《河上公注》：不欲使人知己之贤，匿功

【帛书】天下之道，犹张弓者也：高者抑之，下者举之；有余者损之，不足者补之。故天之道，损有余而益不足。人之道，损不足而奉有余。孰能有余而又以奉于天者？此有道者乎？是以圣人为而弗有，成功而弗居也。若此，其不欲见贤也。

【憨山注】：此言天道之妙，以明圣人法天以制用也。弓之为物，本弣高而有余，弰下而不足，乃弛而不用也。及张而用之，则抑高举下，损弣有余之力，以补弰之不足。上下均停，然后巧于中的。否则，由基、逢蒙无所施其巧矣。天之道亦犹是也。以其但施而不受，皆损一气之有余，以补万物之不足，均调适可，故各遂其生。人道但受而不施，故人主以天下奉一己，皆损百姓之不足，以补一人之有余，衰寡益多，故民不堪其命。谁能损有余以奉天下哉？唯有道者，达性分之至足，一身之外皆余物也。故尧、舜有天下而不与，即以所养而养民，乃能以有余奉不足也。是以圣人与道为一，与天为徒。故法天制用，虽为而不恃其能，虽成而不居其功，此损之至也。损之至，故天下乐推而不厌。虽不欲见贤，不可得也。其不欲见贤耶一句，谓我心本不欲见贤，而人自以我为贤矣。此益也，由损而至。故唯天为大，唯尧则之，此之谓也。

【串讲】

本讲包括传统本《老子》的第七十六章、第七十七章。第七十六章的要点是"柔弱和坚强"即"人之生也柔弱，其死也坚强；草木之生也柔脆，其死也枯槁。故坚强者，死之徒；柔弱者，生之徒"、"处下和处上"即"兵强则灭，木强则共；强大处下，柔弱处上"。第七十七章的要点是"损有余"即"高者抑之，下者举之；有余者损之，不足者补之——损有余而补不足"、"损不足"即"人之道则不然，损不足以奉有余"、"两不为""为而不恃，功成而不处"。

第七十六章从对自然现象、社会现象观察得出了"强大处下，柔弱处上"人生和社会法则。第七十七章以"天道"的"高者抑之，下者举之"、"有余者损之，不足者补之"为喻，得出"损有余而补不足"的"天之道"，批判

不居荣，畏天损有余也。《王弼注》：言唯能处盈而全虚，损有以补无，和光同尘，荡而均者，唯其道也。是以圣人不欲示其贤以天下。《唐玄宗注》：圣人所以推功不处者，盖不欲令物见其贤能。《八仙注》：是以圣人为而不恃：存心无心。功成而不处：率性忘性。其欲不见贤邪：损之又损。既举有余以奉天下，则亦道可恃而名可处矣。乃有道之圣人，多为之而不自恃，虽功成而不敢处，夫何故？以道固无为无名者也。无为无名，则是无贤也。道既无贤，贤乌乎见？然则圣人之不欲见贤，岂非体无为无名之意也耶？《纯阳子注》：要归于至均而已。道祖即张弓之易见者，而譬之高下有余，不足又复虚拟其名，以况其理也。天道亏盈而益谦，人则不然，是以在己常欲有余，在人常苦不足。能以有余奉天下，是欲万物各得其所者也，举圣人以为承天者。法不欲见贤，不欲自着其贤也。

"损不足以奉有余"的"人之道"，老子的目的在于渴望"圣人政治"出现。"均衡论"是中心就是"有余者损之，不足者补之"，以"天道证人道"！

第七十六章的意思是：一个人活着的时候身体是柔软的，死了以后身体就僵硬了；草木生长着的时候是柔软而脆弱的，死了以后就变得干硬了。所以坚强的东西，属于死亡的一类；柔弱的东西，属于生存的一类。因此穷兵黩武必遭灭顶之灾，树干粗壮了必为枝叶所荫庇——强大的总是处于下位，柔弱的反而居于上位。

第七十七章的意思是：上天之道，就像张弓射箭。弦拉高了就压低一点，弦拉低了就举高一点；弦拉得太紧了就放松一点，弦拉得不足了就拉紧一点。上天之道，减少多余的而补给不足的；可人间之道却不是这样，减少不足的而来补给有余的。谁能够减少有余的而补给不足的呢？只有得道的圣人！这是因为只有圣人才能有所作为而不据为己有，能够大有作为而不居功自傲——这是圣人不愿意炫耀自己的贤能啊。

第三十五讲·守弱论：弱能胜强，常与善人

【简注】

第七十八章·天下莫柔弱于水，而攻坚强者莫之能胜，以其无以易之。弱之胜强，柔之胜刚，天下莫不知，莫能行[1]。是以圣人云：受国之垢，是谓社稷主；受国不祥，是为天下王——正言若反[2]。

【帛书】天下莫柔弱于水，而攻坚强者莫之能胜也，以其无以易之也。水之胜刚也，弱之胜强也，天下莫弗知也，而莫之能行也。故圣人之言曰：受邦之诟，是谓社稷之主；受邦之不祥，是谓天下之王——正言若反。

---

[1] 天下莫柔弱于水，而攻坚强者莫之能胜，以其无以易之。弱之胜强，柔之胜刚，天下莫不知，莫能行：天下莫柔弱于水：《河上公注》：圆中则圆，方中则方，壅之则止，决之则行。而攻坚强者莫之能胜：《河上公注》：水能怀山襄陵，磨铁消铜，莫能胜水而成功也。以其无以易之：《河上公注》：夫攻坚强者，无以易于水。《王弼注》：以，用也，其谓水也，言用水之柔弱无物，可以易之也。《唐玄宗注》：以坚攻坚，必两坚俱损，柔制强者，则强损而柔全。故用攻坚强者，无以易于水者矣。弱之胜强，柔之胜刚：《河上公注》：水能灭火，阴能消阳。舌柔齿刚，齿先舌亡。天下莫不知：《河上公注》：知柔弱者久长，刚强者折伤。莫能行：《河上公注》：耻谦卑，好强梁。《唐玄宗注》：柔弱之道，胜于刚强，天下之人，无不知者，知有此道，不能行也。《纯阳子注》：言柔弱之道，易知而难行，以起下文也。

[2] 是以圣人云：受国之垢，是谓社稷主；受国不祥，是为天下王——正言若反：是以圣人云：受国之垢，是谓社稷主：国：诸侯国。垢gòu：污秽。社稷主：诸侯国的君侯。《河上公注》：人君能受国之垢浊者，若江海不逆小流，则能长保其社稷，为一国之君主也。受国不祥，是为天下王：祥：吉利，吉祥。天下王：天下诸侯国的王。《河上公注》：人君能引过自与，代民受不祥之殃，则可以王天下。《唐玄宗注》：引万方之罪，是受之垢浊；称孤寡不穀，是受之不祥。其德如此，则社稷有奉，故天下之人归往矣。正言若反：《河上公注》：此乃正直之言，世人不知，以为反言。《唐玄宗注》：受国之垢，为社稷主，受国之不祥，为天下王，是必正言初若反俗，故云正言若反。《八仙注》：天下柔弱：人之生也。莫过于水：人之心也。而攻坚强者莫之能胜：棒打不开。其无以易之：情念死矣。故柔胜刚：心有力则情念自消。弱之胜强：心无为则天道乃见。天下莫不知：人人具其衷。莫能行：人人昧此理。是以圣人言：圣人知之。受国之垢，是谓社稷主：藏心不见，一身之主。受国不祥，是谓天下王：藏身不灵，万法之先。正言若反：正言合道而反俗。普炼帝君注曰：传云：水懦弱民狎而玩之。是天下之最柔弱者，莫过于水，而贯金触石，穿崖溃山，上邱阜，下江河，其攻坚强也，往无弗克，莫有能与角胜。而从而易之者，则是弱能胜强，柔能胜刚。其明较也，天下人亦莫不知之。而究莫能行之，宜乎蹈死于坚强者比比也。而要之人之所以不为柔弱者，以柔为受垢之阶，而弱为不祥之德也。是何未奉教于圣人乎？故圣人云，受之垢，则是谓社稷主矣，受国之不祥，则是谓天下王矣。乃圣人正言之，而世人每以柔为垢，以弱为不祥，与圣言恒有相反，抑独何哉？《纯阳子注》：能容一国之垢，所谓百姓有过，在予一人者也；能以一国之不祥为己忧，所谓一夫不获时，予之辜者也。此皆用柔之道。反，委曲言，一言之闲，亦有柔弱之道。

【憨山注】：此结通篇柔弱之意，欲人知而能行也。无以易之，易，轻易也，即《左传》训师无易敌之易。谓师之柔弱，则敌人有以料而易之以取胜。至若水之柔弱，则人莫能料。莫能料，故无以易之，而卒莫能以取胜。此所以攻坚强者莫之能先。莫能先，谓无有过于此也。世人皆以柔弱为不足取，率轻易之。故天下皆知之而莫能行，以柔弱为垢辱不美之称故也。祥，犹嘉美也。是以凡称人君，则曰乾刚能断有为，遂以为明君。若夫无为，则国人皆以柔弱为耻辱而不美矣。故圣人云：果能以柔弱处上，恬澹无为，能受一国之耻垢者，则为社稷真主；能受一国不美之名者，则为天下明王矣。如尧之垂拱无为，则野老讴曰，帝力何有于我哉？此受国之垢也。然柔弱无为，乃合道之正言，但世俗以为反耳。

第七十九章·和大怨，必有余怨，安可以为善[1]？是以圣人执左契，而不责于人。有德司契，无德司彻[2]。天道无亲，常与善人[3]。

―――――――――――――――

[1] 和大怨，必有余怨，安可以为善：和大怨：和：调节，调解。大怨：杀人、伤人等行为。《河上公注》：杀人者死，伤人者刑，以相和报。《唐玄宗注》：与身为怨对之大者，情欲也。和谓调和也，言人君欲以言教调和百姓，使无情欲，故曰大怨。必有余怨：《河上公注》：任刑者失人情，必有余怨及于良人也。《王弼注》：不明理其契以致大怨已至而德和之，其伤不复，故有余怨也。《唐玄宗注》：立教化人，不能无迹，斯迹之弊，还为与怨，故曰必有余怨。安可以为善：安：哪里。《河上公注》：言一人，则先天心，安可以和怨为善？《唐玄宗注》：既有余怨，则不可以为善。《八仙注》：和大怨：嗜欲杀身。必有余怨：情念不断。安可以为善：何以见道。普炼帝君注曰：圣人与人同自道生，厥有恒性，性即道所赋也。识得此性大同，均可浑然相与，而既无所为德，亦安有所为怨？此圣人之所以出而与天下浑也，而不知者，谓人情之多怨，皆因不能和之之故。于是从而调其大怨焉，第和则和矣，而怨之之心，终未尝忘也。强以和之，一时暂释，逾时又将复然。其不至有余怨也少矣，是安得谓之善和其怨者乎？

[2] 是以圣人执左契，而不责于人。有德司契，无德司彻：是以圣人执左契，而不责于人：契：契券。责：债，索取债务。《河上公注》：古者圣人执左契，合符信也。无文书法律，刻契合符以为信。但刻契为信，不责人以他事也。《王弼注》：左契防怨之所由生也。《唐玄宗注》：左契者，心也。心为阳藏，与前境冥合，故谓之左契耳。圣人知立教则必有迹，有迹即是余怨，故执持此心，使令清静，下人化之，则无情欲，不烦诛责，自契无为。有德司契：契：契约。《说文》："契，大约也。"《河上公注》：有德之君，司察契信而已。《王弼注》：有德之人念思其契，不念怨生而后责于人也。无德司彻：彻：剥取。《河上公注》：无德之君，背其契信，司人所失。《王弼注》：彻，司人之过也。《唐玄宗注》：司，主也。彻，通也。言有德之君主司心契，则人自化。无德之主，则将立法以通于人，为法之弊，故未为善。《八仙注》：是以圣人执左契：正念现前。而不责于人：勿与物竞。故有德司契：以心契心，执其信约。无德司彻：自非寂照，何能浑融。契即文券合同之类，彼此各藏其半，有事则取以相合而为凭者也。言世人之所以触蚀不解者，缘于昧性以求妄，而驰逐于名利之场，无有人从而默化之也。惟圣人淡泊以明性，不迹声色，不殖货利，与人相安于无为，相浑于无心，使天下尽去妄以求复性，迨性复而妄捐，莫不旷然自得，油然相与，而怨无从生。是犹之圣人执其左契，而人皆以右契来合，两两相印，初未尝有责于人也，而感者不介而孚矣。此所谓有德则司契，而无德者家为之喻，户为之晓，尽人而召之，尽人而止之。虽通彻以治理，不终劳苦而罔功乎，是之谓无德，则司彻也。

[3] 天道无亲，常与善人：无亲：无亲无疏，一视同仁。《河上公注》：天道无有亲疏，唯与善人，则与司契同也。《唐玄宗注》：司契则清静，立法则凋残，皇天无亲，唯德是辅，故人君者，常

【帛书】和大怨，必有余怨，焉可以为善？是以圣人右契，而不以责于人。故有德司契，无德司彻。夫天道无亲，恒与善人。

【憨山注】：此言圣人无心之恩，但施而不责报，此为当时计利者发也。然恩生于怨，怨生于恩。当时诸侯两相构怨，霸者主盟而为和之。大怨既和，而必责报。报之不至，而怨亦随之，是有余怨也。庄子云，贼莫大于德有心，故曰"安可以为善"。是以圣人无心之德，但施而不责报，故如贷之执左契，虽有而若无也。契，贷物之符券也，合同剖之，而有左右。贷者执右，物主执左，所以责其报也。有德司契，但与而不取，徒存虚契。无德司彻，不计彼之有无，必征其余，如赋彻耳。彻，周之赋法。谓时至必取于民，而无一毫假借之意。然上责报而下计利，将谓与而不取，为失利也。殊不知失于人，而得于天。故曰："天道无亲，常与善人。"且施而不取，我既善矣。人不与而天必与之，所谓"自天佑之，吉无不利"，岂常人所易知哉？

【串讲】

本讲为传统本《老子》的第七十八章、第七十九章。第七十八章的要点是"柔弱"即"天下莫柔弱于水，而攻坚强莫之能胜，无以易之；弱之胜强，柔之胜刚，莫不知，莫能行"、"隐忍"即"受国之垢，社稷主；受国不祥，天下王"、"正言若反"。第七十九章的要点是"和大怨"即"和大怨，必有余怨；圣人执左契，不责于人"，"与善人"即"有德司契，无德司彻——天道无亲，常与善人"。

第七十八章以弱水为喻，按照"由此及彼思维模式"推出"为天下王"的方法，并特别指出"正言若反"的基本观点，强调事物之间的相互转化。第七十九章从生活中的怨恨按照"由此及彼思维模式"推出"仁心待人"必得"天助"——"天道无亲，常与善人"。"守弱论"的核心是"弱能胜强，柔能胜刚"，这是因为"天道无亲，常与善人"！

第七十八章的意思是：普天之下没有什么东西比水更柔弱，而攻坚克强却没有什么能够超越水。因此，攻坚克强没有什么可以替代水。弱小超越强大，柔软超越坚硬，普天之下无人不知，可没人能完满地执行。因此圣人这样说：

思淳化于无为，不可立法而生事。《八仙注》：天道无亲：灵光独耀，迥脱根尘。常与善人：无得无失。圣人司契如此，则其有契于天心也明矣。惟天亏盈，惟天福善，大公至正，固无所为疏，而亦无所为亲也，善则是与而已矣。天不与圣人，而将谁与也哉？《纯阳子注》：此言为善者，必忘人我，而贵反躬也。怨之成也，常由责人而不责己，故积小以至大。苟不知自责，则虽解大怨，必有余怨。未能惩忿窒欲，安可以为善？交易者一约而两分之，执以为信，以己度人心，理无二反，己而无怨于人，圣人之宏也。有圣人之德则称物平施，权衡任我故司契。无其德则恩怨必求其分明，斤斤以明通为尚。天道无私，为善者其知勉矣。

"敢于承担诸侯国的屈辱，就能成为诸侯国的君主；敢于承担天下的祸灾，能够成为天下的君王。"——这本来是正直之言，可世人不理解，以为在说反话："正言若反，反言若正。"

第七十九章的意思是：和解深重的怨恨，必然遗留残余的怨恨，怎样算是妥善的办法呢？因此圣人虽然保存着借据，但并不以借据强迫别人还债。"有德之君"就像保存借据的圣人那样宽容，"无德之君"就像课税的人那样苛刻。大道不偏不倚，永远帮助行善的人。

第三十六讲·不争论：利而不害，为而不争

【简注】

第八十章·小国寡民：使有什伯之器而不用，使民重死而不远徙，使民复结绳而用之[1]。甘其食，美其服，安其居，乐其俗[2]——邻国相望，鸡犬之声相

---

[1]　小国寡民，使有什伯之器而不用；使民重死而不远徙；使民复结绳而用之。按传统本“使民重死而不远徙”下有十六字：“虽有舟舆，无所乘之；虽有甲兵，无所陈之。”马叙伦认为“虽有舟舆，无所乘之；虽有甲兵，无所陈之”为古代注解窜入，很正确。《老子新学》标点为：“小国寡民：使有什伯之器而不用。使民重死而不远徙；虽有舟舆，无所乘之；虽有甲兵，无所陈之。使民复结绳而用之。”实在出于无奈之举，而今修正为：下面按照传统本注解与下，以供读者参考。小国寡民：《河上公注》：圣人虽治大国，犹以为小，俭约不奢泰；民虽众，犹若寡少，不敢劳之也。《王弼注》：国既小，民又寡，尚可使反古，况国大民众乎，故举小国而言也。使有什伯之器而不用：使有：即使。“什伯之器什”即兵器。《河上公注》：使民各有部曲什伯，贵贱不相犯也。器谓农人之器。而不用，不征召夺民良时也。《王弼注》：言使民虽有什伯之器而无所用，何患不足也。《唐玄宗注》：什，仟也。伯，长也。此章明人君含其淳和，无求及，适有人材器堪为什仟伯长者，亦无所用之矣。使民重死而不远徙：徙xǐ：迁移；迁居。《河上公注》：君能为民兴利除害，各得其所，则民重死而贪生也。政令不烦则民安其业，故不远迁徙离其常处也。《王弼注》：使民不用，惟身是宝，不贪货赂，故各安其居，重死而不远徙也。《唐玄宗注》：少思寡欲，不轻用其生，敦本无求，不远迁徙。虽有舟舆，无所乘之：舆：车。《河上公注》：清静无为，不作烦华，不好出入游娱也。虽有甲兵，无所陈之：陈zhèn，同阵，行军布阵。《河上公注》：无怨恶于天下。使民复结绳而用之：《河上公注》：去文反质，信无欺也。《唐玄宗注》：舟舆所以利迁徙，甲兵所以徇攻战，两者无欲，故无所乘陈。返朴还淳，复归于三皇结绳之用矣。《八仙注》：小国寡民：大智光中。使有什伯：可养。人之器而不用：其国太平。使民重死：一念不生。而不远徙：念念在兹。虽有舟车：三车来往。无所乘之：实无来去。虽有甲兵：负甲持符。无所陈之：六根清净。使民复结绳而用之：信是道之源。普炼帝君注曰：此章是太上治世心法，本领俱寓于此。太上生当文胜之时，急欲返之于质，故窃愿得小国而寡民者一治之，是亦方六七十，如五六十之谓。亦即如有用我，其为东周之意。有国有民，将何道以治之？曰将以愚之而已，后世觉民于智民智一生。万妄将作，而负才者恃才。厚者轻生，不驰逐于商贾，即肆志于甲兵，而古处之风杳矣。惟常使之相安于无为，即有什伯人之才器，而不表见以求用于当时。亦使之囿于方隅，重于性命，而不肯轻去其乡。虽舟兴车，莫不供给，而无所迁徙，则亦莫有乘之者矣。虽甲与兵，罔弗具备，而舍强就弱，则亦安有陈之者乎？充斯治之，则是书契徒为滋扰，正不若太古之初，结绳而治之者，古道为堪复也。

[2]　甘其食，美其服，安其居，乐其俗：甘其食：甘其食：以其食为安。《河上公注》：甘其蔬食，不渔食百姓也。《唐玄宗注》：不食滋味，故所食常甘。美其服：美其服：以其服为美。《河上公注》：美其恶衣，不贵五色。《唐玄宗注》：不事文绣，故所服皆美。安其居：安其居：以其居为安。《河上公注》：安其茅茨，不好文饰之屋。《唐玄宗注》：不饰栋宇，故所居则安矣。乐其俗：乐其俗：以其俗为乐。《河上公注》：乐其质朴之俗，不转移也。《唐玄宗注》：不浇淳朴，故俗可乐也。《八仙注》：甘其食：味道之腴。美其服：受道之庇。安其居：处道之安。乐其俗：乐道之

闻，民至老死不相往来[1]。

【帛书】小邦寡民，使有十百人器而毋用；使民重死而弗远徙：虽有车舟，无所乘之；虽有甲兵，无所陈之；使民复结绳而用之。甘其食，美其服，乐其俗，安其居。邻邦相望，鸡狗之声相闻，民至老死不相往来。

【憨山注】：此结通篇无为之益，施于治道，可复太古之化也。什伯之器，并十曰什，兼百曰伯；器，材也。老子自谓以我无为之治，试于小国，纵使有兼十夫百夫之材者，亦无所用之，以民淳而无事故也。若国多事，烦扰于民，或穷兵致乱，重赋致饥，民不安其居，则轻死而去之。今一切无之，故使民重死，而不远徙。舟舆，水陆之具。不远徙，故虽有舟车无所用。不尚争，故虽有甲兵无所陈。陈，列也。不用智，故可使结绳而用之如太古矣。民各自足其足，绝无外慕之心。不事口体，故以寻常衣食为甘美，以平居里俗为安乐。日与邻国鸡狗相闻，至近之地，民至老死而不相往来。如此，则淳朴之至，乃太古之化也。老子所言，疾当时之弊，皆有为用智刚强，好争尚利，自私奉己，而不恤于民。故国乱民贫，而愈难治。所以治推上古，道合无为，全篇所论，不出乎此，盖立言之本旨也。故终篇以此，请试而行之，可以顿见太古鸿荒之化。言取效之速如此也，所谓"一日克己复礼，天下归仁"，深有味乎此言也。老氏之学，岂矫世绝俗之谓哉？

第八十一章·信言不美，美言不信；善者不辩，辩者不善；知者不博，博

和。民风浑噩若是，亦安有所为衣食之甘美也乎？天安有所为居俗之安乐也乎？而不知食难尽甘，见以为甘，则甘之矣，其食固自甘也。服难尽美，见以为美，则美之矣，其服固自美也。居难尽安，而俗难尽乐，见以为安与乐，则安且乐之矣。其居其俗，固自安也乐也。四其朵要理会，盖即浑噩之民所自有也。

[1] 邻国相望，鸡犬之声相闻，民至老死不相往来：邻国相望，鸡犬之声相闻：邻国：诸侯国之间。《河上公注》：相去近也。《唐玄宗注》：言其近也。民至老死不相往来：至老死：从生到死；往来：友好交往而没有不良意图。《河上公注》：其无情欲。《王弼注》：无所欲求。《唐玄宗注》：彼此俱足，无求之至。《八仙注》：邻国相望：心心相照。鸡犬之声相闻：照见五蕴皆空。民至老死：灰心绝念。不相往来：如如自在。对国而言则有邻，言民苟甘食美服，安居乐俗如是，则共处于不识不知之天，而无所用其周旋矣。故虽相望有邻国，相闻有鸡狗，而爱居爱处，得安生业，彼此无求无与，虽至老死可以不相往来，则淳风沕穆，省却多少纷更滋扰。治国之道，无逾于此。《纯阳子注》：此示小国以自强之道，而欲其返朴还淳也。器多而不用，则糜费节矣；重死而不徙，则民志坚矣；舟车所以致远，甲兵所以禁乱，不乘，不陈，言民瞻依而诚服，无所用其耳。非谓可尽废也，结绳而用返乎太古，是以裕大丰亨，风俗淳美而不患于民寡也。

者不知[1]。圣人不积：既以为人，己愈有；既以与人，己愈多[2]。天之道，利而不害；人之道，为而不争[3]。

【帛书】信言不美，美言不信。知者不博，博者不知。善者不多，多者不善。圣人无积，既以为人矣，己愈有；既以予人矣，己愈多。故天之道，利而不害；圣人之道，为而弗争。

---

　　[1]　信言不美，美言不信；善者不辩，辩者不善；知者不博，博者不知：信言不美：信：真实。《河上公注》：信者，如其实也。不美者，朴且质也。《王弼注》：实在质也。《唐玄宗注》：信言者，圣教也。信，实也，言不韵于俗，故不美。美言不信：《河上公注》：美言者，滋美之华辞。不信者，饰伪多空虚也。《王弼注》：本在朴也。《唐玄宗注》：美言者，世教也。甘美之言，动合于俗，故不信。善者不辩：《河上公注》：善者，以道修身也，不彩文也。《唐玄宗注》：善者在行，无辩说。辩者不善：《河上公注》：辩者，谓巧言也；不善者，舌致患也。山有玉，掘其山；水有珠，浊其渊；辩口多言，亡其身。《唐玄宗注》：空滞辩说，故不善。知者不博：《河上公注》：知者，谓知道之士；不博者，守一元也。博者不知：《河上公注》：博者，多见闻也；不知者，失要真也。《唐玄宗注》：知者了悟也，博者多闻也。《八仙注》：信言不美：淡而不厌。美言不信：甘而悦人。善者不辩：讷言敏行。辩者不善：巧言易以招尤。知者不博：守元得一，明理达根。博者不知：通于物务，事多则惑。普炼帝君注曰：信，诚实也。诚实之言，有根本而无枝叶，固不足以悦人之耳，未见美也，而不美实有至美者存。若多事美言，或秩秩，或娓娓，是诚美矣，而言不由中，徒滋圭玷，亦安取是不信为哉？推之于善果有美之在中，焉用辩论以自炫？而喋喋好为辩给者，是佞而已矣，未见为善也；况大道只要能知，知则贯，贯则该，其焉用博？苟沾沾于多学而识，自谓能博，究之穷大失居，其所知固甚黯也，不可谓之知也。

　　[2]　圣人不积：既以为人，己愈有；既以与人，己愈多：圣人不积：积：积累，集聚。《河上公注》：圣人积德不积财，有德以教愚，有财以与贫也。《王弼注》：无私自有，唯善是与，任物而已。《唐玄宗注》：积者执言滞教，有所积聚也。圣人了言忘言，悟教遗教，一无执滞，故云不积。既以为人己愈有：为：帮助，指导。《河上公注》：既以为人施设德化，己愈有德。既以与人，己愈多：与：给予，施舍。《河上公注》：既以财赂布施与人，而财益多，如日月之光，无有尽时。《唐玄宗注》：此明法性无尽，言圣人虽不积滞言教，然以法味诱导凡愚，尽以与人，于圣人清静之性，曾无减耗，唯益明了，故云愈有愈多。有，明自性；多，明外益。《八仙注》：圣人不积：道违运而无所积。既以为人，己愈有：如鉴之照而不疲。既以与人己愈多：如井之汲而不竭。夫所贵乎不美不辩与不博者，以道一而已也。圣人知其然，常抱此一以自守，而不多积以求炫于世。要其一可卷而藏，即放而弥者也。本此一以为人，是即以已所有者为之也，而取之不穷，已愈有焉；本此一以与人，是即以己之多者与之也，而用之不匮，已愈多焉。

　　[3]　天之道，利而不害；人之道，为而不争：按："人之道，为而不争"传统本作"圣人之道，为而不争"。罗振玉曰：敦煌辛本无下"之"字，即"圣人道，为而不争"，三字对应"天之道"。谦之案：赵本作"人之道"，无"圣"字。"人"与"天"对，文胜，然非老子本旨。本书认为敦煌辛本"人之道，为而不争"不仅"文胜"，也是"老子本旨"，并非谦之案所言。在老子的上德看来，"人"跟"圣人"并无区别。天天之道，利而不害：《河上公注》：天生万物，爱育之，令长大，无所伤害也。圣人之道，为而不争：争：夺。《河上公注》：圣人法天所施为，化成事就，不与下争功名，故能全其圣功也。《王弼注》：顺天之利不相伤也。《唐玄宗注》：举天道利物不害者，将明圣人之道施为弘益，常以与人，故不争也。《八仙注》：天之道，利而不害：天地之大德曰生。圣人之道，为而不争：圣人之守位曰仁。于此而更悟天之道矣。天能利人，亦能害人，而能害不害，惟物是利焉。此天之所以为天也，于是而更悟圣人之道矣。天下能为者未有不争，而能争不争，为运于无为，是圣之所以为圣，亦道也。道在不争，道在不害，而归本于不积，不积则亦不博不辩不美焉。道本泂穆，仍还他一个泂穆。知圣者其天乎？则天者其圣乎？嘻！太上之言道也至矣！盖蔑以加矣！

【憨山注】：此结通篇立言之旨，以明老氏立教之宗也。信言不美者，斯乃释疑之辞，以明道本无言，因言显道之意也。首章云：道可道，非常道，以可道之道，乃言说也。老子自谓道若可言，即非真道矣。今上下五千余字，岂非言耶？既已有言，则道非真矣。因于终篇以自解之，以释后世之疑耳。然信，旧注实也，谓真实之言，即由衷之言也；美言，华美之言，乃巧言也。老子意谓道本无言，因言以显，但我所言者，字字皆从真实理中流出，第藉之以彰道妙，故信实而不美。非若世人夸诞浮辞，虽美而不信也。且世衰道微，人心不古，当时学者不达无言之旨，乃哓哓好辩尚博，各擅专门，如杨朱、墨翟、御寇、公孙、之徒，祖述相传，以辩博为宗，自以为善。殊不知以多歧亡羊，多方丧真，去道转远。老子因而斥之曰：孰知不言之教、不辩之辩哉？以彼辩者，则不善于道。果善于道，则自不辩矣。且道本无言，乃至约也。但了悟于心，可目击而喻，妙契无言，自不容声矣，何事于博哉？故曰"知者不博"。时人不知出此，徒事多闻，增益知见，以博为知，其实不知"多言数穷"，故曰"博者不知"。以彼不知大道体虚，运而不积。而彼以积为务，故愈增障碍。殊不知：有积则有散，有散则有穷；无积则无散，无散则无穷。由圣人体虚合道，忘言任真，了无所积。由其不积，则不穷。所谓虚而不屈，动而愈出，如枢得环中，以应无穷。故"既已为人己愈有，既已与人己愈多"也。且天乃无言之圣，圣乃有言之天。以天道不积，其体至虚。故四时运而不竭，利尽万物而不伤其体。故曰"天之道，利而不害"。害，非害物之害，乃不伤己之意。圣人法天利用，故终日运用，为物作则，而了然无物可当于情。故曰"为而不争"。争，谓与物竞也。斯盖虚心游世，超然独立于万物之上矣。老子学问工夫，真实直捷处，尽在于此。故结全书立言之旨，妙尽于是矣！学者勉哉！

【串讲】

本讲是传统本《老子》的第八十章、第八十一章。第八十章的要点是"四设想"即"小国寡民，使有什伯之器而不用；虽有舟舆，无所乘之；虽有甲兵，无所陈之；使民复结绳而用之"，"四改变"即"甘其食，美其服，安其居，乐其俗"，"一展望"即"邻国相望，鸡犬之声相闻，民至老死不相往来"。第八十一章的要点少男"三明"即"信言不美，美言不信；善者不辩，辩者不善；知者不博，博者不知"，"三不"即"不积——圣人不积：既以为人，己愈有；既以与人，己愈多；不害——天之道，利而不害；不争——圣人之道，为而不争"。

第八十章是老子有关"小国寡民"政治蓝图的设计，是老子采用"由此及彼思维模式"进行"以天道证人道"的典型例子,是老子大道的必然归宿和结果,因此河上公给本章取名"独立"。第八十一章是《老子》的最后一章,老子通过"反正相成思维模式",一连使用了三对"格言"来阐述大道有关言谈、为政等方面的问题,告诫人类要遵循"天之道,利而不害",学习"圣人之道","为而不争",因此河上公给本章取名"显质"。"不争论"的核心是"利而不害""为而不争";基本内容是第八十章的"四设想""四改变""一展望"和第八十一章的"三明""三不"。

第八十章的意思是:使诸侯的封地变小,使诸侯的百姓减少,这样即使发明了功效很高的兵器也无用武之地;使百姓重视生命而不愿迁徙远方:这样即使有船只车辆,也没有乘坐的必要;即使有良好的兵员武备,也没有行军布阵的地方。使百姓回归结绳记事的自然状态。让百姓吃得可口,让百姓穿得舒服,让百姓住得安适,让百姓过得快乐。诸侯的封地与诸侯的封地国之间互相望见,鸡鸣犬吠之声互相听闻,而百姓从生到死相互之间无所欲求(友好往来)。

第八十一章的意思是:真实而可信的言辞不浮华不虚饰,浮华而虚饰的言辞不真实不可信;修道的人不会巧言令色,巧言令色的人不适合修道;明道的人不会卖弄自己,卖弄自己的人不明道。圣人积德不积财:越是尽力帮助别人,自己就越是更加充实;越是尽力施舍别人,自己越是更加富有。自然的大道,只有利于而不损害万事;圣人的准则,只全力以赴而不巧取豪夺万物。

附篇·《老子字典》

说明

　　《老子字典》不仅是我们多年学习和研究《老子》的成果，是读者继续学习和研究《老子》的台阶和有效的工具，也具有索引的作用。传统本《老子》共有"字头"790个，共有字数5173个，用得最多的是"之"248次，《老子字典》以传统本《老子》作为基本材料，所用"字头"按照汉语拼音音序排列；义项和例句以《老子》章节的顺序为序。"字头"之前的数字为按照音序排列的"字头"在《老子字典》中的顺序（如001.哀），"字头"后面括号内的数字是该"字头"在《老子》中所出现的次数001.哀（2）；"字头"的解释一般分为两个部分：第一部分简要叙述"字头"在《老子》中的特殊作用，是《老子字典》基础价值所在，如：001.哀（2）āi："哀"是《老子》三宝"慈"的表现形式之一，慈者即"哀者"。第二部分则是对"字头"进行常规性解释，并列出全部例句，例句后面括号内的数字为传统本《老子》81章所在的"章"如001.哀（2）āi："哀"是《老子》三宝"慈"的表现形式之一，慈者即"哀者"。①哀悼：以悲哀莅之（31）；②悲哀：哀者胜矣（69）。《老子》博大精深，编撰《老子字典》难度非常，瑕疵在所难免，只能不断完善，敬请方家不吝赐教！

正文

Aa

　　001.哀（2）āi："哀"是《老子》三宝"慈"的表现形式之一，慈者即哀者。①哀悼：以悲哀莅之（31）；②悲哀：哀者胜矣（69）。

　　002.爱（5）ài："爱"是《老子》三宝"俭"的表现形式之一。①关爱：爱民治国（10）；②自爱：爱以身为天下（13），自爱不自贵（72）；③吝爱，吝啬：不爱其资（27），是故甚爱必大费（44）。

　　003.安（5）ān："安"是老子"圣人政治"的基本特征之一。①安宁，安静：孰能安以久（15），其安易持（64）。安稳：安平泰（35），安其居（80）；③哪能，怎可：安可以为善（79）。

　　004.奥（1）ào："奥"显示"道""玄之又玄"的特征之一。奥妙，玄妙：道者，万物之奥（62）。

Bb

005.拔（1）bá："不拔"是老子"圣人政治"的基本目标之一。倾拔，倾倒：善建者不拔（54）。

006.白（3）bái："白"与"黑"和"辱"相对，随时随地联系到事物的对立面和转化方向，是老子反正思维模式典型例子。①明白，明晰：明白四达（10）；②白色：知其白（28），大白若辱（41）。

007.百（7）bǎi：在《老子》中，"百"象征多数，通过这样的象征，老子把很多事物都纳入"心法"之中，这种方法对于探索"修身养性"和"治国安民"具有重要作用，是老子探索宇宙本源的手段之一。①百：多，众：民利百倍（19）；②百姓：众人或民：以百姓为刍狗（05），百姓皆谓我自然（17），以百姓心为心（49），百姓皆瞩其耳目（49）；③百谷：众溪或河：江海之所以能为百谷王者（66），故能为百谷王（66）。

008.伯（1）bǎi：百倍的功效，指器械效率高：使有什伯之器而不用（80）。

009.败（5）bài："无败"和"无败事"是老子"圣人政治"所追求的目标之一。失败，挫败：为者败之（29），为者败之（64），故无败（64），常于几成而败之（64），则无败事（64）。

010.薄（2）báo：薄与厚相对，"处其厚，不居其薄"，是道的基本特征之一。①浅薄、鄙薄：失礼者，忠信之薄而乱之首（38）；②单薄：不居其薄（38）。

011.宝（3）bǎo："宝"是"道"的基本功能之一，为善良人所重视，给不善人以保护。①宝贵而保障：善人之宝，不善人之所保（62）；②指：慈、俭、不敢为天下先：我有三宝（67）③指慈：轻敌几丧吾宝（69）。

012.保（3）bǎo："保"与"失"相对应，老子主张"善保"而"不失"，"保"是"道"的基本功能之一。①保持，保有：不可长保（09），持而保之（67）；②保佑，保障：不善人之所保（62）。

013.报（1）bào："报"是"道"基本特征，所谓"同于道者，道亦乐得之"，而"报怨以德"具有老子的特色，是道的基本特征。回报，报答：报怨以德（63）。

014.抱（6）bào："抱一"即怀道，象征统一、划一，身心一体，物我一体，反正相成，是《老子》为学、为道的重要方法之一。①拥抱，怀抱：营魄抱一（10），见素抱朴（19），是以圣人抱一为天下式（22），万物负阴而抱阳（42）；②抱持，维持：善抱者不脱（54）；③合抱：双手相交：合抱之木（64）。

015.悲（1）bēi："悲"是老子三宝"慈"的基本内容之一。悲悯，慈悲：以悲哀莅之（31）。

016.倍（1）bèi：加倍，翻番：民利百倍（19）。

017.被（2）bèi："被"所描写的"得道者"在行动上"不入死地"，在外表上，特立独行。①遭遇，遭受：入军不被甲兵（50）；②被即披，披挂，着装：是以圣人被褐怀玉（70）。

018.本（2）běn："本"是对立面的基础，是对立面耐以存在的依据，是《老子》思辨的重要基础。本根，基础：故贵以贱为本（39），此其以贱为本邪（39）。

019.比（1）bǐ：等同，类似：比于赤子（55）。

020.彼（3）bǐ：在《老子》中，"彼"指代的都是按照"道"应该抛弃的对象，都是"不道"的行为或观点。指代较远的对象，那：故去彼取此（12），故去彼取此（38），故去彼取此（72）。

021.鄙（1）bǐ："鄙"是老子三宝"俭"的重要特征之一，看起来似乎比较鄙陋，可却顺其自然。鄙陋，浑厚：而我独似鄙（20）。

022.必（14）bì："必"作为一个表示肯定性的或然推理的常见字眼，是《老子》思辨的重要工具之一，对《老子》的很多结论起到了暗示性的作用。必然，必定：必有凶年（30），必有余怨（79）；必固张之（36），必固强之（36），必固兴之（36），必固与之（36）；是故甚爱必大费（44），多藏必厚亡（44），夫轻诺必寡信（63），多易必多难（63）；必作于易（63），必作于细（63），必以言下之（66），必以身后之（66）。

023.闭（2）bì："闭"是"无为"的显著特征之一，闭嘴能免祸，闭眼能养神，闭心能聚气。①闭锁，封闭：善闭（27）；②闭嘴，寡言：闭其门（52）。

024.敝（1）bì："敝"与"新"相对，因"敝"而"新"，因"新"而"敝"，事物总是从一开始就朝着自己的对立面转化，这是老子的思维特质之一。破或旧：敝则新（22）。

025.蔽（1）bì："蔽"则"藏"，"藏"则"显"，因"蔽"而"显"，因"显"而"蔽"，因此能够"蔽而复成"。遮蔽，隐藏：蔽而复成（15）。

026.弊（1）bì："弊"与"利"相对而言，因"弊"而"利"，因"利"而"弊"，利弊相因，反正相成。弊害，困弊：其用不弊（45）。

027.臂（2）bì："攘臂"象征"道"的推行不能"坐而论道"，应该"身体力行"；"攘无臂"象征"道"的推行不应该"强人所难"，应该"因势利导"。胳膊，臂膀：则攘臂而扔之（38），攘无臂（69）。

028.璧（1）bì：《尔雅》："肉倍好谓之璧，好倍肉谓之瑗，肉好若一谓之环。"在《老子》中，"璧"等象征"难得之货"，"人为"的痕迹很重，是老子排斥的对象。平圆中孔的玉，美玉：虽有拱璧以先驷马（62）。

029.辩（3）biàn："辩"能够"滔滔不绝"，"讷"却似"笨嘴拙舌"，"辩"、"讷"之间，看似两级，实为一体，善于把握，变换神奇。说明是非或争论真假，争辩，争论：大辩若讷（45），善者不辩（81），辩者不善（81）。

030.宾（1）bīn："自宾"即"自我宾服"，是老子"道法自然"的特征之一。宾服，服从：万物将自宾（32）。

031.冰（1）bīng："冰释"像冰那样融化，象征"道"的变化虽然无形无影，却实实在在。像冰那样：涣兮其冰释（15）。

032.兵（12）bīng：《老子》反感战争，反对用兵，这是"道法自然"的基本要求，也是"道"的基本特征之一。①兵力，武力：不以兵强天下（30），用兵则贵右（31），夫唯兵者（31），兵者，不祥之器（31），以奇用兵（57），故抗兵相加（69），用兵有言（69），是以兵强则灭（76），虽有甲兵（80）；②兵器，武器：入军不被甲兵（51），兵无所措cuò其刃（51），执无兵（69）。

033.并（1）bìng：合并：合拢：万物并作（16）。

034.病（9）bìng：老子把"不懂装懂"作为"病态"最显著的特征给提出来，十分明确地断言，为学、为道应该"知不知，上"。①生病，出错：得与亡孰病（44）；"夫唯病病（71）"的第一个"病"；圣人不病（71）；"以其病病（71）"的第一个"病"；是以不病（71）。不知知，病（71），②疾病，错误："夫唯病病（71）"的第二个"病"；"以其病病（71）"的第二个"病"。

035.博（2）bó：在老子看来，"知"与"博"是对立的，这是因为"知者"明"道"，专心致志，而"博者"昧"道"，不能"抱一"——"专一"是"修道"的基本原则之一。广博，多见多闻：知者不博（81），博者不知（81）。

036.搏（1）bó："鸷鸟"象征猛禽，在老子看来，"得道者"不会受到这些东西的侵害，因为"得道者"不会"入死地"。搏杀，伤害：鸷鸟不搏（55）。

037.补（2）bǔ："补"是象征"道"调节功能的具体字眼，"损有余而补不足"是"道"

的基本特征之一。补充，补足：不足者补之（77），损有余而补不足（77）。

038.不（241）bù：在《老子》中，"不"是一个很重要的字眼，其使用次数仅次于"之"的"248"次，位居亚军。由"不"所构成的"否定性行为""负面性状态"和"非正面名物"，形成了一个比较完整的"道""德"特征和功能。这是因为老子的"宇宙生成论"的背景是"道生德畜、无中生有"，老子的"哲学本体论"的背景是"道体德用、有无相生"，因而构成了一个"以道为体""以德为用"运转机制，形成了一个以"不""无""莫""未""毋"等为主的否定体系。明白了这一点，就明白了《老子》的基本思路。凡是《老子》所说的"不"都隐含着"无""善"等意义，这是老子否定思维的一个显著特征，比如"不言"就是"无言"，就是"善言"。"不言"不是不说话，而是说恰如其分的话，说一言九鼎的话，不说废话，以免"多言数穷"的局面。下面仅简单罗列主要名句，其中有关《老子》的独特意义在有关条目中阐述："不言""不辞""不有""不恃""不居""不去""不争""不敢为""无不治""不盈""不屈""不死""不自生""不争""不勤""不自见""不自是""不自伐""不自矜""企者不立""跨者不行""自见者不明""自是者不彰""自伐者无功""自矜者不长""大制不割""知止不殆""不失其所者久""死而不妄者寿""知足不辱""知止不殆""不见而明""不为而成""无为而无不为""廉而不害""直而不肆""光而不耀""不争而善胜""不言而善应""不召而自来""信言不美""美言不信""善者不辩""辩者不善""知者不博""博者不知""圣人不积""利而不害""为而不争"等。

Cc

039.财（1）cái："财"与老子三宝之一的"俭"相对立，是老子着力排斥的对象，所以在《老子》中经常出现"轻财货"的主张。财宝，财物：财货有余（53）。

040.彩（1）cǎi："彩"与老子三宝之一的"俭"相对立，是老子着力排斥的对象，因此《老子》经常对奢侈等进行批判。彩色，彩缯：服文彩（53）。

041.仓（1）cāng：仓库，库房：仓甚虚（53）。

042.藏（1）cáng："藏"的行为跟"老子三宝之一的'俭'相对立"，在《老子》明确表示反对"聚敛"财富。贮藏，收藏：多藏必厚亡（44）。

043.草（1）cǎo："草"象征柔弱，象征"生"，"柔弱""生"等是"道"的特征之一。草本植物总称：草木之生也柔脆（76）。

044.测（2）cè："不可测"象征深奥，神秘，是"道"的特征之一。测量，测算：深不可测（15），夫唯不可测（15）。

045.策（1）cè：古代用竹或木片记事等成编的叫"策"，这里指用来筹算的策子：善数不用筹策（27）。

046.层（1）céng：重叠起来的东西的一部分，层次：九层之台（64）。

047.察（4）chá："察察"是"清楚明白"的意思，是"有为"的典型表现，因而是老子明显反对的作为之一。观察，明察：俗人察察（20），其政察察（58）。

048.长（15）——老子认为："道"的基本特征是"长cháng"，天长地久；"道"的基本功能是"长zhǎng"，生生不息。cháng：①与短相对：长短相形（02）；②与久相近：天长地久（06），天地所以能长且久者（07），故能长久（07），不可长保（09），不自矜，故长（22），自矜者不长（24），可以长久（44），可以长久（59），其德乃长（54），长生久视之道（59）。zhǎng：①官长，首领：则为官长（28），故能成器长（67）；②生长，成长：长之育之（51），长而不宰（51）。

049.常（31）cháng：传统本《老子》中的"常"因为避讳"汉文帝刘恒"而改"恒"为"常"，而帛书《老子》全用"恒"。"常"即"恒"，没有什么神秘的色彩。"恒"的核心字义是"持久"，在《老子》31个例句中，都可以用"持久"加以诠释。"恒"是"道"的最基本特征之一，也老子所追求的天长地久的基本形态之一。①恒久：非常道（01），非常名（01），故常无（01），常有（01），常使民无知无欲（03），湛常存（04），不知常（16），知常容（16），是以圣人常善救人（27），常善救物（27），常德不离（28），常德不忒（28），常德乃足（28），道常无名（32），道常无为而无不为（37），常足矣（46），取天下常以无事（48），夫莫之爵而常自然（51），是为袭常（52），牝常以静胜牡（61），常于几成而败之（64），常知稽式（65），若使民常畏死（74），常有司杀者杀（74），常与善人（79）；复命曰常（16），知常曰明，（16）知常曰明，（55）知和曰常（55）。②恒心，成见：圣人无常心（49）。

050.车（1）chē：车辆：车之用（11）。

051.彻（1）chè：有德之君重"心治"，以"自化"为特征，属于"上德"范围；无德之君重"法治"，以"处罚"为特征，属于"下德"范围。征取，剥取，处罚：无德司彻（79）。

052.尘（1）chén："尘"象征平凡而普通，这是"道"的基本特征之一。尘埃，灰尘：同其尘（04）。

053.臣（2）chén：①与君相对，与主相对：有忠臣（18）；②臣服，服从：天下莫能臣也（32）。

054.称（2）chēng：①称呼：是以侯王自称孤、寡、不穀（39）；②称号：而王公以为称（42）。

055.成（18）chéng："成"象征"道""不为而成"的基本功能。①促成，形成：难易相成（02），善贷且成（41）；②成为，完成：成功不居（02），故能成其私（07），蔽而复成（15），功成事遂（17），功成不有（34），故能成其大（34），大器晚成（41），大成若缺（45），不为而成（47），常于几成而败之（64），故能成器长（67），功成而不处（77）。③合成，组成：有物混成（25），成之孰之（51），势成之（51），故能成其大。

056.诚（1）chéng：在为学、为道的过程中，"诚"具有基础性的功能，是《老子》"两环节"即为学、为道"八条目"（即"道""德"·上德–下德、"仁""义""礼""智""信"）中"信"的基本元素——"诚心动天地"，心诚则灵——为学、为道，首先讲信用。信，诚实：诚全而归之（22）。

057.骋（2）chěng：见"驰"：驰骋田猎（12），驰骋天下之至坚（43）。

058.驰（2）chí："驰骋"，一方面用来描写"田猎"的奢侈，一方面用来描写"水力"的能量，这是老子"尊道贵德"的独特表现手法。奔跑，奔驰：驰骋田猎（12），驰骋天下之至坚（43）。

059.持（3）chí：把持，维持，操持：持而盈之（09），其安易持（64），持而保之（67）。

060.尺（1）chǐ：中国市制长度单位，市尺：不敢进寸而退尺（69）。

061.赤（1）chì："赤子"象征宇宙万物与自然和谐而"道性"完善，是老子最崇拜的象征对象之一。赤，红色；赤子，初生婴儿：比于赤子（55）。

062.冲（3）chōng："冲"的"比喻义"象征"道"空而不空、虚而大用的基本特征；"冲"的"调和义"象征和而大同、同而大成的基本功能。①冲：盅zhōng，象征空虚而大用：冲用之或不盈（04），大盈若冲45；②调和阴阳而发生作用的基本要素，与阴气、阳气相类，一般称"和气"：冲气以为和（42）。

063.虫（1）chóng："虫"象征能够危害常人而不能危害"有道者"的各种征兆。指无脊椎、节肢门昆虫纲动物，在世界上最为繁盛，已发现100多万种，毒虫不螫（55）。

064.宠（4）chǒng：与"辱"相对立，而"宠若惊"，"辱若惊"，争"宠"而被"辱"，因"辱"而获"宠",这不是得道者所为——道者所追求的是无宠无辱,无毁无誉。宠爱,宠信:宠辱若惊（13）,何谓宠辱若惊（13）宠为上（13）,是谓宠辱若惊（13）。

065.筹（1）chóu：筹码,计算,盘算：善数不用筹策（27）。

066.出（7）chū：①出于：两者同出而异名（01）,出生入死（50）；②出现：动而愈出（05）,慧智出（18）；③出来：道出口（35）,不出户（47）；④高出,超出：其出弥远（47）。

067.除（2）chú：①消除,清除：涤除玄览（10）。②堂皇而整洁：朝甚除（53）。

068.绌（1）chù："绌"与"赢"相对,象征不足而大足,不够而足够,是"道"的特征之一。不足,不够：大赢若绌（45）。

069.刍（2）chú："万物"等同于"百姓","天地"以"万物"为"刍狗","圣人"以"百姓"为"刍狗"：尊道贵德,一视同仁。草料,割草（割草为"刍",打柴为"荛"）,草把——古代祭祀时用草扎的狗：以万物为刍狗（05）,以百姓为刍狗（05）。

070.处（15）chǔ："处"是老子对待事物的基本行为方式：哪些事情怎么作为——"处无为之事"；哪些地方怎么居处——"处其厚"、"处其实"；哪些环境该怎么应对——"以丧礼处之"——慈悲之心对待。这是老子区别"道"与"不道"重要标准。①做,为：是以圣人处无为之事（02）,故有道者不处（24）,燕处超然（26）。②处在,处于：处众人之所恶（08）,师之所处（30）,故有道者不处（31）,是以大丈夫处其厚（38）,处其实（38）,是以圣人处上而民不重（66）,处前而民不害（66）,强大处下（76）,柔弱处上（76）,功成而不处（77）。③处置,对待：言以丧礼处之（31）,以丧礼处之（31）。

071.怵（1）chù："怵怵"象征恐惧,圣人治理天下,战战兢兢,如履薄冰,富贵不敢骄奢,得意不会忘形,所以常怀恐惧之心——这是老子"圣人政治"的基本特征之一。惧怵,惧恐：圣人在天下,怵怵（49）。

072.揣（1）chuǎi：捶,打：揣而锐之（09）。

073.（2）川chuān："川"的两个比喻义分别象征"道"运用的玄妙和"小而不小"的功能。河流：豫兮若冬涉川（15）,犹川谷之与江海（32）。

074.吹（1）chuī："吹"用嘴呼气,"嘘"用鼻孔呼气,这是老子养生运气的基本方法,被后来的道家发挥到了非常复杂的地步。出气,呼气,吹气：或嘘或吹（29）。

075.春（1）chūn：四季之一,春天：如春登台（20）。

076.淳（2）chún："淳淳朴实"是老子"圣人政治"的特性之一。淳朴,朴实,诚实：其民淳淳（58）。

077.辍（1）chuò："不辍"象征老子"道"追求的目标之一,意味着天长地久。中断,停止：子孙以祭祀不辍（54）。

078.疵（1）cī："疵"象征观察事物的小疏漏,老子要求修道者明察秋毫,心如明镜。小毛病,小缺点,小缺陷：能无疵乎（10）。

079.辞（2）cí："不辞"象征万物自然生长而壮大,百姓很自然,圣人不居功,这是老子"圣人政治"的特征之一。辞谢,感谢：万物作而不辞（02）,生而不辞（34）。

080.雌（2）cí："雌"象征"柔弱""细小"等,是"道"的基本特征之一,其基本功能是"以弱胜强","以柔克刚"。与雄相对为雌,与阳相对为阴,与公相对为母：能为雌乎（10）,守其雌（28）。

081.慈（7）cí："慈"是老子三宝之一,"慈"能够用来增加勇气,可以用来指导战争,可以用来护卫天下,是"德"的基本性质之一。仁慈,仁爱：六亲不和,有孝慈（18）,民复孝慈（19）,一曰慈（67）,慈故能勇（67）,今舍慈且勇（67）,夫慈以战则胜（67）,以慈卫之（67）。

082.此（15）cǐ："此"与"彼"相对，是老子赞成的方面，象征着近便而远难，是"顺应自然"的表现之一。这，近处：故去彼取此（12），此三者不可致诘（14），复此道者（15），此三者（19），以此（21），孰为此者（23），故去彼取此（38），此其以贱为本邪（39），以此（54），以此（57），不如坐进此道（62），古之所以贵此道者何（62），知此两者（65），故去彼取此（72），此两者或利或害（73）。

083.次（3）cì：等第，第二：其次，亲之誉之（17）；其次，畏之（17）；其次，侮之（17）。

084.从（3）cóng：跟从，随从，顺从：惟道是从（21），故从事于道（23），民之从事（64）。

085.脆（2）cuì："脆"象征柔弱，是"道"的基本特征之一。易碎，柔软：其脆易破（64），草木之生也柔脆（76）。

086.存（4）cún："存"与"亡"相对，是"道"追求的目标之一，象征长生久视，是道基本特征之一。存在，生存：湛常存（04），绵绵若存（06），外其身而身存（07），若存若亡（41）。

087.寸（1）cùn：中国市制长度单位十分之一尺，象征"短小"：不敢进寸而退尺（69）。

088.挫（2）cuò：挫折，摧折：挫其锐（04），或挫或堕（29）。

089.措（2）cuò：措置，措办：兵无所措其刃（50）。

Dd

090.达（1）dá：通达，明白四达（10）。

091.大（59）dà："大"与"小"相对，是"道"的基本特征之一。"道"之大，至大无外，所以是"至大"、"最大"，而"大"中含"小"，所以不仅有"巨大""很大"，还有跟"小"相对的"大"。在战略上"大处着眼""大象无形""大成若缺"；在战术上，"小处着手""为大于其细"。①巨大，很大：贵大患若身（13），何谓贵大患若身（13），吾所以有大患者（13），有大伪（18），虽智大迷（27），可名为大（34），以其终不自为大（34）故能成其大（34）执大象（35），是故甚爱必大费（44），是以圣人终不为大（63），故能成其大（63），然后乃至大顺（65），天下皆谓我道大不肖（67），夫唯大（67）。②至大，最大：大道废（18），强为之名曰大（25），大曰逝（25），故道大（25），故大制不割（28），大道泛兮（34），大白若辱（41），大方无隅（41），大器晚成（41），大音希声（41），大象无形（41），大成若缺（45），大盈若冲（45），大直若屈（45），大巧若拙（45），大赢若绌（45），大辩若讷（45），行于大道（52），大道甚夷（52）。③与小相对：天大（25），地大（25），王亦大（25），域中有四大（25），大军之后（30），是以大丈夫处其厚（38），大笑之（41），祸莫大于不知足（46），咎莫大于欲得（46），治大国（60），大国者下流（61），故大国以下小国（61），小国以下大国（61），则取大国（61），大国不过欲兼畜人（61），大者宜为下（61），大小多少（63），为大于其细（63），天下大事（63），祸莫大于轻敌（69），则大威至（72），是谓代大匠斫（74），夫代大匠斫者（74），强大处下（76），和大怨（79）。

092.代（3）dài：老子明确主张不能"越俎代庖"，必须"在其位谋其政""名正言顺"，否则必"伤其手"，这跟《易经》"当位"为最先选项一脉相承。代替，替换：夫代有司杀者杀（74），是谓代大匠斫（74），夫代大匠斫者，希有不伤其手矣（74）。

093.殆（93）dài："不殆"象征不危险，"不入死地"，这是"道"追求的目标之一。危殆，危险：没身不殆（16），周行而不殆（25），知止不殆（32），知止不殆（44），殁身不殆（52）。

094.贷（1）dài："善贷"足够供乏，为"道"的基本功能之一，"善贷"而"不贷"，所以"善始善终"。财物，财货——"帛书本"《老子》作"善始且善成"，所以"贷"相当于"善"：夫惟道，善贷且成（41）。

095.带（1）dà：佩戴，携带：带利剑（53）。

096.澹（1）dàn："澹"象征"道"恬淡而广阔的特征。澹泊，恬静：澹兮其若海（20）。

097.淡（2）dàn："淡"象征"道"自然"无味"的特征。清淡，淡泊：恬淡为上（31），淡无味（35）。

098.当（3）dāng：恰当，正当，相当，相配：当其无有（11），当其无有（11），当其无有（11）。

099.盗（4）dào：偷盗，偷窃：使民不为盗（03），盗贼无有（19），是谓盗夸（53），盗贼多有（57）。

100.道（77）dào："道"在《老子》具有特殊的地位和特殊的含义，"特殊含义"具体表现在：第一，"道之主名"和"道之辅名"：在《老子》中，老子把"道"即"非常道"作为主名，而从不同的角度，老子选择了不同的字来称呼"道"，象征"道"不同的特征或功能，这即"道之辅名"。从"道之主名"和"道之辅名"两个方面认真辨析"道"，才能最终发现"道"，认识"道"，从而"为学"而"为道"。第二，"常道"和"非常道"：老子用一个"道"字来统帅《老子》全书。不可说"道"之"道"是"常道"，可以"说道"之"道"是"非常道"；"常道"位于"绝对时空"，不生不死，生生不息；"非常道"位于"相对时空"，有生有死，有存有灭。"常道"决定"非常道"，为学、为道的目的是为了"得道"，是一个从"下德"走向"上德"的必然过程。在阅读《老子》原文的时候，首先必须分清楚老子是在"上德"角度说话还是在"下德"的角度下说话：在"常道"的角度说话，老子认为唯有"道"完美无缺，其余的都有待改进，因而出现"绝仁弃义"的说法；在"下德"的角度说话，老子主张为学、为道，讲仁义，守道德，学习圣人，诚实守信，争当大丈夫，归根大自然。第三，"道"为体，"德"为用，无道无德，有道有德，"道""德"不能分离。"道"的特征和功能都是通过"德"而实现的，"大道"一统"人道""地道""天道"等"三道"，而实际上是通过"人德""地德""天德"的"三德"而实现的。"道"的先后而大小层级分为"道""德"；"德"分为"上德"与"下德"；"下德"分为"仁""义""礼""智""信"，其中"仁""义""礼""智""信"又分为"上""中""下"。老子认为，为学、为道的开始是从"信"开始，逐渐向"智""礼""义""仁"乃至"下德"而"上德"。这不仅是修身养性之法，也是治国安邦之道。第四，"道"为父，"一"为子，所谓"道生一"，"一"为"德"。"道"是宇宙万物的本源，出现在宇宙之前；"德"以"一"作为基本特征而按照"道"的规律而运化宇宙万物——宇宙万物运化即按照这种方式运作。根据这些特征，"道"可以叙述为"力"，细分为阴力"弱作用"和阳力"强作用"，在自然界和人类社会为五行力"电磁力"，在生命体为生命力，在风为风力，在雷为电力，在水为水力等，正是这些特征，构成"道"的基本特征和基本功能。下面根据《老子》全书有关77条用例，按照"道"的"特殊含义"分为"基本特征"和"基本功能"：1."基本特征"："道可道（01）"的第一个"道""非常道（01）""道：冲用之或不盈（04）""复此道者（15）""道隐无名（41）"，象征"道"的"不盈"特征；"古之善为道者（15）""道常无名（32）""上士闻道（41）""中士闻道（41）""下士闻道（41）""不笑之不足以为道（41）"，象征"道""微妙玄通，深不可测"的特征；"道之为物（21）""明道若昧（41）""进道若退（41）""夷道若类（41）"，象征"道"的"惟恍惟惚"特征；"其在道也（24）""故有道者不处（24）""强字之曰道（25）""以道佐人主者（30）""故有道者不处（31）""天道无亲（79）"，象征"道"的"自善"特征；"譬道之与天下（32）"象征"道"的"天地相合"特征；"道出口，淡无味（35）""道之华（38）"，象征"道"的"视之不足见，听之不足闻，用之不足既"特征；"天下有道（46）""天下无道（46）"象征"道"的"常足"特征；"故几于道（08）"象征"道""上善若水"的特征；"天之道哉（09）"象征"道""功遂身退"的特征。2.基本功能："执古之道（14）"象征"道""以御今之有"的功能；"是谓道纪（14）"象征"道""能知古始"的功能；"天乃道（16）""道乃久（16）"象征"道""没身不殆"的功能；"大道废（18）""是谓不道（30）""不道早已（30）""故失道而后德（38）""大道甚夷（53）""非道也哉（53）""是谓早服道（59）""早服道谓之重积德（59）""长生久视之道（59）"古之善为道者（65），象征"道"的管理功能；"故从事于道（23）""道者同于道（23）""同于道者（23）""道亦乐得之（23）"，象征"道"的"信用"功能；"惟道是从（21）""故道大（25）""天法道（25）""道法自然（25）""大道泛兮（34）""是以万物莫不尊道而贵德（51）""道之尊（51）""故道生之（51）""以道莅天下（60）"，象征"道"的统御功能；"道常无为而无不为（37）""为道日损（48）""行于大道（53）"，象征"道"的"无为而无不为"功能；"反者道之动（40）""弱者道之用（40）""道生之（51）"，象征"道""有无相生"的运化功能；"夫唯道（41）""道生一（42）"象征"道"的本源功能；"见天道（47）"象征"道"的"不行而知，不见而明，不为而成"功能；"道者，万物之奥（62）""不如坐进此道（62）""古之所以贵此道者何（62）""天下皆谓我道大不肖（67）"，象征"道"的"不弃人""不弃物"功能；"天之道（73）"象征"道"的"不争而善胜，不言而善应，不召而自来，坦然而善谋"功能；"天之道，其犹张弓与（77）""天之道，损有余而补不足（77）""人之道则不然，损不足以奉有余（77）""唯有道者（77）"象征"道"的为而不恃，功成而不处的功能；"天之道，利而不害（81）""圣人之道，为而不争（81）"象征"道"的和谐功能。

101.得（35）dé："得"是《老子》"得道"和"失道"的基本手段之一，其基本条件是，所"得"合乎"道"就"得道"，如"得一"；否则就"失道"，如"不得其死"。①得到，获得：不贵难得之货（03），难得之货（12），得之若惊（13），少则得（22），德亦乐得之（23），失于乐得之（23），昔之得一者（39），天得一以清（39），地得一以宁（39），神得一以灵（39），谷得一以盈（39），万物得一以生（39），王侯得一以为天下正（39），得与亡孰病（44），咎莫大于欲得（46），得善（49），得信（49），既得其母（52），故不可得而亲（56），亦不可得而疏（56），不可得而利（56），亦不可得而害（56），不可得而贵（56），亦不可得而贱（56），夫两者各得其所欲（62），不曰"求以得，有罪以免"（62），不贵难得之货（64），吾得执而杀之（74）。②得当，适合：持之不得（14），道亦乐得之（23）吾见其不得已（29），果而不得已（30），不得已而用之（31），不得其死（42）。③完成，实现：则不可得志于天下矣（31）。

102.德（41）dé：德跟得是相通的，得使用了35次，德使用了41次，共计76次，仅比道77次少一次。"道"为体，"德"为用，因而"德"是"道"运化于宇宙万物的具体象征，象征的是"有"，即非常道。跟常道的"无"相对。德的主要内容包括：第一、"德"分为"上德"和"下德"；"上德"跟"道"同源，具备"道"的基本性质，是"无为"之德，在《老子》中被称为"孔德""广德""建德""玄德"；"下德"是"德"的延伸，属于"有为"之德，包括仁、义、礼、智、信。第二、修德要以"道"为指导，要从自我开始，从早开始，从内心开始，由我及人、家、乡、国乃至天下，把修身治国集合起来。第三、治身治国的起点都是"信"，从"信"开始，逐步向智、礼、义、仁，即"先有诚信，其次智能，其次义而仁，完成下德，而后上德而道——这是修德修道的路线图，也是老子大道实施的基本过程。①德行，品行：孔德之容（21），德者同于德（23），同于德者（23），德亦乐得之（23），常德不离（28），常德不忒（28），常德乃足（28），上德不德（38）的第一个"德"，下德不失德（38）的第一个"德"，上德无为而无不为（38），下德无为而有以为（38），故失道而后德（38），失德而后仁（38），上德若俗（41），广德若不足（41），建德若偷（41），德畜之（51），是以万物莫不尊道而贵德（51），德之贵（51），德畜之（51），是谓玄德（51），其德乃真（54），其德乃余（54），其德乃长（54），其德乃丰（54），其德乃普（54），含德之厚（55），早服道谓之重积德（59），重积德则无不克（59），故德交归焉（60），报怨以德（63），是谓玄德（65），玄德深矣、远矣（65），是谓不争之德（68），有德司契（79），无德司彻（79）。②获得，得到：上德不德（38）的第二个"德"，是以有德（38），下德不失德（38）的第二个"德"，是以无德（38）。

103.登（1）dēng：登上，登高：如春登台（20）。

104.敌（4）dí：敌对，对手：善胜敌者不与（68），扔无敌（69），祸莫大于轻敌（69），轻敌几丧吾宝（69）。

105.涤（1）dí："涤"是老子干净彻底地清除私心杂念的一种显著手段，是修身治国的一项有效措施。涤荡，涤除，清除：涤dí除玄览（10）。

106.地（18）dì："地"为四大之一，象征"阴""母"，是"道"的一个基本载体。"地"生万物而"不有""不居"等，是"道"的基本特征之一。①与天相对：无名天地之始（01），天地不仁（05），天地之间（05），天地根（06），天长地久（06），天地所以能长且久者（07），天地（23），天地尚不能久（23），先天地生（25），地大（25），王法地（25），地法天（25），天地相合（32），地得一以宁（39），地无以宁（39）。②地点、地域：居善地（08），动之于死地（50），以其无死地（50）。

107.蒂（1）dì：花或瓜果等跟枝茎相连的部分：是谓深根固蒂（59）。

108.帝（1）dì：老子是中外历史上第一个用"道"代替"上帝"的大家、大师，这具有非常重要的历史意义。"帝"上帝，天帝：像帝之先（04）。

109.定（1）dìng："自定"是《老子》顺其自然的基本特征，也是老子追求的目标之一。安定，安稳：天下自定（37）。

110冬（1）dōng："冬涉川"象征"善为道者"小心谨慎的心态，"谨慎"是"道"的特征之一。四季之一，冬季：豫兮若冬涉川（15）。

111.动（6）dòng："动"象征"道"生生不息、周而复始基本特征和功能。运动，行动：动而愈出（05），动善时（08），动之以徐清（15），动之以徐生（15），动之于死地（50）。

112.毒（1）dú："毒"象征"邪恶"的征兆。毒害，伤害：毒虫不螫（55）。

113.独（7）dú："独"象征"道"及"有道者"特立独行、我行我素的特征。单独，独立，独自：我独怕兮其未兆（20），而我独若遗（20），我独昏昏（20），我独闷闷（20），而我独似鄙（20），我独异于人（20），独立而不改（25）。

114.笃（1）dǔ："笃"象征"德"以诚为本的基本特征。笃实，诚实：守静笃（16）。

115.短（1）duǎn："短"跟"长"相比较而存在，无短无长，反正相成，这是"道"运化的基本方式，也是老子思维的基本模式。与长相对，短小：长短相形（02）。

116.兑（2）duì：《易经》八卦之一的兑卦，象征嘴的功能：说话和吃东西。"塞其兑"即"善兑"，合乎"道"的运化功能；而"开其兑"就是"不善兑"，不合乎"道"的运化功能。象征嘴、口：塞其兑（52），开其兑（52）。

117.敦（1）dūn："敦"是"有道者"的特征之一：敦厚而朴实，诚实待人。敦厚，朴实：敦兮其若朴（15）。

118.沌（1）dùn："沌沌"是老子"圣人政治"的特征之一，主张不折腾、不滋事。混沌，浑厚：我愚人之心，沌沌兮（20）。

119.多（14）duō："多"与"少"相对。在老子看来，"多"属于"有为"范围，所以"多言数穷""多则惑""多藏必厚亡""多易必多难"，所以，老子对"多"一般持否定态度。①有余，过分：多言数穷（05），多则惑（22），多藏必厚亡（44），多易必多难（63），以其智多（65）。②跟少、寡等相对：身与货孰多（44），天下多忌讳而民弥mí贫（57），民多利器（57），人多技巧（57），盗贼多有（57），大小多少（63），以其上食税之多（75），己愈多（81）。

120.堕（1）duò：堕落，坠落：或挫或堕（29）。

Ee

121.阿（1）ē：应诺的声音，象征阿谀：唯之与阿（20）。

122.恶（7）——"恶"与"善"相对，"上德"的基本特征是"无善无恶"，而"下德"的基本特征则是为学、为道，"去恶扬善"，回归大道。è：丑恶，丑陋：斯恶矣（02），善之与恶（20）。Wù厌恶，讨厌：处众人之所恶（08），物或恶之（24），物或恶之（31），人之所恶（42），天之所恶（72）。

123.儿（3）ér：能婴儿乎（10），如婴儿之未孩（20），复归于婴儿（28）。参看"婴"。

124.而（113）ér：在传统本《老子》中，"而"使用频率很高，除了"善者果而已（30）"一例"而已"连用，其余122例都用作连接，分别表示并列、顺承、转折、因果等关系，把老子的思辨有效地连接起来，形成了具有鲜明特色的叙述方法和思维模式。①并列关系：动而愈出（05），持而盈之（09），上德无为而无不为（38），下德无为而有以为（38），上仁为之而无以为（38），上义为之而有以为（38），上礼为之而莫之以应（38），故失道而后德（38），失德而后仁（38），失仁而后义（38），失义而后礼（38），将欲取天下而为之（29），不得已而用之（31），化而欲作（37），则攘臂而扔之（38），而民自化（57），而民自正（57），而民自富（57），而民自朴（57），忠信之薄而乱之首（38），勤而行之（41），万物负阴而抱阳（42），是以万物莫不尊道而贵德（51），骨弱筋柔而握固（55），未知牝牡之合而朘作（55），故不可得而亲（56），亦不可得而疏（56），不可得而利（56），亦不可得而害（56），不可得而贵（56），亦不可得而贱（56），或下而取（61），常于几成而败之（64），持而保之（67），吾不敢为主而客（69），不敢进寸而退尺（69），疏而不失（73），吾得执而杀之（74），损有余而补不足（77），使有什伯之器而不用（80），使民重死而不远徙（80），使民复结绳而用之（80）。②顺承关系：万物作而不辞（02），生而不有（02），为而不恃（02），虚而不屈（05），水善利万物而不争（08），独立而不改（25），周行而不殆（25），无关键而不可开（27），无绳约而不可解（27），果而勿矜（30），果而勿伐（30），果而勿骄（30），果而不得已（30），果而勿强（30），胜而不美（31），生而不辞（34），而不为主（34），而不为主（34），往而不害（35），死而不妄者寿（33），生而不有（51），为而不恃（51），长而不宰（51），民莫之令而自均（32），道常无为而无不为（37），是以圣人不行而知（47），无为而无不为（48），夫莫之爵而常自然（51），终日号而不嗄（55），是以圣人方而不割（58），廉而不害（58），直而不肆（58），光而不耀（58），是以圣人为而不恃（77），功成而不处（77），利而不害（81），为而不争（81）。③转折关系：两者同出而异名（01），而我独若遗（20），而我独似鄙（20），不见而明（47），不为而成（47），而美之者（31），而愚之始（38），而王公以为称（42），故物或损之而益（42），或益之而损（42），而人好径（53），而不敢为（64），不争而善胜（73），不言而善应（73），不召而自来（73），坦然而善谋（73），而为奇者（74）而攻坚强者莫之能胜（78），而不责于人（79）。④因果关系：是以圣人后其身而身先（07），外其身而身存（07），富贵而骄（09），故混而为一（14），蔽而复成（15），诚全而归之（22），而况于人乎（23），奈何万乘之主而以身轻天下（26），天下多忌讳而民弥贫（57），是以圣人处上而民不重（66），处前而民不害（66），是以天下乐推而不厌（66）。

125.耳（2）ěr："耳"是人类的听觉器官，象征玄妙的"道"虽然不能被"耳朵"听到，可能够被人类体悟到。五官之一：耳朵：五音令人耳聋（12），百姓皆瞩其耳目（49）。

126.饵（1）ěr："饵"象征能够引诱俗人的东西。糕饼，饵料：乐与饵（35）。

127.二（3）èr："一生二"的"二"是老子用来说明"道"创生宇宙的特殊字眼，可以指天、地，也可以指阴、阳，也相对应"易"的两仪，一般理解为"阴阳二气"，也相当于内因、外因，而"二生三"的"三"（和合），为"本因"，这就是所谓"一元三因"。①指天、地，阴气、阳气：一生二（42），二生三（42）。②序数第二：二曰俭（67）。

Ff

128.发（1）fā："发"是老子用来象征人类的心智被邪恶的东西扰乱所出现的状态。引发，爆发：令心发狂（12）。

129.伐（3）fá：在《老子》中，"伐"只有一个意义"自夸"，象征老子不赞成的行为。老子对人类的说话有不少限制，"伐"即其中之一。伐善，自夸，夸耀：不自伐（22），自伐者无功（24），果而勿伐（30）。

130.法（5）fǎ："法"是老子取法自然、"尊道贵德"的一个基本顺序。①取法，效法：人法地（25），地法天（25），天法道（25），道法自然（25）。②法度，法律，规则：法令滋彰（57）。

131.反（4）fǎn：在传统本《老子》中，"反"具有两个方面的主要特殊意义：第一、"反"是"道"的运化规则，从道出发到万物为止，而周而复始，不断运化，生生不息，无穷无尽；第二，"反"是宇宙的基本规则，合则为一，散则为万，既有同一性，又有差异性，因而构成了"抱一而天下式"的运化规律。①返回，往返，循环：远曰反（25），反者道之动（40）。②相反，对立：与物反矣（65），正言若反（78）。

132.泛（1）fàn："泛"是"道"的基本特征之一，无边无际，广袤无垠，象征"道"的广大。广泛，广大：大道泛兮（34）。

133.方（2）fāng："方"本能"割"，可"大道"至顺，成大功于无形，所以"大方无隅"，"方而不方"，"方而不割"。方正，正直：正大：大方无隅（41），以圣人方而不割（58）。

134.妨（1）fáng："妨"跟"发"一样，是诱使人类心智混乱的不良行为。妨碍，障碍：令人行妨（12）。

135.非（7）fēi："非"在传统本《老子》中除了用作否定名物性结构之外，还有一个作用就是引出了《老子》有关"非常道""非常名"两个核心概念。区别"常道""非常道"，"常名""非常名"，这对理解老子的思想具有重要的作用。不是：非常道（01），非常名（01），非君子之器（31），非道也哉（53），非其鬼不神（60），非其神不伤人（60），非以明民（65）。

136.费（1）fèi："费"象征奢侈，是老子三宝"俭"反对的主要现象之一。破费，浪费：是故甚爱必大费（44）。

137.废（3）fèi："废"跟"兴"相对，有道则兴，无道则废，是"圣人政治"所竭力避免的后果之一。大道废不是"道废"，而是"德废""性废"，因为"道"是不生不息的，而"德"是生生不息的。只有生生不息才有兴废，不生不灭，恒久不变，没有兴废。荒废，废除：大道废（18），将欲废之（36），将恐废（39）。

138.忿（1）fèn："忿"是心态不良的一种表现形式，所以老子主张通过"解其忿"来平衡心态。忿怒，忿恨，生气：解其忿（04）。

139.粪（1）fèn：粪便，肥料：却走马以粪（47）。

140.风（1）fēng：空气流动所产生的自然现象：故飘风不终朝（23）。

141.丰（1）fēng："丰"是老子修德的一个层次，这种"德"足以治理一个大地方，相当于诸侯。丰厚，丰满：其德乃丰（54）。

142.奉（2）fèng："损不足以奉有余"是"道"的基本特征之一，是老子"圣人政治"的基本表现形式。奉献，给予：损不足以奉有余（77），孰能有余以奉天下（77）。

143.夫（28）fū：在《老子》含有"夫"28例中，"是以大丈夫处其厚（38）"的"大丈夫"表示名物和"其细也夫（67）"表达语气之外，都是位于言语单位的前面起所谓"引发"的作用。"夫唯"的配搭除了"引发"的功能，还具有一种"唯其如此"的推论意味，是为《老子》推论的一大特色。①"夫唯"，唯独：夫唯弗居（02），夫唯不争（08），夫唯不可测（15），夫唯不盈（15），夫唯不争（22），夫唯道（41），夫唯大（67），夫唯无知（70），夫唯病病（71），夫唯不厌（72），夫唯无以生为者（75）。②引发：夫物芸芸（16），夫物或行或随（29），夫唯兵者（31），夫乐杀人者（31），夫将知止（32），夫何故（50），夫何故（50），夫莫之爵而常自然（51），夫两不相伤（60），夫两者各得其所欲（61），夫轻诺必寡信（63），夫慈以战则胜（67），夫代有司杀者杀（74），夫代大匠斫者（74）。

144.弗（1）fú：在"帛书本"《老子》中，相当数量的"弗"在传统本《老子》中都变成了"不"，或因避讳汉昭帝刘弗陵而改，"不"、"弗"的"亲缘关系"不言而喻。用"不"还是用"弗"不会出现大的含义差别，这是要明白的。不：唯弗居（02）。

145.伏（1）fú："福"与"祸"相对立，可福中有祸，祸中有福，祸福相因，"伏"这是老子洞察事物发展方向的一种基本方法。隐伏，隐藏：福兮，祸之所伏（58）。

146.服（3）fú："早服道"即"早得道"。"得道早"才能积累大德，才能和谐天下。①着装，穿上：服文彩（53）。②获得，得道：是谓早服道（59），早服道谓之重积德（59）。③服饰：美其服（80）。

147.幅（1）fú：幅度，幅面：三十幅共一毂（11）。

148.福（3）fú："福""祸"对立，福祸相依，老子希望的是"避祸求福"，逢凶化吉。福分，福气，运气：祸兮，福之所倚（58），福兮，祸之所伏，（58）不以智治国，国之福（65）。

149.甫（2）fǔ："众甫"象征万物之始，是老子宇宙生成论的基本观点。开始，初始：以阅众甫（21），吾何以知众甫之状哉（21）。

150.辅（1）fǔ：老子主张道法自然，可顺其自然还必须"辅"，还必须"为之于未有，治之于未乱"，还必须"慎终如始"，这就是"不敢为"。这是老子的基本观点："无为"即"不敢为"，不乱为，不是无所事事。辅助，协助：以辅万物之自然（64）。

151.父（1）fù：第一课，开始：吾将以为教父（42）。

152.负（1）fù：抱负，怀抱：万物负阴而抱阳，冲气以为和（42）。

153.复（16）fù："复"是老子重要的"得道"方法——通过"万物"而"吾以观复"，通过"静"而"复命"，"复命"就会"恒久"，就能够"复孝慈"，"复归于""婴儿""无极""朴""明"而"复守其母"。复返，回归：复归于无物（14），复此道者（15），蔽bì而复成（15），吾以观复（16），静曰复命（16），复命曰常（16），民复孝慈（19），复归于婴儿（28），复归于无极（28），复归于朴（28），复守其母（52），复归其明（52），正复为奇（58），善复为妖（58），复众人之所过（64），使民复结绳而用之（80）。

154.富（3）fù："富"是老子追求的目标之一，老子不仇富，不忌富，可老子反对"富贵而骄"，主张知足而富，主张物质和精神两方面"富"。富裕，富贵，富足：富贵而骄（09），知足者富（32），而民自富（57）。

155.腹（2）fù："腹"与"心""目"的象征角度相对："腹"象征"实"，"心"象征"虚"，"目"象征"明"，不同的事物所追求的目标是不一致的"心"应"虚"，"腹"应"实"，"目"应"明"。腹部，胃口，吃饭：实其腹（03），圣人为腹不为目（12）。

156.覆（1）fù："覆"是"道生"而"德畜"万物的方式之一。庇护，保护：养之覆之（51）。

Gg

157.改（1）gǎi："不改"就是"不变"，是"道"的基本特征之一："以不变应万变"。改变，变化：独立而不改（25）。

158.盖（1）gài：推测，据传：盖闻善摄生者（50）。

159.甘（2）gān：①甘甜：以降甘露（32）；②认为甘甜：甘其食（80）。

160.敢（10）gǎn：老子的三宝之一"不敢为天下先"（后），因而老子把"不敢"当成"修道"一种基本态度。果敢，勇敢：使智者不敢为（03），不敢以取强（30），而不敢为（64），三曰不敢为天下先（67），不敢为天下先（67），吾不敢为主而为客（69），不敢进寸而退尺（69），勇于敢则杀（73），勇于不敢则活（73），孰敢（74）。

161.刚（2）gāng："刚"是老子主张可以克服的品性之一，因为老子认为"以柔克刚"、"以弱胜强"是"道"的基本特征之一。与"柔"相对，刚强，刚硬，坚强：柔胜刚（36），柔之胜刚（78）。

162.高（3）gāo：由下到上之间的距离，与"低"相对：高下相倾（02），高以下为基（39），高者抑之（77）。

163.槁（1）gǎo：老子用"槁"象征失去生命。枯干，枯槁，干枯：其死也枯槁（76）。

164.割（2）gē："不割"象征"圣人政治"顺其自然，不违不逆，成功于"无为"。切割，改变：故大制不割（28），是以圣人方而不割（58）。

165.各（1）gè：各个，每个，自个：各归其根（16），夫两者各得其所欲（61）。

166.根（6）gēn："根"是老子所认为的"本"，因此不能失"失根"，应该扎实根基，这样才能"深根固蒂"。根本，根由：天地根（06），各归其根（16），归根曰静（16），重为轻根（26），轻则失根（26），是谓深根固蒂（59）。

167.弓（1）gōng：弓，弯弓，弯曲：其犹张弓与（77）。

168.公（4）gōng："公"即公正，公平，是道的一种基本特征，是"圣人政治"形态之一。①公正，公平：容乃公（16），公乃王（16）。②公卿，公侯：而王公以为称（42），置三公（62）。

169.功（7）gōng："功"是"道"追求的目标之一，可"道"的特点在于成功而不居功，成功而不夸功，追求长久之功，而不贪眼前之功。成功，成就：成功不居（02），功遂身退（09），功成事遂（17），故有功（22），自伐者无功（24），功成不有（34），功成而不处（77）。

170.攻（1）gōng：攻占，攻克：而攻坚强者莫之能胜（78）。

171.珙（1）gǒng："珙"是"难得之货"等的代表；"人为"痕迹的太重，是老子排斥的对象之一。大璧：虽有珙璧以先驷马（62）。

172.共（2）gòng：①总共，一起：三十幅共一毂（11）。②指树木的枝叶等：木强则共（76）。

173.狗（2）gǒu："狗"象征"低贱"的事物，《说文》：狗，犬也。大者为犬，小者为狗。刍狗指草扎的狗：以万物为刍狗（05），百姓为刍狗（05）。

174.垢（1）gòu："垢"即污垢，污秽，而老子用来象征"道"能够不拒污浊而包容万物。污垢，污秽：受国之垢（78）。

175.孤（2）gū：帝王的谦称：是以侯王自称孤、寡、不毂（39），唯孤、寡、不毂（42）。

176.毂（3）gǔ：①车轮中心可插轴的部分：三十幅共一毂（11）。②不毂：帝王的谦称：是以侯王自称孤、寡、不毂（39），唯孤、寡、不毂（42）。

177.古（7）gǔ："古"即古代，是老子所崇拜的"圣人政治"时代，是老子"以天道比人道"的以"道德"治理天下的基本出发点。古代，古时：执古之道（14），能知古始（14），古之善为道者（15），自今及古（21），古之所谓"曲则全"者（22），古之所以贵此道者何（62），古之善为道者（65）。

178.谷（9）gǔ："谷"即"山谷""溪流"，主要象征"道""卑下""虚空""至虚""蓄养"等特征和功能。山谷，溪流，低处，谦虚，虚空：谷神不死（06），旷兮其若谷（15），为天下谷（28），为天下谷（28），犹川谷之与江海（32），谷得一以盈（39），谷无以盈（39），江海之所以能为百谷王者（66），故能为百谷王（66）。

179.骨（2）gǔ：骨头，骨骼：强其骨（03），骨弱筋柔而握固（55）。

180.固（8）gù：在《老子》，"固"的基本作用是用作推演，特别是细节方面的推演，这足以说明老子不仅重视战略，也重视战术，重视细节。①原本，固有：必固张之（36），必固强之（36），必固兴之（36），必固与之（36）。②稳固，结实，牢靠：骨弱筋柔而握固（55），其日固久（58），是谓深根固蒂（59），以守则固（67）。

181.故（61）gù："故"在《老子》是一个很重要的关于推演的字眼，在多达58次的使用实例中，老子从很多方面叙述了"大道"的特征和功能，因此，"故"是理解《老子》的重要视窗。①所以，因此：故常无（01），故有无相生（02），故能长久（07），故能成其私（07），故几于道（08），故无尤（08），故有之以为利（11），故去彼取此（12），故贵以身为天下（13），故混而为一（14），故强为之容（15），故令有所属（19），故明（22），故彰（22），故有功（22），故长（22），故天下莫能与之争（22），故飘风不终朝（23），故从事于道（23）故有道者不处（24），故道大（24），故无弃人（27），故无弃物（27），故善人者（27），故大制不割（28），故有道者不处（31），故能成其大（34），故失道而后德（38），故去彼取此（38），故贵以贱为本（39），故致数舆无舆（39），故物或损之而益（42），故甚爱必大费（44），故知足之足（46），故道生之（51），故以身观身（54），故不可得而亲（56），故为天下贵（56），故圣人云（57），故德交归焉（60），故大国以下小国（61），故或下以取（61），故立天子（62），故为天下贵（62），故能成其大（63），故终无难矣（63），故无败（64），故无失（64），故以智治国（65），故能为百谷王（66），故天下莫能与之争（66），故不肖（67），慈故能勇（67），俭故能广（67），故能成器长（67），故抗兵相加（68），故去彼取此（72），故坚强者（76）。②缘故，原因：夫何故（50），夫何故（50），孰知其故（72）。

182.寡（5）guǎ："寡欲"是老子的重要主张，是修身养性和治理国家的重要因素。①减少，稀少：少私寡欲（19），夫轻诺必寡信（63），小国寡民（80）。②帝王等谦称：是以侯王自称孤、寡、不毂（39），人之所恶，唯孤、寡、不毂（42）。

183.关（1）guān：开关：无关键而不可开（27）。

184.观（9）guān："观"即"观察，洞察"，老子探索宇宙和人类的基本方法：从范围上有"观其妙"和"观其徼"之分，从过程上看有以身观身、以家观家、以乡观乡、以国观国、以天下观天下之分，其目的就是"观复"。①观察，洞察：欲观其妙（01），欲观其徼（01），吾以观复（16），故以身观身（54），以家观家（54），以乡观乡（54），以国观国（54），以天下观天下（54）。②宫殿，台榭：虽有荣观（26）。

185.官（1）guān：官阶，官员：则为官长（28）。

186.光（3）guāng："光"即"光明，明亮"，是"道"是一种特征，即"光而不耀"。光明，明亮：和其光（04），用其光（52），光而不耀（58）。

187.广（3）guǎng："广"即"广大""堂皇"是"道"的一种特征，即"俭故能广"。①广大，宽广：广德若不足（41），俭故能广（67）；②富丽，堂皇：舍俭且广（67）。

188.归（11）guī："归"跟"复""反"一样，是老子为学、为道的重要行为之一。回归，归根：复归于无物（14），各归其根（16），归根曰静（16），若无所归（20），诚全而归之（22），复归于婴儿（28），复归于无极（28），复归于朴（28），万物归焉（33），复归其明（52），故德交归焉（60）。

189.鬼（2）guǐ：鬼神，鬼怪，诡异：其鬼不神（60），非其鬼不神（60）。

190.贵(21)guì："贵"是关于老子评价体系的一个基本字眼，赞成什么，反对什么，都很明确，对阅读《老子》有很好的指示性功能。①看重，器重：不贵难得之货（03），贵大患若身（13），何谓贵大患若身（13），故贵以身为天下（13），悠兮其贵言（17），而贵食母（20），不贵其师（27），君子居则贵左（31），用兵则贵右（31），是以万物莫不尊道而贵德（51），德之贵（51），不可得而贵（56），古之所以贵此道者何（62），不贵难得之货（64），则我者贵（70），自爱不自贵（72），是贤于贵生（75）。②贵重，宝贵：富贵而骄（09），故贵以贱为本（39），故为天下贵（56），故为天下贵（62）。

191.国（28）guó：老子时代的"国"跟今天"国"是不同的，今天"国"是一个比较大的行政范围，因为避讳汉高祖刘邦，"帛书本"《老子》一律都是"邦"，就是这种情况的反映。对"国"的有关叙述，是老子"圣人政治"的一种设想。国家，邦国、地区：爱民治国（10），国家昏乱（18），国之利器（36），修之于国（54），以国观国（54），以正治国（57），国家滋昏（57），可以有国（59），有国之母（59），治大国（60），大国者下流（61），故大国以下小国（61），则取小国（61），小国以下大国（61），则取大国（61），大国不过欲兼畜人（61），小国不过欲入事人（61），故以智治国（65），国之贼（65），不以智治国（65），国之福（65），受国之垢（78），受国不祥（78），小国寡民（80），邻国相望（80）。

192.果（6）guǒ："果"即"果断，果敢"，是老子用来指导"用兵"的基本方针：万不得已才能用兵，老子因而给出了"5个"方面的限制。果断，果敢：善者果而已（30），果而勿矜（30），果而勿伐（30），果而勿骄（30），果而不得已（30），果而勿强（30）。

193.过（4）guò：过往，不过，经过：过客止（35），大国不过欲兼畜人（61），小国不过欲入事人（61），复众人之所过（64）。

Hh

194.孩(2)hái："孩""婴儿"等字眼老子是最推崇的本真和谐的典型代表。孩子，当作婴儿看待：如婴儿之未孩（20），圣人皆孩之（49）。

195.海（3）hǎi："海"用来象征"道"的宽广而深远。海洋，广大：澹兮其若海（20），犹川谷之与江海（20），江海之所以能为百谷王者（66）。

196.害（6）hài："不害"是"道"运化的基本特征。利害，有害：往而不害（35），亦不可得而害（56），廉而不害（58），处前而民不害（66），此两者或利或害（73），利而不害（81）。

197.含（1）hán：蕴含，包涵：含德之厚（55）。

198.寒（1）hán：寒冷，冰冷：躁胜寒（45）。

199.毫（1）háo：毫厘，细微：生于毫末（64）。

200.好（3）：①hǎo：美好，友好：其事好还（30）。②hào：喜好，喜欢：而人好径（53），我好静（57）。

201.号（1）hào：哭号，号叫：终日号而不嗄（55）。

202.和（7）："和"即"和谐""和睦"，是"道"的基本特征之一，是"天人合一"具体体现。①hè：应和：响应：音声相和（02），②hé：协调，和解：和其光（04），六亲不和（18），冲气以为和（42），和之至也（55），知和曰常（55），和大怨（79）。

203.合（3）hé：相交，汇合，媾合：天地相合（32），未知牝牡之合而朘作（55），合抱之木（64）。

204.阖（1）hé：闭合，关闭：天门开阖（10）。

205.何（14）hé："何"是《老子》推演事理的一个重要字眼，用来追问各种有关"道"的问题。什么，因何，为何，奈何：何谓宠辱若惊（13），何谓贵大患若身（13），吾有何患（13），相去几何（19），相去若何（19），吾何以知众甫之状哉（21），奈何万乘之主而以身轻天下（26），夫何故（50），夫何故（50），吾何以知天下然哉（54），吾何以知其然哉（57），何弃之有（62），古之所以贵此道者何（62），奈何以死惧之（74）。

206.褐（1）hè：粗布或粗布衣服：是以圣人被褐怀玉（70）。

207.黑（1）hēi：黑色，黑暗：守其黑（28）。

208.侯（5）hóu：诸侯，王侯：侯王若能守之（32），王侯若能守之（37），王侯得一以为天下正（39），侯王无以正（39），是以侯王自称孤、寡、不穀（39）。

209.后（11）hòu：在《老子》中，"后"除了表示"空间"或"时间"跟"前"相对之外，更重要的作用就是表示"圣人政治"的"后其身"，也是老子三宝"不敢王天下先"的同义字。与前相对，在后：前后相随（02），是以圣人后其身而身先（07），随之不见其后（14），大军之后（30），故失道而后德（38），失德而后仁（38），失仁而后义（38），失义而后礼（38），然后乃至大顺（65），必以身后之（66），舍后且先（67）。

210.厚（5）hòu：深厚，厚重，过深：是以大丈夫处其厚（38），多藏必厚亡（44），以其生生之厚（50），含德之厚（55），以其求生之厚（75）。

211.乎（7）hū：表示询问的语气，其作用是推测：能无离乎（10），能婴儿乎（10），能无疵乎（10），能无智乎（10），能为雌乎（10），能无知乎（10），而况于人乎（23）。

212.惚（4）hū："惚恍"象征"道"的特征，恍恍惚惚，含含混混，似无实用，也是道的名字之一。含糊，恍惚：是谓惚恍（14），惟恍惟惚（21），惚兮恍兮（21），恍兮惚兮（21）。

213.虎（2）hǔ：在《老子》中，"虎"是凶险的象征，而"有道者"能够不被"虎"伤害。猫科动物，老虎：陆行不遇虎兕（50），虎无所用其爪（50）。

214.户（2）hù："不出户"象征依靠心法能够洞察宇宙奥秘。门户，房门：凿户牖以为室（11），不出户，知天下（47）。

215.华（2）huá：外表，浮华：道之华（38），不居其华（38）。

216.化（3）huà："自化"是"道"之于万物的"自然"，是"道"生化万物的显著特征，是"无为"的基本表现形式。化生，变化：万物将自化（37），化而欲作（37），而民自化（57）。

217.怀（1）huái："怀玉"象征圣人的道行高深。胸怀，怀抱：是以圣人被褐怀玉（70）。

218.还（1）huán：回返，返还：其事好还（30）。

219.患（4）huàn："患"跟"害"等一样，是《老子》全力避让的一种可能。祸患，祸害，灾难：贵大患若身（13），何谓贵大患若身（13），吾所以有大患者（13），吾有何患（13）。

220.涣（1）huàn：散开，溶解，明亮：涣兮其冰释（15）。

221.荒（1）huāng：荒凉，荒芜：荒其未央（20）。

222.恍（4）huǎng：见"惚"：是谓惚恍（14），惟恍惟惚（21），惚兮恍兮（21），恍兮惚兮（21）。

223.恢（2）huī："恢恢"象征"道"宽阔而广大特征。恢弘，宽阔：天网恢恢（73）。

224.讳（1）huì：忌讳，避忌：天下多忌讳而民弥贫（57）。

225.慧（1）huì："慧"与"谋"类似，在《老子》中含有欺诈的意思。智慧，计谋：慧智出（18）。

226.昏（4）hūn："昏昏"是"圣人政治"的一种形态，其基本特征是自自然然，象征无为的境界。昏乱，混乱，混沌：国家昏乱（18），我独昏昏（20），国家滋昏（57）。

227.浑（3）hún："浑浑"是老子"圣人政治"的一种形态，看起来似乎混混沌沌，而实际上正好顺应自然，无为而治。混沌，浑浊：浑兮其若浊（15），为天下，浑浑（49）。

228.混（2）hùn："混"是"道"的基本特征之一，含含混混，模模糊糊，可大可小，不生不灭。含混，混合：故混而为一（14），有物混成（25）。

229.活（1）huó："活"即"生活，生存"，是《老子》所追求的基本目标之一，可以当成"养生"或"治国"的最低要求。生活，活命：勇于不敢则活（73）。

230.或（16）huò："或"主要功能是不定性推测，或相反，或相近，是《老子》推演天道、人道的基本字眼之一。又，或，或者：物或恶之（24），夫物或行或随（29），或嘘或吹（29），或强或羸（29），或挫或堕（29），物或恶之（31），故物或损之而益（42），或益之而损（42），故或下以取（61），或下而取（61），此两者或利或害（73）。

231.货（5）huò：货物，财物，宝物：不贵难得之货（03），难得之货（12），身与货孰多（44），财货有余（53），不贵难得之货（64）。

232.惑（1）huò："惑"即"困惑"，是老子力求避免的现象之一。困惑，疑惑：多则惑（22）。

233.祸（4）huò："祸"即"祸害"是老子非常注意避免的现象之一。祸害，灾祸，祸水：祸莫大于不知足（46），祸兮，福之所倚（58），福兮，祸之所伏（58），祸莫大于轻敌（69）。

Jj

234.鸡（1）jī：人类饲养最普遍的鸟禽：鸡犬之声相闻（81）。

235.积（3）jī："积德"是"修道"的基本方法，不断低积累，不断地修炼，才能养生才能治国。积累，集聚：早服道谓之重积德（59），重积德则无不克（59），圣人不积（81）。

236.基（1）jī：基础，根基：高以下为基（39）。

237.稽（2）jī：模式，准则，法式：此两者亦稽式（65），常知稽式（65）。

238.几（4）①jī：几乎，几至，接近：故几于道（08），常于几成而败之（64），轻敌几丧吾宝（69）。②jǐ：几多，什么：相去几何（20）。

239.饥（2）jī：饥饿，饥荒：民之饥（75），是以饥（75）。

240.及（4）jí：①如果，假设：及吾无身（13），及其有事，不足以取天下（48）。②到达，达到：自今及古（21），天下希及之（43）。

241.吉（1）jí：吉利，有利：吉事尚左（31）。

242.棘（1）jí：参看"荆"：荆棘生焉（30）。

243.极（6）jí："极"是《老子》追求的最高境界，寻找极点，回归无极，就是整个"道"的基本任务和过程。极端，顶端，极点，极致：致虚极（16），复归于无极（28），孰知其极（58），无不克则莫知其极（59），莫知其极（59），是谓配天之极（68）。

244.纪（1）jì："道纪"是老子给宇宙生成论所起的名字——以人为中心点而用道来观察和理解今天的存在乃至宇宙及万物的初始：关心天堂和地狱在哪儿的是宗教；关心宇宙事物先后顺序的是哲学（伽利略、牛顿）；以绝对光速和不确定原理为背景的来理解宇宙的是"道纪"（爱因斯坦、霍金）。规则，纲领：是谓道纪（14）。

245.忌（1）jì：忌讳，禁忌：天下多忌讳而民弥贫（57）。

246.技（2）jì：技术，技能：人多技巧（57）。

247.稷（1）jì：粟或黍，谷神，社稷，国家：是谓社稷主（78）。

248.既（6）jì：完成，完全，已经：名亦既有（32），用之不足既（35），既得其母（52），既知其子（52），既以为人（81），既以与人（81）。

249.济（1）jì：周济，接济：济其事（52）。

250.迹（1）jì：痕迹，迹印：善行无辙迹（27）。

251.寄（1）jì：寄托，托付：若可寄天下（13）。

252.祭（1）jì：祭祀，祭奠：子孙以祭祀不辍（54）。

253.寂（1）jì：寂寞，寂静：寂兮寥兮（25）。

254.加（2）jiā：增加，增多，强加：美行可以加人（62），故抗兵相加（69）。

255.家（5）jiā：家庭：国家昏乱（18），修之于家（54），以家观家（54），国家滋昏（57）。

256.甲（2）jiǎ：盔甲，兵马：入军不被甲兵（50），虽有甲兵（80）。

257.坚（1）jiān：坚强，坚硬，强大：驰骋天下之至坚（43），其死也坚强（76），故坚强者（76），而攻坚强者莫之能胜（78）。

258.间（2）jiān：中间，之内，间隙：天地之间（05），无有入无间（43）。

259.兼（1）jiān：兼并，合并：大国不过欲兼畜人（61）。

260.俭（3）jiǎn："俭"是老子三宝之一，是老子反奢侈，反过度的基本出发点。俭朴，勤俭：二曰俭（67），俭故能广（67），舍俭且广（67）。

261.见（13）："不见"、"不自见"、"不足见"等是"道"的基本特征之一，也是认识和运用"道"的基本途径。①jiàn：看见，发现：视之不见（14），迎之不见其首（14），随之不见其后（14），见素抱朴（19），吾见其不得已（29），见天道（47），不见而明（47），见小曰明（52），是以圣人自知不自见（72）。②xiàn：显现，呈现：不见可欲（03），不自见（22），自见者不明（24），视之不足见（35），其不欲见贤邪（77）。

262.建（3）jiàn："建"是"道"的一种基本特征，"善建而建"，是"立"的基本标识。建设，建立：是以《建言》有之曰（41），建德若偷（41），善建者不拔（54）。

263.键（1）jiàn：关键，门闩，密钥：无关键而不可开（27）。

264.剑（1）jiàn：古代短兵器之一，有"百兵之君"之称，宝剑：带利剑（53）。

265.贱（3）jiàn："贱"是"道"的基本特征，这是因为"道"本来是"无中生有"，因而从少到多，从小到大，所以"贱"是"道"起点之一。与"贵"相对，低贱，卑贱：故贵以贱为本（39），此其以贱为本邪（39），亦不可得而贱（56）。

266.江（2）jiāng："江"古代曾经特指鲁西地区的东平湖—南阳湖—独山湖—昭阳湖—微山湖一线的河湖系统（《史记·殷本纪》、《孟子·滕文公章句上》等），后来曾经主要指长江，现在泛指江河。"江"象征广大的事物，象征"道"的博大而浩淼。江河，大河：犹川谷之与江海（32），江海之所以能为百谷王者（66）。

267.将（21）jiāng：在《老子》中，"将"主要用来进行推测，老子的不少结论都是通过这种方法来获得的。①将要，就要，希望：将欲取天下而为之（29），万物将自宾（32），夫将知止（32），将欲翕之（32），将欲弱之（32），将欲废之（32），将欲取之（32），万物将自化（37），吾将镇之无名之朴（37），亦将不欲（37），将恐裂（39），将恐废（39），将恐歇（39），将恐竭（39），将恐灭（39），将恐蹶（39），吾将以为教父（42），将以愚之（65），天将救之（67）。②将军，将领：偏将军居左（31），上将军居右（31）。

268.匠（1）jiàng：工匠，能工巧匠：是谓代大匠斫（74），夫代大匠斫者（74）。

269.降（1）jiàng：降临，下降：以降甘露（32）。

270.交（2）jiāo：交汇，相交：故德交归焉（60），天下之交（61）。

271.郊（1）jiāo：市郊，郊外：戎马生于郊（46）。

272.骄（2）jiāo：壮健，自满，自大：富贵而骄（09），果而勿骄（30）。

273.教（5）："教"是老子推广"道"的一种基本方法。老子虽然大力主张"无为"，可老子却积极推广"不言之教"——在老子看来，"道"必须推广才能施行，这一点务必引起足够重视！①jiāo：传授，教授：人之所教（42），我亦教之（42）。②jiào：教化，训诲：行不言之教（02），吾将以为教父（42），不言之教（43）。

274.徼（1）jiǎo："徼"是老子宇宙"物质"的各种特征，包括形状、性质等。边界，范围：常有，欲观其徼（01）。

275.皦（1）jiǎo："皦"由"日"、"敫jiǎo"构成；"日"指白日、日光；"敫"从白，从方，从攵："白"指"天下"或"空域"；"方"指"地方"、"地点"；"攵"指"执行"和落实："敫"象征"从一个地方扩大到全天下"。"皦"象征"白日放光"，"天色大白"。"皦"是"道"的特征之一。与"昧"相对，光明：其上不皦（14）。

276.皆（8）jiē：在《老子》中，"皆"用来象征"道"的周遍性，意味着"道"无所不包，无所不在，无所不能。都，全：天下皆知美之为美（02），皆知善之为善（02），百姓皆谓我自然（17），众人皆有余（20），众人皆有已（20），百姓皆瞩其耳目（49），圣人皆孩之（49），天下皆谓我道大不肖（67）。

277.结（2）jiē：打结，系接：善结，无绳约而不可解（27），使民复结绳而用之（80）。

278.诘（1）jié：辩诘，辩解，辨别：不可致诘（14）。

279.竭（1）jié：竭尽，耗尽：将恐竭（39）。

280.解（2）jiě：解开，解除：解其忿（04），无绳约而不可解（27）。

281.介（1）jiè：介然：坚定而自信的样子：使我介然有知（53）。

282.今（3）jīn：今天，现在，目前：以御今之有（14），自今及古（31），今舍慈且勇（67）。

283.矜（3）jīn："矜"是老子反对的一种行为不合"道"的行为。矜恃，自夸：不自矜（22），自矜者不长（24），果而勿矜（30）。

284.金（1）jīn：金银，财宝：金玉满堂（09）。

285.筋（1）jīn：韧带，筋骨：骨弱筋柔而握固（55）。

286.进（3）jìn：前进，进修：进道若退（41），不如坐进此道（62），不敢进寸而退尺（69）。

287.惊（5）jīng：惊慌，惊吓：宠辱若惊（13），何谓宠辱若惊（13），得之若惊（13），失之若惊（13），是谓宠辱若惊（13）。

288.精（3）jīng：精华，精神：其中有精（21），其精甚真（21），精之至也（55）。

289.荆（1）jīng：荆条，无刺；棘即酸枣，有刺；荆棘：泛指丛生于山野间的带棘小灌木：荆棘生焉（30）。

290.径（1）jìng：路径：捷径，小路：而人好径（53）。

291.静（11）jìng："静"是"道"的基本特征之一，是养生、治国的基本策略和基本方法，是"无为"的具体表现。安静，清静，冷静：孰能浊以静（15），守静笃（16），归根曰静（16），静曰复命（16），静为躁君（26），不欲以静（37），静胜热（45），清静为天下正（45），我好静（57），牝常以静胜牡（61），以静为下（61）。

292.九（1）jiǔ：数目字，象征最大，最高，最多：九层之台（64）。

293.久（12）jiǔ："久"的"道"的基本特征之一，无声无息而地久天长。长久，久远：天长地久（06），天地所以能长且久者（07），故能长久（07），孰能安以久（15），道乃久（16），天地尚不能久（23），不失其所者久（33），可以长久（44），其日固久（58），可以长久（59），长生久视之道（59），若肖久矣（67）。

294.咎（2）jiù：过错，罪过：自遗其咎（09），咎莫大于欲得（46）。

295.救（4）jiù："救"的"圣人政治"的基本表现形式之一，目标是"无弃人"、"无弃物"。拯救，挽救，救助：是以圣人常善救人（27），常善救物（27），终身不救（52），天将救之（67）。

296.居（11）jū：居留，保留，位居，居住：成功不居（02），夫唯弗居（02），居善地（08），王居其一（25），君子居则贵左（31），偏将军居左（31），上将军居右（31），不居其薄（38），不居其华（38），无狎其所居（72），安其居（80）。

297.举（1）jǔ：举起，抬高：下者举之（77）。

298.惧（1）jù：惧怕，恐惧：奈何以死惧之（74）。

299.攫（1）jué：攫取，夺取：猛兽不攫（55）。

300.绝（4）jué：①断绝，抛弃，剔除：绝圣弃智（19），绝仁弃义（19），绝巧弃利（19），②绝妙，奇妙：绝学无忧（19）。

301.爵（1）jué：爵位，位置：夫莫之爵而常自然（51）。

302.蹶（1）jué：跌倒，挫折：将恐蹶（39）。

303.军（4）jūn：①军队，队伍：大军之后（30），入军不被甲兵（50）。②见"将军"：偏将军居左（31），上将军居右（31）。

304.君（6）jūn："君子"是"圣人政治"的重要人物形象，在《老子》中，与"圣人"、大丈夫等为同类人物。①君主，主宰：静为躁君（26），躁则失君（26），事有君（70）。②君子，有道有德的人：君子终日行（26），君子居则贵左（31），非君子之器（31）。

305.均（1）jūn：平均，均匀：民莫之令而自均（32）。

Kk

306.开（3）kāi：打开，开启：天门开阖（10），无关键而不可开（27），开其兑（52）。

307.抗（1）kàng：对抗，抵抗：故抗兵相加（69）。

308.可（33）kě：在《老子》中，"可"是一个用来表示可能性的字眼，基本分为"可以"和"不可"两种组合。"可以"象征事物的"相对性"，"不可"象征事物的"绝对性"。可以，能够：道可道（01），名可名（01），不见可欲（03），不可长保（09），若可寄天下（13），若可托天下（13），此三者不可致诘（14），绳绳不可名（14），深不可测（15），夫唯不可测（15），不可不畏（20），可为天下母（25），无关键而不可开（27），无绳约而不可解（27），不可为也（29），则不可得志于天下矣（31），其可左右（34），可名于小（34），可名为大（34），鱼不可脱于渊（36），不可示人（36），可以长久（44），故不可得而亲（56），亦不可得而疏（56），不可得而利（56），亦不可得而害（56），不可得而贵（56），亦不可得而贱（56），可以有国（59），可以长久（59），美言可以市尊（62），美行可以加人（62），安可以为善（79）。

309.克（2）kè：克服，攻克：重积德则无不克（59），无不克则莫知其极（59）。

310.客（3）kè："客"是象征"不争""不敢为天下先"的基本字眼。宾客，客位：俨兮其若客（15），过客止（35），吾不敢为主而为客（69）。

311.孔（1）kǒng：大，博，广，宏：孔德之容（21）。

312.恐（6）kǒng："恐"是"圣人政治"的一种基本心态。唯恐，恐惧：将恐裂（39），将恐废（39），将恐歇（39），将恐竭（39），将恐灭（39），将恐蹶（39）。

313.口（2）kǒu：口味，嘴巴：五味令人口爽（12），道出口（35）。

314.枯（2）kū：干枯，枯燥：其死也枯槁（76）。

315.夸（1）kuā：夸耀，炫耀：是谓盗夸（53）。

316.跨（1）kuà：跨步，迈过：跨者不行（24）。

317.狂（1）kuáng：疯狂，癫狂：令心发狂（12）。

318.况（1）kuàng：何况，况且：而况于人乎（23）。

319.旷（1）kuàng：空旷，旷达：旷兮其若谷（15）。

320.窥（1）kuī：窥视，探视：不窥牖（47）。

LI

321.来（2）lái：到来，返回：不召而自来（73），民至老死不相往来（80）。

322.览（1）lǎn：阅览，观览：涤除玄览（10）。

323.牢（1）láo：见"太牢"：如享太牢（20）。

324.老（2）lǎo：衰老，垂老：物壮则老（30），民至老死不相往来（80）。

325.乐（8）lè：快乐，喜好，嗜好：道亦乐得之（23），德亦乐得之（23），失于乐得之（23），是乐杀人（31），夫乐杀人者（31），乐与饵（35），是以天下乐推而不厌（66），乐其俗（80）。

326.儽（2）léi：疲惫，混沌：儽儽兮（20）。

327.赢（1）léi：羸弱，瘦弱：或强或赢（29）。

328类（1）lèi：陡峭，与夷（平）相对：夷道若类（41）。

329.累（1）lèi：累：同纍léi，藤制筐子，从每一筐子土开始：九层之台，起于累土（64）。

330.离（3）lí：背离，离开：能无离乎（10），不离辎重（26），常德不离（28）。

331.礼（5）lǐ："礼"是老子修道的一个主要环节，具有上承仁义、下启智信的作用。礼节，礼法，礼貌：言以丧礼处之（31），以丧礼处之（31），上礼为之而莫之以应（38），失义而后礼（38），失礼者（38）。

332.里（1）lǐ："千里"象征遥远，"足下"象征临近。中国市制长度单位，一里等于500米，千里之行，始于足下（64）。

333.力（2）lì：力量，力气：胜人者有力（33），是谓用人之力（68）。

334.立（3）lì：建立，独立，站立：企者不立（24），独立而不改（25），故立天子（62）。

335.利（10）lì：①有利：水善利万物而不争（08）。②利用：故有之以为利（11），不可得而利（56）。③利益：绝巧弃利（19），民利百倍（19），民多利（57），此两者或利或害（73），利而不害（81）。④锋利：国之利器（36），带利剑（55）。

336.莅（2）lì：莅视，治理，管理：以悲哀莅之（31），以道莅天下（60）。

337.廉（1）lián："廉"是老子三宝"俭"的表现形式之一。廉洁，廉正：廉而不害（58）。

338.梁（1）liáng：见"强梁"：强梁者（42）。

339.两（5）liǎng：两方，双方：两者同出而异名（01），夫两不相伤（60），夫两者各得其所欲（61），知此两者（65），此两者或利或害（73）。

340.寥（1）liáo："寥"即"空旷而广大"，是"道"的基本特征之一。寥落，寥廓，空旷：寂兮寥兮（25）。

341.猎（1）liè：狩猎，打猎：驰骋田猎（12）。

342.裂（1）liè：裂开，离开：将恐裂（39）。

343.邻（2）lín：邻近，邻居，附近：犹兮若畏四邻（15）、邻国相望（80）。

344.灵（2）líng：灵气，灵巧，灵验：神得一以灵（39），神无以灵（39）。

345.令（8）lìng：①使令，使让：五色令人目盲（12），五音令人耳聋（12），五味令人口爽（12），令心发狂（12），令人行妨（12），民莫之令而自均（32）。②法令，法规：故令有所属（19），法令滋彰（57）。

346.流（1）liú：见"下流"：大国者下流（61）。

347.飍（1）liù：高风，大风，飙风：飍兮若无止。

348.六（1）liù："六"数目字，六亲指父子、兄弟、夫妇：六亲不和（18）。

349.聋（1）lóng：耳朵听不见声音，聋子：发五音令人耳聋（12）。

350.陆（1）lù：陆地，陆行不遇虎兕（50）。

351.琭（2）lù：湛蓝色，有光泽：不欲琭琭如玉（39）。

352.露（1）lù：露水，雨水：以降甘露（32）。

353.乱（4）luàn：慌乱，混乱，杂乱：使心不乱（03），国家昏乱（18），忠信之薄而乱之首（38），治之于未乱（64）。

354.珞（1）luò：石如玉之声：珞珞如石（39）。

Mm

355.马（1）mǎ：草食性家畜，六畜之一：却走马以粪（47），戎马生于郊（47），虽有珙璧以先驷马（62）。

356.满（1）mǎn：充满，满足：金玉满堂（09）。

357.没（1）méi：无，亡：没身不殆（16）。

358.美（9）měi：老子"非常道"所追求的目标之一，修道的一种基本要求。跟"丑"相对：美丽，美好：天下皆知美之为美（2），胜而不美（31）而美之者（31）美言可以市尊（62）美行可以加人（62）美其服（80），信言不美（81）美言不信（81）。

359.昧（2）mèi："昧"象征"道"混混沌沌的特征。幽昧，昏暗：其下不昧（14），明道若昧（41）。

360.闷（4）mèn："闷闷"是"圣人政治"的特征之一，其特点是不声不响，其效果成大功于无形。"闷闷"：混混沌沌，自自然然：我独闷闷（20），其政闷闷（58）。

361.门（4）mén："门"在《老子》中具有很典型的象征意义：体悟"道"的是"众妙之门"，产生"道"的是"玄牝之门"，修身养性的是"天门"，齐家治国的是"兑门"。门道，门径，关键：众妙之门（01），玄牝门（06），天门开阖（10），塞其兑，闭其门，终身不勤（52）。

362.猛（1）měng：凶猛，凶恶：猛兽不攫（55）。

363.迷（1）mí：在《老子》，"迷"用来象征误区——不明道、不悟道。迷茫，迷途：虽智大迷（27），人之迷（58）。

364.弥（3）mí：弥满，弥补，更加，越：其出弥远（47），其知弥少（47），天下多忌讳而民弥贫（57）。

365.绵（2）mián："绵绵"是"道"的特征之一，象征天长地久。绵长，久长：绵绵若存（06）。

366.免（1）miǎn：免除，避免：不曰"求以得，有罪以免"邪（62）。

367.妙（4）miào："妙"是"道"运化功能的显著特点："道"之灵和巧都在一个"妙"——因为妙，深不可测；因为妙，明白如话。奥妙，玄妙，巧妙：欲观其妙（01），众妙之门（01），微妙玄通（15），是谓要妙（27）。

368.灭（2）miè：灭亡，消灭：将恐灭（39），是以兵强则灭（76）。

369.民（32）mín："民"是"圣人政治"管理的基本对象，与"人"（圣人）、君子、侯王等构成一个社会体系，认真理解这些字眼的区别和联系，对理解《老子》的整体思想具有重要意义。民众，人民，常人：使民不争（03），使民不为盗（03），常使民无知无欲（03），爱民治国（10），民利百倍（19），民复孝慈（19），民莫之令而自均（32），天下多忌讳而民弥贫（57），民多利器（57），而民自化（57），而民自正（57），而民自富（57），而民自朴（57），其民淳淳（58），其民缺缺（58），民之从事（64），非以明民（65），民之难治

（65），是以圣人欲上民（66），欲先民（66），是以圣人处上而民不重（66），处前而民不害（66），民不畏威（72），民不畏死（74），若使民常畏死（74），民之饥（75），民之难治（75），民之轻死（75），小国寡民（80），使民重死而不远徙（80），使民复结绳而用之（80），民至老死不相往来（80）。

370.名（22）míng："名"是《老子》说明"道"的一个重要字眼：通过"道"不同的名字，象征"道"各种不同的特征；通过"无名"、"有名"的比较，更容易深入理解"道"的功能。①名称，名声："名可名（01）"的第一个"名"；非常名（01），无名天地之始（01），有名万物之母（01），两者同出而异名（01），名曰夷（14），名曰希（14），名曰微（14），绳绳不可名（14），其名不去（21），吾不知其名（25），道常无名（32），始制有名（32），吾将镇之无名之朴（37），无名之朴（37），道隐无名（41），名与身孰亲（44）。②取名，命名："名可名（01）"的第二个"名"；强为之名曰大（25），名亦既有（32），可名于小（34），可名为大（34）。

371.明（13）míng："明"是老子"悟道"基本方法之一：通过"明"知"天道"，通过"明"见"人道"；通过"明"而修身，通过"明"而治国。明亮，明白，清明：明白四达（10），知常曰明（16），不自见，故明（22），自见者不明（24），是谓袭明（27），自知者明（33），是谓微明（36），明道若昧（41），不见而明（47），见小曰明（52），复归其明（52），知常曰明（55），非以明民（65）。

372.冥（1）míng："冥"象征"道"深奥的特征。朦胧，深沉：窈兮冥兮（21）。

373.命（2）mìng："复命"是"道"的基本特征之一，从"道"化万物到"万物"归"道"，周而复始，生生不息，这就是"复命"，这就是"常"（恒久）。命运，运气：静曰复命（16），复命曰常（16）。

377.末（1）mò：微末，末小，微小：生于毫末（64）。

375.莫（20）mò："莫"跟"不""无"等构成了《老子》的"无中生有"而"有无相生"的宇宙生成论和"以无为本""以德为用"的哲学本体论"否定系统"；"莫"以无指代的特点，排出了一切不存在的可能性，对推演老子的基本观点起到了重要的作用。①没有谁，没有什么：莫之能守（09），民莫之令而自均（32），上礼为之而莫之以应（38），夫莫之爵而常自然（51）。②不能，没有，不如：故天下莫能与之争（22），天下莫能臣也（32），祸莫大于不知足（46），天下莫能知（70），无不克则莫知其极（59），莫知其极（59），咎莫大于欲得（46），是以万物莫不尊道而贵德（51），莫若啬（59），故天下莫能与之争（66），祸莫大于轻敌（69），莫能行（70），天下莫柔弱于水（78），而攻坚强者莫之能胜（78），天下莫不知（78），莫能行（78）。

376.殁（1）mò：死亡：殁身不殆（52）。

377.谋（2）móu：谋划，规划：其未兆易谋（64），坦然而善谋（73）。

378.母（7）mǔ："母"是老子象征"万物"出现，是"以无为本"的基本字眼，同类的文字有"雌""牝"等。母亲，根源，起源：万物之母（01），而贵食母（20），可为天下母（25），以为天下母（52），既得其母（52），复守其母（52），有国之母（59）。

379.木（3）mù："木"跟"草"一样，象征生命之力。树木，苗木：合抱之木（64），草木之生也柔脆（76），木强则共（76）。

380.目（3）mù：眼睛：五色令人目盲（12），圣人为腹不为目（12），百姓皆瞩其耳目（49）。

381.牡（2）mǔ：雄性的动物或植物的雄株，与"牝"相对：未知牝牡之合而朘作（55），牝常以静胜牡（61）。

Nn

382.乃（12）nǎi："乃"是《老子》用来推演事理一个基本字眼，通过一步步的推演，把基本思想凸显出来。才，就，于是：容乃公（16），公乃王（16），王乃天（16），天乃道（16），道乃久（16），常德乃足（28），其德乃真（54），其德乃余（54），其德乃长（54），其德乃丰（54），其德乃普（54），然后乃至大顺（65）。

383.奈（2）nài：奈何，如何，怎样：奈何万乘之主而以身轻天下（26）；奈何以死惧之（74）。

384.难（13）nán：困难，艰难，为难：难易相成（02），不贵难得之货（03），难得之货（12），图难于其易（63），天下难事（63），多易必多难（63），是以圣人犹难之（63），故终无难矣（63），不贵难得之货（64），民之难治（65），是以圣人犹难之（73），民之难治（75），是以难治（75）。

385.讷（1）nè："辩"跟"讷"相对立，而"大辩若讷"，是"道"的特征之一。木讷，迟钝：大辩若讷（45）。

386.能（32）néng："能"是一个表示愿望的字眼，在《老子》中，通过"能"把各种本来推测的东西都很合理地呈现在读者面前。①能够，可能：天地所以能长且久者（07），故能长久（07），故能成其私（07），莫之能守（09），能无离乎（10），能婴儿乎（10），能无疵乎（10），能无智乎（10），能为雌乎（10），能无知乎（10），能知古始（14），孰能浊以静（15），孰能安以久（15），故天下莫能与之争（22），天地尚不能久（23），天下莫能臣也（32），侯王若能守之（32），故能成其大（34），王侯若能守之（37），故能成其大（63），江海之所以能为百谷王者（66），故能为百谷王（66），故天下莫能与之争（66），慈故能勇（67），俭故能广（67），故能成器长（67），天下莫能知（70），莫能行（70），孰能有余以奉天下（77），而攻坚强者莫之能胜（78），莫能行（78）。②能力，能量：事善能（08）。

387.年（1）nián：年岁，年景：必有凶年（30）。

388.鸟（1）niǎo：见"鸷鸟"：鸷鸟不搏（55）。

389.宁（2）níng："宁"即"安静"、"安宁"，是"道"追求的目标之一。安定，安宁：地得一以宁（39），地无以宁（39）。

390.怒（1）nù：发怒，愤怒：善战者不怒（68）。

391.诺（1）nuò：应诺，许诺：夫轻诺必寡信（63）。

Pp

392.怕（1）pà："怕"即畏惧心理，"道"的特点之一。害，惧怕，害怕，惧怕：我独怕兮其未兆（20）。

393.配（1）pèi：搭配，配合：是谓配天之极（68）。

394.烹（1）pēng：烹炸，烹调：治大国，若烹小鲜（60）。

395.譬（1）pì：譬如，比如：譬道之与天下（32）。

396.偏（1）piān：副：偏将军居左（31）。

397.飘（1）piāo：大风，飙风：故飘风不终朝（23）。

398.贫（1）pín：贫困，贫穷：天下多忌讳而民弥贫（57）。

399.牝（5）pìn：跟"母"一样，"牝"被老子当成"道"的特征：雌，阴：是为玄牝（06），玄牝门（06），未知牝牡之合而朘作（55），天下之牝（61），牝常以静胜牡（61）。

400.平（1）píng：平安，平和：安平泰（35）。

401.破（1）pò：破碎，破坏：其脆易破（64）。

402.魄（1）pò：魂魄，灵魂：营魄抱一（10）。

403.朴（8）pǔ："朴"是"道"的名字之一，主要象征"道""朴实无华"、"返璞归真"的本质特征。"朴"因为"妙本精一"，"应用匠成，则至大也"，因此老子非常推崇。木素，朴素，朴实：敦兮其若朴（15），见素抱朴（19），复归于朴（28），朴散则为器（28），朴虽小（32），吾将镇之无名之朴（37），无名之朴（37），而民自朴（57）。

404.普（1）pǔ：普遍，普及：其德乃普（54）。

Qq

405.其（137）qí：①指代名物，相当于他（她、它）的：欲观其妙（01），欲观其徼（01），虚其心（02），实其腹（02），弱其志（02），强其骨（02），挫其锐（04），解其忿（04），和其光（04），同其尘（04），是以圣人后其身而身先（07），故能成其私（07），自遗其咎（09），当其无有（11），当其无有（11），当其无有（11），其上不曒（14），其下不昧（14），迎之不见其首（14），随之不见其后（14），各归其根（16），其次（17），其次（17），其次（17），其中有象（21），其中有物（21），其中有精（21），其精甚真（21），其中有信（21），其名不去（21），吾不知其名（25），王居其一（25），不贵其师（27），不爱其资（27），知其雄（28），守其雌（28），知其白（28），守其黑（28），知其荣（28），守其辱（28），其事好还（30），故能成其大（34），是以大丈夫处其厚（38），不居其薄（38），处其实（38），不居其华（38），其用不弊（45），其用不穷（45），其出弥远（47），其知弥少（47），百姓皆瞩其耳目（49），兕无所投其角（50），兵无所措其刃（50），以其无死地（50），既得其母（52），以知其子（52），既知其子（52），复守其母（52），塞其兑（52），闭其门（52），开其兑（52），济其事（52），用其光（52），复归其明（52），其德乃真（54），其德乃余（54），其德乃长（54），其德乃丰（54），其德乃普（54），其政闷闷（58），其民淳淳（58），其政察察（58），其民缺缺（58），孰知其极（58），其日固久（58），无不克则莫知其极（59），莫知其极（59），其鬼不神（60），非其鬼不神（60），其神不伤人（60），非其神不伤人（60），图难于其易（63），为大于其细（63），故能成其大（63），其安易持（64），其未兆易谋（64），其脆易破（64），其微易散（64），以其智多（65），以其善下之（66），以其不争（66），无狎其所居（72），无厌其所生（72），孰知其故（73），希有不伤其手矣（74），以其上食税之多（75），以其上之有为（75），以其求生之厚（75），其死也坚强（76），其死也枯槁（76），甘其食（80），美其服（80），安其居（80），乐其俗（80）。②强化语气：其犹橐钥（05），不如其已（08），俨兮其若客（15），涣兮其冰释（15），敦兮其若朴（15），旷兮其若谷（15），浑兮其若浊（15），悠兮其贵言（17），荒其未央（20），澹兮其若海（20），此其以贱为本邪（39），其无正（58），其细也夫（67），其犹张弓与（77）。③，此，这，那：以其不自生（07），以其无私（07），我独怕兮其未兆（20），其在道也（24），吾见其不得已（29）其可左右（34），以其终不自为大（34），其致之（39），及其有事（48），以其生生之厚（50），吾何以知其然哉（57），夫两者各得其所欲（62），以其病病（71），其不欲见贤邪（77），以其无以易之（78）。④合适的位置：不失其所者久（33），不得其死（42）。

406.奇（4）qí：奇怪，奇妙，奇特：奇物滋起（57），正复为奇（58），而为奇者（74）。

407.岂（1）qǐ：难道：岂虚言哉（22）。

408.企（1）qǐ：踮脚站立：企者不立（24）。

409.起（2）qǐ：兴起，源起，出现：奇物滋起（57），起于累土（64）。

410.气（3）qì：气运，气数，气魄：专气致柔（10），冲气以为和（42），心使气曰强（55）。

411.弃（6）qì：抛弃，放弃，丢掉：绝圣弃智（19），绝仁弃义（19），绝巧弃利

（19），故无弃人（27），故无弃物（27），何弃之有（62）。

412.契（2）qì：契约，约订，契据：是以圣人执左契（79），有德司契（79）。

413.器（12）qì：器械，器皿，器具：挺埴以为器（11），当其无有，器之用（11），朴散则为器（28），天下神器（29），不祥之器（31），不祥之器（31），非君子之器（31），国之利器（36），大器晚成（41），民多利器（57），故能成器长（67），使有什shí伯bǎi之器而不用（80）。

414.千（1）qiān：十个一百，象征很多：千里之行（64）。

415.前（3）qián：在时间和空间上与"后"相对：前后相随（02），前识者（38），处前而民不害（66）。

416.强（22）：①qiáng：与"弱"相对，强壮，健壮：强其骨（03），或强或羸（29），不以兵强天下（30），不敢以取强（30），果而勿强（30），自胜者强（33），强行者有志（33），必固强之（36），弱胜强（36），强梁者（42），守柔曰强（52），心使气曰强（55），其死也坚强（76），故坚强者（76），是以兵强则灭（76），木强则共（76），强大处下（76），而攻坚强者莫之能胜（78），弱之胜强（78）。②qiǎng：勉强，硬要：故强为之容（15），强字之曰道（27），强为之名曰大（27）。

417.巧（3）qiǎo：巧妙，技巧，诀窍：绝巧弃利（19），大巧若拙（45），人多技巧（57）。

418.且（5）qiě：既，又，而且，并且：天地所以能长且久者（07），善贷且成（41），今舍慈且勇（67），舍俭且广（67），舍后且先（67）。

419.亲（5）qīn：亲属，亲善，亲和：亲之誉之（17），六亲不和（18），名与身孰亲（44），故不可得而亲（56），天道无亲（79）。

420.勤（3）qín：勤劳，辛勤，艰辛：用之不勤（06），勤而行之（41），终身不勤（52）。

421.轻（8）qīng：与重相对，轻松，轻视，轻信：重为轻根（26），奈何万乘之主而以身轻天下（26），轻则失根（26），夫轻诺必寡信（63），祸莫大于轻敌（69），轻敌几丧吾宝（69），民之轻死（75），是以轻死（75）。

422.倾（1）qīng：倾斜，倾向：高下相倾（02）。

423.清（4）qīng："清静"是"道"的特征之一，是"无为"的基本表现形态——"清静"则身心健康，"清静"则国泰民安。清静，清新，安静：动之以徐清（15），天得一以清（39），天无以清（39），清静为天下正（45）。

424.穷（2）qióng："不穷"是"道"的特征之一，象征"道""前不见古人，后不见来者。"贫穷，穷尽：多言数穷（05），其用不穷（45）。

425.求（2）qiú：请求，渴求：不曰"求以得，有罪以免"邪（62），以其求生之厚（75）。

426.曲（2）qū："曲则全"等语言表达方式是《老子》反正相成思维模式的典型样式之一，老子以此作为引子，深入地阐述了事物总是朝着对立面转化的宇宙根本法则。跟"直"相对，弯曲：曲则全（22），古之所谓"曲则全"者（22）。

427.屈（2）qū："不屈"而"若屈"，"若屈"而"真屈"，就是"道"的表现形式之一。与"伸"相对，弯曲：虚而不屈（05），大直若屈（45）。

428.取（13）qǔ：老子向来主张"作而不辞，生而不有，为而不恃，成功不居（02）"，可在说到"取"的时候却不断地"去彼取此（12）"，"取天下常以无事（48）"等，"取"是老子"获取"的手段之——君子爱财，取之有道！夺取，争取，选取：故去彼取此（12），将欲取天下而为之（29），不敢以取强（30），将欲取之（36），故去彼取此（38），取天下常以无事（48），不足以取天下（48），以无事取天下（57），则取小国（61），则取大国（61），故或下以取（61），或下而取（61），故去彼取此（72）。

429.去（10）qù："去"是老子抛弃不合乎道德行为的基本方法之一。离去，离开，去掉：夫唯弗居，是以不去（02），故去取彼此（12），相去几何（20），相去若何（20），其名不去（21），是以圣人去甚、去奢、去泰（29），故去彼取此（38），故去彼取此（72）。

430.全（3）quán："诚全"即以"全诚"而"取"天下，"诚"是"信"的基础，也是"修道"的起点。完全，完备，齐备，完整：曲则全（22），古之所谓"曲则全"者（22），诚全而归之（22）。

431.犬（1）quǎn：狗：鸡犬之声相闻（80）。

432.缺（2）quē："缺缺"是"圣人政治"一种典型形态，看起来若有所缺，而事实上完美无缺，因为这一切都是顺应自然的结果。缺陷，不足：大成若缺（45），其民缺缺（58）。

433.却（1）què：退却，后退：却走马以粪（47）。

Rr

434.然（12）rán：①见"自然"：百姓皆谓我自然（17），希言自然（23），道法自然（25），夫莫之爵而常自然（51），以辅万物之自然（64），②跟前一字构成跟描写性的字组，相当于样子或状态：燕处超然（26），使我介然有知（53），坦然而善谋（73）。③如此，这样：吾何以知天下然哉（54），吾何以知其然哉（57），人之道则不然（77）。④然后，之后；然后乃至大顺（65）。

435.攘（2）rǎng：推攘，排斥，挥舞：则攘臂而扔之（38），攘无臂（69）。

436.热（1）rè：跟"冷"相对，热烈：静胜热（45）。

437.人（83）rén：在《老子》中，"人"具有很重要的作用：在83次"人"的例子中，含有"圣人"的高达"32次"，足见"圣人"在《老子》中的地位，由此也最简单地就能证明老子不反对"仁义礼智信"，所以我们认为老子主张的是"圣人政治"。在另外的50次用例中，"人"除了跟"民"大致相同的意义外，还不时表现出"当权者"的含义。认真辨析这些，对理解《老子》的"道德"具有很重要的价值。①见"圣人"：是以圣人处无为之事（02），是以圣人之治（03），圣人不仁（05），是以圣人后其身而身先（07），圣人为腹不为目（12），是以圣人抱一为天下式（22），是以圣人常善救人（27）的"圣人"，圣人用之（28），是以圣人去甚、去奢、去泰（29），以圣人不行而知（47），圣人无常心（49），圣人在天下（49），圣人皆孩之（49），故圣人云（57），是以圣人方而不割（58），圣人亦不伤人（60）中的"圣人"，是以圣人终不为大（63），是以圣人犹难之（63），是以圣人无为（64），是以圣人欲不欲（64），是以圣人欲上民（66），是以圣人处上而民不重（66），是以圣人被褐怀玉（70），圣人不病（71），是以圣人自知不自见（72），是以圣人犹难之（73），是以圣人为而不恃（77），是以圣人云（78），是以圣人执左契（79），圣人不积（81），圣人之道（81）。②常人，常人及当权者：处众人之所恶(08)，五色令人目盲（12），五音令人耳聋（12），五味令人口爽（12），令人行妨（12），人之所畏（20），众人熙熙（20），众人皆有余（20），我愚人之心（20），俗人昭昭（20），俗人察察（20），众人皆有已（20），我独异于人（20），而况于人乎（23），是以圣人常善救人（27）的最后一个"人"，故无弃人（27），故善人者（27），不善人之师（27），不善人者（27），善人之资（27），以道佐人主者（30），是乐杀人（31），夫乐杀人者（31），杀人之众（31），知人者智（33），胜人者有力（33），不可示人（36），人之所恶（42），人之所教（42），是人之生（50），而人好径（52），人多技巧（57），人之迷（58），治人事天（59），圣人亦不伤人（60）中的最后一个"人"，其神不伤人（60），非其神不伤人（60），大国不过欲兼畜人（61），小国不过欲入事人（61），善人之宝（62），不善人之所保（62），美行可以加人（62），人之不善（62），复众人之所过（64），善用人者为之下（68），是谓用人之力（68），人之生也柔弱（76），人之道则不然

（77），而不责于人（79），常与善人（79），既以为人（81），既以与人（81）。

438.仁（8）rén："仁"属于"下德"范围，具有很强的"有为"特点，从"上德"的角度看，是老子排斥的对象，随时随地弄清楚老子是在什么情况下使用"仁"，对于正确理解《老子》具有很重要的作用。仁爱，仁善：天地不仁（05），圣人不仁（05），与善仁（08），有仁义（18），绝仁弃义（19），上仁为之而无以为（38），失德而后仁（38），失仁而后义（38）。

439.刃（1）rèn：刀尖，刀口，刃口：兵无所措其刃（50）。

440.扔（2）rēng：抛掷，丢弃：则攘臂而扔之（38），扔无敌（69）。

441.日（6）rì：日子，日期，每天：骤雨不终日（23），君子终日行（26），为学日益（48），为道日损（48），终日号而不嗄（55），其日固久（58）。

442.荣（2）róng：光荣，荣耀：虽有荣观（26），知其荣（28）。

443.容（4）róng：①形容，比拟：故强为之容（15）。②容量，包容：知常容（16），容乃公（16），孔德之容（21）。

444.戎（1）róng：兵戎，军事：戎马生于郊（46）。

445.柔（11）róu："柔"是"道"的基本特征之一，"柔而能久"、"柔能克刚"，把握住"道"的特征，就能发挥"道"柔的功能。柔弱，柔软，柔韧：专气致柔（10），柔胜刚（36），天下之至柔（43），守柔曰强（52），骨弱筋柔而握固（55），人之生也柔弱（76），草木之生也柔脆（76），柔弱者（76），柔弱处上（76），天下莫柔弱于水（78），柔之胜刚（78）。

446.如（10）rú："如"是《老子》用来打比方的常见字眼，通过打比方是这种方法，比较形象地阐述了老子的观点。①等于，等同：不如守中（05），不如其已（09），不如坐进此道（62）。②好像，就像：如享太牢（20），如春登台（20），如婴儿之未孩（20），不欲琭琭如玉（39），珞珞如石（39），大赢若绌（45），慎终如始（64）。

447.辱（7）rǔ："辱"与"宠"相对，所以分属于"下德"、"上德"范围，希望获得"宠辱不惊"的结果，最简明的方法就是离开"下德"范围，回归"上德"范围：不争而争，顺其自然。①羞辱，耻辱：宠辱若惊（13），何谓宠辱若惊（13），辱为下（13），是谓宠辱若惊（13），守其辱（28），知足不辱（44）。②黑色，《玉篇》"垢黑"：大白若辱（41）。

448.入（4）rù：进入，深入，加入：无有入无间（43），出生入死（50），入军不被甲兵（50），小国不过欲入事人（61）。

449.锐（2）ruì：尖锐，锐利，锋利：挫其锐（04），揣而锐之（09）。

450.若（44）ruò："若"是《老子》中一个经常用来打比方的字眼，通过"若"作为介质，把老子的很多思考成果变成了形象的语言表达形式，对中国文化及汉语产生了深刻的影响，如正言若反、大成若缺、大直若屈、大巧若拙、大辩若讷、治大国若烹小鲜等。①好像，就像：绵绵若存（06），上善若水（08），宠辱若惊（13），贵大患若身（13），何谓宠辱若惊（13），得之若惊（13），失之若惊（13），是谓宠辱若惊（13），何谓贵大患若身（13），豫yù兮若冬涉川（15），犹兮若畏四邻（15），俨兮其若客（15），敦兮其若朴（15），旷兮其若谷（15），浑兮其若浊（15），若无所归（20），而我独若遗（20），澹兮其若海（20），飂兮若无止（20），若存若亡（41），明道若昧（41），进道若退（41），夷道若类（41），上德若俗（41），大白若辱（41），广德若不足（41），建德若偷（41），质真若渝（41），大成若缺（45），大盈若冲（45），大直若屈（45），大巧若拙（45），大辩若讷（45），莫若啬（59），治大国，若烹小鲜（60），正言若反（78）。②则，就：若可寄天下（13），若可托天下（13）。③若干，约计：相去若何（20）。④假若，如果：侯王若能守之（32），王侯若能守之（37），若肖久矣（67），若使民常畏死（74）。

451.弱（10）ruò："弱"是"道"基本特征，也是"道"的基本功能，所以老子称"弱者道之用"："道"由"无"而"有"，由"小"而"大"，由"弱"而"强"。弱小，柔弱，变弱：弱其志（03），将欲弱之（35），弱胜强（36），弱者道之用（40），骨弱筋柔而握固（55），人之生也柔弱（76），柔弱者（76），柔弱处上（76），天下莫柔弱于水（78），弱之胜强（78）。

Ss

452.塞（1）sāi：闭塞，闭住：塞其兑（52）。

453.三（11）sān：在《老子》中，"三"除了代表数目字的意思之外，重点还在于"二生三""三生万物""十有三"等句子中的特殊含义。"二生三""三生万物"里面的"三"，不是一个简单的数字，而是老子宇宙生成论的基本立足点。"三"是协调阴阳的机制，我们称为"和合"或"本因"。数字，象征多：三十辐共一毂（11），此三者（14），此三者（19），二生三（42），三生万物（42），十有三（50），十有三（50），亦十有三（50），置三公（62），我有三宝（67），三曰不敢为天下先（67）。

454.散（2）sàn："散"是"道"的特征之一，"道"形散而神不散，形离而神不离，"朴散为器"，"器用而道"，周流宇宙。离散，分散：朴散则为器（28），其微易散（64）。

455.丧（3）sàng："丧"是老子三宝"慈"的基本表现形式之一，"天有不仁之大意，人有慈悲的胸怀"。丧事，哀悼：言以丧礼处之（31），以丧礼处之（31），轻敌几丧吾宝（69）。

456.色（1）sè：见"五色"：五色令人目盲（12）。

457.啬（2）sè："啬"是老子三宝"俭"的表现形式之一，也是"无为"的一种具体手段。吝啬，小气：治人事天，莫若啬（59），夫唯啬（59）。

458.杀（9）shā："杀"是《老子》"替天行道"而处罚"离经叛道"者的一种手段，是老子推行"道"的一种必须策略。杀戮，征伐，处罚：是乐杀人（31），夫乐杀人者（31），杀人之众（31），勇于敢则杀（73），吾得执而杀之（74），常有司杀者杀（74），夫代有司杀者杀（74）。

459.嗄（1）shà：沙哑，嘶哑：终日号而不嗄（55）。

460.挻（1）shān：揉和，搅合：挻埴以为器（11）。

461.善（52）shàn："善"是《老子》判断"下德"范围内"是非"的基本标准。在"下德"范围之内，老子判断"是非"的标准至少有"真""善""美"三条，老子没有把"真"或"美"放在第一条，而是把"善"放在第一条：这是因为，"真"与"假"是相对的，属于真假判断的范围，"真"有"真实"与"真诚"之分，不可能真"真"，也不可能假"假"，而"道"本身不仅具有客观性，也具有主观性，所以老子没有把"真"放在第一的位置；"美"与"丑"是相对的，属于艺术判断的范围，艺术太具有主观色彩了，因此老子没有把"美"放在第一的位置；"善"与"恶"，属于定性判断的范围，真不真姑且不说，美不美，暂且不言，善不善必须首先确定——因此老子把"善"作为"下德"范围内判断"是非"的基本标准。在"下德"范围内，但凡对事物进行判断，首先要问的是"善不善"，接着要问的是"真不真"，第三要问的是"美不美"。"善"作为《老子》语言表达的一种特殊方式，比如"善建"即"无建"，"无建"即"无无建"；"善抱"即"无抱"，"无抱"即"无不抱"；"善为"即"无为"，"无为"即"无不为"；"善行"即"无行"，"无行"即"无不行"等。以此类推，举一反三，触类旁通。①善良，淳厚：天下皆知善之为善，斯不善已（02），上善若水（08），居善地（08），心善渊（08），与善仁（08），言善信（08），政善治（08），事善能（08），动善时（08），善之与恶（20），善者吾善之（49），不善者吾亦善之（49），得善（49），人之不善（62），古之善为道者（65），善者不辩（81），辩者不善（81）。②善于，擅长：水善利万物而不争（08），古之善为道者（15），善行无辙迹（27），善言无瑕谪（27），善数不用筹策（27），善闭（27），善结（27），是以圣人常善救人（27），常善救物（27），故善人者（27），不善人之师（27），不善人者（27），善人之资（27），善者果而已（30），善贷且成（41），盖闻善摄生者（50），善建者不拔（54），善抱者不脱（54），善复为妖（58），善人之宝（62），不善人之所保（62），以其善下之（66），善为士者不武（68），善战者不怒（68），善胜敌者不与（68），善用人者为之下（68），不争而善胜（73），不言而善应（73），坦然而善谋（73），安可以为善（79），常与善人（79）。

462.伤（5）shāng：“不伤人”是“圣人政治”的特征之一，是和谐管理的基本要求。伤害，损害：其神不伤人（60），非其神不伤人（60），圣人亦不伤人（60），夫两不相伤（60），希有不伤其手矣（74）。

463.上（19）shàng：“上”是《老子》象征“等级”的字眼，凡在“上”的即等级高，所包含的“道”性也高，其典型的说法就是“上德”“太上”等。①上面，上级，在上：上善若水（08），宠为上（13），其上不皦（14），太上（17），恬淡为上（31），上德不德（38），上德无为而无不为（38），上仁为之而无以为（38），上义为之而有以为（38），上礼为之而莫之以应（38），上士闻道（41），上德若俗（41），是以圣人欲上民（66），是以圣人处上而民不重（66），知不知，上（71），以其上食税之多（75），以其上之有为（75），柔弱处上（76）。②中国古代武将官名：上将军居右（31）。

464.尚（4）shàng：①崇尚，推崇，不尚贤（03）吉事尚左（31），凶事尚右（31）。②尚且，况且：天地尚不能久（23）。

465.少（4）shǎo：“少”是“道”的功能之一，因“少”而“多”，因“小”而“大”，因“失”而“得”。跟“多”相对，减少，少私寡欲（19），少则得（22），其知弥少（47），大小多少（63）。

466.奢（1）shē：“奢”是老子三宝“俭”的对立面，是老子反对的主要社会现象之一。奢侈，奢靡，荒淫：是以圣人去甚、去奢、去泰（29）。

467.舍（3）shè：舍弃，抛弃，放弃：今舍慈且勇（67），舍俭且广（67），舍后且先（67）。

468.社（1）shè：社是土神，稷是谷神，社稷指国家：是谓社稷主（78）

469.涉（1）shè：跋涉，涉历：豫兮若冬涉川（15）。

470.摄（1）shè：调养，保养，调节：盖闻善摄生者（50）。

471.身（23）shēn：“身”是老子修道的起点，由身而心，由心而神，心领神会，归于大道。身躯，人身，生命，亲身：是以圣人后其身而身先（07），外其身而身存（07），功遂身退（09），贵大患若身（09），何谓贵大患若身（13），为吾有身（13），及吾无身（13），故贵以身为天下（13），爱以身为天下（13），没身不殆（16），奈何万乘之主而以身轻天下（26），名与身孰亲（44），身与货孰多（44），殁身不殆（52），终身不勤（52），终身不救（52），无遗身殃（52），修之于身（54），故以身观身（54），必以身后之（66）。

472.深（3）shēn：深奥，深刻，加深：深不可测（15），是谓深根固蒂（56），玄德深矣、远矣（65）。

473.神（8）shén：神秘，神奇，神灵：谷神不死（06），天下神器（29），神得一以灵（39），神无以灵（39），其鬼不神（60），非其鬼不神（60），其神不伤人（60），非其神不伤人（60）。

474.甚（9）shèn：①很，非常，过分：其精甚真（21）是故甚爱必大费（44），大道甚夷（53），朝甚除（53），田甚芜（53），仓甚虚（53），甚易知（70），甚易行（70）。②过分的东西：是以圣人去甚、去奢、去泰（29）。

475.慎（1）shèn：“慎”是“道”基本特征，小心谨慎，不急不躁，稳扎稳打，慎终如始，这是“道”功能的具体体现。谨慎，慎重：慎终如始（64）。

476.生（36）shēng：“生”不仅是“道”追求的基本目标之一，是“道”生万物的基本方法之一，是开拓思路、修身养性、治国安民的基本行为，也是老子的宇宙生成论、哲学本体论推演的重要途径。化生，生养，生存，出生，生长，故有无相生（02），生而不有（02），以其不自生（07），生之畜之（10），动之以徐生（15），先天地生（25），荆棘生焉（30），生而不辞（34），万物得一以生（39），万物无以生（39），天下万物生于有（40），有生于无（40），道生一（42），一生二（42），二生三（42），三生万物（42），戎马生于郊（46），出生入死（50），生之徒（50），人之生（50），以其生生之厚（50），盖闻善摄生者（50），道生之（51），故道生之（51），生而不有（51），益生曰祥（55），长生久视之道（59），生于毫末（64），无厌其所生（72），以其求生之厚（75），唯无以生为者（75），是贤于贵生（75），人之生也柔弱（76），草木之生也柔脆（76），生之徒（76）。

477.声（3）shēng：声音，音讯：音声相和（02），大音希声（41），鸡犬之声相闻（80）。

478.绳（4）shéng：①"绳绳"：小心谨慎：绳绳不可名（14）。②绳约：结绳所用的秘诀：无绳约而不可解（27）。③绳索：使民复结绳而用之（80）。

479.胜（16）shèng：取胜，超过，超越：胜而不美（31），战胜，以丧礼处之（31），胜人者有力（33），自胜者强（33），柔胜刚（36），弱胜强（36），躁胜寒（45），静胜热（45），牝常以静胜牡（61），夫慈以战则胜（67），善胜敌者不与（68），哀者胜矣（69），不争而善胜（73），而攻坚强者莫之能胜（78），弱之胜强（78），柔之胜刚（78）。

480.圣（32）shèng："圣人政治"是老子刻意追求的社会理想，内容比较丰富，其中包括"处无为之事"、"后其身而身先"、"无常心"等。"圣人政治"属于"常道"的范围，因此无是无非，道法自然。神圣，圣洁：是以圣人处无为之事（02），是以圣人之治，虚其心（03），圣人不仁（05），是以圣人后其身而身先（07），圣人为腹不为目（12），绝圣弃智（19），是以圣人抱一为天下式（22），是以圣人常善救人（27），圣人用之（28），是以圣人去甚、去奢、去泰（29），是以圣人不行而知（47），圣人无常心（49），圣人在天下（49），圣人皆孩之（49），故圣人云（57），是以圣人方而不割（58），圣人亦不伤人（60），是以圣人终不为大（63），是以圣人犹难之（63），是以圣人无为（64），是以圣人欲不欲（64），是以圣人欲上民（66），是以圣人处上而民不重（66），是以圣人被褐怀玉（70），圣人不病（71），是以圣人自知不自见（72），是以圣人犹难之（73），是以圣人为而不恃（77），是以圣人云（78），是以圣人执左契（79），圣人不积（81），圣人之道（81）。

481.乘（2）①shèng：中国古代一车驷马：奈何万乘之主而以身轻天下（26）。②chéng：乘坐：无所乘之（80）。

482.失（18）shī："失"是老子竭力预防的行为之一，老子对"失"的危害，引起"失"根源，预防"失"的方法都有简明扼要的阐述。失去，丢失，丢掉：失之若惊（13），失者同于失（23），同于失者（23），失于乐得之（23），轻则失根（26），躁则失君（26），执者失之（29），不失其所者久（33），下德不失德（38），故失道而后德（38），失德而后仁（38），失仁而后义（38），失义而后礼（38），失礼者（38），执者失之（64），故无失（64），疏而不失（73）。

483.师（3）shī：①老师：师傅：不善人之师（27），不贵其师（27）。②军队，队伍：师之所处（30）。

484.施（1）shī："唯施是畏"是老子推崇"无为"反对"有为"最典型的主张。施行，实行：唯施是畏（53）。

485.十（4）shí：数目字，象征多：三十幅共一毂（11），十有三（50），十有三（50），亦十有三（50）。

486.什（1）shí：十倍，多倍：使有什伯之器而不用（80）。

487.时（1）shí：时间，时机：动善时（08）。

488.识（1）shí：预见，揣测：前识者（38）。

489.实（2）shí：充实，实在：实其腹（03），处其实（38）。

490.食（5）shí：饮食，征收，使用：而贵食母（20），余食赘形（24），餍饮食（53），以其上食税之多（75），甘其食（80）。

491.使（11）shǐ：①让，令：使民不争（03），使民不为盗（03），使心不乱（03），常使民无知无欲（03），使智者不敢为（03），心使气曰强（55），若使民常畏死（74），使民重死而不远徙（80），使有什伯之器而不用（80），使民复结绳而用之（80）。②即使，假设：使我介然有知（53）。

492.始（7）shǐ：开始，开端，初始：无名天地之始（01），能知古始（14），始制有名（32），而愚之始（38），天下有始（52），始于足下（62），慎终如始（62）。

493.士（4），shì：士子，士人：上士闻道（41），中士闻道（41），下士闻道（41），善为士者不武（68）。

494.市（1）shì：购买，换取：美言可以市尊（62）。

495.示（1）shì：显示，出示：不可示人（36）。

496.式（4）shì：模式，范式：是以圣人抱一为天下式（22），为天下式（28），知此两者亦稽式（65），常知稽式（65）。

497.事（21）shì："圣人处无为之事""取天下常以无事""事无事"等是"圣人政治"的基本内容，按照老子的观点，就能成大功于无形。事物，事务，做事：是以圣人处无为之事（02），事善能（08），功成事遂（17），故从事于道（23），其事好还（30），吉事尚左（31），凶事尚右（31），取天下常以无事（48），及其有事，不足以取天下（48），济其事（52），以无事取天下（57），我无事（57），治人事天（59），小国不过欲入事人（61），事无事（63），天下难事（63），天下大事（63），民之从事（64），则无败事（64），事有君（70）。

498.恃（4）shì：倚仗，恃强：为而不恃（02），万物恃之（34），为而不恃（51），为而不恃（77）。

499.室（2）shì：居室，房间：凿户牖以为室（11），室之用（11）。

500.视（3）shì：视察，看望：视之不见（14），视之不足见（35），长生久视之道（59）。

501.是（66）shì：由"是"所构成的"是以""是故"和"是为""是谓"构成了一个因果关系的推理体系和确认概念的认证体系，什么东西因为是什么，什么东西所以是什么，构成老子思维的重要特色，形成了老子思想的完成体系。①是以，是故，因此：是以圣人处无为之事（02），是以不去（02），是以圣人之治（03），是以圣人后其身而身先（07），是以圣人抱一（22），是以圣人常善救人（27），是以圣人去甚、去奢、去泰（29），是以有德（38），是以无德（38），是以大丈夫处其厚（38），是以侯王自称孤、寡、不榖（39），是以《建言》有之曰（41），吾是以知无为之有益（43），是以圣人不行而知（47），是以万物莫不尊道而贵德（51），是以圣人方而不割（58），是以圣人终不为大（63），是以圣人犹难之（63），是以圣人无为（64），是以圣人欲不欲（64），是以圣人欲上民（66），是以圣人处上而民不重（66），是以天下乐推而不厌（66），是以不我知（70），是以圣被褐怀玉（70），是以不病（71），是以不病（71），是以不厌（72），是以圣人自知不自见（72），是以圣人犹难之（73），是以饥（75），是以难治（75），是以轻死（75），是以兵强则灭（76），是以圣人为而不恃（77），是以圣人云（78），是以圣人执左契（79）；是故甚爱必大费（44）。②是为，是谓，这就叫，这就是：是为玄牝（06），是为袭常（52）；是谓宠辱若惊（13），是谓惚恍（14），是谓道纪（14），是谓袭明（27），是谓要妙（27），是谓不道（30），是谓微明（36），是谓玄德（51），是谓盗夸（53），是谓玄同（56），是谓早服道（59），是谓深根固蒂（59），是谓玄德（65），是谓不争之德（68），是谓用人之力（68），是谓配天之极（68），是谓行无行（69），是谓代大匠斫（74），是谓社稷主（78）。③这，此：惟道是从（21），唯施是畏（53）；是乐杀人（31），是贤于贵生（75），是为天下王（78）。④跟"非"相对，正确：不自是（22），自是者不彰（24）。

502.逝（2）shì：消逝，消失：大曰逝（25），逝曰远（25）。

503.释（1）shì：消融，化解：涣兮其冰释（15）。

504.势（1）shì：形势，大势：势成之（51）。

505.手（1）shǒu：上肢，象征重要因素：希有不伤其手矣（74）。

506.守（11）shǒu："守"即"坚守""保守"，是老子修身养性、治国安民的基本方法："守中"则不会偏离，"守静"则可心平气和，"守雌"则能以弱胜强，所以"守柔曰强"。持守，坚守，保守：不如守中（05），莫之能守（09），守静笃（16），守其雌（28），守其黑（28），守其辱（28），侯王若能守之（32），王侯若能守之（37），复守其母（52），守柔曰强（52），以守则固（67）。

507.首（2）shǒu：脑袋，首领：迎之不见其首（14），忠信之薄而乱之首（38）。

508.寿（1）shòu：寿命，寿缘：死而不妄者寿（33）。

509.受（2）shòu：接受，遭受：受国之垢（78），受国不祥（78）。

510.兽（1）shòu：通体生毛哺乳动物总称，野兽，鸟兽：猛兽不攫（55）。

511.疏（2）shū：疏漏，疏失：亦不可得而疏（56），疏而不失（73）。

512.孰（11）shú：谁，哪一个：孰能浊以静（15），孰能安以久（15），孰为此者（23），名与身孰亲（44），身与货孰多（44），得与亡孰病（44），成之孰之（55），孰知其极（58），孰知其故（73），孰敢（74），孰能有余以奉天下（77）。

513.属（1）shǔ：归属，管辖：故令有所属（19）。

514.爽（1）shuǎng：爽快，舒服：五味令人口爽（12）。

515.谁（1）shuí：哪，哪个：吾不知谁子（04）。

516.水（3）shuǐ："水"是老子最崇拜的自然现象之一，是"不争"而"善争"、"善争"而"无不争"的典型代表，象征"道"的基本特征，体现"德"的基本功能，象征"上善"而"不争"，象征"柔弱"而无坚不摧——水性即"大道"之性，水性即"大德"之性。最常见的液体，如天然水，人工制水：上善若水（08），水善利万物而不争（08），天下莫柔弱于水（78）。

517.税（1）shuì：税收，税款：以其上食税之多（75）。

518.顺（1）shùn：顺利，通畅：然后乃至大顺（65）。

519.司（4）sī：①见"有司"：常有司杀者杀（74），夫代有司杀者杀（74）。②执掌，负责：有德司契（79），无德司彻（79）。

520.私（3）sī："以其无私"而"能成其私"，是老子最为著名的观点，也是老子实实在在、明明白白的"道"，是为天天地地为人为己的直观表现。老子不是神仙，老子的"遵道贵德"是为了修身养性、治国安民，老子无私无公，大公而大私，大私而大公——成就天下而成就自己！私心，私欲，私利：以其无私（07），故能成其私（07），少私寡欲（19）。

521.斯（2）sī：这个，以至于，就：斯恶矣（02），斯不善已（02）。

522.死（18）sǐ："死"跟"生"对立，老子虽然主张"求生"而"避死"，可只要生的"尊道德"，死的"得其所"，生死不可畏。老子的"生死观"是"道"的有机组成部分。死亡，灭亡，消亡：谷神不死（06），死而不妄者寿（33），不得其死（42），出生入死（50），死之徒（50），动之于死地（50），以其无死地（50），死矣（67），民不畏死（74），奈何以死惧之（74），若使民常畏死（74），民之轻死（75），是以轻死（75），其死也坚强（76），其死也枯槁（76），死之徒（76），使民重死而不远徙（80），民至老死不相往来（80）。

523.四（3）sì：数目字，四面，八方，周围：明白四达（10），犹兮若畏四邻（15），域中有四大（25）。

524.驷sì：古代同驾一辆车的四匹马或套着四匹马的车：虽有拱璧以先驷马（62）。

525.兕（1）sì：《山海经·海内南经》："兕在舜葬东，湘水南。其状如牛，苍黑，一角。"又："兕兕西北有犀牛，其状如牛而黑。"雌性犀牛或与犀牛相当类似的生物：陆行不遇虎兕（50），兕无所投其角（50）。

526.似（2）sì：相似，好像：渊似万物之宗（04），而我独似鄙（20）。

527.祀（1）sì：祭祀，祭奠：子孙以祭祀不辍（54）。

528.肆（1）sì：放肆，放任：直而不肆（58）。

529.俗（4）sú：风俗，风尚，习俗：俗人昭昭（20），俗人察察（20），上德若俗（41），乐其俗（80）。

530.素（1）sù："素"是没有染过色的丝，跟"朴"类似，是老子所推崇的有关"道"性的象征物，保持本色，坚守本性，这是"道"的基本规则。本色，白色：见素抱朴（19）。

531.虽（6）suī：虽然，即使：虽有荣观（26），虽智大迷（27），朴虽小（32），虽有拱璧以先驷马（62），虽有舟舆（80），虽有甲兵（80）。

532.随（3）suí：伴随，跟随，相伴：前后相随（02），随之不见其后（14），夫物或行或随（29）。

533.遂（2）suì："功遂身退"是"圣人政治"的典型形态，"圣人"之所以能够称为"圣人"，就是他们能够"功遂身退"——不居功，不自傲，因而能够长生久视。顺心，完成，完备：功遂身退（09），功成事遂（17）。

534.孙（1）sūn：下一辈的儿女，象征后代：子孙以祭祀不辍（54）。

535.损（8）sǔn："损有余而补不足"是"圣人政治"的一条基本原则，是"依天道推人道"的重要表现形式，是一种管理上的"均衡论"。减损，减少：故物或损之而益（42），或益之而损（42），为道日损（48），损之又损（48），有余者损sǔn之（77），损有余而补不足（77），损不足以奉有余（77）。

536.所（31）suǒ：由"所"构成言语单位主要功能是推演老子所思考出来的结论，与《老子》全书中的其他有关字眼，构成了一个推理系统。①"所以"连用：之所以，因此：天地所以能长且久者（07），吾所以有大患者（13），古之所以贵此道者何（62），江海之所以能为百谷王者（66）。②跟后面的动作性字眼构成一个名物性的言语单位：处众人之所恶（08），故令有所属（19），人之所畏（20），若无所归（20），古之所谓"曲则全"者（22），师之所处（30），人之所恶（42），人之所教（42），兕无所投其角（50），虎无所用其爪（50），兵无所措其刃（50），福之所倚（58），祸之所伏（58），夫两者各得其所欲（61），不善人之所保（62），复众人之所过（64），无狎其所居（72），无厌其所生（72），天之所恶（73），无所乘之（80），无所陈之（80）。③所在，处所；不失其所者久（33）。

Tt

537.台（2）tái：高出地面方圆形建筑物：亭台，台子：如春登台（20），九层之台（64）。

538.太（2）tài：①最，至：太上（17）。②太牢：古代帝王祭祀社稷时，牛、羊、豕（猪）三牲全备的被称为"太牢"，象征最丰盛的宴席：如享太牢（20）。

539.泰（2）tài：平安，骄泰：是以圣人去甚、去奢、去泰（29），安平泰（35）。

540.坦（1）tǎn：坦白，安泰：坦然坦然而善谋（73）。

541.堂（1）táng：正房，厅堂：金玉满堂（09）。

542.忒（1）tè：差错：常德不忒（28）。

543.天（91）tiān：在《老子》中，很多时候"天"具有"道"的功能："天"不仅象征着自然之道，也象征着人类之道，以天道推人道的类比推理思维模式，就是建立在这个基础上的。特别值得注意的是，"天"中有"人"，"人"中也有"天"："天中"之"人"是"贵人"，是"天子"，是"圣人"，是诸侯，是有话语权的人，是能够褒贬天下、制定规则的人，不是全部人——这点务必清楚，不可能是"民"；"人中"之"天"是天道，天理，是"道"理，大道之理就存在于"人中"，因此"人"在天地之中是"一大"，并且是关键的"一大"——"天中"之"人"希望长治久安，基础就是"人中"之"天"——民可载舟也可覆舟！①自然之天，人类之天，象征至高无上：天之道哉（09），王乃天（16），天大（25），地法天（25），天法道（25），天得一以清（39），天无以清（39），见天道（47），治人事天（59），天将救之（67），是谓配天之极（68），天之所恶（73），天之道（73），天网恢恢（73），天之道（77），天之道（77），天道无亲（79），天之道（81）。②"天地"，主要象征自然之天：无名天地之始（01），天地不仁（05），天地之间（05），天地根（06），天长地久（06），天地所以能长且久者（07），孰为此者？天地（23），天地尚不能久（23），先天地生（25），天地相合（32）。③"天下"连用。主要象征人类之天：天下皆知美之为美（02），故贵以身为天下（13），若可寄天下（13），爱以身为天下（13），若可托天下（13），为天下式（22），故天下莫能与之争（22），可为天下母（25），奈何万乘之主而以身轻天下（26），为天下溪（28），为天下溪（28），为天下式（28），为天下谷（28），为天下谷（28），将欲取天下而为之（29），天下神器（29），不以兵强天下（30），则不可得志于天下矣（31），天下莫能臣也（32），譬道之与天下（32），天下往（35），天下自定（37），王侯得一以为天下正（39），天下万物生于有（40），天下之至柔（43），天下之至坚（43），天下希及之（43），清静为天下正（45），天下有道（46），天下无道（46），知天下（47），取天下常以无事（48），不足以取天下（48），圣人在天下，怵怵（49），为天下，浑浑（49），天下有始（52），以为天下母（52），修之于天下（54），以天下观天下（54），吾何以知天下然哉（54），故为天下贵（56），以无事取天下（57），天下多忌讳而民弥贫（57），天下之交（61），天下之牝（61），故为天下贵（62），天下难事（63），天下大事（63），是以天下乐推而不厌（66），故天下莫能与之争（66），天下皆谓我道大不肖（67），三曰不敢为天下先（67），不敢为天下先（67），天下莫能知（70），孰能有余以奉天下（77），天下莫柔弱于水（78），天下莫不知（78），是为天下王（78）。④或天地之门或人体之穴：天门开阖（10）。⑤指诸侯王等：故立天子（62）。

544.田（2）tián：①田猎，狩猎：驰骋田猎（12）；②田地，耕地：田甚芜（53）。

545.恬（1）tián："恬"即"安静"，是"道"的特征之一。恬静，安静：恬淡为上（31）。

546.听（2）tīng：用耳朵接受声音，听觉，听从：听之不闻（14），听之不足闻（35）。

547.通（1）tōng："通"即"豁达""圆通"，是"道"的特征之一。通达，豁达：微妙玄通（15）。

548.同（10）tóng："同"是"道"的基本特征和基本功能，正因为有"同"的这个特征和功能，万物才能在"道"的旗帜下下"顺其自然"，才能充分利用宇宙的同一性来统率事物的差异性。相同，混同，共同：两者同出而异名（01），同谓之玄（01），同其尘（04），道者同于道（23），德者同于德（23），失者同于失（23），同于道者（23），同于德者（23），同于失者（23），是谓玄同（56）。

549.偷（1）tōu：偷安，苟且：建德若偷（41）。

550.投（1）tóu：投掷，投入，插入：兕无所投其角（50）。

551.图（1）tú：图谋，谋划：图难于其易（63）。

552.徒（4）tú：路径：生之徒，十有三（50）；死之徒，十有三（50）；故坚强者，死之徒（76）；柔弱者，生之徒（76）。

553.土（1）tǔ：泥土，土块：起于累土（64）。

554.抟（1）tuán：抟弄，揉弄：抟之不得（14）。

555.推（1）tuī：推举，拥戴：是以天下乐推而不厌（66）。

556.退（3）tuì："退"是老子三宝"不敢王天下先"的典型表现形式，是"道"的基本特征。功遂身退（09），进道若退（41），不敢进寸而退尺（69）。

557.托（1）tuō：托付，寄托：若可托天下（13）。

558.脱（2）tuō："不脱"即"长久"，是"道"的特征之一。脱离，脱落：鱼不可脱于渊（36），善抱者不脱（54）。

559.橐（1）tuó：鼓风的吹火器：其犹橐钥（05）。

Ww

560.洼（1）wā："洼"象征低下，是"道"的特征之一。低洼，低下：洼则盈（22）。

561.外（1）wài：在外，外面：外其身而身存（07）。

562.晚（1）wǎn：晚期，后期：大器晚成（41）。

563.万（20）wàn：在《老子》之中，"万"象征的是"道""无所不包"，"无处不在"，无所不能。数目字，象征多而大：万物之母（01），万物作而不辞（02），渊似万物之宗（04），以万物为刍狗（05），水善利万物而不争（08），万物并作（16），奈何万乘之主而以身轻天下（26），万物将自宾（32），万物恃之（34），衣养万物（34），万物归焉（34），万物将自化（37），万物得一以生（39），万物无以生（39），天下万物生于有（40），三生万物（42），万物负阴而抱阳（42），是以万物莫不尊道而贵德（51），万物之奥（62），以辅万物之自然（64）。

564.王（14）wáng：王侯，诸侯：公乃王（16），王乃天（16），王亦大（22），王居其一（22），王法地（22），侯王若能守之（32），王侯若能守之（37），王侯得一以为天下正（39），侯王无以正（39），是以侯王自称孤、寡、不谷（39），而王公以为称（42），江海之所以能为百谷王者（66），故能为百谷王（66），是为天下王（79）。

565.亡（3）wáng：无，没有，丢失：若存若亡（41），得与亡孰病（44），多藏必厚亡（44）。

566.网（1）wǎng："网"即"网络"、"广布"，象征"道""天网恢恢，疏而不失"。古代捕鸟兽为"网"，捕鱼虾叫"罟"：网络：天网恢恢，疏而不失（73）。

567.枉（1）wǎng：弯曲，违背：枉则直（22）。

568.往（3）wǎng："往"是"道"行天下的基本特征，"往而不害"，所以"民至老死不相往来"。前往，前去：执大象，天下往（35），往而不害（35），民至老死不相往来（80）。

569.妄（2）wàng："不妄"即"不乱为"、"不滋事"，是"圣人政治"的一条基本原则。胡，乱：妄作凶（16），死而不妄者寿（33）。

570.望（1）wàng：眺望，远看：邻国相望（81）。

571.威（2）wēi："民不畏威"是"圣人政治"一条主要警讯。威吓，威胁，危险：民不畏威（72）则大威至（72）。

572.微（4）wēi：微弱，微小，微妙：抟之不得，名曰微（14），微妙玄通（15），是谓微明（36），其微易散（64）。

573.未（7）wéi："未"主要用来表述尚未发生的事情，是《老子》中"否定性"思维基本成员之一，任务是"防患于未然"！未曾，尚未，不曾：荒其未央（20），我独怕兮其未兆（20），如婴儿之未孩（20），未知牡之合而朘作（55），其未兆易谋（64），为之于未有（64），治之于未乱（64）。

574.为（114）："为"是《老子》用来表示行为动作的重要字眼，涉及有关"道"的特征和功能等方方面面，比如"有之以为利，无之以为用"的"有无"妙用，"恬淡为上"、"以贱为本"、"为大于其细"的"为"之妙招，令人目不暇给。"有为"，"无为"，推动着整部《老子》不断向前推演。①wéi：作为，成为，做：天下皆知美之为美（02），皆知善之为善（02），是以圣人处无为之事（02），为而不恃（02），使民不为盗（03），使智者不敢为（03），为无为（03），以万物为刍狗（05），以百姓为刍狗（05），是为玄牝（06），能为雌乎（10），埏埴以为器（11），凿户牖以为室（11），故有之以为利（11），无之以为用（11），宠为上（13），辱为下（13），故混而为一（14），古之善为道者（15），故强为之容（15），道之为物（21），为天下式（22），孰为此者（23），可为天下母（25），强为之名曰大（25），重为轻根（26），静为躁君（26），为天下溪（28），为天下溪（28），为天下式（28），为天下谷（28），为天下谷（28），朴散则为器（28），则为官长（28），将欲取天下而为之（29），不可为也（29），为者败之（29），恬淡为上（31），而不为主（34），而不为主（34），可名为大（34），以其终不自为大（34），道常无为而无不为（37），上德无为而无以为（38），下德无为而有以为（38），上仁为之而无以为（38），上义为之而有以为（38），上礼为之而莫之以应（38），王侯得一以为天下正（39），故贵以贱为本（39），高以下为基（39），此其以贱为本邪（39），不笑之不足以为道（41），冲气以为和（42），而王公以为称（42），吾将以为教父（42），吾是以知无为之有益（43），无为之益（43），清静为天下正（45），不为而成（47），为学日益（48），为道日损（48），以至于无为（48），无为而无不为（48），以百姓心为心（49），为天下，浑浑（49），为而不恃（51），以为天下母（52），是为袭常（52），故为天下贵（56），我无为（57），正复为奇（58），善复为妖（58），以静为下（61），大者宜为下（61），故为天下贵（62），为无为（63），为大于其细（63），是以圣人终不为大（63），为之于未有（64），为者败之（64），是以圣人无为（64），而不敢为（64），古之善为道者（65），江海之所以能为百谷王者（66），故能为百谷王（66），三曰不敢为天下先（67），不敢为天下先（67），善为士者不武（68），善用人者为之下（68），吾不敢为主而为客（69），而为奇者（74），以其上之有为（75），夫唯无以生为者（75），是以圣人为而不恃（77），是为天下王（78），安可以为善（79），既以为人（81），为而不争（81）。②wèi：为了，为此：圣人为腹不为目（12），吾所以有大患者，为吾有身（13），故贵以身为天下（13），爱以身为天下（13），为文不足（19）。

575.唯（16）wéi："唯""夫唯"跟同类的字眼构成一个推演的系统，论述了"道""不争""不盈""不厌"等基本特征。①唯一，单一：夫唯弗居（02），夫唯不争（08），夫唯不可测（15），夫唯不盈（15），夫唯不争（22），夫唯道（41），唯孤、寡、不穀（42），唯施是畏（53），夫唯啬（59），夫唯大（67），夫唯无知（70），夫唯病病（71），夫唯不厌（72），夫唯无以生为者（75），唯有道者（77）。②恭逊的应辞：唯之与阿（20）。

576.惟（3）wéi："惟"与"唯"在"惟一""独一"这个意义上，并无本质的区别：只有，唯独：惟道是从（21），惟恍惟惚（21）。

577.伪（1）wěi："伪"即"虚伪""虚假"，具有很明显的"人为"的痕迹，所以是"道"竭力排斥的对象。虚伪，虚假：有大伪（18）。

578.卫（1）wèi：保卫，护卫：以慈卫之（67）。

579.味（4）wèi："无味"是"道"一个基本特征，是体验"道"是一种基本方法。味道，口味，滋味：五味令人口爽（12），道出口，淡无味（35），事无事，味无味（63）。

580.谓（26）wèi："谓"及所构成"是谓"，基本的功能就是对名物进行解释。《老子》

中很普遍地使用"为""谓""曰"等，说明老子在不断地推出新的词语。比如这里的惚恍、道纪、袭明、要妙、不道、微明、玄德、盗夸、玄同、早服道、重积德、不争之德、用人之力、配天之极等，构成了《老子》所独有"术语"体系。这值得特别注意。告诉，称呼，叫作：同谓之玄（01），何谓宠辱若惊（13），是谓宠辱若惊（13），何谓贵大患若身（13），是谓惚恍（14），是谓道纪（14），百姓皆谓我自然（17），古之所谓"曲则全"者（22），是谓袭明（27），是谓要妙（27），是谓不道（30），是谓微明（36），是谓玄德（51），是谓盗夸（53），是谓玄同（56），是谓早服道（59），早服道谓之重积德（59），是谓深根固蒂（59），是谓玄德（65），天下皆谓我道大不肖（67），是谓不争之德（68），是谓用人之力（68），是谓配天之极（68），是谓行无行（69），是谓代大匠斫（74），是谓社稷主（78）。

581.畏（8）wèi："畏"是"圣人政治"的一种基本形态。畏惧，恐惧，害怕：犹兮若畏四邻（15），畏之（17），人之所畏（20），不可不畏（20），唯施是畏（53），民不畏威（72），民不畏死（74），若使民常畏死（74）。

582.文（2）wén：文章，文采，为文不足（19），服文彩（53）。

583.闻（7）wén：听闻，听说：听之不闻（14），听之不足闻（35），上士闻道（41），中士闻道（41），下士闻道（41），盖闻善摄生者（50），鸡犬之声相闻（80）。

584.我（18）wǒ："我"在《老子》中地地位很特别，但凡遇到"布道难"、"行道难"的时候，老子就让"我"出面大声疾呼，比如"我独昏昏"，"我独闷闷"，"我无为"，"我好静"，"我愚人之心"，"知我者希"等。与"吾"相比，"我"可以称之为"小我"，是"道"的实践者，因而对"道之不行"，感同身受，疾首痛心。"我"的基本功能在于具有躯体感或经验性，并以此跟"吾"相区别。主要象征得道之人，自称，自我：百姓皆谓我自然（17），我独怕兮其未兆（20），而我独若遗（20），我独昏昏（20），我独闷闷（20），而我独似鄙（20），我独异于人（20），我愚人之心（20），我亦教之（42），使我介然有知（53），我无为（57），我好静（57），我无事（57），我无欲（57），天下皆谓我道大不肖（67），我有三宝（67），是以不我知（70），知我者希（70），则我者贵（70）。

585.握（1）wò：把握，握紧：骨弱筋柔而握固（55）。

586.无（101）wú："无"是老子的宇宙生成论和哲学本体论的"基点"和"极点"。"无"是"常道"存在的状态，而不是"常道"本身；"无"是跟"有"相对待的存在，而不是"虚无"；"无"是"有"得以存在的依据；按照"道生一"的说法，"有"跟"一"有交结的地方，可不是"一"，其根本的区别是"有"具有双向性，而"一"象征的是"太极"，是"矢量"（单向性）。《老子》中"无"构成的字句所表现出的"道"的特征和功能最为充分："无名"、"有名"的相继出现，象征宇宙生成、先后相济的两个阶段；"常无"、"常有"的相对存在，象征从无到有、不可逆转的生化过程；"无为"而"无不为"，"为无为"则"无不治"，象征着迄今为止人类社会最完备、最简约、最高效、最和谐的治国安民"帝王术"早在两千五百多年前就已经出现；"无知""无欲""无私""无尤""无身""无物""无忧""无名""无味"，是"圣人政治"自我修炼的基本方法；"大方无隅""大象无形""以无事取天下"，是"圣人政治"安邦定国的施政原则；"我无为，而民自化"，"我好静，而民自正"，"我无事，而民自富"，"我无欲，而民自朴"，是"圣人政治"天下大治的道德蓝图。从"无"，老子发现了宇宙的奥秘，从"无"老子得出了"虚极"的大用，所以说，找对了"无"的路，就把握好了"道"的途。象征宇宙之始，象征万物之源，与"有"相对，而"有生于无"。无，空，没有：无名天地之始（01），故常无（01），故有无相生（02），是以圣人处无为之事（02），常使民无知无欲（03），为无为（03），则无不治（03），以其无私（07），故无尤（08），能无离乎（10），能无疵乎（10），能无智乎（10），能无知乎（10），当其无有（11），当其无有（11），当其无有（11），无之以为用（11），及吾无身（13），复归于无物（14），无状之状（14），无象之象（14），盗贼无有（19），绝学无忧（19），若无所归（20），飂兮若无止（20），自伐者无功（24），善行无辙迹（27），善言无瑕谪（27），无关键而不可开（27），无绳约而不可解（27），故无弃人（27）故无弃物（27），复归于无极（28），道常无名（32），淡无味（35），道常无为而无不为（37），吾将镇之无名之朴（37），无名之朴（37），是以无德（38），上德无为而无不为（38），下德无为而有以为（38），上仁为之而无以为（38），天无以清（39），地无以宁（39），神无以灵（39），谷无以盈（39），万物无以生（39），侯王无以正（39），故致数舆无舆（39），有生于无（40），大方无隅（41），大象无形（41），道隐无名（41），无有入无间（43），吾是以知无为之有益（43），无为之益（43），天下无道（46），以至于无为（48），无为而无不为（48），取天下常以无事（48），圣人无常心（49），兕无所投其角（50），虎无所用其爪（50），兵无所措其刃（50），以其无死地（50），无遗身殃（52），以无事取天下（57），我无为（57），我无事（57），我无欲（57），其无正（58），重积德则无不克（59），无不克则莫知其极（59），为无为（63），事无事（63），味无味（63），故终无难矣（63），是以圣人无为（64），故无败（64），无执，故无失（64），慎终如始，则无败事（64），是谓行无行（69），攘无臂（69），扔无敌（69），执无兵（69），夫唯无知（70），无狎其所居（72），无厌其所生（72），夫唯无以生为者（75），以其无以易之（78），无德司彻（79），天道无亲（79），无所乘之（80），无所陈之（80）。

587.吾（22）wú："吾"在《老子》中的地位也很特别，主要用来对"道"来源的探索，"道"功能的运用，每当这种时候，老子就让"吾"出门"天问"，例如"吾不知谁子"（我不知"道"像谁），"吾不知其名"（我不知"道"何名）等。与"我"相比，"吾"是个人对自我的意识，是"道"的践行者，可以称之为"大我"，是"道"的探索者，因而面对"道之神奇"，"吾"总是心驰神往，信心百倍。象征大道的探索者，象征大道的施行者。自我，自己：吾不知谁子（04），吾所以有大患者（13），为吾有身（13），及吾无身（13），吾有何患（13），吾以观复（16），吾何以知众甫之状哉（21），吾不知其名（25），吾见其不得已（29），吾将镇之无名之朴（37），吾将以为教父（42），吾是以知无为之有益（43），善者吾善之（49），不善者吾亦善之（49），信者吾信之（49），不信者吾亦信之（49），吾何以知天下然哉（54），吾何以知其然哉（57），吾不敢为主而为客（69），轻敌几丧吾宝（69），吾言甚易知（70），吾得执而杀之（74）。

588.芜（1）wú：荒芜，荒疏：田甚芜（53）。

589.五（3）wǔ：数目字，阴阳在天地之间交午也，（《说文》）：五色令人目盲（12），五音令人耳聋（12），五味令人口爽（12）。

590.武（3）wǔ："不武""不智"是"圣人政治"的基本原则之一，即对外"不以兵强天下"，对内"不以智治国"。武力，强权：善为士者不武（68）。

591.侮（1）wǔ：侮辱，轻视：侮之（17）。

592.物（34）wù："物"是《老子》整个理论系统中的操作层面基本要素：按照"天下万物生于有，有生于无"和"道生一，一生二，二生三，三生万物"的观点，"物"为"三"所生，"三"为"有"，为"和合"，调节"阴阳"；"阴阳"为"二"，合二而一，"一"为"太极"，"太极""混无于有"，静则道之"无极"，动则道之"太极"。从"无极"·"太极"·"阴阳"到"三"或"有"，是一个从无到有的过程。到由此可见，得道必须依靠"物"，可又不拘泥于"物"。"物"是为学、为道的基本依靠。没有"物"，"道"无所依托，无"得道"可言；泥于"物"，"道"为"物"所限，"道"难以升华。"道"深不可测，在玄天，在九地，在人心——"道""浅显易懂"，在红尘，在身边，在人的心中。象征有形、有体、有声，象征"悟道"的起点。物质：万物之母（01），万物作而不辞（02），渊似万物之宗（4），以万物为刍狗（05），水善利万物而不争（08），复归于无物（14），万物并作（16），夫物芸芸（16），道之为物（21），其中有物（21），物或恶之（24），有物混成（25），常善救物（27），故无弃物（27），夫物或行或随（29），物壮则老（30），物或恶之（31），万物将自宾（32），万物恃之（34），衣养万物（34），万物归焉（34），万物将自化（37），万物得一以生（39），万物无以生（39），天下万物生于有（40），三生万物（42），万物负阴而抱阳（42），故物或损之而益（42），物形之（51），是以万物莫不尊道而贵德（51），奇物滋起（57），万物之奥（62），以辅万物之自然（64），与物反矣（65）。

593.勿（4）wù：“勿矜”“勿伐”“勿骄”“勿强”不仅是“圣人政治”指导用兵的基本原则，也是“以弱胜强”的基本思想，是“道”具体功能的表现形式。不，无，别：果而勿矜（30），果而勿伐（30），果而勿骄（30），果而勿强（30）。

Xx

594.熙（2）xī：光明，和乐，喧闹，熙熙攘攘：众人熙熙（20）。

595.翕（1）xī：和顺，关闭，限制：将欲翕之（36）。

596.希（6）xī：“希”即“寂静”“空静”是“道”基本特征的表现形式之一，“听之不闻”，似乎虚空而寂静，无声又无色，可“大音希声”，至高的和谐，至大的通灵，至美的旋律。稀少，寂静，空静，虚极：听之不闻，名曰希（14），希言自然（23），大音希声（41），天下希及之（43），知我者希（70），希有不伤其手矣（74）。

597.兮（24）xī：衬字，具有鲜明特色的楚风楚韵，用来补足音节，相当于“啊”、“呀”等。豫兮若冬涉川（15），犹兮若畏四邻（15），俨兮其若客（15），涣兮其冰释（15），敦兮其若朴（15），旷兮其若谷（15），浑兮其若浊（15），悠兮其贵言（17），我独怕兮其未兆（20），儽儽兮（20），沌沌兮（20），澹兮其若海（20），飂兮若无止（20），惚兮恍兮（21），恍兮惚兮（21），窈兮冥兮（21），寂兮寥兮（25），大道泛兮（34），祸兮（58），福兮（58）。

598.昔（1）xī：过去，原先：昔之得一者（39）。

599.溪（2）xī：雄以喻尊，雌以喻卑，溪象征谦卑，溪水：为天下溪（28），为天下溪（28）。

600.袭（2）xí：“袭明”“袭常”是“圣人政治”的重要行政技巧：为人“无影无形”就是“袭明”；处世“了无痕迹”就是“袭常”。“为学”“为道”，看大处，也看小处，大处要看清，小处要落实。重复，密用，暗用：是谓袭明（27），是为袭常（52）。

601.徙（1）xǐ：迁徙，迁移：使民重死而不远徙（80）。

602.细（3）xì：“细”是“圣人政治”行政手段的要求之一，任何大事都是必须从细处着手——为大于其细；天下大事，必作于细！细小，细密，细致：为大于其细（63），天下大事，必作于细（63），其细也夫（67）。

603.瑕（1）xiá：瑕垢，瑕疵，缺点：善言无瑕谪（27）。

604.狎（1）xiá：狎侮，侵占：无狎其所居（72）。

605.下（80）xià：“下”是“道”的基本特征和基础功能——处下，居下，安下，由下而上，这就是“道”理。①见“天下”：天下皆知美之为美（02），故贵以身为天下（13），若可寄天下（13），爱以身为天下（13），若可托天下（13），为天下式（22），故天下莫能与之争（22），可为天下母（25），奈何万乘之主而以身轻天下（26），为天下溪（28），为天下溪（28），为天下式（28），为天下谷（28），为天下谷（28），将欲取天下而为之（29），天下神器（29），不以兵强天下（30），则不可得志于天下矣（31），天下莫能臣也（32），譬道之与天下（32），天下往（35），天下自定（37），王侯得一以为天下正（39），天下万物生于有（40），天下之至柔（43），天下之至坚（43），天下希及之（43），清静为天下正

（45），天下有道（46），天下无道（46），知天下（47），取天下常以无事（48），不足以取天下（48），圣人在天下（49），为天下（49），天下有始（52），以为天下母（52），修之于天下（54），以天下观天下（54），吾何以知天下然哉（54），故为天下贵（56），以无事取天下（57），天下多忌讳而民弥贫（57），以道莅天下（60），天下之交（61），天下之牝（61），故为天下贵（62），天下难事（63），天下大事（63），是以天下乐推而不厌（66），故天下莫能与之争（66），天下皆谓我道大不肖（67），三曰不敢为天下先（67），不敢为天下先（67），天下莫能知（70），孰能有余以奉天下（77），下者举之，（77）天下莫柔弱于水（78），天下莫不知（78），是为天下王（78）。②与"高"或"上"或"上"、"中"相对：高下相倾（02），宠为上，辱为下（13），其下不昧（14），下德不失德（38），下德无为而有以为（38），高以下为基（39），下士闻道（41），大国者下流（61），以静为下（61），大者宜为下（61），始于足下（64）。③处下，在下，获取：故大国以下小国（61），小国以下大国（61），故或下以取（61），或下而取（61），以其善下之（66），必以言下之（66），善用人者为之下（68），强大处下（76）。

606.先（8）xiān："先"是"圣人政治"的一种行为方式：先民而后己，先公而后私。在先，先于，像帝之先（04），是以圣人后其身而身先（07），先天地生（25），虽有拱璧以先驷马（62），欲先民，必以身后之（66），三曰不敢为天下先（67），不敢为天下先（67），舍后且先（67）。

607.鲜xiān："烹小鲜"象征不乱为，不胡为。鱼儿，小鱼：治大国，若烹小鲜（60）。

608.贤（3）xián：贤才，贤德，贤善：不尚贤（03），是贤于贵生（75），其不欲见贤邪（77）。

609.乡（3）xiāng：乡村，乡镇，乡邻：修之于乡（54），以乡观乡（54）。

610.相（14）xiāng："相"是"道"的基本功能，天地宇宙，万事万物，相互联系，相互区别，在同一性的指导下同归于道，在差异性的协调下各为其物。相交，交互：故有无相生（02），难易相成（02），长短相形（02），高下相倾（02），音声相和（02），前后相随（02），相去几何（20），相去若何（20），天地相合（32），夫两不相伤（60），故抗兵相加（69），邻国相望（80），鸡犬之声相闻（80），民至老死不相往来（80）。

611.祥（4）xiáng：善，吉，利：不祥之器（31），不祥之器（31），益生曰祥（55），受国不祥（78）。

612.享（1）xiǎng：享受，受用：如享太牢（20）。

613.象（5）xiàng："象"是"道"的基本形象，通过不同的名，显示不同的象，把"道"的本质特征和基本功能不断地展示给人类。现象，形象，法象：无象之象（14），执大象（35），其中有象（21），大象无形（41）。

614.像（1）xiàng：好像，相似：像帝之先（04）。

615.肖（3）xiāo：相似，类似：天下皆谓我道大不肖（67），故不肖（67），若肖久矣（67）。

616.小（10）xiǎo："小"是"道"的特征之一，可小可大，由小而大，"大小多少"，"见小曰明"。跟"大"相对，微小，细微：朴虽小（32），可名于小（34），见小曰明（52），治大国，若烹小鲜（60），故大国以下小国（61），则取小国（61），小国以下大国（61），小国不过欲入事人（61），大小多少（63），小国寡民（80）。

617.孝（2）xiào："孝"是"圣人政治"在"非常道"范围所追求的目标之一。孝顺，顺从，恭顺：有孝慈（18），民复孝慈（19）。

618.笑（2）xiào：狂笑，嘲笑：大笑之——不笑之不足以为道（41）。

619.歇（1）xiē：歇憩，歇止，停止：将恐歇（39）。

620.心（9）xīn：心情，心态，心胸：使心不乱（03），虚其心（03），心善渊（08），令心发狂（12），我愚人之心（20），圣人无常心（49），以百姓心为心（49），心使气曰强（55）。

621.新（1）xīn：与"旧"相对，新鲜，更新，敝则新（22）。

622.信（15）xìn：在"非常道"范围内，"信"是"为学"、"悟道"的起点，真诚而诚信，因诚信而产生信心，因信心而树立信仰——老子曾经说过"吾言甚易知，甚易行"的话，而起点就在这里。诚信，信用，相信：言善信（08），信不足（17），有不信（17），其中有信（21），信不足焉（23），有不信焉（23），忠信之薄而乱之首（38），信者吾信之（49），不信者吾亦信之（49），得信（49），夫轻诺必寡信（63），信言不美（81），美言不信（81）。

623.兴（1）xīng："兴"是"圣人政治"在"非常道"范围内所努力的目标之一。与"废"相对，兴盛，兴旺：必固兴之（36）。

624.行（19）xíng："行"是"道"的行动指南和行为准则，能"行不言之教"，"千里之行，始于足下"，就会"不行而知"，"行无行"，"善行无辙迹"，"周行而不殆"。行动，行为，实践，实现：行不言之教（02），令人行妨（12），跨者不行（24），周行而不殆（25），君子终日行（26），善行无辙迹（27），夫物或行或随（29），强行者有志（33），勤而行之（41），是以圣人不行而知（47），陆行不遇虎兕（50），行于大道（53），美行可以加人（61），千里之行，始于足下（64），是谓行无行（69），甚易行（70），莫能行（70），莫能行（78）。

625.形（4）xíng："形"是"物"的一种表现形式，为学、为道的过程是"长短相形"，而"物形之"，从有形到物象，最终实现"大象无形"的目标。形态，比较，形成，规范：长短相形（02），余食赘形（24），大象无形（41），物形之（51）。

626.姓（4）xìng：见"百姓"：以百姓为刍狗（05），百姓皆谓我自然（17），以百姓心为心（49），百姓皆瞩其耳目（49）。

627.凶（3）xiōng："凶"是"圣人政治"竭力避免的现象之一，老子的核心目标就是怎样逢凶化吉，遇难成祥。凶险，危险，饥荒：妄作凶（16），必有凶年（30），凶事尚右（31）。

628.雄（1）xióng：与"雌"相对，阳刚，象征雄浑，雄伟：知其雄（28）。

629.修（5）xiū "修"是老子"得道"基本方法，从"我"的"身"开始，进而推演到"我"的家、乡、国乃至天下。这跟儒家的"三纲领"、"八条目"完全一致，是中国古代文化的精髓。修养，修为，修炼：修之于身（54），修之于家（54），修之于乡（54），修之于国（54），修之于天下（54）。

630.虚（5）xū："虚"是"得道"的主要方法，心胸要虚空而博大，虚而又虚，虚而不屈，乃"至虚极，守静笃"。①虚空，谦虚：虚其心（03），虚而不屈（05），致虚极（16），②虚假，空虚：岂虚言哉（22），仓甚虚（53）。

631.嘘（1）xū：呵气，叹气：或嘘或吹（29）。

632.徐（2）xú："徐"是"道"有关事物发展的一种持久状态，即事物的发展变化都是循序渐进的，不可能一蹴而就。缓慢，逐步：动之以徐清（15），动之以徐生（15）。

633.畜（4）xù："畜"是"圣人政治"一种施政策略。畜养，抚养，积累：生之畜之（010），德畜之（51），德畜之（51），大国不过欲兼畜人（61）。

634.玄（11）xuán："玄"的"道"的基本特征和重要功能；"道"通过各种玄妙的方法协调万物，和谐社会。①玄妙，玄机：同谓之玄（01），玄之又玄（01），是为玄牝（05），玄牝门（05），涤除玄览（10），微妙玄通（15）。②"玄德"即上德，大德：是谓玄德（51），是谓玄同（56），是谓玄德（65），玄德深矣（65）。

635.学（4）xué："学"是修道的基础环节，没有"为学"环节，不可能"为道"；"为学日益"，"学不学"，目的在于穷理。学习，研习：绝学无忧（19），为学日益（48），学不学，复众人之所过（64）。

Yy

636.焉（5）yān：①补足语气，相当于"然"，乎：信不足焉（23），有不信焉（23）。②在此，于此：荆棘生焉（30），万物归焉（34），故德交归焉（60）。

637.言（21）yán："言"是"道"的主要表现形式之一，所以老子对"言"的分类较为丰富："不言""希言"与"多言"，"信言"与"美言""虚言"，"知者不言"，"言者不知"，推崇"善言无瑕谪"，"不言而善应"，提防"多言数穷"。说话，言辞，言论：行不言之教（02），多言数穷（05），言善信（08），悠兮其贵言（17），岂虚言哉（22），希言自然（23），善言无瑕谪（27），言以丧礼处之（31），《建言》有之曰（41），不言之教（43），知者不言（56），言者不知（56），美言可以市尊（62），必以言下之（66），用兵有言（69），吾言甚易知（70），言有宗（70），不言而善应（73），正言若反（78），信言不美（81），美言不信（81）。

638.儼（1）yǎn：恭敬，庄重，俨然：俨兮其若客（15）。

639.厌（4）yàn："不厌"（不满足，不自满）是"圣人政治"的基本特征。满足，自满：是以天下乐推而不厌（66），无厌其所生（72），夫唯不厌（72），是以不厌（72）。

640.饜（1）yàn：饱食，对饮食感到饱：饜饮食（53）。

641.燕（1）yàn：后妃所居之地为燕处：燕处超然（26）。

642.央（1）yāng：没有止境，无尽头：荒其未央（20）。

643.殃（1）yāng："殃"是"圣人政治"所竭力避免的祸害之一。祸殃，灾难：无遗身殃（52）。

644.阳（1）yáng：阳是老子"道生一，一生二"的"二"阴阳二气中的阳气：一阴一阳谓之道，因此"阳"是统率《老子》全文的方面军司令，时时用"阴阳"的观来阅读《老子》，刻刻都可能有新的发现。阳刚，阳气：万物负阴而抱阳（42）。

645.养（2）yǎng："养"是"圣人政治"的一种基本方法。养育，抚育：衣养万物（34），养之覆之（51）。

646.妖（1）yāo：妖邪，不善：善复为妖（58）。

647.窈（1）yǎo："窈"的"道"的特征之一。窈窕，静美：窈兮冥兮（21）

648.要（1）yào"要妙"是"圣人政治"的基本用人策略：以善人为师，以不善人为资，否则就是"不贵其师，不爱其资，虽智大迷——是谓要妙"。重要，玄妙，关键：是谓要妙（27）。

649.耀（1）yào："不耀"是"圣人政治"的特点之一，不声不响，顺其自然。耀眼，刺眼：光而不耀（58）。

650.邪（3）yé：用在句末表示疑问语气：此其以贱为本邪（39），不曰"求以得，有罪以免"邪（62），其不欲见xiàn贤邪（77）。

651.也（11）yě：表示判断、舒缓、赞叹等语气：其在道也（24），不可为也（29），天下莫能臣也（32），非道也哉（53），精之至也（55），和之至也（55），其细也夫（67），人之生也柔弱（76），其死也坚强（76），草木之生也柔脆（76），其死也枯槁（76）。

652.一（15）yī："一"在老子的理论体系中具有很重要的位置，对"一"理解程度的深浅，直接影响对"道"或"德"的理解。有关"一"作用，最重要的就是"抱一"或"抱一为天下式"。能够"抱一"，实际上就是能够"尊道贵德"，实际上就是能够用"道"来指导自己，用"德"加持自己。①道之子，相当于"太极"，象征力学的矢量：营魄抱一（10），故混而为一（14），是以圣人抱一为天下式（22），昔之得一者（39），天得一以清（39），地得一以宁（39），神得一以灵（39），谷得一以盈（39），万物得一以生（39），王侯得一以为天下正（39），道生一（42），一生二（42）。②数目字：三十幅共一毂（11），王居其一（25），一曰慈（67）。

653.衣（1）yī："衣养"是"圣人政治"的一种施政方法。爱护，庇护，呵护：衣养万物（34）。

654.亦（14）yì：又，既，或舒缓语气：道亦乐得之（23），德亦乐得之（23），王亦大（25），名亦既有（32），亦将不欲（37），我亦教之（42），不善者吾亦善之（49），不信者吾亦信之（49），亦十有三（50），亦不可得而疏（56），亦不可得而害（56），亦不可得而贱（56），圣人亦不伤人（60），知此两者亦稽式（65）。

655.宜（1）yí："宜为下"是在"圣人政治"中"大者"应该拥有的一种基本态度。适宜，应该：大者宜为下（61）。

656.夷（3）yí：平坦，顺畅：视之不见，名曰夷（14），夷道若类（41），大道甚夷（53）。

657.遗（3）yí：遗留，留下：自遗其咎（09），而我独若遗（20），无遗身殃（52）。

658.已（8）yǐ：①表示完成的语气，矣：斯不善已（02），不如其已（08），众人皆有已（19），善者果而已（30），不道早已（30）。②见"不得已"：吾见其不得已（29），果而不得已（30），不得已而用之（31）。

659.以（156）yǐ：在《老子》中，"以"作为一个表示推理、动作的虚实具备的字，为老子的哲学体系的建立和各种观点的表述，做出了很大的贡献。①"是以"连用，因此：是以圣人处无为之事（02），是以不去（02），是以圣人之治（03），是以圣人后其身而身先（07），是以圣人抱一为天下式（22），是以圣人常善救人（27），是以圣人去甚、去奢、去泰（29），是以有德（38），是以无德（38），是以大丈夫处其厚（38），是以侯王自称孤、寡、不毂（39），是以《建言》有之曰（41），吾是以知无为之有益（43），是以圣人不行而知（47），是以万物莫不尊道而贵德（51），是以圣人方而不割（58），是以圣人终不为大（63），是以圣人犹难之（63），是以圣人无为（64），是以圣人欲不欲（64），是以圣人处上而民不重（66），是以天下乐推而不厌（66），是以圣人欲上民（66），是以不我知（70），是以圣被褐怀玉（70），是以不病（71），是以不病（71），是以不厌（72），是以圣人自知不自见（72），是以圣人犹难之（73），是以饥（75），是以难治（75），是以轻死（75），是以兵强则灭（76），是以圣人为而不恃（77），是以圣人云（78），是以圣人执左契（79）。②用，拿：以万物为刍狗（05），以百姓为刍狗（05），以其不自生（07），以其无私（07），故贵以身为天下（13），爱以身为天下（13），以御今之有（14），吾以观复（16），以阅众甫（21），以此（21），奈何万乘之主而以身轻天下（26），以道佐人主者（30），不以兵强天下（30），不敢以取强（30），言以丧礼处之（31），以悲哀莅之（31），以丧礼处之（31），故贵以贱为本（39），高以下为基（39），此其以贱为本邪（39），却走马以粪（46），取天下常以无事（48），不足以取天下（48），以百姓心为心（49），故以身观身（54），以家观家（54），以乡观乡（54），以国观国（54），以天下观天下（54），吾何以知天下然哉（54），以此（54），以正治国（57），以奇用兵（57），以无事取天下（57），吾何以知其然哉（57），以此（57），以道莅天下（60），牝常以静胜牡（61），以静为下（61），故大国以下小国（61），小国以下大国（61），报怨以德（63），非以明民（65），将以愚之（65），故以智治国（65），不以智治国（65），必以言下之（66），必以身后之（66），以慈卫之（67），夫慈以战则胜（67），以守则固（67），奈何以死惧之（74），既以为人（81），既以与人（81）。③"所以"连用，相当于"之所以"，推因溯果：天地所以能长且久者（07），吾所以有大患者（13），古之所以贵此道者何（62），江海之所以能为百谷王者（66），夫唯无以生为者（75）。④"以为"连用，作为，用作，当成：埏埴以为器（07），凿户牖以为室（07），故有之以为利（07），无之以为用（07），不笑之不足以为道（41），冲气以为和（42），而王公以为称（42），吾将以为教父（42）。⑤连接作用，相当于"而"或"所"：孰能浊以静（15），动之以徐清（15），孰能安以久（15），动之以徐生（15），吾何以知众甫之状哉（21），以降甘露（32），不欲以静（37），下德无为而有以为（38），上仁为之而无以为（38），上义为之而有以为（38），上礼为之而莫之以应（38），天得一以清（39），地得一以宁（39），神得一以灵（39），谷得一以盈（39），万物得一以生（39），王侯得一以为天下正（39），天无以清（39），地无以宁（39），神无以灵（39），谷无以盈（39），万物无以生（39），侯王无以正（39），以至于无为（48），以知其子（52），故或下以取（61），虽有拱璧以先驷马（62），不曰"求以得，有罪以免"邪（62），以辅万物之自然（64），损不足以奉有余（77），孰能有余以奉天下（77）。⑥因此，因而，能够：以其终不自为大（34），可以长久（44），以其生生之厚（50），以其无死地（50），子孙以祭祀不辍（54），可以有国（59），可以长久（59），美言可以市尊（62），美行可以加人（62），以其智多（65），以其善下之（66），以其不争（66），以其病病（71），以其无以易之（78），安可以为善（79）。

660.矣（11）yǐ：相当于"了"，表示完成的语气：斯恶矣（02），则不可得志于天下矣（31），常足矣（46），故终无难矣（63），玄德深矣（65），远矣（65），与物反矣（65），若肖久矣（67），死矣（67），哀者胜矣（67），希有不伤其手矣（74）。

661.倚（1）yǐ：倚靠，依靠，依存：福之所倚（58）。

662.义（5）yì："义"是下德的一个修炼环节，在"仁"之下、"礼"之上。"有礼"才能"有义"，"有义"才能"有仁"，进而进入"上德"乃至"道"的境界。公正、适宜的言行举止，正义：大道废，有仁义（18），绝仁弃义（19），上义为之而有以为（38），失仁而后义（38），失义而后礼（38）。

663.异（2）yì：差异，差别：两者同出而异名（01），我独异于人（20）。

664.抑（1）yì：压抑，抑制：高者抑之（77）。

665.易（11）yì：容易，轻易，难易相成（02），图难于其易（63），必作于易（63），多易必多难（63），其安易持（64），其未兆易谋（64），其脆易破（64），其微易散（64），吾言甚易知（70），甚易行（70），以其无以易之（78）。

666.益（1）yì：增加，利益，好处：故物或损之而益（42），或益之而损（42），吾是以知无为之有益（43），无为之益（43），为学日益（48），益生曰祥（55）。

667.阴（1）yīn："阴"是老子"道生一，一生二"的"二"阴阳二气中的阴气：一阴一阳谓之道，因此"阴"是统率《老子》全文的方面军司令，时时用"阴阳"的观来阅读《老子》，刻刻都可能有新的发现。阴柔，阴气：万物负阴而抱阳（42）。

668.音（3）yīn：声音，音乐：音声相和（02），五音令人耳聋（12），大音希声（41）。

669.饮（1）yǐn：饮食，食品：餍饮食（53）。

670.隐（1）yǐn："隐"是"道"是特征之一。隐藏，隐蔽：道隐无名（41）。

671.应（2）yīng：回应，答应，对应：上礼为之而莫之以应（38），不言而善应（73）。

672.婴（3）yīng："婴儿"是老子用来象征"精之至"、"和之至"的物象，是老子立论的观察对象。"婴儿"的本性也是"道性"的外显。1周岁之内的孩子，年龄很小的孩子：能婴儿乎（10），如婴儿之未孩（20），复归于婴儿（28）。

673.迎（1）yíng：迎着，对着：迎之不见其首（14）。

674.盈（8）yíng："不盈"而"大盈"是"道"的基本功能，是"无为"的必然结果。充盈，盈满，充满：冲用之或不盈（04），持而盈之（09），不欲盈（15），夫唯不盈（15），洼则盈（22），谷得一以盈（39），谷无以盈（39），大盈若冲（45）。

675.赢（1）yíng：赢余，盈余，富余：大赢若绌（45）。

676.营（1）yíng：魂魄：营魄抱一（10）。

677.勇（4）yǒng：勇敢，勇于，敢于：慈故能勇（67），今舍慈且勇（67），勇于敢则杀（73），勇于不敢则活（73）。

678.用（22）yòng："用"是"道"最基本的特征和功能，"其用不弊"，"其用不穷"，"用之不盈"，"弱者道之用"。使用，采用，运用，利用，作用：冲用之或不盈（04），用之不勤（06）车之用（11），器之用（11），室之用（11），无之以为用（11），善数不用筹策（27），圣人用之（28），用兵则贵右（31），不得已而用之（31），用之不足既（35），弱者道之用（40），其用不弊（45），其用不穷（45）虎无所用其爪（50）。用其光（52），以奇用兵（57），善用人者为之下（68），是谓用人之力（68），用兵有言（69），使有什伯之器而不用（80），使民复结绳而用之（80）。

679.忧（1）yōu：忧虑，忧愁，忧患：绝学无忧（19）。

680.悠（1）yōu：悠长，悠远：悠兮其贵言（17）。

681.尤（1）yóu："不争"而"无尤"是"无为"的具体体现。过失，过错：夫唯不争，故无尤（08）。

682.犹（6）yóu："犹豫，徘徊"是"道"基本特征之一。①好像，好似：其犹橐钥（05），犹川谷之与江海（32），是以圣人犹难之（63），是以圣人犹难之（63），其犹张弓与（77）。②犹豫，徘徊：犹兮若畏四邻（15）。

683.有（80）yǒu：在《老子》中，"有"是一个基本的字眼，其范围起于"太极"（一），经过"阴阳"（二）"和合"（三）直到"万物"。"有"是"为学"对象，是"为道"的基础。"无为"基于"有为"，"有为"才能"无为"。在《老子》中，"有为"只出现在"以其上之有为"之中，而"无为"出现12次，可见老子对"无为"的"重视"和"有为"的"轻视"。这是因为，"无为"虽然基于"有为"，可"有为"难免出现违背"大道"的地方，所以老子主张"无为"而反对"有为"。可"道"之所以要"修而得之"，就是"得道"的过程就不断地去掉"有为"不足的过程，这样才能逐渐走向大道的境界。所以对"有"必须足够重视。①跟"无"相对：拥有，占有，保有：有名（01），常有（01），故有无相生（02），生而不有（02），当其无有（11），当其无有（11），当其无有（11），故有之以为利（11），吾所以有大患者（13），为吾有身（13），吾有何患（13），以御今之有（14），不知有之（17），有不信（17），有仁义（18），有大伪（18），有孝慈（18），有忠臣（18），盗贼无有（19），故令有所属（19），众人皆有余（20），众人皆有已（20），其中有象（21），其中有物（21），其中有精（21），其中有信（21），故有功（22），有不信焉（23），故有道者不处（24），有物混成（25），域中有四大（25），虽有荣观（26），必有凶年（30），故有道者不处（31），始制有名（32），名亦既有（32），胜人者有力（33），强行者有志（33），功成不有（34），是以有德（38），下德无为而有以为（38），上义为之而有以为（38），天下万物生于有（40），是以《建言》有之曰（41），无有入无间（43），吾是以知无为之有益（43），天下有道（46），及其有事（48），十有三（50），十有三（50），亦十有三（50），生而不有（51），天下有始（52），使我介然有知（53），财货有余（53），盗贼多有（57），可以有国（59），有国之母（59），何弃之有（62），虽有拱璧以先驷马（62），有罪以免（62），为之于未有（64），我有三宝（67），用兵有言（69），言有宗（70），事有君（70），希有不伤其手矣（74），以其上之有为（75），有余者损之（77），损有余而补不足（77），损不足以奉有余（77），孰能有余以奉天下（77），唯有道者（77），必有余怨（79），有德司契（79），使有什伯之器而不用（80），虽有舟舆（80），虽有甲兵（80），已愈有（81）。②有司指有关官员和部门：常有司杀者杀（74）。

684.牖（2）yǒu：窗户，窗子：凿户牖以为室（11），不窥牖，见天道（47）。

685.又（2）yòu：表示重复或继续，再，接着：玄之又玄（01），损之又损（48）。

686.右（4）yòu：象征善良，右面：用兵则贵右（31），凶事尚右（31），上将军居右（31），其可左右（34）。

687.于（48）yú：用在表示名物、动作、状态等实字之间，表示对象、时间、地点、结果等关系：故几于道（08），复归于无物（14），我独异于人（20），而况于人乎（23），故从事于道（23），道者同于道（23），德者同于德（23），失者同于失（23），同于道者（23），同于德者（23），同于失者（23），失于乐得之（23），复归于婴儿（28），复归于无极（28），复归于朴（28），则不可得志于，天下矣（31），可名于小（34），鱼不可脱于渊（36），天下万物生于有（40），有生于无（40），戎马生于郊（46），祸莫大于不知足（46），咎莫大于欲得（46），以至于无为（48），动之于死地（50），行于大道（53），修之于身（54），修之于家（54），修之于乡（54），修之于国（54），修之于天下（54），比于赤子（55），图难于其易（63），为大于其细（63），必作于易（63），必作于细（63），为之于未有（64），治之于未乱（64），生于毫末（64），起于累土（64），始于足下（64），常于几成而败之（64），祸莫大于轻敌（69），勇于敢则杀（73），勇于不敢则活（73），是贤于贵生（75），天下莫柔弱于水（78），而不责于人（79）。

688.余（9）yú：剩余，多余，富余：众人皆有余（20），余食赘形（24），财货有余（53），其德乃余（54），有余者损之（77），损有余而补不足（77），损不足以奉有余（77），孰能有余以奉天下（77），必有余怨（79）。

689.鱼（1）yú：最古老脊椎水生动物，鱼类：鱼不可脱于渊（36）。

690.愚（3）yú："愚"是"道"基本特征之一，象征质朴归真，大智若愚。混沌，质朴，守真：我愚人之心（20），而愚之始（38），将以愚之（65）。

691.舆（3）yú：①名誉，信誉：故致数舆无舆（39），②车，马车：虽有舟舆（80）。

692.渝（1）yú：渝变，违背：质真若渝（41）。

693.与（17）yǔ：①跟，和，把同类的事物结合起来：与善仁（08），唯之与阿（20），善之与恶（20），故天下莫能与之争（22），譬道之与天下（32），犹川谷之与江海（32），乐与饵（35），名与身孰亲（44），身与货孰多（44），得与亡孰病（44），与物反矣（65），故天下莫能与之争（66）。②接触，给予：善胜敌者不与（68），必固与之（35），常与善人（80），既以与人（81）。③表示疑问的语气，相当于"钦"：其犹张弓与（77）。

694.隅（1）yú：边角，角落：大方无隅（41）。

695.雨（1）yǔ：自然界降落的水滴，下雨：骤雨不终日（23）。

696.玉（3）yù：自然界一种很有价值是石头，象征典雅高洁。金钱，财宝：金玉满堂（09），不欲琭，琭如玉（39），是以圣人被褐怀玉（70）。

697.育（1）yù："道"是基本功能之一。哺育，抚育：长之育之（51）。

698.域（1）yù：地域，区域，地盘：域中有四大（25）。

699.欲（26）yù："欲"的"欲望"或"私欲"是"道"竭力避免出现的心态，是为学、为道的障碍。①欲想欲观其妙（01），欲观其徼（01），不欲盈（15），不欲琭琭如玉（39），咎莫大于欲得（46），大国不过欲兼畜人（61），小国不过欲入事人（61），夫两者各得其所欲（61）圣人欲不欲（64）的第一个"欲"，其不欲见贤邪（77）。②欲望不见可欲（02），常使民无知无欲（02），少私寡欲（19），化而欲作（37），我无欲（57），圣人欲不欲（64）的第二个"欲"。③将欲取天下而为之（29），将欲禽之（36），将欲弱之（36），将欲废之（36），将欲取之（36），亦将不欲（37），不欲以静（37），是以圣人欲上民（66），欲先民（66）。

700. 豫（1）yù：犹豫，徘徊：豫兮若冬涉川（15）。

701. 御（1）yù：驾御，驾驭：以御今之有（14）。

702. 遇（1）yù：遭遇，碰上：陆行不遇兕虎（50）。

703. 愈（3）yù：愈加，愈发，越益：动而愈出（05），已愈有（81），已愈多（81）。

704. 誉（1）yù：赞誉，推崇：亲之誉之（17）。

705. 渊（3）yuān："渊"是"道"基本象征物象之一。象征"道"高深莫测，渊薮，渊潭：似万物之宗（04），心善渊（08），鱼不可脱于渊（36）。

706. 远（5）yuǎn："远"是"道"的基本特征之一。遥远，幽远，远方：逝曰远（25），远曰反（25），其出弥远（47），玄德深矣、远矣（65），使民重死而不远徙（80）。

707. 怨（3）yuàn：怨恨，仇恨：报怨以德（63），和大怨（79），必有余怨（79）。

708. 约（1）yuē：见"绳约"：无绳约而不可解（27）。

709. 曰（23）yuē："曰"的基本功能是确定名称，《老子》用这种方法索取的名称有"夷""希""微""静""复命""常""明""道""大""逝""远""反""强""慈""俭"等，可见，老子所建立的这个体系是自完而自洽的，按照老子本身的体系去阅读《老子》，自然就很容易，而以常规的或自己的理解去阅读《老子》，自然容易出现"郢书燕说（yǐngshūyānyuè）"的情况，不仅害了自己，也害了读者，这是不行注意的。名叫，说，是：名曰夷（14），名曰希（14），名曰微（14），归根曰静（16），静曰复命（16），复命曰常（16），知常曰明（16），强字之曰道（25），强为之名曰大（25），大曰逝（25），逝曰远（25），远曰反（25），是以《建言》有之曰（41），见小曰明（52），守柔曰强（52），知和曰常（55），知常曰明（55），益生曰祥（55），心使气曰强（55），不曰"求以得（62），一曰慈（67），二曰俭（67），三曰不敢为天下先（67）。

710. 钥（1）yuè：锁钥，关键：其犹橐钥（05）。

711. 阅（1）yuè：阅览，察看：以阅众甫（21）。

712. 云（2）yún：说，曰：故圣人云（57），是以圣人云（78）。

713. 芸（2）yún：芸芸：众多，很多：夫物芸芸（15）。

Zz

714. 哉（6）zāi：表示或疑问或反诘或感叹：天之道哉（09），吾何以知众甫之状哉（21），岂虚言哉（22），非道也哉（53），吾何以知天下然哉（54），吾何以知其然哉（57）。

715. 宰（1）zǎi："不宰"是"圣人政治"的特点之一。主宰，把持：长而不宰（51）。

716. 在（2）zài"在道"是"圣人政治"的特点之一。处在，位于：其在道也（24），圣人在天下（49）。

717. 凿（1）záo：开凿：凿户牖以为室（11）。

718. 早（3）zǎo：早先，原先：不道早已（30），是谓早服道（59），早服道谓之重积德（59）。

719. 躁（3）zào：急躁，干燥，想、燥热：静为躁君（26），躁则失君（26），躁胜寒（45）。

720. 则（31）zé："则"有31例是用来进行推理的，通过"则"，很多本来对立的事物都统一起来了，比如："曲则全""枉则直""洼则盈""敝则新""少则得""多则惑""轻则失根""躁则失君""物壮则老"等，把天道跟人事紧密地结合起来，构成了《老子》推理的又一道风景线。①就，乃：则无不治（03），曲则全（22），枉则直（22），洼则盈（22），敝则新（22），少则得（22），多则惑（22），古之所谓"曲则全"者，岂虚言哉（22），轻则失根

（26），躁则失君（26），朴散则为器（28），则为官长（28），物壮则老（30），君子居则贵左（31），用兵则贵右（31），则不可得志于天下矣（31），则攘臂而扔之（38），重积德则无不克（59），无不克则莫知其极（59），则取小国（61），则取大国（61），则无败事（64），夫慈以战则胜（67），以守则固（67），则大威至（72），勇于敢则杀（73），勇于不敢则活（73），是以兵强则灭（76），木强则共（75），人之道则不然（77）。②作为规则或规范：则我者贵（70）。

721.责（1）zé：责备，责罚：而不责于人（79）。

722.贼（3）zéi：强贼，劫贼，祸害：盗贼无有（19），盗贼多有（19），国之贼（65）。

723.战（3）zhàn：战争，战斗，交战：战胜（31），夫慈以战则胜（67），善战者不怒（68）。

724.湛（1）Zhàn：“湛”象征“道”恒久不变，幽深莫测。湛蓝，深蓝，清澈：湛常存（04）。

725.张（2）zhāng：开弓，张开：必固张之（36），其犹张弓与（77）。

726.彰（3）zhāng：“不自是”是“圣人政治”的人格修养之一。彰显，显达，显摆：不自是，故彰（22），自是者不彰（24），法令滋彰（57）。

727.丈（1）zhàng：见“大丈夫”：是以大丈夫处其厚（38）。

728.朝（2）zhāo：①与“夕”相对，早晨，早上：故飘风不终朝（23）。②cháo：朝堂，朝廷：朝甚除（53）

729.昭（2）zhāo：“昭昭”：明明白白，清清楚楚：俗人昭昭（20）。

730.召（1）zhào：召唤，号召：不召而自来（73）。

731.兆（2）zhào：征兆，兆头，预兆：我独怕兮其未兆（20），其未兆易谋（20）。

732.螫（1）zhē：螫咬，咬刺：毒虫不螫（55）。

733.辙（1）zhé：车辙，痕迹：善行无辙（27）。

734.谪（1）zhé：缺漏，毛病：善言无瑕谪（27）。

735.者（94）zhě：“者”字跟实字组合起来，构成了大批的名物，比如“智者”“道者”“德者”“失者”“企者”“跨者”“自见者”“自是者”“自伐者”“自矜者”“善人者”“不善人者”“为者”“执者”“以道佐人主者”“有道者”“善者”“夫唯兵者”“乐杀人者”“知人者”“自知者”“胜人者”“自胜者”“知足者”“强行者”“死而不妄者”“失礼者”“前识者”“强梁者”“信者”“不信者”“善摄生者”“善建者”“善抱者”“知者”“言者”“善为士者”“善战者”“善胜敌者”“善用人者”“哀者”“则我者”等，只要行文需要，都可以用“者”构造出一种新的名物，这形成老子的一大特色。①在实字后面构成名物性的结构：两者同出而异名（01），使智者不敢为（03），此三者不可致诘（14），复此道者（15），此三者（19），古之所谓“曲则全”者（22），孰为此者（23），道者同于道（23），德者同于德（23），失者同于失（23），同于道者（23），同于德者（23），同于失者（23），企者不立（24），跨者不行（24），自见者不明（24），自是者不彰（24），自伐者无功（24），自矜者不长（24），故有道者不处（24），故善人者（27），不善人者（27），为者败之（29），执者失之（29），以道佐人主者（30），善者果而已（30），夫唯兵者（31），故有道者不处（31），兵者（31），而美之者（31），夫乐杀人者（31），知人者智（33），自知者明（33），胜人者有力（33），自胜者强（33），知足者富（33），强行者有志（33），不失其所者久（33），死而不妄者寿（33），失礼者（38），前识者（38），昔之得一者（39），反者道之动（40），弱者道之用（40），强梁者（43），善者吾善之（49），不善者吾亦善之（49），信者吾信之（49），不信者吾亦信之（49），盖闻善摄生者（50），善建者不拔（54），善抱者不脱（54），知者不言（56），言者不知（56），大国者下流（61），夫两者各得其所欲（61），大者宜为下（61），道者（62），古之所以贵此道者何（62），为者败之（64），执者失之（64），古之善为道者（65），知此两者（65），江海之所以能为百谷王者（66），善为士者不武（68），善战者不怒（68），善胜敌者不与（68），善用人者为之下（68），哀者胜矣（70），则我者贵（70），此两者或利或害（73），而为奇者（74），常有司杀者杀（74），夫代有司杀者杀（74），夫代大匠斫者（74），夫唯无以生为者（75），故坚强者（75），柔弱者（75），高者抑之（77），下者举之（77），有余者损之（77），不足者补之（77），唯有道者（77），而攻坚强者莫之能胜（78），善者不辩（81），辩者不善（81），知者不博（81），博者不知（81）。②在两个小句子之间引出条件，表示因果关系：天地所以能长且久者（07），吾所以有大患者（13），古之善为道者（15）。

736.真（3）zhēn："真"是"道"的基本特征之一。真实，真切，真诚：其精甚真（21），质真若渝（41），其德乃真（54）。

737.镇（1）zhèn：镇住，压阵：吾将镇之无名之朴（37）。

738.陈（1）zhèn：同"阵"，布阵：无所陈之（80）。

739.争（10）zhēng：《老子》的第一句话是"道可道"，而《老子》的最后一句话则是"为而不争"。不管是刻意而为，还是神差所致，可"道"之"道"是"非常道"，"非常道"必然"为"，可"为而不争"，即可回归"常道"。"为而不争"就是"不争而善胜"，"不争"而"无不争"。"不争"而"无不争"跟"无为而无不为"，机构相同，意义相近，有巧夺天工之奇，有异曲同工之妙！"为而不争"，"不争而善胜"，"是谓不争之德"。"不争之德"就是"善为士者不武，善战者不怒，善胜敌者不与，善用人者为之下"。"不争"是"无为"的基本形态之一，"不争"是"大道"的基本特征。争执，争夺，争论：使民不争（03），水善利万物而不争（08），夫唯不争（08），夫唯不争（22），故天下莫能与之争（22），以其不争（66），故天下莫能与之争（66），是谓不争之德（68），不争而善胜（73），为而不争（81）。

740.正（7）zhèng：在"常道"的范围内，老子并没有"正"与"不正"的区别，而在"非常道"的范围内，老子则竭力主张清静为天下正"，"我好静，而民自正"——"民自正"是"圣人政治"的基本追求，是"无为而治"表现形式。正面，正当，公正，公平，正义：王侯得一以为天下正（39），侯王无以正（39），清静为天下正（45），以正治国（57），我好静，而民自正（57），其无正（58），正复为奇（58），正言若反（78）。

741.政（3）zhèng："政善治"、"其政闷闷"是"圣人政治"的基本目标和基本表现形式。"政善治"则天下安宁；"其政闷闷"则百姓淳朴。政治，政府，执政：政善治（08），其政闷闷（58），其政察察（58）。

742.之（248）zhī：在传统本《老子》中，"之"字的用例高达248次，这在作为韵文的文言文中，是一种很特殊的现象。按照精细的统计学分析发现，"之"的最基本用法是：①相当于"的"，如"无名，天地之始（01）""有名，万物之母（01）"、"天下皆知美之为美（02）"；②指代前后文出现事物："生之畜之（10）""视之不见，名曰夷（14）""听之不闻，名曰希（14）"；"抟之不得，名曰微（14）"。"之"就凭这样两个最基本的用法，《老子》中各种名物的关系清晰地表达出来。为了节约篇幅，例句从略。

743.知（57）zhī："知"是《老子》认识论、实践论和道德论的重要工具，从不同的方面揭示了"大道"的本质特征、基本功能和人格修为。第一，"大道"的本质特征："吾言甚易知"实际上就是"大道""甚易知"——知"道"易，易知"道"，这是老子一贯的观点，也是"道"的本质。可"道"被神秘化（进入巫术），被边缘化（走向宗教），非"道"之过，实在是"不善为道者"之过。第二，"大道"基本功能："天下皆知美之为美，斯恶矣"，"皆知善之为善，斯不善已"，在"非常道"范围，人为地推崇某种不合道的价值观（偏执的价值观），有如"三寸金莲""贞节牌坊""楚王好细腰",所以最终必然走向反面。在"常道"的范围内,没有"美丑""善恶"之分,不会出现这种现象。这是因不"善知"所引起的。"大道"的基本功能就是"善知"——"能知古始（14）""知常曰明（16）""知常容（16）""知其雄（28）""知其白（28）""知其荣（28）"……善于把握"知"的基本功能,就能逐渐深入运用"道"的基本功能。第三,"大道"人格修为:"知"作为一种重要工具,在认知客观对象的同时,更应该修炼主观世界。这主要表现在:"知止不殆（32）"、"知足者富（33）""知足不辱（44）""知和曰常（55）""知常曰明（55）"——这是以"知"养性;"知人者智（33）""自知者明（33）""不行而知（47）""知者不言（56）""言者不知（56）"——这是以"知"养智。"知不知,上（71）","不知知,病（71）"——这是以"知"养德。①知道,推知,明白:天下皆知美之为美（02）,皆知善之为善（02）,吾不知谁子（04）,能知古始（14）,知常曰明（16）,不知常（16）,知常容（16）,太上,不知有之（17）,吾何以知众甫之状哉（21）,吾不知其名（25）,知其雄（28）,知其白（28）,知其荣（28）,夫将知止（32）,知止不殆（32）,知人者智（33）,自知者明（33）,知足者富（33）,吾是以知无为之有益（43）,知足不辱（44）,知止不殆（44）,祸莫大于不知足（46）,故知足之足（46）,知天下（47）,其知弥少（47）,是以圣人不行而知（47）,以知其子（52）,既知其子（52）,使我介然有知（53）,吾何以知天下然哉（54）,未知牝牡之合而朘作（55）,知和曰常（55）,知常曰明（55）,吾何以知其然哉（57）,孰知其极（58）,无不克则莫知其极（59）,莫知其极（59）,知此两者（65）,常知稽式（65）,吾言甚易知（70）,天下莫能知（70）,夫唯无知（70）,是以不我知（70）,知我者希（70）,知不知,上（71）,不知知,病（71）,是以圣人自知不自见（72）,孰知其故（73）天下莫不知（78）。②同"智":智慧,谋略,心机:常使民无知无欲（03）,明白四达,能无知乎（10）,知者不言（56）,言者不知（56）,知者不博（81）,博者不知（81）。

744.执（8）zhí:"执"是"圣人政治"有关施政的基本手段,其特征就是"执大象,天下往,往而不害（35）"。执掌,掌握,持拿,主持:执古之道（14）,执者失之（29）,执大象（35）,执者失之（64）,无执,故无失（64）,扔无敌,执无兵（69）,吾得执而杀之（74）,是以圣人执左契（79）。

745.直（3）zhí:"直"与"枉"、"屈","直"与"肆"的对立,是"道"运化的一种基本方式。①伸直:枉则直（22）,大直若屈（45）。②直白,直接:直而不肆（58）。

746.埴（1）zhí:黏土:埏埴以为器（11）。

747.止（5）zhǐ:"止"是"修身养性"和"治国安民"的基本原则,"知止不殆"。停止,止步,停下:飂兮若无止（20）,夫将知止（32）,知止不殆（32）,过客止（35）,知止不殆（44）。

748.至（8）zhì:"至"是"道"所追求的永恒目标,善之又善,至于至善。①最,极;顶点,端点:天下之至柔（43）,驰骋天下之至坚（43）,精之至也（55）,和之至也（55）,②到,抵达:以至于无为（48）,然后乃至大顺（65）,则大威至（72）,民至老死不相往来（81）。

749.志（3）zhì:志趣,志向,理想,欲望:弱其志（03）,则不可得志于天下矣（31）,强行者有志（33）。

750.制（2）zhì:"大制不割（28）"和"始制有名（32）"是"圣人政治"的理想形态和管理程序。"大制不割"中的"大制"就是"以百姓心为心（49章）",从道的角度把握事物,顺从自然,无形无声无迹,没有人为痕迹,所以,圣人以大道"制御天下,无所伤割（《河上公注》）",圣人以大道"制御情欲,不害精神（《河上公注》）"。"始制有名"中"始制"的意思是:"道"在经历了"无名"阶段之后,必然进入"有名"阶段,"始"即"道"的天地之

"始"，"有名"即"万物"；"无名"之"道"产生"有名"之"道"，"无形"之"道"制约"有形"之"道"，这就是"始制有名"。①设想，规划，蓝图：故大制不割（28），②制约，受制于：始制有名（32）。

751.治（13）zhì：在老子的心目中："治"的对象是"治国""治民""治人"；"治"的时机是"治之于未乱（64）"；"治"的难点是"民之难治（65、75）"；"治"的误区是"以智治国""治"是理想是"圣人之治"，"政善治（08）""则无不治（03）"。认真研究老子的"治"，对有效理解《老子》和运用老子的大智慧具有根本性的价值。治理，统治，管理：是以圣人之治（03），则无不治（03），政善治（08），爱民治国（10），以正治国（57），治人事天（59），治大国（60），治之于未乱（64），民之难治（65），故以智治国（65），不以智治国（65），民之难治（75），是以难治（75）。

752.质（1）zhì："质"是"道"的基本特征之一。本质，实质，本性：质真若渝（41）。

753.致（5）zhì："致"是"道"的基本功能之一。导致，抵达，达到：专气致柔（10），此三者不可致诘（14），致虚极（16），其致之（39），故致数舆无舆（39）。

754.智（9）zhì："智"与"愚"对立："愚"属于"上德"范围，所谓"大智若愚"，是"无为"的典型状态；"智"属于"下德"，所谓"机关算尽"，是"有为"的典型状态。从本质上看，老子并不反对所谓的"智"，可从实践上看，老子对"以智治国"，对"奇谋巧智"是坚决反对的。无论是在老子看来，还是几千年文明的实践，"智"都是必须的，可"智"必须按照"道"的指引行事，否则"智"的破坏力犹如"洪水猛兽"。没有"智"不能很好地"穷理"，可如果不用"道"来规范"智"，就不可能"尽性"，就会"礼崩乐坏"，天下大乱，饰伪横行，"老实人吃亏"，"投机者获利"。智慧，谋略，心机：使智者不敢为（03），能无智乎（10），慧智出（18），绝圣弃智（19），虽智大迷（27），知人者智（33），以其智多（65），故以智治国（65），不以智治国（65）。

755.置（1）zhì：设置，设立：置三公（62）。

756.鸷（1）zhì：象征凶恶的事物，猛禽，如鹰、雕、枭等：鸷鸟不搏（55）。

757.中（7）zhōng："中"是"道"的基本特征之一。中和，中庸，中间，其中：不如守中（05），其中有象（21），其中有物（21），其中有精（21），其中有信（21），域中有四大（25），中士闻道（41）。

758.忠（2）zhōng：在"非常道"范围内，老子是大力提倡"忠"的。"忠"位于老子"修道"的两环节（为学、为道）八条目（道，德——上德、下德——仁，义，礼，智，信）中"信"的下位细目。"信"的下位细目第一层是"诚"——"诚全而归之"：诚心动天地，诚心即道心——没有诚心，学道难成。"信"的下位细目第二层是"忠"——国家昏乱，有忠臣：忠诚无私，竭力尽心，忠于职守，做好自己的事情，忠心通大道，忠心即道心——没有忠心，学道无终。"信"的下位细目第三层是"心"，第四层是"仰"，即由"信心"到"信仰"。有"信仰"，无事不成。这与《大学》里的"格物""致知""诚意""正心""修身""齐家""治国""平天下"，可谓一脉相承。宋·司马光《四言铭系述》曾经这样说：尽心于人曰"忠"，不欺于己曰"信"，这与我们所说的一脉相承。忠诚，忠心：有忠臣（18），忠信之薄而乱之首（38）。

759.终（10）zhōng："慎终如始""终不自为大"是"圣人政治"的基本原则。最后，终点，终极：故飘风不终朝（23），骤雨不终日（23），君子终日行（26），以其终不自为大（34），终身不勤（52），终身不救（52），终日号而不嗄（55），是以圣人终不为大（63），故终无难矣（63），慎终如始（64）。

760.重（6）zhòng："重"是"圣人政治"的主要特征之一，正如河上公所说："人君不重则不尊，治身不重则失神。"持重，稳重，保重：重为轻根（26），不离辎重（26），早服道谓之重积德（59），重积德则无不克（59），是以圣人处上而民不重（66），使民重死而不远徙（80）。

761.众（9）zhòng：跟"寡"相对，众多，很多：众妙之门（01），处众人之所恶（08），众人熙熙（20），众人皆有余（20），众人皆有已（20），以阅众甫（21），吾何以知众甫之状哉（21），杀人之众（31），复众人之所过（64）。

762.舟（1）zhōu：象征沟通的途径，船：虽有舟舆（81）

763.周（1）zhōu："周"——"周而复始"，"生生不息"的"道"的根本属性和基本特征。圆周，环形：周行而不殆（25）。

764.骤（1）zhòu：疾，快，迅速，突然：骤雨不终日（23）。

765.主（6）zhǔ："不为主"是"圣人政治"的一种基本态度。主人，主子，做主：奈何万乘之主而以身轻天下（26），以道佐人主者（30），而不为主（34），而不为主（34），吾不敢为主而为客（69），是谓社稷主（78）。

766.瞩（1）zhǔ：瞩目，注视，期望：百姓皆瞩其耳目（49）。

767.爪（1）zhuǎ：鸟兽脚指，爪子：虎无所用其爪（50）。

768.专（1）zhuān："专气致柔"是老子"修身养性"的主要手段：经过心灵的活动以实现精神跟元气相合，明察世间百态，顺应自然本性。专心，集气，抟气：专气致柔，能如婴儿乎（10）。

769.壮（1）zhuàng：强壮，壮实，强盛：物壮则老（30）。

770.状（3）zhuàng："状"是"物"的表现形式，通过"状"认识物，认识物，回归道。形状，形态，样子：无状之状（14），吾何以知众甫之状哉（21）。

771.赘（1）zhuì：累赘，多余：余食赘形（24）。

772.拙（1）zhuō："拙"与"巧"反正相成——老子思维特点之一。拙劣，拙笨，不灵巧：大巧若拙（45）。

773.斫（2）zhuó：老子反对"代大匠斫"，是"圣人政治"的基本原则：不能越粗代庖。砍伐，用刀砍：是谓代大匠斫（74），夫代大匠斫者（74）。

774.浊（2）zhuó："浊"与"清"反正相成——老子思维特点之一。与"清"相对，浑浊，污浊，浑兮其若浊（15），孰能浊以静（15）。

775.辎（1）zī："辎"为车，"重"为所载之物——圣人终日行"道"，从不脱离"静"与"重"。行军时携带古代一种有盖的车：君子终日行，不离辎重（26）。

776.资（2）zī：取，用；资源，资本：善人之资（27），不爱其资（27）。

777.滋（3）zī："滋"是"圣人政治"所必须预防的一种现象。滋生，滋事，滋扰：国家滋昏（57），奇物滋起（57），法令滋彰（57）。

778.子（9）zǐ：①相似：吾不知谁子（04）。②见"君子"：君子终日行（26），君子居则贵左（31），非君子之器（31）。③儿子：以知其子（52），既知其子（52），子孙以祭祀不辍（54）。④见"赤子"：比于赤子（55）。⑤见"天子"：故立天子（62）。

779.字（1）zì：取名，起名：强字之曰道（25）。

780.自（33）zì："自"是《老子》用来自称的常用字，所包含的内容很丰富：第一，大"道"的本质特征：《老子》不断地出现"自然"，因为"自然"是"道"的根本性质和根本功能。第二，"圣人政治"的人格修为："不自见""自见者不明"，"不自是"，"自是者不彰"，"不自伐""自伐者无功"，"不自矜""自矜者不长"，"自知者明"，"自胜者强"，"万物将自化""天下自定""而民自化"，"而民自正"，"而民自富"，"而民自朴"，"自知不自见"，"自爱不自贵"，"不召而自来"等。本人，己身，自己：以其不自生（07），自遗其咎（09），百姓皆谓我自然（17），自今及古（21），不自见（22），不自是（22），不自伐（22），不自矜（22），希言自然（23），自见者不明（24），自是者不彰（24），自伐者无功（24），自矜者不长（24），道法自然（25），万物将自宾（32），民莫之令而自均（32），自知者明（33），自胜者强（33），以其终不自为大（34），万物将自化（37），天下自定（37），是以侯王自称孤、寡、不穀（39），夫莫之爵而常自然（51），而民自化（57），而民自正（57），而民自富（57），而民自朴（57），以辅万物之自然（64），是以圣人自知不自见（72），自爱不自贵（72），不召而自来（73）。

781.宗（2）zōng："宗"象征"道"是万物之宗，为万物所效法。宗派，祖宗，宗法：渊似万物之宗（04），言有宗（70）。

782.走（1）zǒu："走"，跑；"走马"快马，骏马：却走马以粪（47）。

783.足（20）zú："足"是"道"的基本特征之一。①足够，能够：信不足（17），为文不足（19），信不足焉（23），常德乃足（28），知足者富（33），视之不足见（35），听之不足闻（35），用之不足既（35），笑之不足以为道（41），广德若不足（41），知足不辱（44），祸莫大于不知足（46），故知足之足（46），常足矣（46），不足以取天下（48），不足者补之（77），损有余而补不足（77），损不足以奉有余（77）。②脚，象征从近处开始：始于足下（64）。

784.朘（1）zuī：男婴的生殖器：未知牝牡之合而朘作（55）。

785.罪（1）zuì：罪过，过错：不曰"求以得，有罪以免"邪（62）

786.尊（3）zūn：尊重，尊贵，贵重：是以万物莫不尊道而贵德（51），道之尊（51），美言可以市尊（62）。

787.左（5）zuǒ：象征慈悲，左面，左边：君子居则贵左（31），吉事尚左(31)，偏将军居左（31），其可左右（34），是以圣人执左契（79）。

788.佐（1）zuǒ：辅佐，辅助：以道佐人主者（30）。

789.作（7）zuò："作"是《老子》用来叙述万物生长的基本文字，象征"道"生生不息的特征和功能。振作，生长，兴起，从事，举行：万物作而不辞（02），万物并作（16），妄作凶（16），化而欲作（37），未知牝牡之合而朘作（55），必作于易（63），必作于细(63)。

790.坐（1）zuò："坐"是一种稳定状态，是"道"的基本特征之一。坐地，稳步，安稳：不如坐进此道（62）。